U0924621

当代
中国
人文
大系

李天纲 著

中国礼仪之争

历史、文献和意义

中国人民大学出版社
·北京·

“当代中国人文大系”出版说明

改革开放以来，中国社会的变革波澜壮阔，学术研究的发展自成一景。对当代学术成就加以梳理，对已出版的学术著作做一番披沙拣金、择优再版的工作，出版界责无旁贷。很多著作或因出版时日已久，学界无从寻觅；或在今天看来也许在主题、范式或研究方法上略显陈旧，但在学术发展史上不可或缺；或历时既久，在学界赢得口碑，渐显经典之相。它们至今都闪烁着智慧的光芒，有再版的价值。因此，把有价值的学术著作作为一个大的学术系列集中再版，让几代学者凝聚心血的研究成果得以再现，无论对于学术、学者还是学生，都是很有意义的事。

披沙拣金，说起来容易做起来难。俗话说，“文无第一，武无第二”。人文学科的学术著作没有绝对的评价标准，我们只能根据专家推荐意见、引用率等因素综合考量。我们不敢说，入选的著作都堪称经典，未入选的著作就价值不大。因为，不仅书目的推荐者见仁见智，更主要的是，为数不少公认一流的学术著作因无法获得版权而无缘纳入本系列。

“当代中国人文大系”分文学、史学、哲学等子系列。每个系列所选著作不求数量上相等，在体例上则尽可能一致。由于所选著作都是“旧作”，为全面呈现作者的研究成果和思想变化，我们一般要求作者提供若干篇后来发表过的相关论文作为附录，或提供一篇概述学术历程的“学术自述”，以便读者比较全面地了解作者的相关研究成果。至于有的作者希望出版修订后的作品，自然为我们所期盼。

“当代中国人文大系”是一套开放性的丛书，殷切期望新出现的或可获得版权的佳作加入。弘扬学术是一项崇高而艰辛的事业。中国人民大学出版社在学术出版园地上辛勤耕耘，收获颇丰，不仅得到读者的认可和褒扬，也得到作者的肯定和信任。我们将坚守自己的文化理念和出版使命，为中国的学术进展和文明传承继续做出贡献。

“当代中国人文大系”的策划和出版，得到了来自中国社会科学院、北京大学、清华大学、中国人民大学、北京师范大学、复旦大学、南京大学、南开大学等学术机构的学人的热情支持和帮助，谨此致谢！我们同样热切期待得到广大读者的支持与厚爱！

中国人民大学出版社

序

朱维铮

17 世纪，中世纪史常见的王朝更迭运动再度在中国发生，所谓明亡清兴。

明亡早在人们逆料之中。早在前一个世纪，从正德到嘉靖，君主独裁体制必定导致政权普遍腐败的趋势已在加剧。万历初期，权臣张居正以铁腕推行的财政改革，曾给明帝国的社会经济带来短期的复苏。不幸死谥神宗的万历皇帝，才失去师傅的约束，便胡作非为。相传他中年就染上毒瘾，既懒问朝政，又“好货成癖”，放纵宦官四出搜刮白银，于是君主专制蜕化为皇帝家奴擅权。由此引发内宫阴谋纷起，外廷党争不绝，特务武装横行，不法官绅猖狂。到 17 世纪初叶，万历的最后二十年，大明帝国已经处处昏天黑地，用清初《明史纪事本末》编者的话来说，“当斯时也，瓦解土崩，民流政敝，其不亡者幸耳”!

其实亡征早在万历末年就已凸显。河北民众暗地闹起了白莲教，江南士绅公然集结起诸党社，而东北边疆满族的一个部落首领努尔哈赤，也竟宣称“天命”在己，举叛旗而独立。时至 1620 年，万历帝驾崩，泰昌帝暴死，天启帝童昏尸位，先前已如鱼烂的大明帝国，由于一年之内三易君主，内外矛盾便骤然爆发，形成土崩态势。天启初白莲教在山东率先造反，被镇压后天公又降灾荒，而明廷为对付内外叛乱，不断额外增赋筹饷，迅即导致黄河南北饥民暴动。后者在崇祯初集合为李自成、张献忠两大部，与明军血战十六年，在 1644 年以李自成攻入北京，迫使崇祯帝自缢，埋葬了大明帝国的天下而告终。

人所共知，明崇祯帝即位时才十七岁，刚做皇帝，便将号称“九千岁”、在全国普建生祠的僭主式大宦官魏忠贤及其同伙捉拿治罪，仅此一端，便足证他并非中世纪史家见惯的亡国昏君。李自成呢？他的政治韬略和军事才干，与大明帝国同样是贫贱出身的开国皇帝朱元璋相比，绝不逊色，至少他能以“迎闯王、不纳粮”之类口号赢得千万贫民的拥戴，便胜过朱元璋什么“高筑墙、广积粮”之类主张引起的政治效应。但崇祯帝终于在宵衣旰食十七年后自杀了，李自成也只在紫禁城中过了三天皇帝瘾而重做“流寇”。将他们逼得或死或逃的真正力量，实为脱离无本族文字状态不过二十年的满族。

满族大君入主北京，没有结束中国的内战，相反内战的性质发生变化，变成一个落后的少数民族征服文明先进的民族的战争，不仅激发以汉族士民为主的全国性抵抗，使内战的过程又延续了四十年，而且使征服过程变得异常残酷。

用不着特别指出，满族最终得以灭南明，平三藩，渡海打掉台湾郑氏政权，无不依赖胜朝降将降官以及地方势力的合作。比如有名的扬州、江阴、嘉定等城发生的大屠杀，操刀者便是降清而“为王前驱”的前明军队。满族入关前由野蛮步入文明，已属汉族文士范文程等教化大功，而入关后标榜兴利除弊以重建帝国统治秩序，更依赖前明降臣，包括本属“阉党”的冯铨、本属东林的陈名夏等。甚至多尔衮强令汉人剃发易服，理由是“改正朔、易服色”乃汉以来的儒家传统，也是首先出于山东一名无耻举人的献策。至于在郑成功率军收复两江的战役失败后，清廷把江南士绅当作打击重点，由科场案而至“江南十案”，发动者和执行者也无不是当时人们怒斥的“汉奸”。

这类情形，与辽、金、元诸少数民族王朝的征服过程似乎没有两样。但纵观历史，便不难发现，终清一代，尸居帝位并从未放弃军政控驭大权的满族权贵，世世都把“以满驭汉”视作祖制。任何要求改变用人行政“内满外汉”的吁求，无论动机多么良善，在满族君主、权臣看来，都属于“居心叵测”，非受惩办不可。清帝国史在这方面提供的例证，可说比比皆是。因此，与历史上的契丹、女真、蒙古诸族统治者对付被征服的汉族的措施相比较，满族统治者为了守护征服民族的特权，严防本族被先进于文明的汉族同化，其心理的阴暗、意识的自觉、手段的多变、法令的细密，都是前无古人的。对于汉人，特别对于汉族士绅，无论利用、笼络或打击，都不过是“以汉制汉”的权术体现。

正如清史研究早已揭示的，满族权贵不仅严分满汉，而且推而广之，对于帝国边疆和内地的各少数民族，也采取类似种族隔离以及分化、弱化、愚化的策略。例如满族入关前便特创理藩院以辖制内、外蒙古诸部，入关后其职责又扩展为辖制藏、回诸部。那政策的基本点，除了严禁汉族与蒙古等族交往，便是有学者概括的，在政治上“众建以分其力”，在宗教上“宠佛以制其生”，其出发点和归宿则是嘉庆间清廷所坦承的：“蒙古弱，乃为中国之福”。可见，清帝国以一个少数民族压迫众多民族，受害者并非只是汉族，而是包括帝国统治下的所有民族，同样也包括深受内部严分主、奴之害的多数满族人。

所以，长期以来，国内近代史研究的一种流行见解，即指责清末提倡“革命排满”的同盟会、光复会等组织犯了大汉族主义的错误。清史研究也同样讳言与清帝国相始终的满汉矛盾，即使提及也多方曲为满族统治政策辩护，理由不外“民族斗争说到底就是阶级斗争”云云。但这类公式合乎马克思乃至列宁的理论吗？压迫其他民族的民族是不自由的，文明程度较低的征服民族必将为文明程度较高的被征服民族所征服，不是明见于马克思的论著吗？“俄罗斯是各族人民的监狱”之类判断，不是列宁的论文标题吗？倘若略知史学史，了解宋神宗赐名的《资治通鉴》，连它的主编司马光也哀叹书成仅有一人通读过，就是说连皇帝在内没有一人认真看待这面历史的镜子，那我们至少不会总把什么“历史的教训值得注意”之类说教当作真谛。

观察历史向来有不同角度。历史属于过去，涵泳着既往的人间万象，虽已不可更易，却如佛典称道的那种宝珠——所谓摩尼，可随光照不同而呈现异色。人们看历史，倘若换个角度，映象便往往大异。

比方说从社会政治史的角度观察明亡清兴的过程，那便如前所述，中世纪晚期中国发生的这次王朝更迭运动，在时空连续性的意义上可谓空前激烈，给各族人民都造成莫大苦难。因而在中国史上，17世纪只能称作黑暗的世纪、悲惨的世纪。那时代劫后余生的人士，回首当年，形诸吟咏，诉诸私记，追究明亡清兴的秘密，无不痛恨晚明政坛的腐败，憎恶满族侵掠的残暴。顾炎武甚至以为，这个过程用“亡国”还不足以形容，需称“亡天下”。

但时过境迁，尤其在18世纪清帝国的文化高压更趋凌厉提供了历史比照之后，人们从思想文化史的角度再回首明清之际的百年过程，观感就很不一样。清末章太炎概括清统一后的文化状况，便以为较前出现了大倒退："清世理学之言，竭而无余华；多忌，故歌诗文史楛；愚民，故经世先王之志衰"，总之"弗逮宋明远甚"。清中叶不是还有"其术近工眇踔善"的汉学么？那不过是恶浊文化氛围的产物，满族大君剥夺被征服者的思想言论自由，手段越来越卑劣，文网越来越严密，于是"家有智慧，大凑于说经，亦以纾死"。

历史的观察未必后来居上，但章太炎观察晚明至清初的学术文化史，通过对比所得的结论，却胜过晚清从江藩、龚自珍、方东树、魏源、曾国藩、李元度到康有为等人关于清代学术的种种见解。难怪清末那班深受章太炎思想影响的南国学人，《国粹学报》的作者群，南社的诗人们，都对明清之际的学风、文风表示钟情，特别赞颂那个时代的士林清议、文化结社，以及宁死也坚持与宦官专政、异族入侵抗争的学者名士的节操，以为那表征着中国早有卢梭式的争自由精神。

随着辛亥革命结束了清帝国二百六十七年的统治历史，直到清亡仍在作祟的"文字狱"的幽灵，也似乎由于民国的建立而隐退。当然，议论清代学术史也似乎不再成为禁忌。于是，由章太炎、刘师培等在清末开创的清学史研究，因为梁启超、胡适和钱穆等人之论著的相继问世而显得引人注目。诸家论著，大都从顾炎武、黄宗羲、王夫之，以及由戴望在晚清首先发掘的颜元一派，对晚明学风的反思和批判说起，于是王阳明以后的晚明思想、学说和文化，同样引发了学者的探究兴味。在晚明到清初的思想文化的历史研究中，孟森、陈垣、陈寅恪、侯外庐、谢国桢、嵇文甫等，虽说信念各异，取向不同，却都做过承前启后的特殊贡献。域外的汉学家早对17世纪及其前后的中国文化表现出浓厚兴趣，他们的鸟瞰式通论和显微型专论，对于欧美日本学界、政界所谓中国观的形成与变异有着很大影响，但近年在我们这里才有若干较完整的译介。

按照逻辑，民国主权在民，人民有权利知道自己的历史，而历史学家也有义务向同胞提供自以为是的历史真相。历史千变万化。中国这样一个文明古老、地域辽阔、聚居着众多民族的国度，本身便是一个小世界，通观历史谈何容易，即使专究已属历史的一人一事，实现坚持从历史本身说明历史，也很难由一人一生之力达到。所以，讨论同时同地的相同事件、相同人物，仁智互见，各是其是，各非其非，互相争论，乃至互相批判，务求历史真理通过争论水落石出，是历史学家的职业道德，更是历史学家的应有权利。

可惜民国以来的史学史表明，上述逻辑不过是逻辑而已。人们在民国依然对自己的历史懵然无知，而历史学家入民国却悲叹“最是文人不自由”。清朝消灭人们历史记忆的国策，禁毁图书，删改旧史，包括不断篡改其列祖列宗的“实录”等等，不仅在历史为现实政治服务之类堂皇名义下复活，而且不断进化，连所谓纯学术研究也成为一种罪过。史学的出路越变越窄、越变越险，直到险隘得面临“一夫当关，万夫莫敌”的绝境。被划入观念形态领域的文化史、学术史、宗教史等，到“文革”前已属濒危学科，而后几乎绝种。效应呢？可谓极佳。但看“十年”过去，林则徐或魏源竟然受封为“睁眼看世界的第一人”，而发明“落后总是要挨打的”一类高见者，居然不知中国经济在鸦片战争前夜还处在世界领先地位，诸如此类，可知蔑视历史必受历史嘲弄。

前面已经提及宗教史。所谓世界三大宗教——佛教、伊斯兰教和基督教，早在中世纪便已相继在中国落户，与中国所谓土生土长的道教和各种原始的、半开化的鬼神信仰长期共处，当然充满了相互攻讦、相互冲突。自公元前 2 世纪末就登上意识形态王座的所谓儒学，可不可以定义为儒教或孔教，学者们仍有争议。但中国没有政教分离的传统，中世纪诸王朝君主无不自充教宗，而多半将所谓儒学的某种形态，经过重新诠释，拿来当作钦定意识形态的支柱，即所谓经学，强迫人们信仰它，使它具有浓烈的宗教气息。因此，诸王朝统治者对于除经学以外的种种宗教，或宽容，或尊信，或排斥乃至打击，都只能由历代的统治思想得到合乎历史实相的说明。

基督教并非 19 世纪中叶随着西方列强入侵才在中国突然出现的怪物。历史表明，早在唐初和元初，基督教便已两度入华。7 世纪初，获准在唐都长安立足的景教，属于罗马时期早被教宗宣布革出教门的基督教异端，主张耶稣基督的神性与人性必有区别的聂斯脱里派（Nestorianism），受到大唐君主的宽容，但传教似不成功，终于在二百年后唐武宗灭佛期间，被当作“异端”佛教的陪绑而遭到取缔。14 世纪初，基督教在元大都即北京二度现身，这回入华的法兰西斯修会（Franciscans）的一名修士，随即被罗马教宗封为大主教，辖有主教六名，可知是罗马公教的正宗，又拥有很多信徒。但它在中土存在不过七十年，便因元明易代而销声匿迹。如果不是陈垣等人考证，中国历史学家多半不知它在华被称作也里可温教，而教徒主要是追随蒙古大汗征服金、宋二帝国而进入中原的西域移民，即在元帝国与蒙古人一起享有上等公民特权的所谓色目人，无怪乎被打着“驱除胡虏、恢复中华”旗号的朱元璋所攘逐。景教和也里可温教在中世纪中国文化变异过程中留下了怎样的印记，至今仍不清楚。

留下较明显印记的是在晚明三度入华的基督教。这回打头阵的是耶稣会，一个由在法的西班牙留学生小团体为核心的罗马公教修会，以在欧洲反对宗教激进主义的宗教改革出名，其军事化的组织方式使它号称“耶稣的连队”，其初始目标之一便是在欧洲以外寻求建立“真教”的净土。它的创建者之一沙勿略（Francis Xavier），便奉派踏上前往东方的不归路，终于在明嘉靖三十一年（1552）偷渡到广州珠江口外的上川岛，却随即病死，因此博得基督教“圣者”的令誉。但这回基督教真正入华，还要等待三十年，因为沙勿略的遗愿继承者利玛窦（Matteo Ricci）这年刚在意大利出生。

不过利玛窦也不是在沙勿略死后首先进入中国内地的。在他之前已有耶稣会和其他修会的传教士做过在中国开教的尝试，却都没有成功，一个原因便是倭寇的长期侵掠，使明帝国上下对一切海外来客都心怀疑虑，况且先前耶稣会士已在倭寇策源地日本登陆。

明万历十一年（1583）利玛窦抵达广州，开始由边缘向中心的传教行程。十七年后他以“远臣”身份向大明天子贡献方物时，已是一名中国通，很快活跃在北京政界、学界，成为来华耶稣会士的当然领袖，十年后（明万历三十八年，1610）去世。他的活动和行状、心态和识见、策略和效应，四百年来不断受到中外论著的探讨、追究和质疑。这里用不着缕述他为“基督教征服中国”开路的种种故事，但有几点当属史实：一是在他以后基督教在中国虽屡受政治打击却没有再度中断传播；二是据说他主张“向什么样的人传教就尽量做那样的人”，因而在传教过程中开创了更多“寻找本土文化和基督教一致”的新取向；三是他采取了“易佛补儒”的新策略，化解了大批文化精英对外来基督教的疑虑，并将文化冲突的战火引向与道学家联手操纵官方意识形态的禅净二宗佛教；四是他的确把绍介欧西科学工艺成果当作吸引朝野士绅改宗基督教的手段，也因此使中西文化交往在双方都引发重视并互相受惠；五是他和他的追随者的传教方式，在华在欧在教内外都遭到批评并引发争论。

以上除第一、第五两点似无疑义外，其他三点是否如我相信的当属事实，在当代中国学者的论著里便有很不相同的看法。比如利玛窦和他的耶稣会同道，真的相信儒家经义与基督教义相通吗？他们绍介同时代欧洲天文历算等科学，真的有意隐匿更先进的日心说一类体系吗？他们把科学当作传教手段，真的被“宗其学而不奉其教”的中国士绅反其道而行，阳奉其教而阴尽其学吗？诸如此类的问题，至今存在争议，本来是正常的，但争论总是在旧范畴、旧歧见的类似水准上反复出现，是否表明我们的研究其实仍在原地长期徘徊呢？

随着近二十年来域外汉学家的相关论著被陆续译介，人们开始重视17世纪在华耶稣会士向同时代欧洲介绍中国的文化与宗教，对欧洲思想界和文化领域发生的重大影响，因而一味指斥西方传教士全是“精神侵略工具”的调门骤然降低，肯定利玛窦等对中西文化交流有贡献的说法日渐升温。但前述问题并没有解决，由域外某些严厉批评17世纪基督教传教士在华活动的史著更受重视，便可窥知其中消息。如法国著名汉学家谢和耐的 *Chine et Christianisme* 就有两种中译本，都很畅销。

域外汉学家关于在华基督教的历史批评，无疑对我们的研究具有参照作用。例如谢和耐的那本书，在我看来，作者表示对中国文化怀有“了解的同情”，值得赞赏，全书的主题定在研究“中国人对基督教的反应”，尤为卓见，因为这个领域，以往西方人固然很少注意，中国学者也出于种种忌讳而避免涉足。但十年前我初读谢书的先出译本《中国文化与基督教的冲撞》(辽宁人民出版社，1989)，便感到作者提出了新问题，但同情的却是中国的旧偏见；以后再读耿昇的新译本《中国和基督教——中国和欧洲文化之比较》(上海古籍出版社，1991)，逐一检查了作者引用的中国史料，发现数量占第一位的是晚明徐昌治所编《圣朝破邪集》内收录的言论，而清初杨光先的《不得已》也占了引文不少篇幅。徐集本是万历晚年南京礼部侍郎沈潅与当国的权相方从哲内外配合发动“南京教难”的辩护状，结集时下距明亡仅五年，那时方从哲早被清议指为导致帝国濒危的首恶，沈潅更是盖棺论定的“阉党”谋主。“南京教难”正值方从哲在政府内部“尽逐东林”那两年出现，打击的是传教士，但当时敢于抨击君相共同造成帝国腐败的江南人士多为赞赏西学或改宗西教者，因而沈潅带头“参远夷”，实为配合方从哲逐东林。倘说他们的言行表征着当时中国人抗拒天主教义威胁中国传统的话，那只能说是守护腐败政治传统和僵硬意识形态的那一批权力者及其仆从的意见。至于杨光先本属阿附鳌拜集团的流氓，他攻讦“西洋人”的言论当然不是单纯的“仇外反应”，却也绝非清初中国传统文化维护者的自白。因此谢书的结论，即1700年前后欧洲围绕“中国礼仪”问题展开的争论，自始拒绝考虑当时中国人反对天主教义的论证，无疑是睿见，可是由于引据不当，全书结论难以使中国史家信服。

我早就很希望中国学者从事这一课题的研究。尤其在1992年仲冬我出席在旧金山大学利玛窦中西文化历史研究所举行的“中国礼仪之争：历史和意义”学术研讨会以后，既被与会欧美学者的意见分歧所吸引，也被会后重读的谢和耐书引发深一度的思索。正值这时，从我攻读中国文化史博士学位的李天纲，表示愿对“中国礼仪之争”的相关问题重做系统考察，定为他的博士论文的选题。我对此表示同意，而以为问题长期不能解决，一个关键就在于中国学者对于“礼仪之争”那百年间来自中国人方面的历史材料发掘不够，尤其是中国天主教信徒在当时遗留的相关史料很少见人引用。我一直坚信，历史的事实是从矛盾的陈述中间清理出来的，不下功夫搜集和爬梳各种原材料，首先完成清理历史实相的工作，便很难对已成过去的历史有真知灼见。李天纲已有十多年的治史经验，对于我的意见十分重视，将辑集整理有关“中国礼仪之争”的汉语文献，作为他的论文成败的决定性关键，同时广泛参考中外学者的旧论新说，力求使这段历史以较为真实的面貌重现，并且力求从文化史角度较为准确地重估当年这场争论的历史意义。于是就有了获得众多评审专家一致肯定属于优秀的他的博士论文，也就有了摆在我们面前的这部著作。

关于这部著作的成书过程，李天纲在后记中做了详细说明。这里必须指出，我忝居李天纲的博士论文导师，除了承担例行义务，如确定选题、厘清思路、拟定大纲、修正提纲等，都与他共同讨论以外，主要工作便是充当他的论文的第一读者。虽说这个角色也颇为难当，读稿既费时更费力，况且从初稿到定稿曾细读过三遍，但我只有资格从逻辑与历史是否一致方面进行挑剔，而对论文引用的浩繁中外文献、引录的大量中外论著，则无由置喙，因为许多材料和见解，在我也是初见。我是相信论从史出的，于史既有不知，自然便不好对李天纲的基本见解说三道四。所以，李天纲说及他这篇力作的完成必须感谢中外多位学者，在他开列的主要名单中间，我也许是最不值得感谢的，相反我应该感谢他的这篇论文对我释疑解惑带来的助益。

承李天纲好意，要我为他这部《中国礼仪之争：历史、文献和意义》的出版作序。作序似应就书论书，多多美言，但我想对这部书来说，如此循例，既不必要，也无帮助。凡是关注三百多年前中西文化交流和基督教在华传播等真实历史的人，只消一瞥本书目录和附录，便不可能不想置诸案头。我以为就本书讨论的历史过程而言，略述我的若干想法与积疑，或许对于李天纲继续深入地研究相应课题不无参考作用。是以率尔操觚。

1998年9月草，11月改，
于复旦北隅破壁楼

目　录

前　言

一、世界性的议题

“中国礼仪之争”（Chinese Rites Controversy），按现有中西方学者的研究，有狭义和广义的两种。狭义地讲，“中国礼仪之争”只是指18世纪初年康熙时期的那场论战。论战分成对立的双方：一方是在北京的康熙皇帝，另一方是在罗马的天主教教宗。但是广义地说，这场论战其实缘起于明末天主教耶稣会士始入中国之时。不但开始得早，而且结束得迟，一直迁延到1939年。这一年，罗马天主教宣布废除以往对中国礼仪的禁令，允许中国天主教徒进行祭祀祖先和孔子的仪式。如此算来，“中国礼仪之争”在中西宗教和思想史上历经了三百多年。

在儒家文化与基督教文化接触的历史上，关于中国礼仪的争论和研究一直处于十分显眼的位置。“中国礼仪之争”和后来历史上发生的其他“文化冲突”有很大的不同。至少在争议初期，它没有夹杂利益纠纷。学者们一般也把“中国礼仪之争”称作“教案”。① 但是，应该加以区别的是：鸦片战争以后发生的所有“教案”，都夹杂着政治、军事、外交、法律、经济的冲突。“教案”中所谓的宗教问题，并不完全是宗教性的，而更主要是社会性的。然而在“中国礼仪之争”开始时，中西双方都只是为了维护宗教信念上和文化上的纯洁性，主要目的是纯粹观念性的。这个区别很重要，也很有意思。为了保住中国天主教的地盘，罗马教廷很犹豫地坚持其批评中国文

① 张力，刘鉴唐. 中国教案史. 成都：四川省社会科学院出版社，1987.

化的己见。同样，康熙皇帝也是在不得已的情况下，有分寸地驱逐传教士。中世纪后期的欧洲人仍然固执于自身的理念，而中国人亦固守其文化自大的精神传统。他们都看重思想上的差异。因此说，“中国礼仪之争”在开始时是一场观念之争，是从中世纪社会过渡到近代社会过程中那种比较纯粹的文化冲突。

正是因为如此，“中国礼仪之争”在中国、在西方都产生了深刻的思想影响。“中国礼仪之争”超越了教会内部的争论，扩大到整个社会思想文化界，成为18世纪以来一个世界性的热门话题，可以说它是中外历史上规模空前的“中西文化大讨论”。

当时法国著名的历史学家圣西门蒙（de Saint-Simon），在他1700年的《论文集》中说：“中国有关信仰孔夫子和祖先的礼仪之争开始大肆渲染起来了。耶稣教会允许新入教者这样做，而外国教会又禁止他们这样做。这一争论对整个历史产生了可怕的后果。”同年，另一位法国历史学家皮埃尔·贝尔（Pierre Bayle）在《历史评论辞典》中说：“耶稣会士们关于中国礼仪的争论响彻整个欧洲。他们在罗马互相指责，世界红衣主教会议、巴黎大学、国王、作家等都在这一问题上轰动起来了。”①

争论从宗教界扩大到思想文化界。后来的思想家，如伏尔泰（Voltaire，1694—1778）、孟德斯鸠（Montesquieu，1689—1755）、莱布尼兹（Leibniz，1646—1716，又译莱布尼茨）、沃尔夫（Christian Wolff，1679—1754）、康德（Immanuel Kant，1724—1804）、赫尔德（Johann Gottfried Herder，1744—1803）、谢林（Friedrich Wilhelm Joseph Schelling，1775—1854）、黑格尔（Georg Wilhelm Friedrich Hegel，1770—1831）等，都热心关注这场争论，发表看法。启蒙思想家、德国民族文学传统的开创者赫尔德，曾以优美的笔调描述了当时欧洲人热心中国文化的情景。他说：

> 自从利玛窦神父最先在中国为耶稣会赢得了声誉以来，他们向中国输送了一大批既善于为人处世，又勤勉努力的饱学之士。这批人使得欧洲认识了偌大的中华帝国及其邻邦，使我们熟悉了它们的语言、经籍、政体以及风土人情。耶稣会士的这一功绩是不容抹杀的。现在，我们对中国的了解，甚至超过了对欧洲的一些国家的了解。

---

① 戴密微. 法国汉学研究史. 中国史研究动态，1980（1）：10.

赫尔德在同一篇论文中提到了“中国礼仪之争”。他的记录表明，关于中国的争论在这些思想家的脑袋中留下了多么深刻的印象：

> 耶稣会士们当初以艰苦卓绝的努力开创的宏伟事业，后来却断送于一场微不足道的风波。此番争吵，涉及的不过只是礼仪的问题。在汉语中，上天称作“天”，该词亦指“上帝”。然而（欧洲的）人们却禁止中国人使用“天”和“上帝”这两个词，要求他们遵循天主教的习惯，使用“天主”。祭祀该民族最伟大的先师孔子（我们称之为“孔夫子”）和祖宗，原本是中国人相因成习的风俗，然而（欧洲的）人们却要求他们将祭祀的方式部分废止，部分改变。譬如说，为祖宗立牌位，只许写上亡人的名字，不许写上“灵位”“神主”等字眼。此类禁约引起多少不愉快的麻烦。由此引起的争吵和文笔官司，其程度之烈、数量之多，倘若不是有目共睹、有案可稽，那实在令人难以相信。①

欧洲的启蒙思想家们完全了解“中国礼仪之争”。哲学家黑格尔也仔细研究过“中国礼仪之争”。他提到这次事件，说：“耶稣会教徒虽然在中国做了让步，称基督教的上帝为天，可是他们因此在教宗那里受到了其他基督教团的控告。教宗就派了一位红衣主教前往中国。这位红衣主教死在那里。此后又派去一位主教下令，应该用‘天主’这一称呼来代替‘上天’。”在黑格尔时代，“中国礼仪之争”的高潮已经过去，论战过程中形成的一些结论，如说中国人的宗教属于“伦理宗教”，被黑格尔作为世界本原“绝对理念”的演绎例子在论述。他认为，中国人过分注重礼仪，一切依赖“天”和“天子”，缺乏西方人那样在信仰中表现出来的个体“独立性特征”。也就是说，中国人在“天”的信仰面前比较平淡，缺乏西方人那样内在的、单独接近它的精神冲动。中国人更多是把“天”看作自然界的“客体”，而西方人则把上帝看成人格化的万物“主宰”。黑格尔倒不一定是在批评中国人，他是根据“中国礼仪之争”的史料，知道中国人敬天，有“天子”代行“四祭”的做法，因而说中国的信仰方式中也有其“家长制”的特征。②

---

① 赫尔德．中华帝国的基督化//夏瑞春．德国思想家论中国．陈爱政，等译．南京：江苏人民出版社，1989：98.

② 黑格尔．东方世界//夏瑞春．德国思想家论中国．陈爱政，等译．南京：江苏人民出版社，1989：128.

“中国礼仪之争”在基督教世界旷日持久地进行，涉及很多中国经典，特别是儒家著作，自然地在全欧洲普及了中国文化知识。不仅如此，因争论而引发的思考和结论，延伸成为许多启蒙思想家思想的重要部分。在欧洲思想家中，中国文化一度和古希腊文化并列，成为他们热烈研究的对象。孟德斯鸠受耶稣会关于中国礼仪观点的影响，基本认为中国礼仪不是宗教，中国人靠伦理治国。但他更进一步地区分了礼治和法治，提出中国是一个没有法律、只有礼教的专制国家。他在《论法的精神》中说，中国人“把宗教、法律、风俗、礼仪都混在一起。所有的东西都是道德。所有这些东西都是品德。这四者的箴规，就是所谓礼教。中国统治者就是因为严格遵守这种礼教而获得了成功”。他不像耶稣会士那样赞美中国，但他同意耶稣会的一个观点：千万不要试图改变中国人的礼仪，因为专制国家没有法律，就是靠“礼教”治国，如果改变了中国的“礼教”，中国就会大乱。① 孟德斯鸠反对当时的欧洲人盲目崇拜中国文化，他的论战对象中就有伏尔泰。

伏尔泰不同意孟德斯鸠说中国文化中没有法律、只有礼教的观点。他在《论各民族的精神与风俗》中认为：“在和平时期，（中国）官府的意见从来都具有法律的力量。这一重要事实，推翻了孟德斯鸠《论法的精神》中对世界上这个最古老的国家提出的笼统含混的责难。”伏尔泰更加亲近耶稣会，也更加同情中国文化。他对“中国礼仪之争”了解较多，他说：

> 在非难这个大帝国的政府为无神论者的同时，我们又轻率地说他们崇拜偶像。这种指责是自相矛盾的。对中国的礼仪的极大误会，产生于我们以我们的习俗为标准来评判他们的习俗，我们要把我们偏执的门户之见带到世界各地。跪拜在他们国家只不过是个普通的敬礼，而在我们看来，就是一种顶礼膜拜行为。我们误把桌子当祭台，我们就是这样地评骘一切的。我们在适当时候将会看到，我们的分裂和争吵怎样导致了我们的传教士被赶出中国。②

在《路易十四时代》中，伏尔泰在最后一章全面介绍了“中国礼仪之争”。他的观点更接近耶稣会对中国礼仪的判断。他认为中国

---

① 孟德斯鸠．论法的精神．张雁深，译．北京：商务印书馆，1982：313.

② 伏尔泰．风俗论：上．梁守锵，译．北京：商务印书馆，1995：221.

的科学两千年停滞不前，文学和哲学比他自己的时代落后二百年。但是，中国的道德和政治在全世界“堪称首屈一指”。而且，中国人对上帝有很好的信仰。“中国礼仪之争”在法国争吵得相当厉害。高卢人本来好辩，一般的辩论司空见惯，但伏尔泰竟以为这场辩论是法国历史上空前的：“在我国到处占主导地位的那种积极活跃、嗜争好讼、喜欢争吵的特性，却没有一次争论比这次争论把它显示得更加清楚明白。”伏尔泰生活的巴黎，也是“中国礼仪之争”的一个中心。伏尔泰以其洞察力，总结性地认为，所谓的“中国礼仪之争”，其实只是欧洲内部宗教争论的延伸，他说：“我们在本国宗教的若干问题上争论了一千七百年。但是，这并不足以使我们心神不安。还需要中国的宗教问题掺入我们的争吵，才能达到这个程度。”① 伏尔泰是一位笔力非凡的启蒙思想家，他在这篇名著中表达的观点在欧洲是有代表性的。例如，他表现出来的法国知识分子对中国文化的推崇，就一直持续到今天。

18、19 世纪的欧洲，处于文化大发展时代，人们既重视思想的价值，又喜好异域文明中的异文化因素。和教会内保守僵化的神学家相比，当时社会上的思想家都持开明的态度。伏尔泰等思想家肯定不是教会活动的支持者，他们中很多人是讨厌教会的。他们之所以同情那些在中国筚路蓝缕、在欧洲却备受攻击的天主教耶稣会士，很重要的原因是后者给他们带来了新鲜的中国文化。可以说，欧洲教会内部开明派和保守派之间的“中国礼仪之争”，是一次中国文化在欧洲的普及运动。近代西方人认识中国文化，是从“中国礼仪之争”开始的。

二、比较文化

中国和欧洲的两种不同文明，在 16 世纪中叶以后，就再也不可避免地要发生正面交锋了。在最初的交往之后，一方面，中国士大夫中出现了像徐光启、杨廷筠、李之藻等愿意接受西方天主教文化的入教士人，欧洲天主教内部也出现了以利玛窦、艾儒略等为代表的，同情、容纳和接受中国文化特别是儒家主张的“西儒”。这是中西文化交往中双方“力求其同”的一面。另一方面，中西方文化之

① 伏尔泰. 路易十四时代. 吴模信，等译，北京：商务印书馆，1982：594.

间的巨大差异又是不能回避的。当时无论是天主教士，还是儒家、佛教、道教信徒，只要严格坚持自己的文化标准，马上就能发现对方存在许多不合教理、教规的“异端”。因此，这种异文化之间的冲突也就必然发生了。在大家“求同存异”的时候，冲突是潜在的、调和的。但在另外一些场合，因一些偶然因素的触发，双方反目，这种矛盾就会形成剧烈冲突。

17 世纪初年利玛窦开始结交江南士大夫以后，天主教士和儒家士大夫的关系基本上处于前一种状态。大家聚在一起翻译、刻印西方图书，讲习西方科学、神学或者中国的理学和语言文字，不少人受洗入教……这一时期，虽然也有像“南京教案”这样的冲突发生，但整体而言，一百年间，出现了中西文化交往历史上少有的健康、热闹的景象。

然而一百年后，在 18 世纪初年，康熙朝的后期，形势突变。骤然地因为中国礼仪，中国儒家文化和西方文化发生剧烈碰撞，中西文化交往的历史从此改变，可以说从此就再也没有恢复到当年的盛况。在以后的 19 世纪、20 世纪，中西文化发生了更大规模的冲突，西方人用鸦片、炮舰打开中国大门，也以其强势文化逼迫清朝。先不讲西方人中的各式态度，中国人从此便是满含失败的痛心和屈辱，完全失去了明末清初士大夫面对西方文化时那种不卑不亢的健康心态。要么面对西方文化的强大而自卑，要么因维护自己文化尊严的需要而夸张地自大。由此反观 17 世纪时的中西文化交往，那黄金时代的辉煌、那蜜月时期的温和已不复再现。这个历史性的转折年份正是康熙四十六年，即 1707 年。

1707 年春，康熙皇帝在巡视江南时，召见了赶赴行邸的各地传教士，要求所有愿意在中国传教的天主教传教士必须具结由他本人发给的“印票”，签字保证永远留在中国，不回欧洲。这实际是要求传教士和中国的天主教廷一起，效忠于康熙皇帝本人，与罗马梵蒂冈教廷脱离关系。康熙认为，罗马教廷非但对中国文化发表了不在行的意见，而且更以这种不在行的意见无端地干预中国人的社会生活，冒犯了皇帝作为“天子”的权威。在天主教神学中，罗马教廷是天主教信仰的基本环节，离开了它，教徒不可能与上帝对话。康熙腰斩了这种联系，由此，中国教会当然就不能合法存在，中西文化的交流只能暂时告停。

多少年来，中国的历史学家，思想、学术、文化史家，并未对这场“国际纠纷”表现出应有的重视。从思想文化史来说，“中国礼仪之争”在欧洲的影响确实要大于它在中国的影响。但是，“中国礼仪之争”毕竟事关双方，也在某种程度上影响了中国近代历史。它给中国的思想文化史留下了一道深深的刻痕，中国历史要成为世界历史的一部分，对此重大事件不详细记录显然是不对的。

20 世纪 20 年代，北平故宫博物院发现了康熙和罗马教廷间关于“中国礼仪之争”的往来文件，学者影印为《康熙与罗马使节关系文书》。近年影印的《康熙朝汉文朱批奏折汇编》，其中也明确地有不少关于“中国礼仪之争”的往来文件。但是这些原始文件在后来编定《清圣祖实录》的时候，只留下片断记录。蒋良骥和王先谦的两部《东华录》对此也是若隐若现。这段中西历史被擦去许多。今天看到的《清史稿》在民国初年完成，已经很难见到“中国礼仪之争”的蛛丝马迹。

“近三百年学术史”，同一个题目，由两位思想和史学大家梁启超及钱穆分别地做过研究，但是二者对“中国礼仪之争”的思想文化价值都未提及。正当“西学”卷土重来的清末民初，梁启超以西方思潮的拥护者、倡导者，在他的名著《清代学术概论》《中国近三百年学术史》中，对天主教耶稣会士所传播的“西学”给予了充分的评价。但是他对“中国礼仪之争”未有深入的了解。在《中国近三百年学术史》中，他提到因为罗马“1704 年教令”“禁拜祖宗”，结果耶稣会士被康熙赶出中国，连带他们的学问也“因此顿挫”。①但是梁启超没有做出细致的分析，他似乎对康熙朝的这一事件没有更多的掌握。钱穆在当时并不怎么关心中西文化交流。他的《中国近三百年学术史》中很少提及“西学”对儒学的作用。但是，以钱穆关心“礼”和“理”的态度，他本应注意到：在清初，在中国和西方，有一批学者是怎样批评中国礼仪，谈论“道”、“理”和“天”的。这里，除了缺乏材料之外，儒家正统思想的框框也局限了他。钱穆代表了坚守中国传统的一派，类似于西方的保守主义者。梁启超等人则代表了儒家知识分子中的开明传统，和明末的徐光启等人一脉相承，和欧洲 19 世纪的启蒙思想家的思想开放也比较类似。在后一类人物的研究中，较多地运用了中西比较的方式。

思想、学术及文学艺术间的比较，即所谓现行的“比较文化”，

---

① 梁启超. 中国近三百年学术史//梁启超论清学史二种. 朱维铮，校注. 上海：复旦大学出版社，1985：111.

历来有两种做法。一可称为“类型比较”，把中国和西方“同类”或“相似”的东西放在一起比较，比如有历史学家把康熙皇帝和彼得大帝进行比较。这样的比较，只是在复杂的历史条件下，抽出某些所谓相似的或不相似的东西加以类比，如说康熙和彼得大帝一样，都是专制君主，都是改革家，都是对西方文化持开明态度的开放者。这些表面上的相似之处，看上去是很令人兴奋的。但是把它们放回到具体的历史事实之中，我们很难得出确凿的历史结论。康熙皇帝和彼得大帝，在历史上是没有联系和交流的、独立的两个人。俄国经过彼得大帝的改革，加入了欧洲近代历史。反观中国的康熙皇帝，他虽然也学习“西学”，但基本上是他个人的兴趣使然。因为当时的中国，还没有受到欧洲民族国家间相互竞争、领土扩张潮流的影响。康熙皇帝没有彼得大帝那样的压力，中国社会还没有在多方面和西方连成一体。因此，若要把康熙皇帝和彼得大帝进行比较，得出康熙皇帝有与彼得大帝同性质的雄才大略、同样的近代意识，这结论是不科学的。除了康熙个人愿意学习耶稣会士带来的西方科学技术以外，中国历史还是基本上按原来的逻辑发展着。

另一种“比较文化”的研究方法，是把历史上曾经有过实质性联系的人、事、物，在当初的冲突或交流中加以比较，可称为“历史比较”。① 比如“太平天国运动”就是中西文化比较研究的好题目。我们可以在活生生的事实中看到，西方的宗教怎样进入中国人的生活内部，中国人和西方人在意识上存在多大的具体差异。按照这样的标准，“中国礼仪之争”显然是一个更好的题目。欧洲动荡中的天主教神学和教条，与同样古老的中国儒家思想，与令人眼花的民间风俗习惯，发生着一种活生生的关系，双方都把自己的信仰尽量地交代、解释，以求说服或征服对方。这样，也就把中西双方的文化差异暴露无遗，连这种文化差异导致的结果也会清晰可见。这样的比较研究，是在扎扎实实的历史基础上进行的。

把“中国礼仪之争”这一中西文化交流事件加以“历史比较”，我们可以看到，明末清初中西文化不同传统的“人文主义”交汇在一起。耶稣会带来的是文艺复兴以后的欧洲人文主义。欧洲人把儒家精神和中国礼仪中暴露出来的中国文化特征，也称为“人

① “类型比较”（Parallel Comparative Study）与“历史比较”（Historical Comparative Study）也被称为比较研究中的“美国学派”和“法国学派”，各有长短。其讨论参见：张隆溪．比较文学译文集．北京：北京大学出版社，1982。

文主义”。[①] 东西两种“人文主义”各有渊源，但至少在主要一点上是相同的，这就是它们都很重视世俗学问，强调政治和道德学说，也就是把有关人的各种知识放在相当重要的位置。

耶稣会是欧洲教会内部的“人文主义”派。它是由一批雄心勃勃的青年神学学生建立的，其动因是天主教内部改革运动。当时的改革人物，无论是南方天主教的，还是北方要脱离罗马教会的新教的，都是在人文主义思潮中成长起来的，他们对知识体系有新的看法，赞同起源于意大利的人文主义精神。为保持罗马天主教会的统一，耶稣会持强烈的反分裂态度。但是在对待科学、文艺等世俗知识方面，南方的天主教士比北方的新教徒更开通，因为南方是人文主义的发源地。北方新教徒反对教会腐败，在信仰上更纯洁、虔诚，但在世俗问题上甚至比天主教士更固执。耶稣会士除了强调“纪律”和“忠诚”之外，还十分强调“知识”“教养”。注重人性和人格的培养，这使得他们同时具有中世纪末期骑士式的勇敢、进取精神和文艺复兴时期的人文主义精神。

在中国，孔子“敬鬼神而远之”，“子不语怪力乱神”。儒家对宗教现象采取谨慎的态度，把学术注意力集中在人事上。中国的儒学在汉代以后就被尊为官方统治学说，社会上也没有形成欧洲那样的宗教禁欲主义。虽然汉代有“谶纬”、讲“灾异”、推“阴阳五行”，到宋明以后的儒学，吸收了佛教的教理，也谈论“天道”“性理”“器识”，有所谓“天人合一”的传统，但儒家基本上是一套关于世俗的学说，毕竟不像欧洲中世纪那样，全部的知识体系是围绕神学建立的。先秦的儒家，确实是各家中多讲“人文”的一派。耶稣会士首先做出这中西比较，他们认为：中国的儒家学说只是道德哲学。利玛窦、金尼阁说：“中国所熟习的唯一较高深的哲理科学就是道德哲学。”[②] 对中国文化本质有此认识，耶稣会士便否认中国礼仪（祭祖、祀孔等活动）是一种宗教仪式。他们认为儒家祭祀是世俗性质的人文活动，而不是宗教性的异端活动。

我们看到，中国和西方两种不同形态的“人文主义”，在“中国礼仪之争”的具体历史环境中，发生了有内容、有细节、有相互欣赏又相互排斥的种种交往，这确实是观察中西文化差异的良机。

---

① 裴化行．利玛窦评传：上．管震湖，译．北京：商务印书馆，1993：133-152．

② 利玛窦，金尼阁．利玛窦中国札记．何高济，王遵仲，李申，译．北京：中华书局，1983：31．

第一章
中西文化交流史上的大事变

一、缘 起

耶稣会人文主义

《新天主教百科全书》给“中国礼仪之争”定义了三方面内容：一是士人祀孔，二是家人祭祖，三就是中西文字中有关基督教上帝的语义学和语源学的争议，称“译名之争”（Term Question or Term Issue）。[①]“译名之争”最早发生在耶稣会士之间。简单地说，就是在中文中如何正确地选用适当词汇来翻译“Deus”（神或上帝）一名。是用“天”“上帝”，还是用“天主”？关于此，在华的几十个传教士之间有分歧，开始了神学讨论。这一讨论，比北京和罗马之间的“中国礼仪之争”早了几乎一百年。

耶稣会的创始人依纳爵·罗耀拉（Ignacio de Loyola，1491—1556）是一个典型西班牙气质的人。他出生于西班牙北部贵族家庭，当过宫廷侍卫，从过军，勇敢顽强，崇尚骑士风度。在一次与法国军队作战负伤后，决心为基督和圣母充当骑士。罗耀拉的人文主义态度表现在他非常重视教育和人格训练。1541 年，他用西班牙文写完了著作《神操》（*Spiritual Exercises*），1548 年在罗马出版拉丁文本，后来成为耶稣会士的日修教材。这不是一本神学或宗教教材，其内容是一套在导师严格指导下完成的新生活方式的训练，目的是树立一种“神圣而无私”（Holy Disinterestedness）的处世态度。罗

① Francis A. Rouleau，S. J. Chinese Rites Controversy//New Catholic Encyclopedia：vol. Ⅲ. 611.

耀拉自己接受了良好的教育。1528 年他进入巴黎大学，后来成为新教领袖的卡尔文正好在这一年离开巴黎大学。在巴黎大学，罗耀拉有六个密友：皮埃尔·拉费佛尔（Pierre Lefevre）、方济各·沙勿略（Francis Xavier，1506—1552）、迭戈·莱内斯（Diego Lainez）、阿方索·萨尔梅隆（Alfonso Salmeron）、尼古拉·博巴第拉（Nicolas Bobadilla）、西蒙·罗德里格斯（Simon Rodriguez）。他们就是耶稣会的“七奠基人”（The Seven Founding Members）。他们在大学里的活动受到西班牙宗教裁判所的监视，一度被认为是非宗教性的结社活动。罗耀拉所做的确实是把文艺复兴中个人主义和世俗社会的集体主义结合起来，带进了天主教改革运动。①

受罗耀拉派遣，由葡萄牙国王约翰三世支持，方济各·沙勿略于 1542 年 5 月到达印度果阿，1549 年进入日本，1552 年 12 月 3 日死于中国广东海面的上川岛。② 方济各在完全没有基督教基础的印度教、佛教、儒家地区传教，运用的也是耶稣会一贯的务实原则。他在印度与有学问的婆罗门教徒讨论天主教义，在日本与当时掌握最高哲学、文学等学问的佛教僧侣讨论教义。在日本，他经常被问：“汝教如独为真教，缘问中国不知有之?”③ 他发现：文化发达的日本，对中国文化更加崇敬，便决定要去中国，在一个东方文明国家填补天主教的空白。方济各给东方教会留下的传统，明显地具有耶稣会特征，即注重世俗学问，如科学、哲学、文学、伦理学，用文化的手段传教，而不是单凭信仰修炼。方济各因为东方教会奠基人的地位，被罗马教廷列为“圣人”，称“圣方济各”。“圣方济各”给早期的东方教会打上了耶稣会的人文精神印记。

注重人格训练，使耶稣会一开始就从事文化教育。罗耀拉亲自创办了大量学校，最著名的是 1551 年创办的罗马学院，后来成为宗座额我略大学（Pontifical Gregorian University），现位于梵蒂冈皮洛塔（Pilotta）广场 4 号，是天主教首席大学。到罗耀拉去世时，耶稣会共建立了 33 所学校，另有 6 所已经批准筹办。到 16 世纪末，耶稣会共有 245 所学校。④ 这些学校为当时的欧洲提供了最好的教

① Williston Walker. A History of the Christian Church. New York：Charles Scribner's Sons，1985：507.

② 同①514.

③ 费赖之. 入华耶稣会士列传. 冯承钧，译. 上海：商务印书馆，1938：8.

④ William Bangert，S. J. A History of the Society of Jesus. The Institute of Jesuit Sources，1986：28，104.

育。20世纪激烈反教的代表人物罗素也承认，耶稣会士“比别种教士宽厚慈悲。他们倾注全力办教育，因而牢牢把握住青年人的心。他们所施的教育在不夹缠神学的时候，总是无可他求的良好教育。他们传授给笛卡尔（Descartes，1596—1650）的大量数学知识是他在别处学不到的”①。

耶稣会教育不但有明确的功利目的，而且有严格的社会人格要求。学校以国王和贵族的子弟为重点，目的不仅是走上层路线，更重要的是培养人的自尊心。当时的理论认为贵族子弟往往比较自尊。笛卡尔出生在法国都兰城（Touraine）的贵族家庭。利玛窦的父亲做过教宗国的玛彻拉达（Macerata）市市长和省长。② 上海的开教者郭居静是意大利“名门旧族之后”。③ 挑起“中国礼仪之争”的龙华民也是“贵家子”。④ 徐光启的朋友熊三拔是“那波利国莱切城名族之裔”⑤。清初耶稣会杰出人物汤若望更是德国天主教历史上的大族。⑥ 耶稣会传记作者强调他们的贵族身份，从侧面证明他们的教育方针确实是培养“精英”。精英教育的目的是要适应世俗学说的发展，用知识武装自己，进入上流社会交际圈。耶稣会早期在中国传教，走的是上层传教和知识传教的路线，而不是通常在下层民众中使用的神秘主义的灵性路线，这和他们的“人文主义”立会宗旨是分不开的。“人文主义”尊重理性，崇尚知识。利玛窦为中国天主教确立了深厚的理性传统，当“中国礼仪之争”发生时，中国的儒家基督徒坚持要与方济各会（Franciscan Order）、多明我会（Dominican Order）讲“理”，也说明他们具有共同的“理性精神”。在由北京教徒所作、藏于巴黎法国国家图书馆的《同人公简》中，他们为耶稣会和中国礼仪辩护：“天教先贤（指利玛窦等），凡论道辩惑，悉以理推之，故天主教方尊兴于中邦。”“以理推之”，便是理性的信仰，是“理性主义”。

1540年9月27日，教宗保罗三世批准成立耶稣会，总会长为罗耀拉。耶稣会发展很快，1556年罗耀拉逝世时，会士达到1 000人。

---

① 罗素．西方哲学史．马元德，译．北京：商务印书馆，1982：41.

② 仙花小组．利玛窦神父与中国．台北：光启出版社，1983：14.

③ 费赖之．入华耶稣会士列传．冯承钧，译．上海：商务印书馆，1938：68.

④ 同③76.

⑤ 同③123.

⑥ 魏特．汤若望传．杨丙辰，译．台北：台湾商务印书馆，1949：1.

五年后，达到13 000人。[①] 该会是一个国际性的组织，总会长常驻罗马，在意大利、西班牙、葡萄牙、德国、法国、比利时建立了最初的会省，后来在南美洲西、葡属殖民地，以及墨西哥、美国、波兰、摩洛哥、印度、日本、中国等都建有会省，设会长管理。耶稣会的会士、分会长和总会长自成系统，绝对服从。所以，人称总会长为“黑衣教宗”，其有很大权力。他们的策略是在地理上建一道抵抗新教的防线，新教发展到哪里，该会会士就深入到哪里。在德国南部和东南部，以及波兰、匈牙利等地，耶稣会都成功地恢复了天主教会。耶稣会在设立之初和日后的行动中，一直是宗教改革运动的死对头。耶稣会士忠诚守纪，有战斗力，总会长对教宗效忠，得到教宗的信任。在1545—1563年讨论天主教前途问题的特兰托会议上，迭戈·莱内斯、阿方索·萨尔梅隆成了教宗的首席神学专家。[②]

新兴的耶稣会有很强的个性，在组织上极其严密，在宗教问题上也从不退缩。有自己的独立见解，也有强大的力量，有一个西班牙的传说可以注解他们的这种性格，故事说：有一天，上帝需要一个秘书，在“圣人”（Saints）中寻找，当时请天上所有“圣人”到场，提出一个候选人名单，“圣人”们都觉得天下教会的“基石”、使徒圣伯多禄（St. Peter）是这个重要位子的当然人选，所以相约都把自己撤除候选人名单，让他当选。但是，推举进行到最后一刻，耶稣会的创始人罗耀拉（圣依纳爵）跳将出来，毛遂自荐，吵着要做上帝秘书。这一举动引起公愤，受到批评。然而，最后公布中选人的时候，罗耀拉竟然被上帝自己选中为秘书。这使得老资格的圣伯多禄觉得下不了台，他要到上帝面前讨个说法。上帝平缓而尴尬地回答说：“亲爱的伯多禄，我完全明白你的想法。但是，我有什么办法呢？你知道……”他翻了翻那一叠推荐书，继续说：“这位负过伤的老兵……是耶稣会推荐的。”[③] 这种游戏说法，既说明耶稣会在教会中有很大势力，也说明它和传统修会的虔诚保守不同，具有近代社会的进取性和世俗性。

耶稣会在各种修会中的独特个性，使它容易和其他古老修会冲突。在“中国礼仪之争”中，耶稣会本着近代的人文精神，对中国

---

① William J. Bausch. Pilgrim Church. Twenty-third Publications. 270.

② Williston Walker. A History of the Christian Church. New York: Charles Scribner's Sons, 1985: 507-509.

③ Corrado Pallenberg. Inside the Vatican. New York: Hawthorn Books Ins., 1960: 167.

文化做了许多研究，判断儒家文化的基本精神是世俗的，而非宗教的。耶稣会喜欢从事一般学术研究，而不是一味的神学研究；耶稣会能站在中国文化的立场上看问题，而其他修会很难做到；耶稣会士常常能站在同情中国文化的立场上，宽容中国；最基本的差异还在于：耶稣会在传教学（missiology）上主张“学术传教”，用学校、出版、讲学、立会等方法，走精英路线，接近知识界，扩大社会影响，为基督教会建立文化基础。这种方法在近代越来越流行，但在古代却非议许多。

咄咄逼人的作风必然树敌过多，耶稣会在新教和天主教各国遭到不少反对。在罗耀拉的祖国西班牙，一贯控制教廷宗教裁判所（The Holy Office for Judgement）的神学权威多明我会，激烈反对耶稣会的做法。在中国的传教事务上，多明我会也横加干涉，让耶稣会很不好受。“中国礼仪之争”高潮前后，耶稣会在路易十四（Louis XIV，1638—1715）的法国宫廷取得成功，但开始时却很不顺手。他们在伊丽莎白一世女王中期才打入英国。许多人认为，耶稣会过于严格，过于世俗化，为达到目的不择手段。耶稣会士还经常以宫廷教师、顾问的身份被卷进宫廷纠纷，参与宫廷政变，在政治上遇到敌手。

1759 年，葡萄牙国王改变态度，勒令耶稣会停止在其境内的活动。类似的事情发生在法国是 1764 年，在西班牙是 1767 年。终于，在 1773 年，教宗克莱芒十四世（Clement XIV）顶不住各方的压力，解散了耶稣会。但是顽强的耶稣会并没有彻底服从，比如在美国耶稣会就继续活动，成绩很大。在中国，耶稣会开辟的传教领地，一度被转让给法国遣使会。教宗庇护七世（Pius VII）在 1814 年恢复耶稣会。1842 年，新耶稣会士到达中国。

会内的“礼仪纠纷”

耶稣会是一个纪律严格的半军事化组织。按耶稣会的体制，全世界耶稣会士都由罗马的总会长完全控制，不受当地教区主教的管理，连教宗也不能直接干预。总会以下，在世界各地分设会省。会省有会长，负责传教。16 世纪中叶，远东的日本、中国教区完全是由耶稣会开辟的，中国传教区和日本传教区一起，划由一个会长领导。通常是耶稣会士负责开辟传教区，当地主教只做日常教会管理，因此，耶稣会会长的实际地位高于教区主教。方济各以后，17 世纪以前，耶稣会只在澳门建有据点，在中国内地未有专管人员。耶稣会士，意大利那不勒斯人范礼安（Alexandre Valignani，1538—1606）驻在澳门，负责打开中国大门，职务是日本、中国传教区的视察员。

利玛窦（Matteo Ricci，1552—1610）于1583年进入广东肇庆，1599年二度到达南京，1601年到达北京。由于是中国教会的真正创始人，从1597年起，他担任耶稣会中国传教区的会长，中国传教中的重大方针决策都由他定夺。早期耶稣会的传教策略都是在利玛窦时代定下来的。利玛窦要耶稣会士改“西僧”的形象为“西儒”的形象，采用中国儒家经典中的语言来翻译天主教神学，以至容许皈依天主教的中国教徒能够继续祭祀孔子和他们的祖先，等等。这一系列重大抉择，利玛窦归纳为“补儒易佛”，即对佛教、道教采取激烈的批判态度，而对儒家在采取低姿态迎合态度的同时，在暗中进行修正和批评。

《利玛窦中国札记》记录，在《天主实义》出版前后，利玛窦和徐光启有一场重要的神学讨论。作者说：“这本书还批驳了所有中国的宗教教派，只有像圣哲之师孔子所发挥的那种根据自然法则而奠定并为士大夫一派所接受的教派除外。……当在大庭广众中问起保禄博士（即徐光启。——引者），他认为基督教律法的基础是什么时，他所做的回答可以在这里很及时地引述如下。他只用了四个音节或者说四个字就概括了这个问题。他说：易佛补儒（Ciue Fo Pu Giu），意思就是它破除偶像并完善了士大夫的律法。”[①] 确实，在《天主实义》中，利玛窦对儒、道、佛三家分别对待。对佛、道两家很不客气，直称“二氏”：“二氏之谓，曰无曰空，于天主理大相剌谬，其不可崇尚，明矣。”他对儒家的批评显得很有分寸，采取了基本肯定、部分存疑的态度：“夫儒之谓，曰有曰诚，虽未尽闻其释，固庶几乎？”[②] 在《天主实义》中，利玛窦学中国儒家“同室操戈”和“厚古薄今”的方法，把自己喜欢的称作“先儒”，把自己不喜欢的称为“俗儒”“后儒”“迂儒”。

在翻译天主教信奉之神名称的时候，他的具体做法是尊用先秦

---

① 利玛窦，金尼阁. 利玛窦中国札记. 何高济，王遵仲，李申，译. 北京：中华书局，1983：485-486. “补儒易佛”策略的成形过程，参见：李天纲. 徐光启与明代天主教. 史林，1988（2）。

② 利玛窦. 天主实义. 影印本. 台北：台湾学生书局，1964：解释世人错认天主.

古籍中的“上帝”称号，而对于宋明理学含有道学意味的“太极”持激烈的批评态度。有人说，天主教的神“无声无臭”“无处不在”，很像中国人讲的“太极”。对此，利玛窦在《天主实义》中回答：“余虽末年入中华，然窃视古经书不怠。但闻古先君子敬恭于天地之上帝，未闻有尊奉太极者。如太极为上帝，万物之主，古圣何隐其说乎?”① 因为对佛教、道教持完全否定的态度，对儒家持利用态度，所以译名取用了儒书中的“上帝”，而不是宋代以后流行开来的佛、道教意味的“太极”。

在“译名问题”上，利玛窦迎合儒家，在祭祀问题上也是如此。早期的耶稣会把佛教和道教的庙宇活动都看作“迷信”“异端”“偶像崇拜”，但对儒家允许的祭祖、祀孔活动加以容忍。利玛窦尽量把儒家的祭祀活动，解释成非宗教性的家族宗法活动，是教育性的、纪念性的。对于祭祖，他说：

> 在士大夫中最庄重，并为从皇帝到小老百姓都从事的一件事是：在每年固定的日子里，向死去者供奉肉、水果、香料、绸缎（最贫穷者用纸）和焚香。以此方式，他们向亲人尽到了自己的责任。也就是说：对他们“事死如事生”。做这事时，他们并不认为死者需要这些东西，会来享用这些，他们说，之所以要这样做，是因为没有其他方法能表达他们对死者的爱和感激之情。他们中的有些人还告诉我们，这种仪式与其说是为了死人，不如说是为了活人，让孩子和不肖者能恭敬事奉他们活着的亲属。因为孩子们看到人们严肃地善待死者，他们也会如此地对待活着的人。②

对于祀孔，利玛窦也是尽量把它解释成儒家教育和科举制度的一部分。孔庙祭祀，只是感谢先圣先师，而不是求神拜佛似的祷告：

> 士大夫的庙是孔庙，按规定，在每个城市的学官旁都要建筑。孔庙非常豪华，庙中最显要的地方，置放孔子的塑像，或者是镌刻精致的孔子名称的金字牌匾。旁边是孔子弟子的塑像或名字，也经常被认为是圣徒。每值朔望日，城里的举人、秀才，点蜡烛，

① 利玛窦．天主实义．影印本．台北：台湾学生书局，1964：解释世人错认天主．

② Fonti Ricciane：vol. Ⅰ，N. 177－178. 今转引自：George Minamiki，S. J. The Chinese Rites Controversy：From Its Beginning to Modern Times. Loyola University Press，1985：17。

在祭坛的中央焚香，并行通常的跪拜之礼来崇敬孔子。同样，每年孔子诞日和其他固定日子，他们也隆重地献上杀死的动物和其他吃的东西，以感谢他在书中给他们留下的良好的教诲，正是这教诲，使他们获得了功名。他们这样做，并不是向孔子祈祷和要求什么，其态度正如他们对待一般的已故者一样。①

在“译名问题”和“祭祖祀孔”等日后引起“中国礼仪之争”的基本问题上，早期耶稣会的基本态度是：把儒家和佛教、道教区分开来，采取拉一家、打两教的策略。对于利玛窦定下的“补儒易佛”策略，当时的耶稣会士一般是执行的。后来的耶稣会士一直把《天主实义》作为传教思想指导。利玛窦思想的继承者如金尼阁（Nicolas Trigault，1577—1628），高度评价这部中国教会的奠基之作，对“补儒易佛”的策略沿用不改：

这本书里还包含摘自古代中国作家的一些合用的引语。这些段落并非仅仅作为装饰，而是用以促使读别的中文书籍的好奇的读者接受这部作品。这本书还批驳了所有中国的宗教教派，只有像圣哲之师孔子所发挥的那种根据自然法则而奠定并为士大夫一派所接受的教派除外。这种教派的哲学由古人发展而来，很少包含有应当正当地加以指责的东西。②

然而，1610年利玛窦去世后，既定的策略受到新一代人物的质疑。龙华民（Nicolas Longobardi，1559—1654）继任为耶稣会中国传教区会长。在他的时代，中国已经开辟了南昌、南京、北京、陕西等传教区。1615年，根据当时中国传教事业的不断发展，总会长威特勒斯奇（Vitelileschi）把中国传教区从日本—中国会省中划出来，成立中国副会省。1618年，又把中国传教区副会省的地位升级为会省。③ 因为利玛窦等先驱人物的铺垫，到17世纪头20年，中国天主教进入了迅速发展的时期。也因为这一时期的发展，在耶稣会内部，中国传教区更受世界瞩目，新任会长龙华民的地位要比前任利玛窦更加重要。由于觉得自己有不同于前人的重要性，而且意识

① Fonti Ricciane：vol. Ⅰ，N. 177－178. 今转引自：George Minamiki，S. J. The Chinese Rites Controversy：From Its Beginning to Modern Times. Loyola University Press，1985：19。

② 利玛窦，金尼阁. 利玛窦中国札记. 何高济，王遵仲，李申，译. 北京：中华书局，1983：485.

③ 费赖之. 入华耶稣会士列传. 冯承钧，译. 上海：商务印书馆，1938：79.

到与同事间的分歧，龙华民全面审视耶稣会在华策略，对利玛窦时期定下的"补儒易佛""中国礼仪""译名问题"提出了一系列质疑。当时的中国视察员巴范济（François Pasio，1551—1612）咨询了徐光启等人的意见。徐光启当然地站在利玛窦一边，维持了原定译名。1612年，龙华民又联合熊三拔（Sabbathin de Ursis，1575—1620），上书日本—中国会省会长，要求禁用"天""上帝""天主"等译名。文件转到罗马，当时著名神学家组成研究小组，他们的意见也是维持利玛窦的原定译名。①

龙华民认为利玛窦的做法是在迎合儒家。一般地附会儒家不会有什么问题，问题是他认为儒家经典里的词语有特定含义。"天""上帝"，在程朱理学中有无神论意味，在中国的天道思想中根深蒂固，还原成儒家、佛教、道教，就是异端。他一直反对会士们容忍中国教徒祭祖、祀孔，更反对用《尚书》中的"上帝"和"天"对译"Deus"（音译"陡斯"，拉丁文"神"的意思）。如果汉语的"天"和天主教的"Deus"混同，那么梵蒂冈教堂里的"上帝"就可能和北京天坛上空的"上帝"打架。后人论："龙华民盖为引起中国礼仪问题之第一人。当其仅为传教师时，对于其道长利玛窦之观念与方法，已不能完全采纳，但为尊敬道长，不便批评。一旦自为会督后，以为事关信仰，遂从事研求，而在理论上与事实上所得之结论，有数点与前任会督之主张完全背驰。"②

1628年1月，由于龙华民的坚持，召开了"嘉定会议"。当时集中在杭州——李之藻、杨廷筠家乡——躲避"南京教案"的耶稣会士，转移来到僻静的苏州府嘉定县。嘉定是著名教徒徐光启的学生、儿辈亲家孙元化的家乡。③ 江南地区的耶稣会士在此召开了历史上有名的"嘉定会议"，专门讨论"译名之争"。当时到会、今有记载的十一位耶稣会士是：龙华民、金尼阁、郭居静（Lazare Cattaneo，1560—1640）、艾儒略（Jules Aleni，1582—1649）、阳玛诺（Emmanuel Diaz Junior，1574—1659）、高一志（即王丰肃，Alphonse Vagnoni，1566—1640）、曾德昭（Alvare de Semedo，1585—1658）、毕方济（François Sambiasi，1582—1649）、费奇规（Gaspard Ferreira，

---

① 罗光. 教廷与中国使节史. 台北：传记文学出版社，1969：80.

② 费赖之. 入华耶稣会士列传. 冯承钧，译. 上海：商务印书馆，1938：77.

③ 徐光启孙徐尔斗，娶孙元化外甥女为妻。孙元化从徐光启学几何，著《几何用法》等。万历四十年（1612）举人。万历四十八年（1620）在北京受洗，教名依纳爵。

1571—1649）、李玛诺（Emmanuel Diaz Senior，1559—1639）、黎宁石（Pierre Ribeiro，1572—1640）。[①]

龙华民的观点，保存在1631年他作于北京的《论反对使用“上帝”名》，此文未发表，后被多明我会觅得，藏于马尼拉多明我会档案馆。[②] 但是，1701年，正当“中国礼仪之争”在福建、北京、巴黎、罗马大规模爆发前夜，龙华民的另一篇论文《论中国宗教的若干问题》（Traite sur quelques points de la religion des Chinois）在巴黎发表。这篇著名的论文从中国礼仪问题出发，认为中国儒家士大夫都奉行“无神论”。这个观点给欧洲以极大的震动。著名哲学家马勒伯朗士（Malebranche，1638—1715）受其影响，写了《一位基督教哲学家和一位中国哲学家有关上帝的本质和存在的问答》。莱布尼兹也从此关心中国人特有的思维方式。[③]

金尼阁1610年来华，是利玛窦思想的继承者，如同龙华民是利玛窦教会的继承者。他是利氏作品的整理者，是他第一次把耶稣会对中国文化的看法全面地介绍给欧洲人。利玛窦用意大利文写的日记被金尼阁获得。1615年，金尼阁把日记带回罗马，译成拉丁文，向欧洲公布。在翻译整理中，金尼阁掺入了自己的传教体会和经验，这就是著名的《利玛窦中国札记》。该书介绍耶稣会在中国取得了非凡的成就，且大大推进了汉学知识在欧洲的传播。《利玛窦中国札记》法文版译者贝西尔（G. Bessiere）在评价这部书时借用此书“英译本序”之作者加莱格尔的话说：“它对欧洲的文学和科学、哲学和宗教等生活方面的影响，可能超过任何其他十七世纪的历史著述。它把孔夫子介绍给欧洲，把哥白尼和欧几里得介绍给中国。它开启了一个新世界，显示了一个新的民族，而把一个有问题的成员介绍到国际大家庭里来，而在相识了三百年之后，它仍然存在着问题。这部著作总的主题是十六世纪耶稣会士对中国的发现。”[④]

《利玛窦中国札记》的出版，大大有利于中国文化在欧洲的普及，也有利于耶稣会在华传教事业。比如说，以此事业作为号召，

---

① C. von Collani. The Treatise on Chinese Religions（1623）of N. Longobardi，S. J. Sino-Western Cultural Relations Journal，XVII，1995.

② 荣振华. 在华耶稣会士列传及书目补编. 耿昇，译. 北京：中华书局，1995：379.

③ 戴密微. 法国汉学研究史. 中国史研究动态，1980（1).

④ 利玛窦，金尼阁. 利玛窦中国札记. 何高济，王遵仲，李申，译. 北京：中华书局，1983：651.

金尼阁在此行后，一下子招募到二十二位年轻会士随他来中国，有八位到达中国，汤若望（Jean Adam Schall Von Bell，1591—1666）是其中之一。其他人有的死在海上，有的留在别的国家。借着利玛窦的声名，金尼阁还出入于欧洲各国宫廷，募集到许多钱款、书籍和礼物。①

金尼阁的另一项使命是说服罗马教会，给他们这些在中国的传教士以适应当地的传教策略。他于1620年从罗马回来，带回的是教廷对中国教徒的宽容政策，他向教宗保罗五世（Paul Ⅴ）争取到的特许是：平时祷告不必都用拉丁语，可以用中文，但限于文言文；可以设本地神职班，培养本地的神职人员；可以部分地翻译《圣经》的重要章节；行弥撒时不必强求教徒脱帽，以尊重中国冠冕缙绅阶层的习惯。② 能够争取到这些宽容政策并不容易。天主教会直到“梵蒂冈第二次大公会议”（Cocilium Ecumenicum Vaticanum Secundum，1962—1965，简称“梵二会议”）后，才正式在各国陆续放弃用拉丁语做祷告。罗马之所以允许这一点，是因为受了耶稣会士的影响，承认中国儒家经典中的文言文具有和拉丁语同等的地位。可见，耶稣会士凭着中国传教功绩，在罗马取得了对中国文化的宽容政策。天主教还曾规定，不能随便翻译《圣经》。信徒只有在神父的指导下才能阅读《圣经》。天主教用民族语言翻译《圣经》也是近代的事。当时金尼阁为了获得这些特权，在欧洲做了详细和充分的准备，至今维也纳帕拉丁图书馆的手稿收藏中，还在第6475号保存有他的《关于在礼仪中使用中国官话致教皇的表》。③

事情的影响也有与耶稣会士愿望相反的。《利玛窦中国札记》中对儒家的迎合态度，以及罗马教廷对耶稣会的偏袒态度，引起了欧洲其他修会人士的非议。神学权威多明我会就是其中之一，另外还有流行于北方天主教各国的詹森主义（Jansenism）。这就为“中国礼仪之争”的爆发埋下了伏笔。

“嘉定会议”议定：废除利玛窦时期使用的“天”和“上帝”，保留“天主”译名。这一决议是双方方案的折中。不使用儒家经典里现有的“天”“上帝”，同时也不使用音译，而是另外再组合，造

① 利玛窦，金尼阁. 利玛窦中国札记. 何高济，王遵仲，李申，译. 北京：中华书局，1983：附录.

② 费赖之. 入华耶稣会士列传. 冯承钧，译. 上海：商务印书馆，1938：134.

③ 荣振华. 在华耶稣会士列传及书目补编. 耿昇，译. 北京：中华书局，1995：682.

一儒书中没有的“天主”，以示借用的是中国的语言，而不是儒家的概念。至今还没见到对“嘉定会议”的整体研究，但有一点是可以肯定的：龙华民挑起的“译名之争”，以及“嘉定会议”后的研讨气氛，有利于明末已经相当热烈的西书翻译运动。

返华后的金尼阁主持了一个大规模的翻译计划。当年他从欧洲回到中国的时候，随船运到“西书七千部”。[①] 欧洲“文艺复兴”以后，各国收集书籍，努力扩大人类知识范围，流行建造图书馆。这样数量的书籍，是欧洲一个巨型图书馆的规模，几乎包括了文艺复兴运动以后的神学、哲学、科学、文学、艺术等各学科的所有知识。金尼阁联络了福建艾儒略，上海徐光启，杭州杨廷筠、李之藻，西安王徵，北京李天经等中外人士翻译出版这些书。但是，因“中国礼仪之争”而扩展开的神学审查，对他的工作阻力很大。“嘉定会议”上，他竭力为利玛窦路线辩护，心力交瘁，因劳成疾。会后不久，于同年 11 月在杭州发高烧去世。[②] “西书七千部”的翻译计划，因主持人的病故而没有完成。后来李之藻、王徵等人零星地翻译了其中的一些著作，但大多数的西书都流散了。四百多年前，中国人难得的全面了解西方文化知识的机遇丧失了。

有人称耶稣会士龙华民为“引起中国礼仪问题之第一人”[③]，但是耶稣会内部的争论并没有扩大到天主教的其他修会之间，更没有扩大到中国教徒的生活中。“嘉定会议”决定中国人可以祭祖、祀孔，禁用“天”和“上帝”译名的规定也没有严格执行。在相当长的时间内，在中国传教一直是由耶稣会士垄断的。在怎样传教，用什么方法传教，应在哪一阶级和哪一地区用功，以及天主教与儒、道、佛的关系，等等，即通常笼统讲“如何正确地处理与中国文化的关系”问题上，耶稣会士间有争议，但是终因可以内部讨论解决而未公开形成社会争论。

---

① “西书七千部”之事，见于杨廷筠《代疑编》《刻〈西学凡〉序》，李之藻《刻〈职方外纪〉序》《读〈景教碑〉书后》《刻〈天学初函〉题辞》，王徵《〈远西奇器图说录最〉序》。从这些记载来看，当时主持“西书七千部”翻译的是金尼阁，李之藻、杨廷筠、王徵协助其事。全国范围内这么多人了解这件事，可见这是一场公开进行的社会事业。关于“西书七千部”的下落，参见方豪的《明季西书七千部流入中国考》，此文被收入《方豪六十自定稿》(上)(台湾学生书局，1969 年自印本)。方豪认为，北京北堂图书馆藏书中有不少属于“七千部”之遗，“确知为金氏携来，合各种文学计之，凡四百二十八种。不同确定者，凡一百五十一种。两共五百七十九种”(第 50 页)。

② 徐宗泽. 中国天主教传教史概论. 上海：土山湾印书馆，1938：327.

③ 费赖之. 入华耶稣会士列传. 冯承钧，译. 上海：商务印书馆，1938：77.

二、争论大爆发

修会间的争执

时至17世纪30年代，“中国礼仪之争”扩大到天主教各修会之间。关键问题仍然是：按天主教教义来看，在中国士大夫和民间流行的祭祖、祀孔礼仪是不是属于“异端”？教会能否对已经皈依天主教、参加教堂生活的中国教徒的祭祖习惯加以容忍？争论扩大化以后，在中国和欧洲逐渐涉及了持有不同态度的四方人员，他们是：（1）为中国礼仪辩解的耶稣会士，以及由他们皈依的中国基督教信徒；（2）强烈反对耶稣会的其他修会，包括多明我会、方济各会（Franciscan Order）、奥斯定会（Augustinian Order）、巴黎外方传教会（Missions Etrangéres de Paris）；（3）对在华各派传教士的纠纷难以判断，但又必须做出裁决的罗马教廷；（4）因外国教士和教宗干涉中国事务而终于恼怒的康熙皇帝。

这场争论的后果是极不痛快的，争论中的任何一方都未在随后发生的事件中获得什么。相反，各个修会都被中国皇帝驱逐出境，罗马教廷几乎丧失了经历一百五十年艰辛开辟而得来的中国教会。而所有对西方文明有兴趣的中国人，从皇帝到士大夫及基督徒，也失去了接触新鲜的西方文明的机会。

历来谈及“中国礼仪之争”，都说争论首先是在福建爆发的，是在天主教不同修会之间发生的。这不会有错，福建是17世纪西班牙、葡萄牙两股传教力量的汇合处。《清康乾两帝与天主教传教史》中说：

> 中国开教始祖利玛窦最初在中国传教时，一看到中国人的祖先观念和儒家思想，就知道这两种思想是深植在中国人心而牢不可破的，因此他认为传教士如果不承认中国的固有思想，就绝对收不到传布天主教的效果。所以他就把中国人所常说的“天”借用来当作造物主的“天主”。而且把Catholicus译成“天主教”。中国信徒，既可以参加祭祖和祭孔的典礼，同时也可以参加天主教仪式，尤其是一般传教士为了讨好中国人，都穿儒服说汉语，努力模仿中国人的风俗习惯，所以说耶稣会士在中国传教成功的主因，就是他们能和中国人的传统礼俗妥协。

然而远在耶稣会之后来中国传教的道明会和外方传教会却不这样。他们由于信念和派别的差异，因此嫉妒耶稣会在中国的成功，他们首先指责耶稣会士允许中国教徒祭祀祖先之非和崇拜偶像。其次他们说汉语里的“天”，是物质天——苍天的意思，绝不能代表天主教的“天主”。①

文中提到的“道明会”，即多明我会的异译，该会从南美洲、菲律宾经中国台湾进入中国大陆，只在福建地区活动，一般认为是该会挑起了“中国礼仪之争”。徐宗泽《中国天主教传教史概论》中也说：

继（龙华民。——引者）而反对（中国礼仪——引者）者，有多明我会士。彼等于1631年入福建传教，六年后（1637年。——引者）旋即退出，该会士见耶稣会士容忍祭祖敬孔之礼，大不以为然。乃禀告马尼剌总主教。总主教即以此诉诸罗马教宗迂尔朋第八。此为1635年之事。迨后查明事情之真相，总主教即在1638年撤回其诉状也。②

徐宗泽（1886—1947）是徐光启的第十二世孙，留学欧美，得神学、哲学博士学位。他在欧洲看到了许多资料。他的这部书稿，对当时的中国读者了解“中国礼仪之争”很有帮助，但他仍然认为多明我会是争论的始作俑者。

其实，最早的争执发生在方济各会和耶稣会之间。在有关“中国礼仪之争”的中文著作中，罗光的《教廷与中国使节史》论述得比较详细、准确。他在罗马和欧洲其他地方抄录了有关资料，提到方济各会的传教士在多明我会之前开始向耶稣会士提出非议：

一六三二年，道明会士 Angelo Cocchi 来中国，入福安，在“顶头”（一译为“亭头”。——引者）开教。次年道明会士黎玉范（Juan Bautista Morales）和方济（各）会士利安当（Antonio Caballero 或 Antonio de Santa Maria Caballero，一译为李安堂。——引者）两人来福安增援。这两人到后，从此便天下不宁了。

① 白晋．清康乾两帝与天主教传教史．冯作民，译．台北：光启出版社，1977：38.

② 徐宗泽．中国天主教传教史概论．上海：土山湾印书馆，1938：232.

> 方济会和道明会乃欧洲的老修会，会士在欧洲、非洲、南美洲已经有了传教的祖传方策。他们的方策，是到处持着十字架，宣讲耶稣受难救世的大事，指责外教人的愚昧无知，要他们赶快信仰耶稣。他们一进福安，检讨耶稣会士艾儒略（Giulio Aleni）在福建的传教方针，评为缺乏传教心火，过于绕弯费时间，他们要直接向中国宣讲福音，宣讲救世主受难赎世。又加以这两（个）修会，（在）欧洲素为向平民宣道的修会，更歧视利玛窦向士大夫宣教的方策。利安当等在学习中国话时，一次偶然问教书的先生"祭"字有什么意思。教书的先生为使利安当容易懂得，便说"祭"字在中国古代就如天主教的弥撒。……利安当听了，马上便想到中国祭孔祭祖都是宗教祭典，天主教人绝对不能举行。这时是一六三四年。利安当又到一个家庭里去参观一次祭祖，他更信祭祖是迷信，于是他和道明会士便禁止教友祭祖；教友里面乃起争议。①

以前一般根据耶稣会和多明我会的论战资料来描述"中国礼仪之争"，罗光的描述与徐宗泽等前人的不同，他提到，在多明我会成为反中国礼仪的主角之前，是方济各会士李安堂（即罗光文中译为"利安当"者）首先向耶稣会士发难。近年方济各会的有关史料得以披露，使得当年事件的细节更加清楚。② 从中来看，"中国礼仪之争"确实是由西班牙方济各会士挑起的。从此以后，才有多明我会的介入，争论扩大到天主教不同的修会之间，形成以内部存在分歧的耶稣会为一方，以神学权威多明我会为另一方的对立。

"中国礼仪之争"首先爆发于福建。在福建，由于主持当地教会的耶稣会士艾儒略全面继承利氏传教路线，被当地教内、教外绅民誉为"西来孔子"。他对中国文化采取了十分开明的做法，包括允许教徒进祠堂、入孔庙。各地的中国信徒仍然保持着利玛窦时期的旧习惯。这种宽容做法引起了天主教方济各会的反对。

1633 年，方济各会士李安堂从马尼拉经台湾到达福建福安县传教。李安堂是西班牙人，1630 年到达马尼拉传教，在当地教授神学，

① 罗光. 教廷与中国使节史. 台湾：传记文学出版社，1969：83-84.

② 韩承良. 由方济各会的传教历史文件看中国天主教礼仪之争的来龙去脉. 善导周刊（台湾），1993-04-18，1993-04-25. 以下有关方济各会的资料，多引自此文。

是个有造诣的神学家。他在和日本人接触后，学了日文，到了中国台湾，准备从台湾去日本传教。在台湾，他改变了主意，决定学习中文，到中国大陆传教。根据方济各会的史料，罗光提到的那位“教书的先生”名叫王达窦。李安堂怀疑地问：中国人的祭祀活动到底是什么意思？王达窦不知道，他解释说，祭祖礼仪“如天主教的弥撒”。这使李安堂十分震惊。李神父请人陪同，去观看葬礼，仔细研究，断定祭祀活动是一种宗教礼仪。了解当地教徒祭祀祖先和孔子的习惯后，李安堂更为惊诧：耶稣会神父们居然在容忍教民们奉行异端。

1634 年，李安堂为了礼仪的问题，专门去了南昌，和住在那里的耶稣会副会长阳玛诺讨论这件事。他还进一步北上，到了南京，找人辩论。南京是江南儒家知识分子最集中的城市，利玛窦在这里留下了许多老朋友，教内、教外自然是维护耶稣会的说法。南京的天主教徒认为他多事，辩论过后，竟然把李安堂软禁了六个星期。放出后，派人把他押回福建福安。这次痛苦的北上经历，使李安堂决计要与耶稣会争个明白。

李安堂找到在闽传教的多明我会士黎玉范，两人于 1635 年 9 月连写两封信，要求艾儒略作答。艾儒略未理睬。11 月，两人便一起到福州找艾儒略辩论。艾儒略当时不在家，其助手和他们两人进行了对话。以中国传教老资格、中国文化专家的权威身份，福建的耶稣会士仍未说服他们。

李安堂和黎玉范分别是方济各会和多明我会的在华会长。这期间正好有耶稣会副会长傅汎际（François Furtado，1587—1653）来闽。三位会长加上中国文化专家艾儒略，为此在福州进行了三天的长谈。谈后，三位会长各自向本会在欧洲的总会长报告，发表对此问题的态度。方济各会、多明我会明确反对中国礼仪，耶稣会则百般辩护。傅汎际、艾儒略显然还没有把那两人当作论战对手，他们只是做了一个简短的报告；而李安堂和黎玉范的报告却详细地陈述了自己的观点，他们认定，只有天主才配领受人们献祭的肉食、水果和香火。

多明我会在欧洲是神学权威，长期以来主持教廷的“宗教裁判所”，对裁判异端特别有发言权。对伽利略、布鲁诺、哥白尼案件的审判，都是由该会主持进行的。但是，多明我会对中国文化问题缺乏内在的观察，其信众多半是下层一般民众，不像耶稣会那样，有儒家士大夫做朋友。多明我会的传教重点是南洋群岛的闽南人，台湾、福建是其延伸部分。两会在中国内地几乎没有传教士，仅有的几个传教士也都在福建。这样的格局对多明我会的影响是双重的：一方面是对中国的文化传统缺乏了解，另一方面是对福建地区的迷信活动感触尤深。

宗教裁判所的多明我会神学家们很少有来过中国的，他们对中国礼仪问题的看法基本上是在欧洲形成的。因此，研究“中国礼仪”问题，要考虑当时欧洲人对中国文化是怎样认识的。当时，《利玛窦中国札记》代表耶稣会观点，赞同儒家礼仪，在欧洲影响很大。① 在此之前，另有一本西班牙人拉达写的《菲律宾群岛的征服·记大明的中国事情》，也广泛地流行于欧洲各国。欧洲人对中国文化的理解，基本上源于这两本书。拉达到过福建，是奥斯定会的传教士。这本流行书用旅游者的眼光描述了中国人特殊的信仰方式，并没有发表批评意见，但其中对中国礼仪已经有了大惊小怪的描述。这本书中描写到的福建地区的“中国礼仪”，对当时固执己见的欧洲人来说是触目惊心的：

> 他们常在礼拜后献祭的是香和香味，及大量的纸钱，然后在铃声中把纸钱烧掉。他们也常给死人烧纸钱，如果死者是富人，也烧绸缎。
>
> 虽然他们不是很虔诚的人，他们仍在偶像前点小灯。他们也用整牛、猪、鸭、鱼和果品向偶像献祭，那些都生的放在祭坛上。在进行了许多仪式和祈祷后，他们极恭顺地取来三小杯酒，为他们的神（它是天）献酒一杯，再喝掉余下的，并把食物分掉，当作圣物去吃。除这些典礼仪式之外，他们（还）有其他一些非常可笑的（仪式），如我们在驶近群岛时船上所见。因为他们说必须举行欢迎娘妈的仪式，她把我们护送到此，以保佑我们一路顺风……
>
> …………
>
> 同样，他们经常赌咒、许愿和献祭。我们看到有的斋戒者

① 此书于1615年在德国出版，几年之内迅速传遍欧洲。“1616、1617、1623和1648年又出版了四种拉丁文本。它有三种法文本，刊行于1616、1617、1618年；德文本，1617年；西班牙文本，1621年；意大利文本，1621年；有一个英文摘译本，收入1625年出版的‘普察斯朝圣者丛书’。”（利玛窦，金尼阁. 利玛窦中国札记. 何高济，王遵仲，李申，译. 北京：中华书局，1983：英译者序言29）

发誓若干天不吃肉、蛋、鱼，只吃米、菜和水果。另一些人赠送还愿的绸制祭坛罩，上面写着还愿者的姓名，为何奉献，奉献给谁，他们是很迷信兆头的人，因此无论去哪里，哪怕半道上，他们都要向偶像问凶吉。他们先向偶像祷告，再取大把小棒，转动它们，不看就取出第一根掉出的，然后看上面写的字。根据它的意思到一张桌前去，上面摆着所有答案……

…………

中国人相信灵魂不死，好人和贤人升天。至于其他的人，和尚告诉我们说，他们变成鬼。……（中国的）土地是很肥沃的，物产丰富而人口众多，但百姓是异教，因此遭受不信上帝者的苦难。荣耀永归于上帝，愿上帝使他们皈依并认识上帝自身。阿门。①

从现存的资料来看，拉达此书中的记载是对“中国礼仪”的最早描写。拉达的记录是 1575 年写成的一份原稿，当时未出版。但是，从未到过中国的门多萨（Juan Gonzalez de Mendoza），在 1585 年利用拉达的手稿，写成了《中华大帝国史》（*Historia de las cosas mas notables, ritos y costumbres del gran Reynode la China*）。十五年里，《中华大帝国史》在欧洲用各种语言出版了三十多种版本。对中国人的献祭仪式、对“偶像”、对天堂地狱的看法，《中华大帝国史》都着力描写。

这其实只是福建地区的“中国礼仪”。拉达还没有深入中国的江南、京畿等地。他没有看到中国人的信仰，在儒、道、佛之间还有许多地区差异。但是，16、17 世纪的欧洲人对中国文化和中国宗教的先入之见，受这部书影响很大。包括耶稣会士在内的所有传教士，对中国礼仪都感到头痛棘手。多明我会开始发动“中国礼仪之争”的时候，焦点正集中在拉达最初提到的一些偶像问题上。他们就是要问：中国人在祭奠先人时，为什么要把三杯酒中的第一杯酒洒在地上？为什么会相信人死后，灵魂会在天上、地下和牌位之间来来去去？为什么中国人见到什么神的牌位就跪拜下去？按当时天主教的神学观念，这些确实是不符合教义的，耶稣会很难回答。

---

① 拉达．菲律宾群岛的征服·记大明的中国事情（Mardin de Rada，*Relacion de las cosas de China que propriamente se Ilama Taylin*）．中译文见：博克舍．十六世纪中国南部行纪．何高济，译．北京：中华书局，1990：218-221。

争论开始只局限在远东进行，在福州、在马尼拉、在广州。1685年12月20日和1686年1月21日，方济各会、多明我会在福州两次联合召开调查法庭，对中国教徒当面调查。这两次的法庭调查内容就成了“中国礼仪之争”的常规问题，以后被一直不断地在争论中提出来。他们在福州附近传唤了十一个证人，按方济各会史料记载，这十一人是：陈伍臣（保禄，33岁，福安县人，进士）、郭邦雍（若雅敬，53岁，福安县人，进士）、黄时乡（弥厄尔，27岁）、黄大成（31岁）、黄元晃（撒耳瓦，49岁，亭头人）、黄元中（方济，60岁，亭头人，塾师）、缪如钦（方济，37岁，亭头人，塾师）、林廷桂（厄玛奴，39岁）、阮孔贯（多默，42岁）、黄元炫（本笃，50岁，亭头人，塾师）、缪仲雪（方济，23岁，穆洋人）。亭头和穆洋（今称穆阳）是福安县城西面十五公里的两个小镇，是方济各会和多明我会的传教地区。值得注意的是，这十一人均是方济各会和多明我会劝化的教徒。

调查问卷的主要内容是：

在你们向祖宗的牌位和墓碑奉献祭品时，自己的臆想是什么，到底是要达到什么目的？

你们向城隍和孔子献祭时，心里祈求的是什么？

在亡灵的牌位前献上米饭、肉、酒、纸钱、香和蜡烛，到底是什么意思？

你觉得耶稣会士穿袈裟或者儒服对不对？

对于比较有文化教养的调查对象，他们还加一些问题，问他们对一些事的认识：

你对其他改变了信仰、入了天主教的中国人怎样看？

他们是否仍是儒生？

和他们、和自己的过去相比，不同信仰的长短处何在？

目前的各天主教传教会的传教方法优劣如何？是否有必要修改？为什么？

在中国树立起钉在十字架上的耶稣像是否会引起中国人的反感？

（像耶稣会士那样）不通过传播福音书，只讲道理，也可以传教吗？

就你看到、听到和读到的，中国礼仪的实践，如叩头、烧香、献祭品、拜天地人君亲师，是否有宗教含义？

这些调查在神学上是非常技术化的，都围绕着当时的神学教条和教义要点，为的是要确定：中国人是不是把孔子和祖先当作一种超自然的力量来崇拜。当然，如果得到的是肯定回答的话，中国礼仪就是多神教的偶像崇拜，是异端。调查前的预设结论显然是认为：耶稣会是在迁就中国人的异端信仰。

取得了调查结论之后，李安堂决计通过马尼拉，向罗马汇报。1637 年，李安堂神父经中国台湾去菲律宾，途中被海盗和荷兰人捕去，在爪哇被拘留了一年。后终于带着报告到达马尼拉。马尼拉的菲尔南德总主教觉得问题应该在当地解决，不要上交到罗马，因而组织了神学家和法学家来合议。但耶稣会的总会长表示：这个问题只有在华的耶稣会士有资格答复，其他不了解中国国情的人不要多发言。当时，方济各会和多明我会在中国各有两名传教士，一共才四个西班牙人，还都集中在福州附近。他们要推翻耶稣会半个多世纪的成果，不能被接受。

在耶稣会表示不合作之后，马尼拉总主教决定把矛盾上交到罗马。这让唯恐不能把事情闹大的李安堂异常兴奋，1640 年 5 月 17 日，他和黎玉范一起去罗马。但是由于至今不明的原因，李安堂停留在澳门，后又转赴内地，在济南、杭州传教。他和耶稣会士汤若望、龙华民成为朋友。而黎玉范神父独自去了罗马。

1645 年 9 月 12 日，教廷宗教裁判所的神学专家根据黎玉范的一面之词，做出了有利于西班牙会士的决议。这份被认为是罗马教廷关于“中国礼仪之争”的第一号文件，是根据黎玉范的十七条上诉，一一做的回答。所有的回答都对耶稣会不利。

例如，文件的第八条关于“祀孔”，罗马的决定是：“这不能允许。如果有这样的事发生，基督徒不应参加。”

第九条关于“祭祖”，罗马的决定是：“中国基督徒完全不应在旁边参与祭祖。他们不应加入祈祷，或者任何异教徒的迷信祭祀活动。”

第十条是回答中国基督徒提出的一个妥协方案。中国方面提出：有没有可能把中国礼仪改造一下，以求息事宁人。方案是基督徒自己单独举行教会内经改造过的祭祀仪式：在祭坛上放上十字架；在仪式中，把大家的注意力引向十字架：在祖先的牌位前除了礼拜之外，不做迷信活动，也不放任何死者生前不能享用的祭品。对此，罗马的决定是：“这种建议不能成立。基督徒既不能使用十字架，也不能单独祭祀。更不能把一种内在的非正当和迷信的行为，用引导注意力的方法，转而来礼拜真正的上帝。”①

这些“决定”，基本没有妥协的余地。但是，根据现在的中西文献来看，这些决定在中国内地没有马上产生很大的影响。显然是因为决定发布正值 1644 年清军大举入关之时，整个中国，尤其是福建、台湾地区，处于战争状态，这项决定并没有在中国得到严格执行和广泛传播。关于中国礼仪，在中国的不同修会之间争执不下，而在罗马的几任教宗也摇摆不定。

1654 年，耶稣会士卫匡国（Martin Martini，1614—1661）为“中国礼仪之争”专程赴欧洲，到达罗马，带去耶稣会的四条申诉意见。他解释说，中国人的祭祀是一种社会性的礼节，而不是宗教迷信。根据这些辩护，1656 年 3 月 23 日，教宗亚历山大七世做出了有利于耶稣会的决定：如果中国礼仪的意义如卫匡国所说，那么中国信徒可以行祭祀之礼。这是罗马教廷关于“中国礼仪之争”的第二号文件，它完全倾向于耶稣会。

例如，在第三条决定中，问：“儒生基督徒是否可以参加在孔庙举行的为他们授予科举功名的仪式？……”答：“根据以上解释，中国基督徒可以被允许参加上述仪式。因为看起来这仪式仅仅是公务上的和行政上的。”

在关于基督徒能否和非基督徒一起祭祀自己亲属的问题上，罗马的回答也是很开明的：“根据以上解释，传信部决议：中国信徒只要不是在进行任何迷信活动，就可以被允许进行纪念死者的仪式，哪怕是和异教徒们在一起。甚至当异教徒们在进行迷信活动的时候，他们也可以参加。特别是当他们宣誓了天主教信仰的时候，没有什么颠覆性危险的时候，或者冤家和敌人无法回避的时候。”

卫匡国获得的教廷决议很快被耶稣会士传遍中国，当时在欧洲和中国几乎形成了定见：李安堂和黎玉范神父是编造故事与无事生非的人。1659 年，罗马传信部给三位在中国的巴黎外方传教会会士发了一个不寻常的“指示”，其中说：

> 不要试图说服中国人改变他们的礼仪、他们的风俗、他们的思维方式，因为这些并不公开地反对宗教和良善的道德。还有比把法国、西班牙、意大利，或者任何其他欧洲国家，出口

① 禁止规定内容均见：Ricci Institute for Chinese-Western Cultural History. 100 Roman Documents Concerning the Chinese Rites Controversy. U. S. F.，1992：1。

到中国更傻的事情吗？不是要出口这些欧洲国家，而是要出口这信仰。这信仰并不和任何种族的礼仪习俗相矛盾、相冲突。①

明白无误的语言十分开明，代表了当时欧洲对东方民族的崇敬风气，也代表了天主教界“政教分治”“圣俗区别”的世俗化神学主张。如果这种态度流行的话，不但“中国礼仪之争”可以早早结束，而且以后更多的中西文化冲突也不会发生。可惜事实并非如此。

同是在 1659 年，当李安堂路过杭州时，卫匡国把这种意见连同罗马教谕一起告诉了他。这激怒了正直和自信的、当时已成为济南主教的李安堂神父。无独有偶，凭其坚定意志，他居然在耶稣会内找到了知音。他从耶稣会士汪儒望（Jean Valat，1599—1696）处获知了几十年前耶稣会内部对中国礼仪的争议内幕。在济南，汪儒望给他看了龙华民留下的反对中国礼仪的文件。李安堂获此信息后，派出中国内地仅有的另一位方济各会士文都辣（Bonaventura Ibanez）神父去欧洲告状。文都辣神父于 1672 年新募了六名会士来华，其时，李安堂已于 1669 年 5 月 13 日在广州逝世。

1664—1671 年，在北京，杨光先的反教活动受到幼帝康熙辅政大臣的支持。北京闹出一次次教案，先是命令各地教士来京集中，后来又把大部分传教士驱逐至广州。这时有二十三位（其中三位多明我会士、一位方济各会士，余皆耶稣会士）脱离了自己教区的神父，集中在广州的耶稣会院里，举行了传教史上著名的“广州会议”。1667 年 12 月 18 日至 1668 年 1 月 26 日，他们在三十九天的会议中，对近百年的中国传教活动进行全面总结。会议中，中国礼仪问题又成为激烈争论的焦点。

这次大会提交了四十二个议案。这些论文现在还保存着，其中第四十一议案有关“中国礼仪之争”。② 李安堂积极发难。他利用分歧，争取到四位耶稣会士的支持。这四位龙华民派的耶稣会士是：意大利人陆安德（Andre Lubelli，1610—1683）、法国人聂仲迁（A. Greslon，1614—1695）、葡萄牙人张玛诺（Emmaneul Jorge，1621—1677），以及李安堂在济南的同道旧友、法国人汪儒望。参加这次会议的其他耶稣会士还有潘国光（François Brancati，1607—

① Ricci Institute for Chinese-Western Cultural History. 100 Roman Documents Concerning the Chinese Rites Controversy. U. S. F.，1992：6.

② George Minamiki S. J. The Chinese Rites Controversy：*From Its Begining to Modern Time*. Loyola University Press，1985：83.

1671）等人。但是在会后表决时，议案的第四十一条顺利通过。除了一位方济各会士未签字外，大家在中国礼仪问题上继续持妥协态度。第四十一条的基本精神是维持现状，其内容如下：

> 至于谈到中国人用来崇敬他们的老师、孔子和他们死去的人，我们应该完全遵守1656年经由教宗亚历山大七世批复的宗教裁判所的决定。因为这些决定是建立在一个十分可信的意见基础上的，没有什么相反的证据可以提出。基于这种可能性，我们断断不能向无数的、已经被引领向基督教的中国人关上拯救之门，而理由仅仅是禁止他们做那些合法的和健康信仰也做的事情。他们可能被迫在最沉重的歧视下，被扔在一边。①

从此决议可见，在“广州会议”上，利玛窦、艾儒略对待中国文化的妥协路线，利用人数优势，还是占了主导。在传教的危急时刻，1656年的决议得到继续执行。

然而签了字的多明我会士闵明我（Dominigo Fernandez Navarette，1618—1689）于1669年12月逃离广州，1673年回到欧洲，1676年在马德里出版了《中华帝国历史、政治、伦理和宗教论集》（*Tratados historicos，politicos，ethicos religiosos de la monarchia in China*），诋毁中国礼仪为异端。② 该书在中国未被重视，但在西方引起极大反响，在虔诚教徒中引起另外一种意见，使罗马又一次面对两难，骑虎难下。

在欧洲，各个修会都有自己的特色。多明我会以神学坚定著名，控制了教廷的宗教裁判所。耶稣会擅长学术研究，出过不少学者，他们多用世俗方式传教。而古老的方济各会历来忍辱负重，鼓励会士任劳任怨。这些修会特色在“中国礼仪之争”中也表现出来。多明我会在神学上充老大，耶稣会则想方设法处理复杂的中国事务，而方济各会经常有息事宁人、折中纠纷的精神。由文都辣神父带来的年轻方

① Ray Noll. Introduction to 100 Roman Documents Concerning the Chinese Rites Controversy//Ricci Institute for Chinese-Western Cultural History. 100 Roman Documents Concerning the Chinese Rites Controversy. U. S. F.，1992：viii.

② 闵明我，西班牙多明我会士，1630年即参与远方传教，在南美洲布道。1646年离开西班牙，经墨西哥到达菲律宾。1648年10月23日到达马尼拉，在多明我会圣托马斯学院（1611）教授神学。1658年，闵明我到福建传教，学习中文，参与“中国礼仪之争”。1677年，闵明我被任命为菲律宾教区总主教，直到去世。

济各会士渐渐地与耶稣会士合作起来。他们请教耶稣会前辈，双方想办法修改中国礼仪，使它能为争论的各方所接受。据说，“广州会议”以后的李安堂开始改变态度，在自己的中文著作中使用了他曾反对的“天”“上帝”等词。即使在“广州会议”上，他也比早期的态度要缓和得多。[①] 后期方济各会士对中国礼仪有所妥协。

阎当与康熙

如果跳出宗教教义争论的范围来看问题，“中国礼仪之争”其实是一场不同文化之间相互理解、相互阐释的精神沟通。只要不抱偏见，越是争论，研究就越深入，理解也就越透彻，也就越难以简单地把对方斥为“异端”“异教”。争论的双方一度越来越形成一种妥协，原因就在这里。

然而，又来了一批新手，来了一批法国巴黎外方传教会和教廷直属传信会（the Sacrcd Congregation of Propaganda）的教士，其中就有后来使“中国礼仪之争”激化得不可收拾的法国巴黎大学神学博士阎当（Charles Maigrot，1652—1730）主教。[②] 1577 年，罗马教廷见在华传教顺利，改变了原先委托葡萄牙海外殖民地当局专管的做

---

① 韩承良．由方济各会的传教历史文件看中国天主教礼仪之争的来龙去脉．善导周刊（台湾），1993-04-18，1993-04-25.

② 阎当的汉名有不同翻译。徐宗泽在《中国天主教传教史概论》中用的是他自己的音译，把“Charles Maigrot”译作“满格老”，是根据原文的姓翻译的。韩承良的《由方济各会的传教历史文件看中国天主教礼仪之争的来龙去脉》翻译成“嘉乐”，看来是根据他的原名翻译的。中国社会科学院近代史研究所翻译室编《近代来华外国人名辞典》翻译成“严嘉乐（阎当）”，说明韩承良文中翻译成“嘉乐”也是有根据的。同样，翻译成“颜当”也是有根据的。这种译名混乱在当时就发生了。但是，目前中国出版的工具书，如《宗教词典》（上海辞书出版社，1981）中，把 1720 年到北京调解“中国礼仪之争”的第二次教廷特使 Jean Ambroise Mezzabarba 也译为“嘉乐”，这个译名有清代通行文献做依据，《正教奉褒》中译为“嘉禄”。这样，在“中国礼仪之争”中就出现了两个“嘉乐”，明显混乱。罗光《教廷与中国使节史》中译为“颜当”，《康熙与罗马使节关系文书》中，康熙称其为“颜当”，有当时文献做根据。方豪编《中国天主教史人物传》，在大量的文献中定为“阎当”，有根据。冯作民译《清康乾两帝与天主教传教史》，用的就是通行的“阎当”。今取用这一通行译名。“阎当”的名字有不同译法。有的是音译，用“满格老”“嘉乐”等。也有取用中文姓名的，但姓有三个，即“严”“颜”“阎”。译名混乱可见一斑。这个例子或许正可说明阎当对中国文化满不在乎。天主教传教士的中文译名比较复杂，耶稣会士的比较简单些，像利玛窦这样的鼎鼎大名，是当初他们自己取用的，在社会上比较流行。大多数耶稣会士在中国史书中留下了记录，后来学者研究较多，因此容易形成统一。但是方济各会、多明我会、奥斯定会等修会会士，中国化程度较低，中文著述较少，因此中文译名就比较混乱。

法，直接介入对华事务。1684 年，任命巴禄（Francois Pallu，1626—1684）为华南主教，罗文藻（1615—1691）为华北主教，建立宗座代牧制，建立梵蒂冈直接控制的教区。到 1690 年，传信部向葡萄牙国王妥协，议定澳门、南京、北京三个老教区仍是由澳门葡萄牙总督监管，有事与葡萄牙国王商量，其他地区则由新来的教士和教廷直接联络。①阎当 1678 年获巴黎大学神学博士学位，与巴禄合作，先到达暹罗，1681 年来华，1684 年任教宗驻福建代表，1687 年到 1696 年任代牧主教，全面管理福建教务。新来者容易对前辈事业、对中国文化采取挑剔的态度。他们都是热情有余而经验不足，但偏偏又是能通天的人物。他们对耶稣会和方济各会的传教进度不满，不免就认为是迁就中国文化的缘故。他们根据以前的教谕，对耶稣会士大加攻击。

福建是传教士来源最复杂的地区，当时当地活跃的方济各会士和多明我会士多为西班牙人，从南洋来，与菲律宾西班牙殖民势力联系。而耶稣会最早在福建传教，传统地受到葡萄牙的保护。还有，代牧主教认为福建应该在葡萄牙监管的三大教区之外，应该让他直接来福建开辟教区。错综复杂的多国、多会关系，使“中国礼仪之争”比以往更加激烈。在 1692 年，两位方济各会士顾奥定（Augustin Rico）、宋路加（Lucas Thomas）对中国礼仪不知所措，要求当时已担任福建代牧主教的阎当神父明确表态，到底可不可以进行中国礼仪，否则就回菲律宾去。②

1693 年 3 月 20 日，阎当主教发出了划时代的命令，要求在他的教区严禁中国礼仪。当时各地教堂都有仿制的康熙皇帝赐给汤若望的“敬天”大匾，挂在堂内的显要位置。阎当主教命令统统摘去。宋路加在摘大匾的时候与同会的石铎禄（Pedro Pineula）神父发生激烈争执，后者认为，此“天”是自然界的蓝天，不是神，不应摘去。他认为阎当鲁莽，是要激怒皇帝而自招毁灭。③

然而，通天的阎当主教想借此事端，将他的权威推广到全中国。因在中国势力单薄，他便用迂回的方法，发动了欧洲的神学家来支持他。阎当是神学博士，他派自己在罗马的代表谢莫（Nicolas Charmot）找到巴黎红衣主教德努埃勒（Louis-Antoine de Noailles）

---

① 罗光. 教廷与中国使节史. 台北：传记文学出版社，1969：77-78.

② 韩承良. 由方济各会的传教历史文件看中国天主教礼仪之争的来龙去脉. 善导周刊（台湾），1993-04-18，1993-04-25.

③ 同②.

支持他。1700 年 10 月，经过三次讨论，法国巴黎大学的神学院定中国礼仪为异端。当时的巴黎大学正和耶稣会论战，尤其是对李明（Louis Le Comte，1655—1728）的《中国近事报道》（*Nouveaux mémoires sur l'etat présent de la Chine*，1696，又译《中华现势录》）中的神学观点和美化中国儒家、贬低欧洲文明的言论反感。法国是“天主教会的长子”，巴黎的意见在罗马教廷有重要的参考作用。教宗虽然没有马上同意巴黎大学神学院的判断，但也不得不对之引起重视。①

一方是在华资格老而有经验的耶稣会传教士，是欧洲天主教各修会中新起的、富有活力的年轻力量，是教廷的“别动队”，深为教廷信赖。另一方的多明我会是西班牙背景，巴黎外方传教会是法国背景。耶稣会则是多国籍的，意大利籍、葡萄牙籍会士居多，并且受葡萄牙国王资助和控制。我们知道，罗马教廷在当时的天主教会危机中，先后依靠忠于天主教的西班牙国王和法国国王。在神学上，教宗依靠的也是以西班牙为基地的多明我会，多明我会在判断教义纯洁性的宗教裁判所里有特别的发言权。1616 年，他们判禁哥白尼“日心说”。1633 年，他们又判伽利略介绍哥白尼学说为宣传异端罪。在欧洲，积极于世俗活动的耶稣会与神学精深的多明我会经常意见相左。为此，教宗的处境十分尴尬。六十年来，教宗们对此问题发表了矛盾的意见，便因于此。

因各方压力太大，1704 年 11 月 20 日，教宗克莱芒十一世（Clement Ⅺ）全面讨论了阎当提出来的非议。巴黎大学神学院的神学家支持阎当，辩论结果断然主张禁行中国礼仪。教宗特使铎罗主教（Card. Charles Thomas Maillard de Tournon，1668—1710）于 1705 年 4 月抵达澳门。至此，“中国礼仪之争”越出了神学讨论的范围，转化为以教宗与皇帝为代表的“中西大遭遇”。从此开始，“中国礼仪之争”渐渐超出了教会内部的神学纠纷，甚至也不全是文化冲突，而是转化为教会权力和政治利益的冲突。

康熙什么时候知道有“中国礼仪之争”的？这个问题还有待查证。据他在成年以后就和法国耶稣会神父的密切关系来判断，他应该早就知道这场争论。据耶稣会史料，康熙本人至晚在 1700 年 11 月 30 日正式介入了“中国礼仪之争”。当天，在京神父闵明我（Philpe-Marie Grimaldi，1639—1712）、安多（Antoine Thomas，

---

① George Minamiki S. J. The Chinese Rites Controversy. Loyola University Press，1985：89.

1644—1709）、徐日昇（Thomas Pereira，1645—1708）、张诚（Jean Françios Gerbillon，1654—1707）起草的满文请愿书终于送到皇帝手中。当时欧洲教会为“印度礼仪”和“中国礼仪”争得不可开交，巴黎大学神学院的神学家认为：耶稣会在东方的做法是容忍异端。李明在1692年到巴黎，参加论战。为了争取教廷同情中国礼仪，为了和欧洲反对中国礼仪的对手们辩论，收集证据、资料，李明精心策划了一份请愿书。请愿书的内容是要求康熙皇帝出具证明，证明中国礼仪不是宗教崇拜。请愿书在欧洲拟定，由在北京的会士闵明我等人设法传给康熙皇帝，由他签字。请愿书的内容如下：

> 治理历法远臣闵明我、徐日昇、安多、张诚等奏为恭请睿鉴，以求训诲事。远臣等看得西洋学者闻中国有拜孔子及祭天、祀祖先之礼，必有其故，愿闻其详等语。臣等管见，以为拜孔子，敬其为人师范，并非求福、祈聪明爵禄而拜也。祭祀祖先，出于爱亲之义，依儒礼亦无求佑之说，惟尽孝思之念而已。虽设立祖先之牌位，非谓祖先之魂在木牌位之上，不过抒子孙“报本追远”“如在”之义耳。至于郊天之礼典，非祭苍苍有形之天，乃祭天地万物根源主宰，即孔子所云“郊社之礼，所以事上帝也”。有时不称“上帝”而称“天”者，尤如主上不曰“主上”，而曰“陛下”、曰“朝廷”之类。虽名称不同，其实一也。前蒙皇上所赐匾额，亲书“敬天”之字，正是此义。远臣等鄙见，以此答之。但缘关系中国风俗，不敢私寄，恭请睿鉴训诲。远臣等不胜惶怵待命之至。
>
> 康熙三十九年十月二十日奏

请愿书的目的是获得康熙皇帝签字，用来自中国最权威的证明，证明中国礼仪不是宗教活动，而是民间世俗活动。这样有利于耶稣会在欧洲的争论。这样老练的用心，这样深厚的关系，只有耶稣会能有。

收到请愿书的当天，康熙就加以朱批：“这所写甚好，有合大道。敬天及事君亲、敬师长者，系天下通义。这就是无可改处。”① 从康熙朱批过的奏稿来看，这个御旨是较长的。更难得的是，这个批文明确地表达了自己的观点，对涉及“中国礼仪之争”的三项主

---

① 《1701年中国康熙皇帝有关中国礼仪之争的简短回答》（Brevis Relatio eorum quae spectant Declarationem Sinarum Imperatoris Kam Hi，Peking，1701）。日本天理大学藏本1977年印行。由美国旧金山大学利玛窦中西文化历史研究所所长马爱德提供。

要内容——敬天、祭祖、祀孔都做了明确答复。这份文件当初有满文、中文、拉丁文三种版本，现在国内很难见到。以前世界上流行的是从满文本翻译过来的英文本，即我们上面所知的这些内容。它是从罗索（Antonio Sisto Rosso）在 1948 年出版的著作《中国的使徒们》（*Apostolic Delegations to China*）中的第 126～146 页，根据满文原件翻译的。以前的请愿书和朱批中文，是根据罗索翻译的西文翻译的。1977 年，日本天理大学发现本项文件完整的旧刊本，有满文、中文、拉丁文三种版本。全文由东京的雄松堂书店影印 200 本，学者始得引用。

中国原也藏有康熙朱批中文本，只不知现藏于何处。《正教奉褒》中有一段记载，和东京版的中文原本对刊，除个别字外，如东京本“主上”，《正教奉褒》称“祖上”，其他基本相同。①

《正教奉褒》作于光绪九年（1883），作者是上海徐家汇的中国人、耶稣会士黄伯禄。他说，此书的资料大多“见诸旧刻书籍……散见于碑碣”。但“集中间有事故，其原底本系华文，旋经翻译西文，均梓行也。凡华文原底本得收阅，即由西文译出纂入”。也就是说，书中资料大多是依据中文，只有少数是从西文翻译过来的。《正教奉褒》中的闵明我等四人的上奏和康熙的朱批，是中文原本。一百多年前，耶稣会士可能在罗马的档案中找到原文，也可能保存清朝官方的原来刊刻或笔记抄本。

无论如何，目前流行的中西方记载，相互间无大出入。《正教奉褒》中用的“康熙三十九年十月二十日”，也正是西历 1700 年 11 月 30 日。这都说明：康熙皇帝当时确实赞同过耶稣会士的说法，同意说祭祖、祀孔只是一种“习俗”，是人之常情，而不是宗教活动。这

---

① 黄伯禄．正教奉褒．上海：上海慈母堂，1884：康熙三十九年．“康熙三十九年十月二十日，治理历法远臣闵明我、徐日昇、安多、张诚等谨奏，为恭请睿鉴，以求训诲事。窃远臣看得西洋学者闻中国有拜孔子及祭天地、祖先之礼，必有其故，愿闻其详等语。臣等管见，以为拜孔子，敬其为人师范，并非求福、佑聪明爵禄而拜也。祭祀祖先，出于爱亲之义，依儒礼亦无求佑之说，惟尽孝思之念而已。虽设立祖先之牌位，非谓祖先之魂在木牌位之上，不过抒子孙‘报本追远’‘如在’之义耳。至于郊天之礼典，非祭苍苍有形之天，乃祭天地万物根源主宰，即孔子所云‘郊社之礼，所以事上帝也’。有时不称‘上帝’而称‘天’者，尤主上不曰‘主上’，而曰‘陛下’、曰‘朝廷’之类。虽名称不同，其实一也。前蒙皇上所赐匾额，御书‘敬天’二字，正是此义。远臣等鄙见，以此答之。但缘关系中国风俗，不敢私寄，恭请睿鉴训诲。远臣不胜惶怵待命之至。本日奉御批：‘这所写甚好，有合大道，敬天及事君亲、敬师长者，系天下通义，这就是无可改处。钦此。’”

是一份极给面子的文件，等于是屈中国皇帝之尊，请求罗马教宗允许中国天主教徒举行传统的中国礼仪。

因为有“中国礼仪之争”的问题，康熙在1700年前后特别关心中国的耶稣会事务。1699年，康熙第三次南巡，特地带上在京供奉于朝廷的耶稣会士张诚、白晋（Joachim Bouvet，1656—1730）一路同行，要到江南了解天主教的情况。据《正教奉褒》，康熙对扬州、南京、苏州、杭州的教务详细询问，召见了在杭州的潘国良神父。潘国良，又名潘玛诺（Emmanuel Laurifice，1646—1703），意大利人，当时担任中国耶稣会的视察员。十年前（1689），他和殷铎泽（Prosper Intorcetta，1625—1696）在苏州、杭州觐见过第二次南巡中的康熙。他专门到扬州迎接康熙，汇报中国的教务。据费赖之（Louis Pfister，1833—1891）和荣振华（Joseph Dehengne，1903—1990）的收集，在罗马耶稣会档案中藏有潘国良关于中国礼仪的研究文章的手稿，可见他也是“中国礼仪之争”中的重要人物。

现存的记录没有透露他们讨论了一些什么问题，但康熙和潘国良相处了近一个月。潘国良在三月十四日、十六日、十八日、二十四日、二十六日和四月初三日、初四日七次拜见了康熙皇帝。其中三月十四日在从无锡到苏州的运河船上，二十六日在杭州西湖边的船舫中，四月初三日在苏州虎丘山下，潘国良和张诚、白晋一起，与康熙有深入的谈话：

> 三月初七日，驻跸扬州。十四日，将至苏州，杭州天主堂教士潘国良至无锡境恭迎。上坐船头，望见国良，问：“哪里来的?”回奏：“远臣自杭州来，迎接圣驾的。”上随谕：“着国良船，傍近前来。”问国良姓名，回奏：“远臣潘国良，向年皇上南巡，迎接圣驾，曾见过天颜。”问：“是哪一国人?”回奏：“是意大利国人。”问：“可是与闵明我同国的么?”回奏：“是。”问：“你有天球么?”回奏：“杭州天主堂有一个旧的，不甚好。”问：“南京、苏州出北极几度?”国良一一回奏，随奉谕云：“你既住在杭州天主堂，可先回去。”回奏：“远臣随驾至苏州，俟十八日恭祝皇上万寿，方回去。”又奏：“远臣蒙皇上隆恩，今备几件土物进献。”上喜赏收。侍卫管嘱云：“你们的船，略在前慢行，不要远行，恐万岁还有话说。”少顷，上命内臣梁九公赍御馔银盘赐国良。国良叩谢恭领。十五日，舟抵苏州阊门。十六日黎明，国良趋赴行宫，恭请圣安。内臣入奏，传谕：“朕好。”

十八日，恭祝圣诞，天颜喜悦，国良叩辞先回。二十二日，驾幸杭州。二十四日，国良赍送浑天仪，进呈御览。内臣传旨云："这个是浑天仪。万岁要的是浑天星球。"即将浑天仪发还。二十六日，国良同张诚、白晋等（张诚、白晋本在京奉职，是时，上南巡，奉旨扈从），蒙上赐宴湖舫，游览西湖，至晚，偕诣行宫，谢恩而归。二十九日，圣驾回銮，经过天主堂，差内臣进堂细看。国良因送驾赴苏，未及晤面。四月初三日，国良同张诚、白晋等，蒙上赐宴，游览虎丘。初四日，国良等齐赴行宫谢恩，内臣传旨云："万岁前往杭州，叫我进天主堂看了。随经回奏，堂被火焚，修造未完。今万岁赐银二百两，与潘国良造完。"国良谢恩。随蒙谕云："路远了，不必再送。"国良叩辞西归。①

康熙频繁地接见耶稣会士，除了他个人喜欢西洋天文仪器、西洋教师之外，他还真的对教会本身有所关心。他派人查看杭州教堂治理情况，知道受了火灾，未得以修复，便马上送去银两，帮助重建，在前三次南巡中，每次都召见当地传教士。第三次还由张诚、白晋陪同。与耶稣会士这么密切的交往，对他们有这样浓厚的兴趣，在康熙的六次南巡途中是罕见的。和耶稣会士的亲近程度，大约只是主持"江南三织造"衙门的曹、李、孙三家皇家奴才才有过之（康熙的"行宫"设在"织造衙门"）。1699 年，第三次南巡中，北京皇帝和江南传教士之间的祥和关系，表明当时的康熙格外看重耶稣会士，看重他们的知识和为中国服务的热情，表明中国的基督教正处于明末以来又一个获得皇家支持的兴盛阶段。如果没有"中国礼仪之争"的全面爆发，情况当然会有所不同。

三、中西大遭遇

铎罗使团

1701 年 12 月，教宗宣布派遣铎罗主教到东方，调查并解决已经

---

① 黄伯禄．正教奉褒．上海：上海慈母堂，1884：康熙三十九年．王利器先生曾将《正教奉褒》中康熙与耶稣会士交往的活动日期与《清圣祖实录》的记录对照，均符合。（参见：王利器．李士桢李煦父子年谱．北京：北京出版社，1983）再经查蒋良骐的《东华录》（中华书局，1980）及中国第一历史档案馆的《康熙起居注》（中华书局，1984）中，虽然没有康熙与耶稣会士交往的正面记载，但其记年记事均与《正教奉褒》吻合。

争论了近百年的“印度礼仪之争”，同时，一并解决最近几十年激化起来的“中国礼仪之争”。“印度礼仪之争”和“中国礼仪之争”十分相似。1605年，耶稣会士诺比利（Roberto de Noblili）从葡萄牙殖民城市果阿进入印度内地传教。他迎合习俗，采用较高种姓的婆罗门贵族文化，用印度语言讲道，容许当地礼仪，自己也穿婆罗门服装。他的传教果然成功，但传教方法受到怀疑，被认为是偏离了天主教的正统。果阿的主教（Bp. Pimenta）将此问题上告到罗马。

铎罗是意大利都灵人，在耶稣会的学校受教育，曾任枢机主教。当时教廷表示既不偏向葡萄牙支持的耶稣会，也不偏向西班牙支持的多明我等会。铎罗主教一行既不搭乘葡萄牙的船，也不搭乘西班牙的船，而是请法王路易十四派出两艘航船，供专门使用。[①] 这一举动，使法国在中国传教问题上的发言权进一步提升了，但却使铎罗之行从一开始就让在中国独享保教权的葡萄牙不快。教宗曾经规定，所有前往中国的传教士要在里斯本搭乘葡萄牙的船，教宗授给的中国传教许可证也要到葡萄牙政府注册。

铎罗使团是高规格的，据罗光在《教廷与中国使节史》中说，铎罗是“教廷上等特使”。其成员也都是相当重要的人物，有乔吉莫（S. Giorgiom）、肯德拉（Candela）、马利亚尼（Mariani）、德迈（de Mai）、麦卡多（Mercado）、博吉斯（Borghese）、士多第（Sitorti）、何塞（Nicolas de S. Jose）、斯各第（Sigotti）、马切尼（Marchini）、卢奇（Luigi）、安吉利塔（Luigi Angelita）等。

1703年底，铎罗到达印度南部马德拉斯附近的港口城市本地治里（Pondichery），经过半年多的调查研究，在次年的7月8日发表了禁止迁就印度婆罗门礼仪的决定。决定对耶稣会不利，引起哗然。当时在本地传教的人都认为，教廷和铎罗本人对东方国家的礼仪问题早有成见。

在“解决”了“印度礼仪之争”以后，铎罗马上起程赴中国。9月，到达了西班牙殖民地——菲律宾的马尼拉，而不是中国澳门。这种旅行安排也是耐人寻味的。目前公布的资料，尚不能说明铎罗日后的决定是在当地受了西班牙系统的多明我会、奥斯定会、方济各会的影响。但是，他在马尼拉住了七个月，和西班牙人交往很多，

---

① 罗光. 教廷与中国使节史. 台北：传记文学出版社，1969：96.

影响肯定存在。铎罗主教远东之行的另一个目的是，说服在中国传教的西班牙籍的多明我会、奥斯定会、方济各会会士服从罗马代牧主教的领导。这受到西班牙系统各修会的抵制。①

很可能是因为铎罗主教和西班牙籍传教士在"宗座代牧权"的问题上争执较多，转而在他们和耶稣会的"中国礼仪之争"中，牺牲耶稣会的要求，偏向多明我等会，向其做出较多的妥协。

铎罗在4月2日到澳门，却没有进城，只在附近小岛青洲的耶稣会教堂住了一天，接受了澳门总督的拜访，第二天就进了广州。当时罗马教廷和西班牙系统的各修会在中国传教问题上存在严重分歧，在"中国礼仪之争"中，代表罗马观点的铎罗主教显然采取了与多明我会、奥斯定会、方济各会接近的立场。在广州，他也是与西班牙人商量较多，而与葡萄牙所属澳门的中国耶稣会商量较少。广州是进入中国的门户，当时的各修会在这里都有会院。当然是耶稣会的会院条件最好，但铎罗主教选择住在西班牙人的奥斯定会会院里。② 种种迹象表明，铎罗回避和耶稣会打交道。

已经在数年前参与到"中国礼仪之争"中来的康熙，从与他亲近的北堂法国耶稣会神父那里获知：罗马教廷派出了高级别的特使，前来中国解决"中国礼仪之争"。康熙对铎罗的到来持欢迎态度，"康熙四十四年五月二十七日，闵明我、安多、徐日昇、张诚以教宗钦差大臣铎罗已抵广东，缮折奏闻。上饬部行知广东督抚，优礼款待，派员伴送来京。又遣两广总督之子，同张诚、苏霖、雷孝思等先期前往天津迎候"③。据铎罗写回罗马的信，他在8月下旬收到了康熙准他入京的邀请。允许使节入京，这是明清朝廷对外国人的最高礼遇，罗马为此大为兴奋。④

1705年12月4日（《正教奉褒》记为"十月二十九日"，即

---

① 1680年1月29日，罗马传信部发布通告，要求在远东的属于各修会的传教士，宣誓服从罗马教廷直接委任的代牧主教。"宣誓服从"的要求，受到西班牙、法国和葡萄牙的反对。在多年的争执中，法国国王路易十四的态度尚比较和缓，而受西班牙国王支持的各修会一直坚持要在中国独立行事，甚至常常以退出中国传教相威胁。铎罗在马尼拉花了更多的时间，和西班牙修会就这项冲突谈判。事见1954年罗马出版的文献集《中国方济各会》（*Sinica Franciscana*，Roma，1954）第5卷的55页。罗光. 教廷与中国使节史. 台北：传记文学出版社，1969：78.

② 中国方济各会：第5卷. 罗马，1954：506－511.

③ 黄伯禄. 正教奉褒. 上海：上海慈母堂，1884：康熙四十四年.

④ George Minamiki S. J. The Chinese Rites Controversy. Loyola University Press，1985：55.

1705年12月14日，相差十天，今从罗光、徐宗泽说），铎罗主教带着未公布的罗马教谕到达北京。康熙先是优待有加，派人到天津迎候。使团抵京当日，康熙马上派遣大臣到铎罗的住地，即西安门内天主堂（北堂）问候。原先法国国王路易十四派遣的法国巴黎省的耶稣会士和葡萄牙管理的耶稣会士一起住在南堂，同会不同国的矛盾使他们最终分开建立教堂。1693年，康熙另赐张诚、白晋等法国会士房产。后四年，建成北堂。铎罗住在法国耶稣会士的北堂，当时落成不久。堂内陈设康熙画像和路易十四画像，还有英国国王、西班牙国王和罗马教宗的画像，象征天下万邦一家。显然，这一次铎罗受到了在京耶稣会士的包围。虽然在北京的所有传教士都已经猜到，铎罗主教的口袋中已经有了对中国礼仪之争的裁判方案，但按耶稣会士和康熙皇帝的一厢情愿，铎罗应该改变原先的决定，做出有利于中国礼仪的决定。

十几日后，康熙在批阅俄国文件时，想起要翰林院学习外国文字，首要学的就是“拉提诺托”（拉丁文），显然是这一段时间与天主教士过从甚密的缘故。这表示出他对天主教事务的关心。[①] 1705年12月31日，铎罗主教第一次觐见康熙皇帝。铎罗知道康熙维护中国礼仪的坚定立场，康熙也猜到铎罗此行的目的在于说服耶稣会士放弃中国礼仪，且很可能带来了罗马教廷的最后决定。事实上，从铎罗4日到京，到31日与康熙见面，这段日子倒是康熙主动想见铎罗，而铎罗为了要向皇帝在中国礼仪问题上摊牌而左右为难，拖延觐见。康熙在铎罗到达北京的当天，已经派人问过他们来访的真实目的。铎罗以“教宗感谢皇上对天主教的礼遇”“为罗马和中国建立长久联系”等说法搪塞。由于铎罗一直不敢公开来华的真实目的，而康熙一直对此存在猜疑，相互间的不信任使此后的交往一直表面化且不实际。

康熙其实早已从耶稣会士处知道，解决中国礼仪之争问题至少是铎罗的目的之一。据耶稣会的记载：12月12日，铎罗的随行医生斯各第（Sigotti）在北京暴病去世。耶稣会建议：葬礼应在本会的栅栏墓地秘密进行，避免本次葬礼上改变中国礼仪，不用焚香、蜡烛和牺牲，纯用西式礼仪的做法向社会公开。不料康熙得知消息后，主动新赐一块坟地。没有经验的铎罗喜出望外，而耶稣会士知道，这是皇帝想借葬礼的机会，观察特使对待中国礼仪的态度。康熙派

① 大清圣祖仁皇帝实录：卷二百二十三；清圣祖御制文：第三集：卷九.

人探得，葬礼和耶稣会原来的样子不同。因此，康熙对铎罗的态度，在会见前已经有了了解。①

第一次会谈，铎罗为不使谈判陷入僵局，知道不便马上涉及“中国礼仪之争”。因此，他首先提出的仍是中国教区究竟由哪一个传教会来主持的问题。他主张，今后中国的传教事务应由罗马传信部直属中国代牧主教管理，免得耶稣会和其他修会之间起争议。事前，北京的各国耶稣会士曾向铎罗主教表示：服从教廷的领导，并不准备谋取中国传教事务的垄断权，尽管他们在中国具有绝对的地位。②

北京耶稣会对代牧主教的服从态度，也是为了换取铎罗在“中国礼仪之争”问题上的让步，以保全他们一百多年的传教成果。根据目前的资料分析，耶稣会士实际采取了表面服从罗马命令，而由康熙皇帝来代替他们说话的做法。康熙皇帝在铎罗主教提出这个问题后，马上表态：应该由在中国住了许多年、了解中国风俗民情的耶稣会士掌管中国的天主教事务。由于会见没有涉及“中国礼仪之争”，而康熙对天主教第一次派出的特使十分热情，以礼相待，当时的气氛是很友好的。据在北京已经住了十年，后来担任了清廷钦天监监正的德国耶稣会士纪理安（Bernard-Kilian Stumpf，1655—1720）说，那天“康熙接见教宗特使的盛仪和欢洽，是中国历史上君主接见使节时所未曾有的”。会见后，1 月 2 日，康熙备足礼品，并派白晋和沙国安（Mariani）亲自送往罗马，感谢教宗派来传教士对清朝的效力。礼品包括：大东珠十颗，人参一包，黑貂皮五十张，绣被十床，各色绸缎三十匹。③ 此后，康熙曾和铎罗数次非正式会晤，召他一起在畅春园打猎、观花灯。

以后的半年里，铎罗一直托病不见康熙。康熙表示谅解。《康熙与罗马使节关系文书》记有谕书：“等多罗好了，陛见之际再谕。传与多罗宽心养病，不必为愁。”1706 年 6 月 29 日，康熙第二次正式会见铎罗。这次，康熙已经被铎罗的吞吞吐吐弄得不高兴。他几次追问铎罗此行的目的到底是什么。铎罗的回答仍是代表教宗（“教化王”）向皇帝问候。康熙则请他转告教宗：（1）中国人不能改变祖传

---

① 罗光. 教廷与中国使节史. 台北：传记文学出版社，1969：107.

② 同①108.

③ 同①111. 礼单细节参见：费赖之. 在华耶稣会士列传及书目. 冯承钧，译. 北京：中华书局：1995：436。后护送礼品的白晋被康熙从广州召回，其缘故费赖之因未见中文档案，只说“有困难发生”，实际上在《康熙与罗马使节关系文书》中，康熙有批示：“白晋已与沙国安不和，叫回白晋如何？”可见会士之间的分歧影响很大。

的礼仪；（2）中国礼仪并不违背天主教教理。如果教宗执意要在中国禁止祭祖、祀孔的话，所有西洋传教士就很难在中国待下去了。在次日同游畅春园的时候，铎罗向康熙表示，他已经在京逾半年，准备回欧洲，另有一位从福建来的主教，通晓中国文化，将由他来和康熙皇帝继续讨论。这位主教就是在福建严格禁止中国礼仪，在全世界都大名鼎鼎的阎当主教。

根据北京耶稣会士和铎罗主教的意见，阎当来北京讨论礼仪问题，显然是北京的耶稣会士想找这位论战对手，在罗马代表面前当庭辩论。在北京辩论，也可以挟康熙皇帝之权威，以令阎当和铎罗妥协。耶稣会据康熙 1700 年 11 月给耶稣会士的批示，有辩论之优势。当时在北京负责研究中国礼仪的纪理安，又在全国各地收集到九十份中国儒家基督徒据中文经典论证中国礼仪非异端的汉语文献。① 加上北京信徒的口证，耶稣会摆出辩论的架势，准备充分，实力雄厚。

据收藏在巴黎外方传教会档案馆的阎当专卷档案，阎当是非常有学问的神学家，但他的中文能力确实不能和耶稣会士相比，他带了两个讲福建话的中国助手。② 阎当本是来京协助铎罗，并不敢见康熙。7 月 22 日，康熙主动召见他。接旨后，阎当十分恼怒，认为是张诚、闵明我、纪理安等人故意怂恿皇帝召见他。从当时的情况来看，耶稣会士完全做得到这一点，这样的可能性不是没有。果然，阎当糟糕的中文让康熙勃然大怒。8 月 1 日，阎当在承德行宫觐见康熙。他只会一些福建土话，不会官话，自然由康熙的亲信巴多明（Dominique Parrenin，1665—1741）当翻译。这时候，耶稣会士比其他会士的优越之处完全显现。这一年，巴多明到达中国八年，在宫中，他的满语和汉语说得和中国人一样好。康熙和阎当间的对话，在欧洲经常被引用③，非常著名：

---

① 这批汉语文献和北京教徒的书信，在罗马耶稣会档案馆（Archivum Romanum Societatis Iesu，简称 ARSI）和巴黎法国国家图书馆收藏，部分已为笔者收集，是本项研究的重要依据。

② 笔者于 1997 年初，在巴黎巴克路（rue du Bac）124 号法国巴黎外方传教会档案馆查见阎当专卷档案。阎当是神学博士，拉丁文造诣很深，神学功底很好。但他的档案中中文运用很少，字迹也不甚好，比几乎与儒生无异的耶稣会士的书法差很多。查档期间，受到巴黎外方传教会法中联络社（Relais France-Chine）沙百里（Jean Charbonnier）神父的指点和帮助，特于此表示感谢。

③ 伏尔泰说："皇上首先要他解释御座上方牌匾的四个漆金大字。墨克罗（阎当。——引者）只认识其中两个。"（伏尔泰. 路易十四时代. 吴模信，等译. 北京：商务印书馆，1982：599）伏尔泰转述的其他情节都与汉语文献若合符节，相当忠实。

康熙："懂得中国书吗？"

阎当："一点点。"

康熙："多罗说你精通我们的经书，所以朕召你前来。读过儒家四书吗？"

阎当："读过。"

康熙："记得吗？"

阎当："不记得。"

康熙："只读不背啊？"

阎当："泰西以为背书没用。"

康熙："那朕说你引不出两句四书语，对吧？"

康熙："既不会说话，可认得字？"康熙指御座后面大匾上的四个字，问是何义。阎当只认识一个字。随后，康熙又问为何在教堂里摘掉"敬天"大匾。

康熙："何不说说你不赞成，还要禁行的坏东西，就是那些敬天、祀孔、祭祖的事。你为何要禁用'敬天'两字啊？"

阎当："'天'的含义不是天主。"

康熙："你好不奇怪！朕不是已说了，'天'比'天主'和'天地万物之主'好得多吗？'天'含着'天主'和'天地万物'的意思。你说，为什么百姓要呼我'万岁'？"

阎当："百姓愿皇帝万寿无疆。"

康熙："好的，你记得：汉字的真义不能总是抠着字面看。"

次日，康熙朱批道："愚不识字，胆敢妄论中国之道。"第三天，又批道："既不识字，又不善中国语言。对话须用翻译。这等人敢谈中国经书之道，像站在门外，从未进屋的人，讨论屋中之事，说话没有一点根据。"①

8 月 20 日，铎罗离开北京，从运河，经天津、临清、扬州到达南京。在 12 月 17 日，铎罗到达南京时，传来康熙在北京驱逐阎当的消息。在南京的铎罗，不受康熙的恩威并施，也不听耶稣会士的辩解，不改初衷，决定公布教宗禁止中国礼仪的文件。1707 年 1 月

---

① 康熙与阎当的对话原文为拉丁文，现从英文转译，见于：Claudia von Collani. Charles Maigrot's Role in the Chinese Rites Controversy//The Chinese Rites Controversy. D. E. Mungello ed. Institut Monumenta Serica，1994：165。康熙谕旨也非原谕，是从西文回译的，译文见于：罗光. 教廷与中国使节史. 台北：传记文学出版社，1969：117。相似的原谕文，见于：陈垣. 康熙与罗马使节关系文书. 北平：故宫博物院，1932。

25 日，他给全国写信，发出“南京命令”。信中除发布禁令之外，还规定会士应该怎样应付皇帝对天主教士的盘问。比如问天主教是否尊重中国的风俗、伦理，应该回答说：凡是合于天主教教理的都尊重，不符合的不尊重。如问哪些是不符合的，可以举例说：算命、祭天地、祭鬼神等。假如一定要问祭祖、祀孔问题的话，就回答：这些礼仪与罗马的规定不合，已被禁止在中国执行。问什么时候禁止的，就答：是 1704 年 11 月 20 日。问如何才能确认这消息，就说：去问铎罗主教特使。①

三百年的历史上，“中国礼仪之争”中形成过无数文件，但是真正起了作用、改变了历史走向的文件并不多。1704 年 11 月 20 日，由教宗克莱芒十一世发布的这项禁令，无疑是少数这样的文件之一。文件分四部分，第一是阎当的上诉信，第二是分门别类地讨论中国礼仪问题，第三是对这些问题的回答，第四是教宗的通谕。按 1704 年的决议，中国礼仪被正式裁定为一种异端宗教活动，应予以禁止。决议的第四部分，即教宗克莱芒十一世的敕令全文，翻译如下：

教宗克莱芒十一世敕令

本敕令重申以上给定之回答。本敕令是经周密研究之后发布的。

1704 年 11 月 20 日，星期四。

在圣座，即当今教宗克莱芒十一世，并由于罗马神圣教会之教座特别指定为全基督教世界反异端总判官的显赫的枢机大主教们出席下，神圣罗马公教大会和宗教裁判大会在教宗官殿（Quirinal palace，建在罗马七山之一上的教宗官殿。1871 年被意大利国王收归所有，成为王宫。现在是意大利政府所在地。——引者）召开。

教宗证实并批准如上应答。他是在听取由教宗因诺森十二世指定的神学家和专家们的意见后，做出此证实和批准的。他在登位教宗伊始，几次亲临大会，听取他们的意见。这些大会正是为如上之问题和困惑而举行。教宗数度与贝鲁特和罗萨利亚的主教们，与现滞留于罗马的中国代牧区副主教讨论这些事务。教宗还听取了耶稣会去中国的视察员与传教士魏方济和庞嘉宾的意见，以至能或者想结束这些长长的争论。如上这些决定正是在圣座出席了这么多预备会议，经过长期仔细和透彻的讨论后做出的。

① 罗光. 教廷与中国使节史. 台北：传记文学出版社，1969：119.

教宗命令，这决议由铎罗——安提阿教区主教（Patriarch of Antioch）和中国及东印度国家教宗视察员带去，并随带另外一些看来是必要和适当的指令。目的是要让他和大主教们、主教们，或者其他那些已在当地，将至当地的逗留者、传教者，仔细地阅读这份决议，以便让各传教修会现在在那里，和无论何时在那里居住的传教士们共同遵守，而不管他是属于哪一个修会——哪怕是耶稣会。他们必须保证让那一地区的所有基督徒都遵守决议。不守此令者，将被革除教籍。

根据圣座想到的一些正当合理的原因，这份决议在罗马和其他欧洲地区的印发与公布，应等待时机。但我们将沿此方向行事，则无可隐瞒。

罗马教会宗教裁判所速记员：盖瑟培·巴托利（Giuseppe Bartoli）

1704 年 11 月 20 日，克莱芒十一世登位之第四年①

这份文件也表现了罗马方面的复杂心理。它被半个多世纪的“中国礼仪之争”弄得厌烦了，想一劳永逸地解决这些难题。这次教廷论证调查，是从因诺森十二世（1691—1700 在位）开始的，他于 1697 年组织了廷审会。克莱芒十一世（1700—1721 在位）继位后，沿用了这个廷审会。到决议日，调查工作已进行了七年。然而，如他们自己在文件中承认的那样，宗教裁判所对调查充满“困惑”。他们面对阎当的申诉、巴黎大学神学院的意见和耶稣会的研究报告、康熙皇帝的证明书，必须做出判决，以“结束这些长长的争论”。他们面临的最大困难在于巨大的文化差异。“专家”们没有一个到过中国，他们只能与贝鲁特、安提阿等所谓的“东方”教区的主教讨论中国礼仪。在文化上，“近东”与“远东”之差异，岂可同日而语？这个决议用最严厉的制裁——“革除教籍”来保证执行，可见观点分歧之大。鉴于很难服众、不能统一等“一些正当合理的原因”，他们又决定秘密执行，逐步公布。这就是铎罗到中国后，仍然带着神秘、躲躲闪闪的原因。

在耶稣会方面，龙华民以来一直未停息的内部争议也影响了罗马的决定。过去耶稣会总能派出得力的“中国通”（如金尼阁、卫匡国、李明等）回欧洲参加辩论，通过国王们和神学界、知识界来影响罗马。就某些迹象来看，这一次耶稣会在罗马缺乏得力的辩护人

① Ricci Institute for Chinese-Western Cultural History, 100 Roman Documents Concerning the Chinese Rites Controversy. U. S. F., 1992: 24.

员。决议中提到：教廷听取了耶稣会士魏方济（François Noël，1651—1729）和庞嘉宾（Gaspard Kastner，1665—1709）的意见。两人在1703年12月31日刚刚到达罗马。魏方济在1685年来华，到过广州、上海、南昌，但他一直志在赴日本传教。[①] 从此来看，魏方济对中国文化并不很热衷，并不是在罗马为中国礼仪辩护的最佳人选。另外的庞嘉宾，刚刚到达广州，是对中国文化完全不熟悉的小青年。耶稣会在1701年11月就让魏方济等在广州，准备回欧洲参加辩论，但一直没有合适的同行者。原定计划是让刘应（Claude de Visdelou，1656—1737）和陆若瑟（Jose Ramon Arxo，1663—1711）同行，但是近在福州的刘应一直不到位。他反而是在福建和阎当合作，反对中国礼仪。他的态度在铎罗到华后暴露出来。他同铎罗秘密地呈上了反对中国礼仪的意见书。在举行北京辩论的时候，他公开地站在铎罗和阎当一边。后来铎罗任命他为贵州代牧主教，但随即被康熙帝驱逐到澳门。刘应在受到教宗因诺森十一世嘉奖的同时，却被支持耶稣会主流派的法国政府禁止回国。[②] 长期以来，耶稣会内部没有形成统一，使得“中国礼仪之争”在修会之间、在教会内外的争论更加激烈。

箭在弦上，不得不发。据铎罗在北京看到的实情，他已经预知禁令会给中国教会带来毁灭性打击。他在南京，听说皇帝在北京已经让耶稣会士具结，签字画押，效忠皇帝，并且在南巡时还要所有传教士都仿照办理。听到这一消息后，他感到事情不可挽回，便公布了怀揣数年的通谕，史称“南京命令”。这样明知结局而不顾后果的做法，这样为了一种看似虚拟的原则而不惜牺牲实际利益的态度，正表现了宗教信仰十分虔诚的西方基督徒的基本精神。

俱伤的结局

康熙开始并不想排教，只是想用自己的权威保全中国礼仪和天子的体面。他酝酿的重大计划是：把有一百多年历史的中国天主教会收为国有。办法是让所有在华的传教士效忠于他自己，并脱离与罗马梵蒂冈的联系。

虽然中国主流文化对基督教通常采取排斥态度，但康熙的宗教政策在清朝各皇帝中具有个性。康熙一直与天主教会保持良好的个人关系。这里有他西学知识上的兴趣，也有他统治利益上的需要。

---

① 荣振华. 在华耶稣会士列传及书目补编. 耿昇，译. 北京：中华书局，1995：461.

② 同①731；罗光. 教廷与中国使节史. 台北：传记文学出版社，1969：108.

更突出的一点是，康熙一直相信他的无上权力和治国功绩都得自他独有异禀的信仰、能力、品德和勤奋。《清圣祖实录》《康熙起居注》《东华录》等皇朝事迹记录都表明，康熙是所有清朝皇帝中最认真履行“郊社”（祭天）和“奉先”（祭祖）礼仪的。春、秋时节在天坛、地坛祭天、祭地，逢清明等节及重大事件，在奉先殿祭祖。康熙认真地践行满人和汉族的礼制，既是他内心报恩和祈祷的真信，也出于他利用礼制对太子、皇族、官员、文人和百姓训诫的需要。康熙的信仰类似于“一神论”。他把儒家理学中的“天”和“理”与天主教的“天”和“主”看作一回事。他和熊赐履、王鸿绪、高士奇、李光第等人谈“理学”，和耶稣会士谈“天学”。在他看来，这些中外学说都是他所敬仰的“上帝”的理论显现。康熙是历代帝王中少见的有形而上学兴趣的人之一。

康熙对天主教也努力利用。“中国礼仪之争”后，他不改“西学”兴趣初衷，但改变了对罗马的态度，准备自己做天主教的庇护人。早在康熙二十八年（1689）初南巡时，康熙就对江南天主教状况进行了调查。行前，他“将巡行处所传教各国西士之名姓，及该处天主堂之坐落逐一垂询，并谕曰：到该处时，将召见教士”[①]。除了经常问传教士是否懂天文学之外，每到一处，他问得最多的话是：认得多少中国字，会几句中国话。这说明他要求传教士讲中国语言。他最后做的一件事是赏给传教士大量礼物，奖励他们为皇家事业所做的贡献。他把传教士视同知己，不仅是表示个人亲密，也表现出皇帝的专制。

“中国礼仪之争”捅到康熙面前，他决定要为中国教会定一“规矩”，这“规矩”将使在华传教士绝对服从于他。“若不定一规矩，惟恐后来惹出是非，也觉得教化王处有关系。只得将定例先明白晓谕，命后来之人谨守法度，不能少违方好。以后凡自西洋来者，再不回去的人，许他内地居住。若今年来明年去的人，不可叫他许住，此等人譬如立于大门之前，论人屋内之事，众人何以服之？况且多事。”[②] 这个“规矩”就是赏给传教士大量礼物，把天主教会纳入中国政治。这是他的一贯做法，在“中国礼仪之争”激化之后，这个想法更明确了。

凡愿继续在华的教士须表明遵守中国礼仪，领得印票才准传教。统一发给由内务府拟定的，用满、汉两种文字书写的《千字文》“印

---

① 黄伯禄．正教奉褒．上海：上海慈母堂，1884：康熙二十八年．

② 陈垣．康熙与罗马使节关系文书．北平：故宫博物院，1932：第 2 件．

票”，“票上写：西洋某国人，年若干，在某会，来中国若干年，永不回复西洋，已经来京朝觐陛见。为此给票”。发票的顺序是按《千字文》“天地玄黄，宇宙洪荒……”排列的。康熙为传教士留下了一千张（人）的容量，堪称大度。票由内务府发给，又表示康熙把他们视为家臣。康熙对他们解释说，因为你们入了中国籍，不是外人，中国人会更加积极地入教：“尔等有凭据，地方官晓得你们来历，百姓自然喜欢进教。”按原定的计划，是让传教士们“来京朝觐陛见”①，康熙一定要亲自问过他们后，当面宣誓，才发给“印票”。但或因来京不便，或因内部对此意见有分歧，很少外地传教士来领票。因此，只是在北京及其周围地区的耶稣会士来宫廷领了票。

1707 年春天，康熙又一次南巡，四月初四（5 月 5 日）他主动在杭州召见了耶稣会的艾斯玎（Augustin Barelli，1656—1711）、郭中传（Jean Alexis de Gollet，1666—1741）、龚当信（Gyr Contanein，1670—1733），后又在扬州召见庞克修（Jean Testard，1663—1718）等各国教士二十二人，由他设宴款待，赏赐纱缎，然后发给传教执照，内称：“永在中国传教，不必再回西洋。”并说：“领敕文之后，尔等于朕犹如一家的人了。”传教士则表示：“臣等跋涉间关，原奉教宗之命，阐扬圣教，非以器数末学，来炫所长。今蒙皇上洞鉴愚诚，特加优荫，宏恩叠赉无能仰报涓埃，惟有秉遵圣训，竭诚敷教，更颂祷于天主台前。恭祝圣天子永享无疆之历。”② 这次召见，皇帝用昂贵礼品和温言好语请传教士听话，有类于拉拢收买。康熙的意思是，要传教士们“具结”，脱离罗马教廷，宣誓效忠于他本人。

把传教士置于自己控制之下，这是当时欧洲各国君主都在做的事情。但要切断与罗马的联系，不再让传教士回罗马，不听罗马消息，这是破坏天主教教义原则的。“具结”的法律或宗教含义在当时难以阐明。“永在中国传教，不必再回西洋”，可以解说是民政性的，类似于现代意义的“加入中国国籍”；也可以说是宗教性的，解释为将中国教会脱离罗马，建立自主教会，类似于沙皇彼得一世的“俄罗斯正教会”或亨利八世的“英国国教”。康熙没有近代国民意识和欧洲宗教知识。他的举动是中国君主式的，欧洲人可以做不同的解释。全部的耶稣会士、大部分的方济各会士和一些奥斯定会士参加了“具结”。他们不想放弃传教而寄望于教廷收回成命。但是多明我会、外方

---

① 以上引文均见：黄伯禄．正教奉褒．上海：上海慈母堂，1884。

② 同①．

传教会和传信部的神父拒绝“具结”，则被驱逐。中国教会陷入了分裂。巴黎法国国家图书馆藏《传教笔记》中文稿本，列出康熙五十四年（1715）为主，全国领票“具结”的传教士名单，其中耶稣会士 38 人，方济各会士 10 人，另有在北京的其他各会传教士 20 人。不领票的有 13 人，都被遣往广州。据中国第一历史档案馆所藏的另外一份总管内务府康熙四十七年满文档案，当时有 48 人领了票，其中耶稣会士 39 人，方济各会士 8 人。对照来看，两份档案相差 20 人。①

---

① 据笔者所见巴黎法国国家图书馆藏当时某耶稣会士的《传教笔记》手稿，参加具结者的神父名单如下。耶稣会：高尚德，聂若望，林安言，孟由义，毕安，马安能，阳若望，张安多，金澄，德其善，穆代来，毕登庸，以上俱“波耳都葛里亚国人”，即葡萄牙人（原书指明国籍多有错误，不一一详考）；郭中传，龚当信，殷洪绪，卢西满，马若瑟，庞克修，戈维理，沙守信，聂若翰，赫仓璧，冯秉正，隆盛，顾铎泽，彭觉世，卜嘉，孟正气，傅圣铎，以上俱“拂郎济亚国人”，即法国人；王以仁，“热尔玛尼亚国人”，即德国人；汤尚贤，“罗大领日亚国人”，即洛林人，今属法国；白维翰，“波罗尼亚国人”，即波兰人；德玛诺，“阿耳撒西亚国人”，即阿尔萨斯人，今属法国；方全纪，艾若瑟，艾斯汀，鲁保禄，利安国，“依大里亚国人”，即意大利人。方济各会：伊大仁，康和子，梅述圣，叶崇贤，杨若翰，以上俱“依大里亚国人”；郭纳璧，卜述济，景明亮，南怀德，巴琏仁，以上俱“依西巴尼亚国人”，即西班牙人。另外有常住北京的各会传教士：华夏宁，林养默，景，王善雄，安多尼，不明在何堂；纪理安，苏霖，麦德我，费，“在北京顺城门内西堂”；白晋，杜德美，巴多明，傅圣泽，罗德先，陆百加，“在京皇城内蚕池口北堂”；鲍，孔，德理格，马国贤，山，“在京”；纪安当，毕天祥，依纳爵，赵廷俊，朱国鼎，董希圣，徐法圣，卜于善，张志仁，郭多禄，庞克修，郭中传（两耶稣会士与前面“已领票”者重复，当是后来被驱逐到广州的），任掌晨。这份名单并不全面，当时在中国的耶稣会士就不止这些。但是这份名单仍然可以帮助我们了解当时领票后的大致情况。《传教笔记》在巴黎法国国家图书馆珍本部东方文献室中文处的编号为 7042。现藏中国第一历史档案馆的清廷总管内务府满文档案名单和巴黎法国国家图书馆的这份名单基本一样，但个别的人名、人数和排列顺序稍有不同，各会士会籍和汉名也多有不同（如康和之列为耶稣会，伊大仁此作“伊大任”，不一一详考）。但满文档案多有年龄（以康熙四十七年计）和外省住院栏项，比较有用。两份名单小有出入，但可以断定这是同一来源的文件。现抄录满文翻译档案对比如下：葡萄牙耶稣会士（12 人）：高尚德，42 岁，直隶正定府；聂若望，35 岁，湖广长沙府；林安年，53 岁，江苏江宁府；孟敖义，52 岁，江苏上海县；毕安，46 岁，江苏上海县；马安农，37 岁，江苏嘉定县；杨若望，36 岁，江苏苏州府；张安多，29 岁，江苏上海县；金辰，43 岁，广东廉州府；德启善，33 岁，广东雷州府；穆达赉，32 岁，江西南昌府；毕勇，33 岁，未明住院。意大利耶稣会士（6 人）：康和之，38 岁，山东临青州；卢保罗，47 岁，河南开封府；方全济，39 岁，山东济南府；艾若瑟，48 岁，山西绛州府；艾斯汀，52 岁，浙江杭州府；利安国，41 岁，江苏松江府。法国耶稣会士（18 人）：郭忠川，43 岁，浙江宁波府；龚当信，37 岁，浙江绍兴府；方西满，46 岁，湖广武昌府；殷弘绪，40 岁，江西饶州府；马若瑟，44 岁，湖广汉阳府；庞克修，44 岁，江西建昌府；戈维礼，39 岁，江西抚州府；聂若汉，38 岁，湖广黄州府；沙宁信，37 岁，江西抚州府；贺昌弼，36 岁，湖广黄州府；冯秉正，36 岁，江西九江府；龙升，40 岁，江苏无锡府；顾多哲，40 岁，贵州贵阳府；彭觉玺，38 岁，江苏崇明县；布嘉年，43 岁，陕西汉中府；孟正奇，41 岁，陕西西安府；富升哲，42 岁，江西临江府；德玛诺，39 岁，未明住院。德国耶稣会士（1 人）：王义仁，50 岁，湖广武昌府，后移京城。洛林（“罗达聆日亚”）耶稣会士（1 人）：汤尚贤，38 岁，山西太原府。波兰（“波罗尼亚”）耶稣会士（1 人）：薄维汉，35 岁，未明住院。意大利方济各会士（4 人）：伊大任，63 岁，山东临青州；梅树生，39 岁，陕西西安府；雅宗贤，37 岁，陕西西安府；杨若汉，40 岁，江西吉安府。西班牙方济各会士（4 人）：郭纳弼，77 岁，山东泰安府；卞苏机，45 岁，山东济宁州；南怀德，39 岁，山东济南府；巴廉仁，39 岁，山东临邑县。本名单根据高振田《康熙帝与西洋传教士》一文中的资料整理。参见：中国第一历史档案馆. 明清档案与历史研究：上. 北京：中华书局，1988：561。

铎罗对于传教士参加“具结”的做法当然是反对的，他责备耶稣会带了坏头。但是耶稣会士们表示：“具结”的意思只表示愿意终生留在中国，永不回欧洲，余生为中国天主教服务，并不表示为皇帝工作，脱离教会。铎罗只得默认了这种做法。

康熙对不愿“具结”的传教士则采取了非常严厉的措施。据罗光所见史料，康熙在杭州接见耶稣会士的前两天，即5月3日，他还派直郡王接见过十一位非耶稣会士，他们是：受罗马指派的浙江代理代牧主教孟尼（Francois de Montigny），福建代理代牧主教董默觉（Francois le Breton），多明我会士巴禄茅（Bartolomeu Carvalho）、万多默（Tomas Croguer）、方济国（Francisco Cantero）、赖鸣远（Atonio Diaz）、罗森铎（Francisco Gonzales de San Pedro）、山兰若（Juan Caballero y Esquivel）、艾毓翰（Juan Astudillo）、山谷（Francisco Caballero）、郭多禄（Pedro Munoz）。当问他们是否愿意遵守利玛窦以来的传统、尊重中国风俗的时候，他们都表示不愿意。既然他们不能容忍教堂中有中国礼仪，康熙还提出一个妥协的办法，就是请他们只在中国修道做学问，而不传教，不主持教堂礼仪。康熙在自己的限度范围之内，要求神父合作。神父们还是不敢冒被“弃绝”的风险，仍不愿意。康熙听汇报以后大怒，立即下令把他们驱逐到澳门，只留下郭多禄可住在广州：“此十人驱逐前往澳门去，意西巴尼亚国人郭多禄在广东天主堂住居。”①

有资料表明，在康熙朝，汉族官员比满族官员更排斥天主教。康熙四年（1665），杨光先作《不得已》，提出“宁可使中夏无好历法，不可使中夏有西洋人”，是为清初汉员一改明末官绅偏袒“西儒”风气，对耶稣会士力行排拒的例子。所谓“历狱”，在康熙七年（1668）幼帝亲政后方行平反纠正。清初士人之所以排拒耶稣会士，既有汉人面对“西学”，试图维护汉族文化尊严的因素，也有汉官在朝廷满人面前与西方人争宠的因素。康熙三十一年（1692），浙江巡抚张鹏翮参天主教在杭州“左道惑人，异端生事”，要求取缔。当时在宫廷中随伺皇帝的徐日昇向康熙求情。康熙对徐日昇神父说：“我知道汉官与你们对不着。我着满洲官会议。”清朝是满汉双轨制，六部各有一满一汉两尚书。康熙把张鹏翮的奏本交给礼部满员尚书顾八代处理。顾八代是满洲镶黄旗人，同时的礼部汉员尚书是张英。

---

① Rosso. Apostolie Legations to China：246-248. 转引自：罗光. 教廷与中国使节史. 台北：传记文学出版社，1969：122。

顾八代批："西洋人虽各处居住，并非左道惑人，异端生事。且治理历法，制造火炮军器，累有功绩，并无为恶乱行之处。和尚、喇嘛，尚且容留烧香行走，天主堂反行禁止，似有不宜。"① 这个故事证明，汉族官员一直对西洋人不满。康熙皇帝发出"具结"命令后，汉族官员正好可以借此驱逐非中国正统的"天学"。康熙下谕，有"印票"可以在各省传教。事实上，在发给"印票"的同时，各地汉官已经开始驱逐传教士了。康熙四十六年（1707）二月，"中国礼仪之争"焦点地区的最高行政长官，闽浙总督梁鼐开始驱逐传教士。其他各地督抚也开始驱逐传教士。面对各地排教浪潮，在京教士再请同情西洋人的满族郡王多罗向康熙求情。康熙重申：他并不想把传教士赶走，但"不愿领票者，驱往澳门安插，不许留存内地"。②

在清朝皇帝中，康熙是最开放、最有西学兴趣的。就个人而言，他真诚喜欢天主教传教士带来的学术和思想，甚至经常把天主教教理挂在嘴上，写在诗文里，因此他设法不使冲突激化。康熙在争议中表现出来的角色，与其说是儒家的维护者，不如说是耶稣会神学的偏袒者。但是皇帝个人的学问、思想和信仰上的癖好，也必须服从王朝的总体利益和形象。祭天、祀孔、法祖，事关中国的"国本"、"教化"人民的主权，他不能出让。康熙平时经常批评嘲笑理学名臣"假理学"，也讥笑过汉族人不懂西方式的算学。但在反对中国礼仪、挑战中国皇帝权威的教宗面前，他必须扮作汉族制度的卫道士。

从明朝到清朝，开明的皇帝们一直把传教士当作皇家顾问，让他们在天文、地理、军事和各机要部门工作，地位非常特别。他们由礼部甚至皇帝本人管理，而不是由处理外国事务的会同馆或边境事务的理藩院负责。这说明清廷对西方传教士的任用有私人关系性质。康熙和他们之间的事务是中国内政，不具有国家间的关系。然而，传教士来自严格管理的修会，有世界共举的教宗，有庞大的教众团体，在欧洲享有特权。与传教士的关系问题，必然会成为清廷的一个外交问题。明清体制，只与朝贡称臣的属国行外交礼，一旦这些在宫廷活动的个人被别国君主左右，中国的皇帝肯定不愿意。即便是喜欢洋教的康熙也不能突破这个体制的限制，这已经不是皇帝的个人好恶能决定的了。

---

① 故事和引文俱见于巴黎法国国家图书馆藏《同人公简》刻本，藏书编号为1336。

② 事见《正教奉褒》《同人公简》。

康熙把传教士用作科学和艺术教师、私人文字秘书、中俄谈判中的翻译、珍爱礼品的采办、有趣的谈话对象、可靠的家庭医生等，总之，长期以来，他是把传教士当作了如他所说的“朝廷供奉”。当时的传教士，特别是耶稣会士，都把康熙视为明君、仁慈对待天主教的皇帝，指望他成为“中国的君士坦丁”。但是，康熙其实和天主教传教士并没有建立起和谐平等的关系，他完全把传教士看作皇家财产、私人工具。他利用天主教，归根到底是把它和儒、道、佛并列，借以统治国家。在这一点上，他和唐太宗、元世祖、明崇祯帝没什么两样。他南巡时，在苏州训诫传教士，其中的口吻，对不服管教的教会之轻蔑溢于言表：

> 倘教化王听了铎罗的话，说你们不遵教化王的话，得罪天主，必定教你们回去，那时朕自然有话说。说你们在中国年久，服朕水土，就如中国人一样，必不肯打发回去。教化王若说你们有罪，必定教你们回去，朕带信与他说，徐日昇等在中国服朕水土，出力年久，你必定教他们回去，朕断不肯将他们活打发回去，将西洋人头割回去。朕如此带信去，尔教化王万一再说尔等得罪天主，杀了罢，朕就将中国所有西洋人等都查出来，尽行将头带回西洋去。设是如此，你们的教化王也就成了个教化王了。①

克莱芒十一世在1715年3月19日，再一次发布了严厉的禁令。这道禁令被称为《自那一天》②，因为禁令的第一句话是“自那一天”（Ex illa die）。禁令要求世界各地所有的“礼仪之争”，都应该按此规定彻底结束。此禁令除了重复1704年以来的严厉态度，还增加了一项宣誓内容。这“宣誓”与康熙的“具结”针锋相对，它要求所有在中国的传教士和将要访问中国的人都签署一份誓言。誓言原本，或者被认可的副本，必须交到宗教裁判所，否则不能在中国担任听忏悔、布道，或主持祭祀的工作。宣誓的正文如下：

> 我，（姓名），一个被教宗（或被经过教宗授权的本会会长）派往，或预定将要前往中国（或某国，或某省）的传教士，将

① 陈垣. 康熙与罗马使节关系文书. 北平：故宫博物院，1932：第4件.

② 《自那一天》，在当时翻译成“《禁约》”，曾被康熙皇帝御览，有朱批。参见：陈垣. 康熙与罗马使节关系文书. 北平：故宫博物院，1932。《禁约》及康熙批文，参见本书附录。

充分地、虔诚地遵守关于中国礼仪的规定和禁令。这些禁令包含在教宗克莱芒十一世发布的关于此类事件的系列文献中，这份誓言的拟订也在其中。经过对这份文献的仔细阅读，我十分完整地理解这禁令。我将准确无误、完全彻底和不违诺言地遵守它，并不加任何折扣地贯彻它。一旦如果（有上帝作证）我做出了任何相反的举动，正如它经常会发生的那样，我承认并宣告自己愿受如上规定中的惩罚。在此，手按《圣经》，我承诺，我立愿，我发誓。以此方式，愿上帝和此《圣经》保佑我。

（姓名）用我自己的手[①]

当时有一种说法：康熙本人对中国礼仪并不是十分坚持，主要是身边的耶稣会士在左右他。这种说法可能来源于马国贤（Matheo Ripa，1682—1745），似乎是有道理的。康熙在驱逐了铎罗和其他不愿领票的传教士之后，又新接受了直接来自罗马传信部的传教士马国贤等“技巧三人”，同样也很信任他们。他们在康熙面前批评耶稣会士，又写信给教宗，报告说只要制服耶稣会士，康熙未必会把中国礼仪坚持到底。[②] 其实，这个说法似是而非。“清承明制”，清朝继承了明代汉族文化制度，康熙虽为满族，但必须维护传统的中国文化制度。这一点在他的上谕中是一贯的，并非出于耶稣会的唆使。与其说耶稣会士操纵康熙，毋宁说是他们更了解康熙的个性和中国的“国情”。康熙在读到《自那一天》后，带气带笑地批道：“览此告示，只可说得西洋人等小人，如何言得中国之大理。况西洋人等，无一人通汉书者。说言议论，令人可笑者多。今见来臣告示，竟是和尚道士异端小教相同。似此乱言者，莫过如此。以后不必西洋人在中国传教，禁止可也，免得多事。”[③]

这一时期的罗马当局，一直听信这一点，认为耶稣会在作梗，便把“中国礼仪之争”迁怒于耶稣会。1715 年的《自那一天》通谕，间接地是为中国文化，直接地是针对耶稣会。为传达这项禁令，同年 9 月 26 日，教宗代表亚历山大城总主教嘉乐（Carlo Ambrogio Mezzabarba）到达澳门。

① Ricci Institute for Chinese-Western Cultural History，100 Roman Documents Concerning the Chinese Rites Controversy. U. S. F.，1992：54.

② Matteo Ripa. Memoirs of Father Ripa during 13 years' Residence at the Court of Peking in the Service of the Emperor of China. London，1844.

③ 陈垣. 康熙与罗马使节关系文书. 北平：故宫博物院，1932：嘉乐来朝日记.

嘉乐使团的原定人员名单中，另有十名不入修会的神父，十三名来自各修会的会士，七名一般的平信徒。① 稍稍分析这人员构成，很明显地可以看出：建立这个使团，不单是为了通使，也不仅是为了传教。选择团员的标准是精通一门科学和艺术。特别是把七名没有神职、不能传教的平信徒放入，说明罗马教廷想用他们在中国取代耶稣会士传统的“西学”地位，把康熙皇帝从耶稣会的包围中解放出来。虽然这些人员最后并没有全部到达中国，但教宗用心昭然。

十年过去了，年老的康熙皇帝对罗马“教化王”记忆犹新。他对马国贤等“技巧三人”很喜欢，在身边用，但不愿相信他们是教宗派来的。另外有来自山东的报告，发现当地有禁止中国礼仪的告示，他立即下谕查明是不是罗马教宗派人所为。“看（德里格、马国贤）其行止，亦不似教化王差来之人。此二人果系教化王所差否？查明回话。再五十五年（1716）曾有教化王带来禁约告示一件到山东省。因此告示可疑，皇上故发红票去。此告示系教化王带来，或真或假，一并查明回奏。”②

嘉乐使团来华的情景，如《正教奉褒》中所称：“嘉钦使启节赴京，督抚将军，满汉文武各官，俱送至码头。上先派李大臣至广东，令伴送钦使来京。至是，李大臣同粤督委员，由水陆护送北上。十一月二十七日，嘉钦使抵京，上遣赵大臣迎至畅春园驻帏即蒙赐御馔果品。十二月初三日，钦使觐见，上释御服貂套赐钦使，并赐宴筵。上又亲执金樽赐酒。明年二月初四日，嘉钦使陛辞，上赐酒，又亲执钦使手，温语祝颂安抵本国云云。”③ 从这里看，似乎气氛友好，其实这是《正教奉褒》回避问题实质的说法。另据西文记载，在当时的交接礼节之下，气氛十分紧张。“李大臣”是李秉忠，“赵大臣”是赵昌，都是康熙的近臣。嘉乐刚到广州，一番礼节之后，马上受到李、赵的盘回：康熙皇帝派往罗马的耶稣会士的情况如何？马国贤等人是不是罗马教宗派来的？《自那一天》禁令是否真是教宗发布的？嘉乐回答：耶稣会士在罗马都安好；新近传教士确实是教宗亲自所派；教宗确有禁令，但中文翻译是否准确，尚不得而知。④

在回答来华目的的时候，嘉乐说：一是请求皇帝允许罗马直接

① 罗光. 教廷与中国使节史. 台北：传记文学出版社，1969：145.

② 陈垣. 康熙与罗马使节关系文书. 北平：故宫博物院，1932：嘉乐来朝日记.

③ 黄伯禄. 正教奉褒. 上海：上海慈母堂，1884：康熙五十五年.

④ 同①150.

管理所有传教士，二是请皇帝允许让中国天主教徒改掉中国礼仪。康熙对此大怒。不过以皇帝的权威和外交手腕，他向嘉乐下谕：

> 尔教王所求二事，朕俱俯赐允准。但尔教王条约与中国道理大相悖戾。尔天主教在中国行不得，务必禁止。教既不行，在中国传教之人，尔俱带回西洋去。却尔教王条约，只可禁止西洋人，中国人非尔教王所可禁止。其准留之西洋人，着依尔教王条约，自行修道，不许传教。此即准尔教王所求之二事。①

康熙皇帝的权威，中国的现状，迫使嘉乐酝酿妥协。嘉乐主教在北京见势不妙，一直不敢公布教宗的禁谕，反而接受各方劝告，在暗中与耶稣会士谈判，拟定了“八项准许”，准备向中国礼仪妥协。这八项是：

> 一、准许教友在家中奉祖宗牌位，但只许写姓名，两边加上天主教的有关道理。
>
> 二、准许纪念其他亡人，但环境应布置为非宗教式的。
>
> 三、准许祭孔，不能用牺牲，可用香火，牌位下不得书有“灵”字。
>
> 四、准许在修改后的牌位和死人棺材前磕头。
>
> 五、准许在丧礼上焚香、点蜡烛，但不许有迷信举动。
>
> 六、准许在牌位和棺材前放水果，以资纪念。
>
> 七、准许春节和其他节日里在牌位前磕头。
>
> 八、准许在墓前焚香、点蜡烛、供水果，但不能有多余的迷信活动。②

在“八项准许”的基础上，康熙答应可以谈判，并先后十三次接见嘉乐。其耐心可以想见。前两次接见避重就轻，态度温和。第一次接见（1720 年 12 月 31 日）中，康熙表示：教宗不了解中国风俗习惯，不应干涉中国事务。比如中国人不懂西洋画中的人物为什么生翅膀；西方人不识中国字，也不要妄论中国事。嘉乐则辩解说：教宗并不想要改变中国风俗，而只要中国的教徒放弃与天主教规定不符的部分。三天后，第二次接见的时候，康熙希望各修会能够合

---

① 陈垣．康熙与罗马使节关系文书．北平：故宫博物院，1932：嘉乐来朝日记．

② Viani. Historia delle Cose operate nella China da Mons. Mezzabarba，Colonia，1739，vol. Ⅵ：71. 转引自：罗光．教廷与中国使节史．台北：传记文学出版社，1969：152。

作，商量妥协，否则他也爱莫能助。①

此后的接见气氛越来越僵。1721 年 1 月 11 日，第四次接见之后，康熙一定要嘉乐交出《自那一天》禁令，自己找人翻译。嘉乐再也不能掩饰。康熙在看了马国贤、冯秉正（J.-M.-A. de Mailla，1669—1748）、雷孝思（Jean-Baptiste Regis，1663—1738）、熹大教（Nicolas Giampriamo，1686—1739）翻译的禁令中文本之后，了解到罗马教廷自十年前和阎当挑起纠纷以来，态度没有变化，便批阅道："览此告示，只可说得西洋人等小人，如何言得中国之大理。况西洋人等，无一人通汉书者。说言议论，令人可笑者多。今见来臣告示，竟是和尚道士异端小教相同。似此乱言者，莫过如此。以后不必西洋人在中国传教，禁止可也，免得多事。"②

1 月 18 日，康熙命令，把重用多年，但是此刻站在嘉乐立场上的身边翻译马国贤、德理格、利国安逮捕关押。嘉乐立即上书康熙，乞求释放被押传教士，对教会的留存暂勿采取措施，禁令问题容他亲自返回欧洲，请示罗马再做修改。由此，康熙放人后，又允许再谈，并又有了另外几次接见。

这后几次接见，没有就中国礼仪和禁令本身继续往下谈判，只是把嘉乐当作贵宾招待。送礼品，赐盛宴，让他游畅春园，观看焰火。最后一次接见是在 1721 年 2 月 22 日。当日把一部由朝臣用中文记录完成的《嘉乐来朝日记》交给他，把清朝对中国礼仪的观点，用嘉乐在华日记的形式告诉欧洲，并请他转交给教宗，同时催他上路。嘉乐使团的其他成员被集中扣留在广州，不许随行，也不许入内地，一切等嘉乐回来再说。给罗马的不是直接的文书，而是日记。这种架势，完全不承认罗马的地位，把嘉乐反派为自己的私人使团。为了防止嘉乐在欧洲做出不符原意的解释，康熙另外让耶稣会士通过陆路，经俄国传给欧洲一个副本。这副本果然流传。当 1723 年 1 月嘉乐到达里斯本的时候，葡萄牙国王已经向他出示《嘉乐来朝日记》，怪教廷多事。嘉乐只能说这本《嘉乐来朝日记》不全面。确实，罗马方面至此已经非常被动。既然罗马教廷和康熙皇帝对中国礼仪的态度都不能改变，那中国教会的困难前景就很难挽回了。③

---

① 白晋. 清康乾两帝与天主教传教史. 冯作民，译. 台北：光启出版社，1977：42.

② 陈垣. 康熙与罗马使节关系文书. 北平：故宫博物院，1932：嘉乐来朝日记.

③ Platel. Memonires historiques sur lesaffaires des Jesuites avec le Saint-Siege, Lisbonne, 1766, vol. 7：277. 罗光. 教廷与中国使节史. 台北：传记文学出版社，1969：167.

四、争论的余波

大混乱

1707年1月25日，铎罗发布“南京命令”：

> 中国的传教士，都应该按（教宗谕令）上面的指示去答复（康熙皇帝和地方官关于中国礼仪的问题）。敢有自作主张、不按指示去答复的，马上受弃绝的重罚。弃绝重罚的赦免权，由圣座和特使加以保留。

“弃绝”（excommunication），即逐出教会，是教会的最高处罚。在此命令之前，已经有耶稣会士向康熙具结领票，“永居中国”。经过会督穆德我（Jose Monteiro）的请求，铎罗同意下不为例，给予前已领票的会士们书面允许。

“严禁”以后，康熙南巡，在扬州、镇江、南京、苏州、杭州都只有部分传教士来领票，又怒。传教士处于要么被驱逐出教会，要么被驱逐出中国的两难境地。康熙在杭州派人到广州，再次要铎罗出示表明来华目的的证书。铎罗还是不敢，康熙盛怒之下，派白晋从铎罗手中收回了给罗马教宗的礼物，按清朝和外国交往的规矩，这是与之断交的意思。①

禁令颁布后，中国教会近于瘫痪。巴黎法国国家图书馆藏孤本北京教徒作《同人书简》，记录了当时北方地区的混乱情况：“康熙五十五年（1716）九月二十二日，山东临清州堂内，代主教之康神父［康和之（Carlo Horatij），属方济各会］，来京传教化王所禁四件（指1704年教宗禁行中国礼仪谕令中的四部分内容）。至皇城堂（指南堂）内，适遇养心殿大人赵老爷，即据实启奏。皇上大怒，传旨云：‘教化王自然明道理。朕有书去（指传送罗马之《嘉乐来朝日记》。——引者），尚未回信，岂有偷发告示来这样无理嘛？朕知道必不是教化王的真告示。一定是阎当坏事之党假传的告示。’”② 康

---

① 罗光. 教廷与中国使节史. 台北：传记文学出版社，1969：122.

② 王伯多禄，钟德望，黄若瑟，等. 同人公简. 巴黎法国国家图书馆珍本部东方文献室中文处藏，编号为1336.

熙在第三天就命令刑部把康和之抓起来。他仍然把责任推在福建的阎当头上，同时仍然希望教宗改变决定，收回成命。

康熙皇帝积极介入，耶稣会士消极抵制，满汉各阶层信徒群起而攻击方济各会的主教，忽然间，1716 年以后的北京成了“中国礼仪之争”的中心。当时北京主教、方济各会士伊大仁“因未通中国文字，又年老多病，早将主教之权，命康神父代管”①。山东临清堂的康和之来京代理主教，执行禁令。他被康熙关押十天后放出，被责令到广东收回禁令。次年三月，康和之回到北京，仍然束手无策。由于耶稣会士拒绝做神工，北京教徒的宗教生活成为问题。当时推请“原任工部员外郎兼佐领加三级”佟嘉禄领头，并“觉罗、玛窦、保禄等”，代表在伊大仁堂内做圣事的四十余名教徒，上书向伊大仁和康神父争辩。康和之不能回答。这次争论被王伯多禄等人在《同人公简》中详细记录下来。

康熙五十六年（1717）十月十三日，北京教友会的“总会长王伯多禄，副会长钟德望、黄若瑟、吴若翰、周玛尔定、罗若瑟、马安德肋、路若亚敬、梁德望、方葛思默、邵老楞佐、方若望、陈若瑟、孙菲理伯、佟嘉禄、王若瑟”十六人联名上书教宗，要求伊大仁主教转达。康和之表示：1704 年的禁令被他们方济各会士藏了十几年，就是考虑到在中国不可行。但是，罗马教宗的决定是断断不能改变的，北京教徒这样做也是犯上作乱的。同时，方济各会的北京主教更关心，耶稣会士是否合作，是不是北京教徒的幕后策动者。康和之问：“我是方济各会，令你们会长来，别位神父（指耶稣会士。——引者）知道不知道?”王伯多禄等人独任其事，答道：“不知道。不但此事不知道，从去年九月起，问别的神父传教的事，都说不传教了，何能再问此事？别的神父一概不管，我等无路可投，才敢惊动大神父，求救我等灵魂。”②

1719 年 10 月 7 日，方济各会士、北京主教伊大仁给罗马传信部写信，说当时的情况非常糟糕。许多地方的教友已经“裂教”，耶稣会士至今不肯做圣事，实际上是“罢教”。有教友要死了，没人做终傅礼。耶稣会士勉强来做，也不问死者生前是否违反礼仪禁令。

事态严峻之后，在中国的其他修会，如方济各会、多明我会和

---

① 王伯多禄，钟德望，黄若瑟，等. 同人公简. 巴黎法国国家图书馆珍本部东方文献室中文处藏，编号为 1336.

② 同①.

遣使会纷纷与耶稣会一起，上书教宗，要求弛禁中国礼仪，挽救中国教会。5月，南京教区林安多（Antoine de Silva，1695年来华，1724年去世）代表二十四名耶稣会士向罗马申诉，要求重议。直属罗马的江西代牧主教白乐万也上书，拒绝执行“南京命令”。11月，伊大仁捐弃前嫌，给罗马传信部枢机主教写信，要求停止争论。该信言辞恳切：

> 我认为从此中国的传教事业都已丧亡了。没有敢上书呈报传教区的现状，同时也因为情形很混乱，我不知道从什么地方开始写，也不知道什么地方结尾。……这里我结束（这封申诉信）了，因为我缺少时间，并不是缺少痛苦事情来述说。我写这封信，是因我相信我有责任将这边传教区的困难和全面消灭的危险呈报于尊座，使尊座慎重考虑。这边传教区的继续存在与否，都系在答复中国皇帝和教宗颁给传教士的上谕，是不是禁止全部的中国礼仪。我谨恳求尊座，目前只要考虑传教区的存亡和许多灵魂的丧失，不要考虑是不在会的传教士呢，是耶稣会士呢，或是其他修会的会士呢？现在所要考虑的是救灵魂，将来有时间再审查到底是谁错了，谁错了谁遭罚，不要连累无罪的人遭殃。①

“中国礼仪之争”后，中国的天主教对中国主流文化的影响进入了衰落时期。就欧洲方面而言，“中国礼仪之争”并没有浇灭天主教内的远东传教热情。热烈的讨论反而激发了对中国文化的兴趣。各教会都没有停止向中国派遣传教士。以耶稣会为例，康熙驱逐传教士以后，还不断有会士来中国传教。据后来统计的来华耶稣会士名录：1707年，第277名中国省耶稣会士德玛诺（Romin Hinderer，法国人，1744年去世）到达中国。名单上最后一年来华的耶稣会士是第442名，葡萄牙人卢若望（Jean de Loureiro），1779年来华，1794年去世。1773年耶稣会被解散后六年仍然有人来华，这说明直到耶稣会的最后一刻，还是不断地往中国派人。耶稣会传教士停止来华的原因，主要不是中国方面的严禁，而是欧洲方面自己的解散。自圣方济各1552年来华，到1707年，155年间耶稣会共派出教士442位，平均每年2.9位。而从康熙禁令开始，到耶稣会解散后的

---

① 中国方济各会：第5卷．罗马，1954：520-534．转引自：罗光．教廷与中国使节史．台北：传记文学出版社，1969：133。

72年（1707—1779）里，耶稣会共派来了166位，平均每年2.3位。[①] 从这种情况来看，雍正、乾隆年间几度严禁天主教，并没有完全堵塞传教士来华的渠道。中国教会衰败的原因另有所在。

中国教会的衰败，显然是因为“中国礼仪之争”之后，天主教和中国文化的关系恶化了。派来的传教士虽不少，但他们对中国文化的崇敬之情却被一种征服热情代替了。别的不论，单是仔细观察名单中后来的耶稣会士，没有一个是像利玛窦那样了解中国文化的大师，也没有谁的名字足以和汤若望这样的人相提并论，比较有名的就是郎世宁（Joseph Castiglione，1688—1766，1715—1766年在华）和宋君荣（Antoine Gaubil，1689—1759，1722—1759年在华）。很多人甚至放弃了耶稣会的传统，根本没有取中文姓、名、字。[②]

在中国方面，雍正、乾隆父子对传教士的政策完全转变。如朱维铮先生已指出的：“康熙的接班人，乃子雍正帝和乃孙乾隆帝，对西教的政策，一个比一个严厉，直至将传教士变成宫廷弄臣而宣称西学均属异端邪说。假如说17世纪是基督教三度远征中国的战果最辉煌的岁月，那么18世纪给它留下的却是相反的记录。”[③] 两代皇帝的压制，是天主教在清中叶进入衰落的另一个重要原因。

雍正对西方学术和文化没有任何兴趣。他身边较多的是喇嘛、萨满教徒，对其父亲康熙优渥传教士早有不满。因此，在登基次年（1724）就发布禁令，在全国禁止天主教，不承认他父亲发给传教士的“印票”。当时浙江有上书，请驱逐教士。雍正马上下旨，让礼部议复：

> 奉旨西洋人除留京办事人员外，其散处直隶各省者，应通行各该督抚转饬各地方官。查明果系精通天文及有技能者，起送至京效用，余俱遣至澳门安插。其从前曾经内务府给有印票

---

① 据1867年土山湾印书馆《耶稣会士目录》（Table Chrono Logique）。

② 据《耶稣会士目录》统计，1716年以后来华的耶稣会士共168名，其中近80名没有完整的中文姓名。在教外稍有名声的只有：宋君荣，法国人，曾担任康熙朝中俄谈判翻译；王致诚（Jean-Denis Attiret，1702—1768），法国人，清宫画家，曾画过乾隆像；蒋友仁（Michel Benoist，1715—1774），法国人，曾参与设计圆明园，著《坤舆全图》；钱德明（Jean-Joseph-Marie Amiot，1718—1793），法国人，居北京乾隆宫廷四十年。教会史学者邓恩（George Donne）把从利玛窦到汤若望一批早期耶稣会士称为“巨人的一代”，很有概括力。他们开创出一个在完全不同的文化传统中传播基督教信仰的大格局，既史无前例，也难以为继。参见：G. H. Donne. Generation of Giants：The Story of the Jesuits in China in the Last Decades of the Ming Dynasty. Notre Dame：University of Notre Dame Press，1962。

③ 朱维铮. 基督教与近代文化. 上海：上海人民出版社，1994：8.

者，尽行查送内务府销毁。其所造天主堂，令皆改为公所。凡误入其教者，严为禁谕，令其改行。如有仍前聚众诵经者，从重治罪。地方官若不实心禁饬，或容隐不报，如之。[①]

雍正和康熙不同。康熙对各种宗教都有同情，只是要求教会在行政上服从他。这在一定范围内给予了天主教会宣教空间。雍正则是以他自己的信仰来反对天主教，独断的信仰导致他不宽容。近年翻译出版《清代西人见闻录》，其中收有法国耶稣会士宋君荣的《有关雍正与天主教的几封信》，谈到1727年7月21日，他和苏霖（Joseph Suarez，1656—1736）、巴多明、雷孝思、费隐（Xavier-Ehrenbert Fridelli，1673—1743）、戴进贤（Ignace Kögler，1680—1746）等十位西洋教士在圆明园觐见雍正。雍正公开批评并“憎恶”其父亲任用西方人，他说：

汉明帝任用印度僧人，唐太宗任用西藏喇嘛，这两位君主因此受到了中国人的憎恶。先皇让尔等在各省建立教堂，亦有损圣誉。对此，朕作为一个满洲人，曾竭力反对。朕岂能容许这些有损于先皇声誉的教堂存在？岂能像他人一样让此种教义得以推广？藏传佛教最接近尔等的教，而儒教则与尔等之教相距甚远。尔等错了。尔等人众不过二十，却要攻击其他一切教义。须知尔等所具有的好的东西，中国人的身上也都具有。然尔等也有和中国各种教派一样的荒唐可笑之处。尔等称天为天主，其实这是一回事。在回民居住的最小村庄里，都存一个敬天的“爸爸”，他们也说他们的教义是最好的。和我们一样，尔等有十诫，这是好的。可是尔等却有一个成为人的神，还有什么永恒的苦和永恒的乐，这是神话，是再荒唐不过的了。

雍正说藏传佛教比儒教更接近天主教，是要求天主教放弃和儒家的长期合作，并且应该服从藏传佛教。天主教中有“好的东西”，但这些“好的东西”中国人思想中都已经有了，最集中地表现在满族人信仰的藏传佛教教义中。雍正对是否坚持祭祖、祀孔已不在乎，但不允许天主教在宫廷内部活动，动摇满族人的藏传佛教信仰。因为这样，他把康熙留给传教士的开放尾巴“印票”也割去了。

雍正厌恶天主教另有政治上的原因。在康熙诸子的皇位争夺中，

① 梁章钜. 浪迹丛谈　续谈　三谈. 北京：中华书局，1981：81.

天主教传教士支持的皇子和家族都是失败者，天主教成了宫廷权力之争的牺牲品。具体考证已见于陈垣先生《雍乾间奉天主教之宗室》，其他著作也都有记录。据《康熙实录》，康熙四十七年（1708），原来立定的太子允礽被废除后，第八子允禩与宗族中信天主教的苏努家族比较亲近，“允禩乘间，处处沽名，欺诳众人，希冀为皇太子，邀结苏努为党与”。苏努是努尔哈赤的四世孙，与雍正是同辈，累世有军功，袭封为贝勒。雍正登位后，苏努家族以助逆罪被革出宗籍，有的被没收家产，有的被革职囚禁，还有的被驱逐出京。

在处置苏努各子的时候，雍正给他们定的罪名是：“不遵满洲之正道，崇奉西洋之教。朕令伊等悛改，屡次遣王大臣等降旨分析开导询问，乃伊等固执己见，坚称不愿悛改。”原来准备处死他们，但估计会遭到天主教会反对，“今复将伊等正法，西洋人不知其故，必以为伊等因入西洋之教被戮，转使伊等名闻于西洋”。为此，他改令将苏努之子乌尔陈等人实行关押：“择一地方，牢固锁禁，俾得用力穷究西洋道理。伊等如知西洋敬天之教，自然在朕前奏请改过也。”① 这是雍正的手段：用其人之道，反治其人之身。这一中文记载，可以得到西方文献的证明。据宋君荣书信说，他收到苏努儿子若望的报告：“雍正四年十一月十五日，各牛录（满洲基层行政单位长官。——引者）派人来劝我们（苏努家族。——引者）放弃信奉天主教义。我们答复说，我们的教义是真正的教义，因此不能放弃。一个头领叫我们口头上放弃，我们说，即使口头放弃也是违背我们的教义的，因此不能从命。”② 报告还说，当时有人用满文奏上《关于处死信奉伪教教徒之事宜》，要求雍正处死天主教徒。可见当时严酷的皇位之争，使天主教深度卷入，极度危险，雍正没有赶走北京的传教士，没有把天主教徒赶尽杀绝，而只是要求他们悔改，要地方官员把天主教当作白莲教一样防范，已经是十分宽容了。

宋君荣摘录了雍正皇帝给满族人的诏书，其中提到：满人必须坚持自己的祭祀礼仪，不能采用天主教的祭祀礼节。

天主者，天也。世人无不敬天者。国家立祭祀之坛，即所

---

① “雍正五年四月十九日上谕”，转引自：陈垣．雍乾间奉天主教之宗室//陈垣学术论文集：第1集．北京：中华书局，1980。

② 宋君荣．有关雍正与天主教的几封信//杜文凯．清代西人见闻录．北京：中国人民大学出版社，1985：149.

以敬天也。我满洲之民，亦有“跳神”。年年岁首，焚香化纸，皆敬天之礼仪也。我满洲之民自有敬天之礼仪，亦犹蒙古、汉、俄罗斯、欧罗巴之民各有祭天之礼仪也。今观乌尔陈（亲王，苏奴第十二子。——引者）之词，昏愦糊涂，似有禁其敬天者。朕未尝言其不应敬天，然敬天之习俗当各有不同耳。伊既系满洲之民，则应与朕同俗。今伊图谋不轨，弃我之法俗，从欧人之教律。岂有二天为伊共戴乎？四海之内，唯天与共，一国之中，宁有二主耶？①

“中国礼仪之争”后，罗马发布的禁令，不只是禁止儒家礼仪，满族人信奉的萨满教礼仪也在禁止之中。雍正对天主教禁止祭祀满族人的“天”大为不满，斥之为“图谋不轨”，严加惩处。

乾隆登基（1736）后，政治上发布了一系列赦令，其中包括释放受雍正迫害的康熙诸子，受流放的天主教徒苏努一家也被恢复了宗室待遇，回到北京。一系列的平反昭雪，表明了国内政治格局的变化。传教士们指望新皇帝会开始一个新的宗教宽容时期。据当时在北京的耶稣会士的报告，康、雍、乾三朝老臣马齐和法国耶稣会士巴多明是三十六年的朋友，他们企图改变乾隆的宗教政策。巴多明1698年来华，1741年去世。康熙皇帝曾经请他教授生物学、解剖学，他参与了康熙年间京郊“长城图”的勘查，任中俄谈判翻译、拉丁文教师。据《清史稿·马齐传》，马齐是满洲镶黄旗人，曾随康熙亲征噶尔丹，历任兵部、户部尚书，位至武英殿大学士。在康熙建嗣时，他在允礽被废后，支持八阿哥允禩，得罪康熙，曾入狱。后因其元老地位和通西北边务，又被起用。马齐长期主持理藩院，是俄国问题专家。一定是因为他和俄国的交涉，巴多明作为翻译，与他成了朋友。乾隆四年（1739），有谕旨说：“马齐历相三朝，年逾大耋，举朝大臣未有及者。”② 马齐答应巴多明，由他转呈给乾隆皇帝一份要求解禁天主教的上书。西书说，上书是经马齐女婿、“礼部尚书、宗人府长官”再转上达至皇帝的。《清史稿·部院大臣年表》载：乾隆初年，礼部满尚书是三泰，三泰还兼任蓝翎侍上。

就在朝内外讨论天主教解禁问题的时候，“中国礼仪之争”的遗

---

① 宋君荣．有关雍正与天主教的几封信//杜文凯．清代西人见闻录．北京：中国人民大学出版社，1985：158.

② 清史稿：卷二百六十八：马齐传.

留问题干扰了解禁进程，使乾隆年间的情况一度变得更遭。当时北京出现了一件突发事件。大赦之后，许多被雍正流放的大家族回到北京，京城喜庆，家家大摆“庆生宴”。一位满族官员设宴招待，动用全套满洲祭祀礼仪。他的妹妹因为嫁给天主教家庭而改从天主教，提出说：宴会上的礼仪都是迷信，她不能出席。这样便使喜庆的两家变为冤家。事情闹大以后，京城议论说信教者不近人情，尤其是满人信教，忘了祖宗，混同于汉人。宗族中有人上书，要求严禁旗人信教。同在乾隆元年，这一封禁教的奏折却是很快得准。整个春季，京城大肆搜查和审讯教徒，史称乾隆年对天主教的第一次大迫害。因宫廷画师郎世宁的哀求，乾隆才下谕弛禁。①

在乾隆二年（1737）、十一年（1746），乾隆朝又两度为小事情大规模地禁止天主教。乾隆和乃父、乃祖不同，康熙真诚向传教士学习西方文化知识，雍正把传教士看成他权力道路上的障碍和异己力量，乾隆则是以他的纨绔气，很不把传教士当一回事，使他们管钦天监，画西洋画，建圆明园大水法。天主教传教士们对此毫无办法。

雍乾时代，中国天主教事业进入低潮，处于不绝如缕的危险境地。朝廷的基本政策首先是严格限制传教士入境，许多人只是到了澳门，没有进入内地；其次是对“西学”采取了严格的区别对待政策，利用传教士的技艺，摒弃传教士的学术；最后是将传教士的活动范围加以控制，在京畿地区允许他们在监控下进行宫廷需要的活动，而在外地传教则进行驱逐。

因为这样的政策，在北京，传教和文化活动反倒一直没有停止。当时共有四座教堂。

南堂。在宣武门内，明末由葡萄牙耶稣会管理，是明朝以来一座延续下来的老堂，原称“西堂”，在新的西堂造好后，改称南堂。

东堂。在管理上附属于南堂。建于顺治年，由利类思（Louis Boglio，1606—1682）用皇帝所赠的房子和钱款改建成西洋式建筑。

南堂、东堂都传统地属于葡萄牙耶稣会，乾隆时有神父：

郎世宁（Joseph Castiglione），1715—1766 年在华，意大利人，宫廷画家。

罗怀忠（Jean-Joseph da Costa），1715—1747 年在华，意大利

① 白晋. 清康乾两帝与天主教传教史. 冯作民，译. 台北：光启出版社，1977：112-116.

人，药学家。

戴进贤（Ignace Kögler），1716—1746 年在华，德国人，钦天监监正，礼部侍郎。

徐懋德（André Pereira），1716—1743 年在华，葡萄牙人，钦天监员。

陈善策（Dominique Pinheiro），1726—1748 年在华，葡萄牙人，数学家，钦天监员。

鲍友管（Antoine Gogeisl），1738—1771 年在华，德国人，数学家，钦天监员。

魏继晋（Florian Bahr），1738—1771 年在华，德国人，语言学家，通满汉语言。

刘松龄（Augustin de Hallerstein），1738—1774 年在华，奥地利人，钦天监监正。

傅作霖（Félix da Rocha），1738—1781 年在华，葡萄牙人，天文学家。

艾启蒙（Ignace Sichelbarth），1745—1780 年在华，波希米亚人，画家。

高慎思（Joseph d'Espinha），1751—1788 年在华，葡萄牙人，天文学家，钦天监监正。

安国宁（Anoré Rodrigues），1759—1796 年在华，葡萄牙人。

索德超（Joseph-Bernard d'Almeida），1759—1805 年在华，葡萄牙人，钦天监监正。

北堂。在西安门内。原先法国国王路易十四派遣的耶稣会士和葡萄牙会士一起住在南堂。1693 年，康熙赐张诚、白晋等法国耶稣会房产，后四年，建成北堂。堂内除康熙画像和路易十四画像外，还有英国国王、西班牙国王和罗马教宗的画像，象征天下万邦一家。属于法国耶稣会管理的传教士有：

巴多明（Dominique Parrenin），1698—1741 年在华，法国人，任中俄翻译。

殷弘绪（François-Xavier d'Entrecolles），1699—1741 年在华，法国人，曾任耶稣会中国会督。

冯秉正（J. -M. -A. de Mailla），1703—1748 年在华，法国人。

费隐（Xavier-Ehrenbert Fridelli），1705—1743 年在华，奥地利人，天文学家和地理学家。

德玛诺（Romain Hinderer），1707—1744年在华，法国人，地理学家。

宋君荣（Antoine Gaubil），1722—1759年在华，法国人，中国文化专家。

沙如玉（Valentin Chalier），1728—1747年在华，法国人，钟表师。

孙璋（Alexandre de la Charme），1728—1767年在华，法国人，中国文化专家。

赵圣修（Louis des Roberts），1737—1760年在华，法国人，北堂主堂神父。

杨自新（Gilles Thébault），1738—1766年在华，法国人，钟表师，机械师。

王致诚（Jean-Denis AttiRet），1738—1768年在华，法国人，画家。

汤执中（Pierre d'Incarville），1740—1757年在华，法国人，植物学家，艺术家。

蒋友仁（Michel Benoist），1744—1774年在华，法国人，天文地理学家，中国文化专家。

钱德明（Jean-Joseph-Marie Amiot），1750—1793年在华，法国人，中国文化专家，伏尔泰受其作品影响。

方守义（J.-F.-M.-D. D'olliéres），1759—1780年在华，法国人。

韩国英（Pierre-Martial Cibot），1759—1780年在华，法国人。

汪达洪（Jean-Mathieu de Ventavon），1766—1787年在华，法国人。

晁俊秀（François Bourgeois），1767—1792年在华，法国人，北堂主堂神父。

金济时（Jean-Paul-Louis Collas），1767—1781年在华，法国人，天文学家。

顾拉茂（Jean-Joseph de Grammont），1768—1812年在华，法国人。

贺清泰（Louis de Poirot），1770—1814年在华，法国人。

潘廷璋（Joseph Panzi），1771—1812年在华，意大利人，画家。

李俊贤（Hubert de Méricourt），1773—1774年在华，法国人。

西堂。雍正元年（1723）由德理格将自己的寓所改建成教堂。

他们直属于罗马教廷的意大利外方遣使会，是唯一不属耶稣会系统的教堂。乾隆时代的主持人是：

德理格，（Teodorico Pedrini）1711—1747 年在华，音乐家。

安得义（Jean Damascene），画家。①

乾隆年在北京的常州学者赵翼，经常到各教堂去找天主教神父谈话。《簷曝杂记》中记录了他与南堂刘松龄和高慎思的学术交往，也记录了各教堂内部的各项设备。“天主堂在宣武门内。钦天（监）监正西洋人刘松龄、高慎思等所居也。堂之为屋圆而穹……余尝登其台，以镜视天。”可见乾隆年间，天主教士在北京仍然和士大夫们保持着一定的交往。北京四座教堂的传教士都兼职在宫廷做事，只要皇帝需要这些一技之长，北京的教会就能维持。各地教会情况就因地而异了，相当多的地方教会受到迫害，处于“地下教会”状态。

在北方山东、山西、陕西、直隶等省，地方官员都借京报邸抄上的禁教令，对天主教家族抄家，而且专抄富户大族，这其实已经是借禁教分浮财。因为动机不纯，各地的禁教常常更加激烈。在南方，情况稍好。一方面，西方传教士和地方官宦大族的关系较好，天主教在南方基础较厚。另一方面，雍乾年间的湖广总督是奉教宗室苏努家族的成员，闽浙总督满宝和当地主教私交不错，所以一度都没有实心禁教。但是天主教活跃发展的局面再也没有了。

北京的教士不能出京，被堵在澳门的教士又不能自由出入。为此，南方各省都有从珠江、闽江、之江、长江等河海口偷渡进来的传教士。他们常是藏在货船的底舱里，冬寒夏溽，有时候会在舱里躲上数月。到岸后，趁夜色或晨雾进村，在热心教友家住下，然后深入内地。地下传教维持了地下教会，使天主教能在清代的禁教政策下一直维持下来，直到 19 世纪。

“葡萄酒外交”

传教士之所以能不断来华，主要是因为康熙、乾隆两朝中央不断地需要传教士。他们通过两广总督向澳门总督调人来京，澳葡当局就经常向葡萄牙申请派人来澳门候选，澳门的“三巴寺”、圣保禄神学院成为“外国专家”的旅馆。康熙四十七年（1708），刚刚和罗马闹翻的康熙下谕旨，令两广总督赵弘灿会同广东巡抚，“将澳门存

① 本名单据《清康乾两帝与天主教传教史》和《耶稣会士目录》及《在华耶稣会士列传及书目补编》整理。

有捌人之内，有会炮制药的魏哥儿，会天文的得马诺、孙禄世叁人送来”①。同年六月，奉康熙旨：“西洋人德马讷（即前旨得马诺。——引者）准其住居新会县天主堂。”如此看来，康熙和传教士在决裂后，因为有不时之需，还保持着藕断丝连的联系。

康熙在生活和学识上深受传教士的影响。他在自然科学上完全信任耶稣会士，对天主教的神学和哲学也多有兴趣。“中国礼仪之争”后，他改变了对罗马教廷和天主教会的态度，但是对服从于他的耶稣会士的态度并没有大的变化，他个人生活中的一些西化习惯也没有改变。个人生活中，因为健康的原因，在耶稣会的推荐下，中年以后的康熙养成了喝洋酒的习惯。康熙三十二年（1693），康熙得了严重的疟疾，满医、汉医都束手无策。法国耶稣会士张诚、白晋和徐日昇用随带的“奎宁丸”（金鸡纳霜）治愈了病，还建议他多喝葡萄酒。葡萄酒有利于健康，天主教堂里常备红葡萄酒。赶走传教士后，葡萄酒还得喝。他马上传旨，通过南方督抚的个人渠道弄到葡萄酒。康熙四十八年（1709）正月二十五日，康熙上谕：

> 西洋人自南怀仁、安文思、徐日昇、利类思等在廷效，俱勉力公事，未尝有错。中国人多有不信，朕向深知，真诚可信。即历年以来，朕细访伊等之行实，凡非礼之事，断不去做，岂有过犯可指。前者，朕体违和，伊等跪奏：西洋上品葡萄酒乃大补之物，高年饮此，如婴童服人乳之力。谆谆泣陈，求朕进此，必然有益。朕鉴其诚，即准所奏。每日进葡萄酒几次，甚觉有益，饮膳有加。今每日竟进数次，朕体已经大安。念伊等爱君之心，不可不晓谕朕意。今传众西洋人，都在养心殿，叫他们知道。②

从此上谕可以看出康熙对欧洲葡萄酒的热衷和依赖。甚至在臣子面前，他也流露出对耶稣会士们的感情。康熙谕令广东、闽浙、江西等地疆臣：“以后凡本处西洋人所进皇上用的物件，并启奏的书字，即速着妥当家人雇包程骡子星夜送来，不可误慢了时刻。”谕旨中可圈点的有几处：（1）传教士以后可以通过礼物赠往，与康熙联

① 两广总督赵弘灿奏谢赏赐珍鲜并报送西洋人进京折（康熙四十七年正月初十日）//康熙朝汉文朱批奏折汇编：第1册．北京：档案出版社，1985.

② 黄伯禄．正教奉褒．上海：上海慈母堂，1884：康熙四十八年.

络。（2）联络中，仍可以用“书字”来讨论各项问题。（3）这种联络用“妥当家人”，免得官方色彩。这就是说，通过葡萄酒，康熙和耶稣会士可以保持私下的全面联系。

二月，江西巡抚郎廷极，通过他儿子的朋友，向留住在江西饶州的殷弘绪神父弄到“西洋葡萄酒六十六瓶”。殷神父是康熙朝在京的老辈人物。江西巡抚郎廷极，汉黄旗籍，锦州府广宁县人，《清史稿》有传。郎家在清初有军功，在康熙朝受重用，他以家臣般的忠诚和家族特殊身份联络江西各地的天主教，留住和团结了一批老会士。天主教教堂弥撒上要用红葡萄酒，从教堂里弄出几瓶来不是难事。闻此消息，各州传教士纷纷用进呈葡萄酒的方式表示与皇上的新关系：

> 建昌府天主堂马若瑟格尔默斯一瓶，洋酒四瓶。临江府天主堂傅圣泽洋酒八瓶。抚州府天主堂沙守信洋酒六瓶。九江府天主堂冯秉正洋酒六瓶。赣州府天主堂毕安洋酒两瓶，德利亚尔葛一合。南昌府大主堂穆泰来洋酒两瓶。①

三月，福建巡抚张伯行、闽浙总督梁鼐也将葡萄酒奉上。康熙在四十八年三月二十日下谕旨：“以后凡本处西洋人所进皇上上用的物件，并启奏的书字，即速着妥当家人雇包程骡子星夜送来，不可慢了时刻进上西洋人所赠的葡萄酒。”② 康熙向传教士讨要葡萄酒的真实意义其实不仅在于自己嗜好洋酒，而且在于在谈判破裂后仍然企图与传教士个人保持联系，也借此考验他们对清朝的服从态度。

康熙和传教士玩起了“葡萄酒外交”。各地臣子中，两广总督赵弘灿与澳门总督保持热线联系，采办最直接。按他的奏折，接旨后，便“星速差家人前赴澳门传旨，与西洋理事官委黎多等及省城各天主堂西洋人一体钦遵”。随后，收到他们“酒一箱，洋烟一箱，毕登庸酒一箱，景明亮酒一箱，药一瓶”。赵弘灿“差家人”，而不是“差胥吏”去澳门，证明皇帝和总督用的是“民间外交”方式。澳门葡萄牙当局和各修会果然明白，他们利用了“葡萄酒热线”和皇帝及各地教堂教友保持接触。康熙四十九年（1710），“有西洋人李国

① 江西巡抚郎廷极奏进西洋物什折（康熙四十八年三月二十六日）//康熙朝汉文朱批奏折汇编：第2册．北京：档案出版社，1985．

② 闽浙总督梁鼐奏为遵旨恭进洋酒折（康熙四十八年三月二十日）//康熙朝汉文朱批奏折汇编：第2册．北京：档案出版社，1985．又见于：赵弘灿奏西洋人进洋酒等物折//史料旬刊：第3期．北平：故宫博物院，1931．

震交到进皇上葡萄酒拾伍瓶，云系西洋人何大经所进。外书一封，与京中天主堂纪姓者”。何大经（François Pinto，1662—1724），葡萄牙耶稣会士，1691 年来华，留居至 1724 年去世。京中“纪姓者”应为纪理安，德国耶稣会士，1694 年来华，留居至 1720 年去世。据说，滞留在澳门的铎罗主教生前还曾亲自出面安排，为康熙采办葡萄酒。康熙四十九年（1710）闰七月十四日，赵弘灿奏：“接到住澳西洋人沙国安等信一封，内开：多乐（铎罗。——引者）闻皇帝利用真葡萄酒，特托人采觅寄来。今多乐辞世，不敢隐其先志。应否送省，乞示进止。计开加纳列国葡萄酒一箱柒拾小瓶，伯尔西亚国葡萄酒贰箱共贰拾大圆瓶，波尔图噶国葡萄酒贰箱共贰拾肆方瓶。”① 康熙批道：“随便带来。”康熙主动留出了这条“沟通热线”，中西之间的交往才没有因为“中国礼仪之争”而断然结束。

清朝宫廷在有些方面是相当西化的。康乾祖孙俩对西画的热衷，不亚于他们对董其昌字画的喜欢。清朝皇帝喜欢中国山水画，但中国的人物画不及西洋画逼真，不能满足把帝王形象传世的要求。因此，画人物像时，清廷更信任西洋传教士画家。康熙四十九年，两广总督赵弘灿召来了三位画家、天文学家、音乐家，康熙即刻下旨：“西洋技巧三人中之善画者，可令他画十数幅画来。亦不必等齐，有三四幅随即差赍星飞进呈。再问他会画人像否，亦不必令他画人像，但问他会与不会，差人进画时一并启奏。钦此。”据奏折，这“技巧三人”的汉名是马国贤、德理格、山遥瞻（Guillaume Fabre-Bonjuor）（三人汉名据《康熙朝汉文朱批奏折汇编》。《天主教传行中国考》称山遥瞻为“潘如”，当取自其姓 Bonjuor）。“中国礼仪之争”后，清朝对传教士实行严格的入境管理。“技巧三人”被特许入境，先安排在广州的天主堂内学习汉语，且被明确告知，如果汉语学不好，不会让他们进京。在广州，马国贤试画了西洋的风景画（“山水画”）、人物画。人物画画的是岭南儒学大师陈献章（白沙），并不是耶稣、圣母画像。马国贤是意大利遣使会士，1710 年到中国，写了著名的《京廷十又三年记》，是康熙朝后期最著名的清廷西画师。德理格也一度受重用，他是康熙晚年的宫廷乐师，其作品乐谱用中国律吕记录，至今仍被保留演奏。

“技巧三人”都不是耶稣会士，而是铎罗特使（当时已被罗马升

---

① 赵弘灿范时崇会奏西洋人沙国安等进葡萄酒折//史料旬刊：第 3 期. 北平：故宫博物院，1931.

任为枢机主教）的助手。但他们都遵守皇帝规定的礼仪，可见铎罗和其他修会也开始转变，采取和耶稣会一样现实的态度。嘉乐使团来华后，马国贤等人恢复了罗马教廷的本来立场，站在耶稣会的对立面，并受到康熙皇帝的严惩。但他们初到北京的态度，可以证明是在妥协。1711 年 1 月 5 日中午，马国贤一行三人到达北京，觐见之初就遇到了礼仪问题。康熙命令，在召见之前，他们不得与在京的欧洲人碰头。1 月 9 日，康熙召见三人，马国贤回忆说："当我们坐定以后，太监和官员们都站着。两个大金碗从皇帝面前的桌上递了上来，一碗是肉，一碗是鱼，我们被提醒说，这是万岁爷的赐予。按命令，对于任何直接从陛下处赐予的物品，我们必须跪着前去接受，这是普天下概莫能外的规矩。真的，我们被迫把碗举过了头顶，然后磕头，就是说把头弯到地上，以示对我们所得巨大赏赐的感谢。归座以后，皇帝要我们尝尝这肉，我们说教义禁止星期五吃荤，我们吃完了其他东西。我们被问知是否准备为皇帝服务终生，我们回答这正是我们所愿。"

"技巧三人"以"普天下概莫能外"的托词，"五体投地"地接受了跪拜天子的礼仪，还都向清朝领了永居中国、不回西洋的印票。更令人诧异和奇怪的是，马国贤等人和耶稣会士一样，参加了皇家的祭天活动。到北京没几天，马国贤陪着康熙，住在离京城约 5 公里的畅春园。2 月 17 日是春节，他们一起回城住了三天，到天坛祭天。

> 我们陪陛下回到北京，住了三天，为了祭天的庆典。天是儒家所崇拜的，皇帝是首领。为此原因，南北两京建起了两座天坛，只有皇帝才能以全体人民的名义在此祭祀。……在天坛，供奉品包括大量的牛羊牺牲，还伴有一整套的礼节。中国人在准备这些牺牲的时候，要斋戒，要沐浴，要节欲，还不能吃在斋戒期间新屠宰的动物，但腌腊肉品是可以吃的。①

天坛祭天的这些礼仪，这些牺牲品，都是"中国礼仪之争"的焦点，非常敏感。但是没有记载表明他们曾抵制天坛祭天活动。为了维持在北京的艰难生存，无法顾及在欧洲热火朝天的争论，必须向中国礼仪妥协。从这些情况看出，康熙皇帝代表的中国礼仪在当

① Matteo Ripa. Memoirs of Father Ripa during 13 years' Residence at the Court of Peking in the Service of the Emperor of China. London，1844：47.

时西方势力初来、清朝中央高度权威的局面下，可以基本不受影响地保持下去。

从《康熙朝汉文朱批奏折汇编》第711件（闰七月十四日，1710年9月7日）看，被软禁于澳门的铎罗去世当年还在致书康熙，请求谈判。康熙继续指责对方不明中国礼节，直接写汉字原文，不懂中国行文格式。铎罗继续在书中称“教化皇”，用笺也是中国官府的五爪龙边纸。康熙在给赵弘灿的谕旨中严词斥责：“尔等差人问多罗，尔并无用五爪龙边之理。‘皇’字亦非尔国之话。种种违式，与例不合。念尔系外国之人，或不按中国之法式，或中国无知之徒写的亦未可知，尔等详察。若认错不知，即速改来本部院转奏。若不改不认错，本部院不但不奏，将中国写汉字之人从重治罪。”康熙严厉地指责铎罗，但却不失身份地只是威胁治写汉字之中国人以重罪。这种内外有别的态度表明，康熙还是承认“中国礼仪之争”为外交问题。①

罗马方面在知道了康熙的基本态度不可改变之后，也曾认真地讨论过陷入僵局的“中国礼仪之争”。在教会内部，在华耶稣会士要求教宗从“南京命令”退回到教宗亚历山大七世1656年敕令的立场，允许中国教徒举行改造过的中国礼仪。他们抗议铎罗主教将不得已仍在为中国教徒施行圣礼的本会会士“弃绝”（开除）。同时，葡萄牙国王若望五世抱怨铎罗和教宗在中国无事生非，把好端端的中国传教和商务前景断送了。教宗也不断地威逼和劝告若望五世释放铎罗。1709年2月，受康熙皇帝委派，代表在华耶稣会士态度的艾逊爵（Joseph-Antoine Provana，意大利人，1695年来华，1720年去世）到达罗马。但是，1710年9月25日，经过认真讨论，罗马正式批准的是“南京命令”，而不是康熙皇帝、葡萄牙国王、澳门当局和在华耶稣会士以及中国大部分教徒所期望的解决方案。②

有人把“中国礼仪之争”看成一场外交战。自与欧洲交往以来，康熙是第一个为具体冲突和西方人面对面交往的中国皇帝。外交活动是民族国家为政治、经济利益而进行的官方谈判活动。严格来说，18世纪中国清政府和罗马教宗之间还不是近代意义上的外交关系。这不单是因为罗马教廷不是一个近代意义上的民族国家，而且是因

---

① 本节康熙皇帝与疆臣间有关天主教士的奏折，见于《康熙朝汉文朱批奏折汇编》，第284、362、457、468、470、473、476、484、627、711件。

② 罗光．教廷与中国使节史．台北：传记文学出版社，1969：134.

为这两个交涉主体所代表的不是一般的世俗利益，而是古老的教义原则。换言之，中国皇帝和罗马教宗之所以大动肝火，他们主要不是简单地考虑世俗利益得失，而是尽可能地维持自己的文化传统。康熙虽然是入主中国不久的满洲的皇帝，但面对被统治的广大中华国土，他必须维护华夏文明，以求名正言顺的正统。罗马教廷虽然急需在中国扩大势力范围，但它必须保持天主教教义的纯洁，以及它对教义的解释权威。

我们还可以说，“中国礼仪之争”是近代中西关系上首次高级别的冲突。另外，它是中西双方的第一次，也是最后一次单纯的文化冲突。把它和以后的“帝国主义侵略”混为一谈，是不恰当的。为了意识形态的分歧，不惜牺牲实际利益和友好关系，最后闹得两败俱伤的做法，在19世纪弱肉强食、唯利是图的中西关系中反而不常见。以后中西冲突的当事人再也没有这样的兴趣兴师动众地为一个字、一句话、一个动作……做如此认真的辩论，发这么多的文件。这种古风醇情在近代有利益、无原则的外交活动中很少见。同时，“中国礼仪之争”中暴露出来的也是中世纪文化的致命弱点：它的不宽容和狭隘性。重视本民族的文化，维护自己的固有观念，双方顽固到了不容争辩、无须讨论的地步。双方都没有一个较好的办法来处理观念分歧和利益现实，这是中西社会分别从古代进入近代、又刚刚相聚在一起的特殊时代的特殊现象。

1939年大翻案

在以后的二百年中，罗马为中国礼仪陆续发布过不少文件，但是基本上都维持了《自那一天》中的决定，对中国礼仪采取严厉禁止的态度。

1742年7月11日，本笃十四世发布长篇通谕《从特殊处》(*Ex quo singulari*)，这是所有关于“中国礼仪之争”文件中最完整的一份。它全面地论述了历来的争论内容，做出了最后的判断，对中国礼仪采取了严厉禁止的态度。这份文件是最完整的，但并不是最重要的，因为它只是对以前同类文件的概括。

1753年1月14日，罗马传信部命令在中国的传教士不得执行“八项准许”，更不得以便利传教为理由，向中国礼仪做出任何妥协或者变通。

1757年6月30日，中国教会有请示：基督徒能不能在死者的棺材面前行使传统的跪拜礼节？请示者认为：这种礼节并没有很多可疑之处。罗马的回答是：不。照1753年决定办。

1768年11月15日，中国教会有提问：天主教徒能不能参加村里的祠堂宴会，能不能吃献祭后的食物？宗教裁判所对此的回答是：基督徒可以吃这些食物，但不能在祠堂、庙宇等异教的公共场合吃，以免引起公众间的丑闻。

1769年11月15日，根据在四川的传教士描述：在每月的初一和十五、节日、亲人的祭日，不信教的丈夫总要求信教妻子做很多祭食。他们问：做过祭食的妇女信徒，还有没有资格接受天主教堂中给予的圣礼？宗教裁判所回答说：只要天主教徒知道这是祭礼用的食物，就不应烧煮。男人们在结婚的时候就应该知道，婚后要让妻子平静地保持信仰，而不是引诱她们犯罪。这样的例子说明，今后主教们在主持婚礼的时候要对这一点格外注意。

1792年7月9日，山西和陕西的传教士要求允许中国天主教信徒参加每年清明节的扫墓活动。教徒们提出来的理由是：中国人扫墓只是为了给亲人的坟墓拔拔草，培培土。每年清明扫墓并不是因为这天是鬼节，而是全国人民都在这一天按习俗出门。传信部对此的回答是：天主教徒们可以去扫墓，但不能和其他人在同一天去；去了以后，也不能搞迷信活动。

1801年2月20日，山西和陕西的传教士问：能不能允许天主教信徒按中国人的习俗，也在大门上贴两个“门官”（门神）？传信部回答说：不行。①

从以上看，康熙朝交恶后，鸦片战争爆发前，罗马传信部和宗教裁判所对中国礼仪采取了严格禁止的态度。

值得注意的是，鸦片战争以后，天主教利用中法《黄埔条约》，重新进入中国传教。此时的罗马天主教会对中国礼仪的态度似乎有了某些松动。从现已出版的《中国礼仪之争罗马一百文献》已经可以看出这一点。

1844年3月23日，传信部肯定地告诉辽东地区代牧主教，天主教信徒可以吃春节里邻居们送给他们的馒头。这是指那些在祭坛上献祭过的馒头。

---

① 以上文件细节，均见于：Ricci Institute for Chinese-Western Cultural History, 100 Roman Documents Concerning the Chinese Rites Controversy. U.S.F., 1992: 63-78。

1847年4月21日，宗教裁判所给浙江和江西代牧主教回信，回答了五个问题。(1) 同宗族人中的天主教信徒，能不能和其他非信徒的族人一起分享祠堂的财产。回答是：可以的。(2) 教友能不能参加祠堂的族宴，能不能吃献祭的食品。回答是：根据1753年的规定，这是不可以的。(3) 信徒们能不能把自己新出生孩子的名字刻在祠堂的碑上。回答是：这基本上是民间的社会性行为，不会引起什么迷信的丑闻，没什么不可以。(4) 村里进行社戏活动的时候，信徒们能不能也出钱赞助。这些社戏通常都在庙宇前举行，通常也有迷信的目的。回答是：如果是为迷信活动而做的募捐，信徒们当然应该抵制。但是如果这些完全是无关痛痒的事，就不要为此不安了。(5) 在某些场合，当信徒们被要求参与制作一些迷信活动的戏剧道具时，信徒们能不能变通地做一些局部部件（大约是制作龙灯、神像之类）。回答是：这是不行的。

1866年5月3日，罗马回答中国教会的提问：信徒们能不能在端午和除夕与教外亲朋互赠礼物。回答是：这种社会风俗是可以被容忍的。①

从以上这些文件可以看到，罗马方面逐渐地把中国礼仪看得不那么可怕了，在许多具体做法上有所松动。但这并不是说罗马方面已经彻底改变了传统的做法。相反，许多文件基本上仍然是在坚持克莱芒十一世的决定，反对“迷信行为”。例如：

1852年3月31日，湖南代牧主教收到罗马的指令说，信徒们不能参加舞龙游行。

1853年3月16日，罗马向在中国的传教士发布公告，要尽量阻止信徒中的文艺骨干，如唱诗班成员和读经员参加异教徒的节日活动。

1907年2月4日，传信部发布公告，要求到中国去的传教士，特别是那些有听忏悔任务的神父，必须按照规定，宣誓反对中国礼仪。②

在清末，中国积弱的外交疲于应付，根本无暇讨论“中国礼仪之争”的遗留问题。但是，它在民间一直是妨碍“民教关系”的重大因素。因为条约的保护，官绅们没有权力驱赶传教士。但是作为

① 以上文件细节，均见于：Ricci Institute for Chinese-Western Cultural History，100 Roman Documents Concerning the Chinese Rites Controversy. U. S. F.，1992：80-82。

② 同①78-82.

内在束缚，天主教徒因不能祀孔而不便参加科举考试，教徒家庭因不能祭祖而失和于亲戚朋友。天主教因不能融入中国社会，游离在中国文化之外，而造成了很大的麻烦。史式徽著《江南传教史》说："在上海、松江、苏州、南京等处，却有不少富有的教友好人家，由于罗马对祀祖祭孔的'中国礼仪之争'做出了最后决定，这些富家教友子弟就不再去应科举、走仕宦的道路，而去经商或经营重要企业了。"① 一个例子是天主教徒、清末著名洋务活动家马相伯、马建忠兄弟。马家是明末的"江南老教友"，家乡丹阳士绅因信教不祭祖、祀孔的理由，不让他们入县学。他们瞒过此情，在邻县丹徒入学、考试。他们的父亲马松岩开始经商。太平天国后，他们的大哥马建勋在上海为李鸿章做军需，成为上海巨富。②

清末有许多"教案"，表层的原因是"民教不和"，似乎是宗教冲突，而深层的原因中有许多其实是文化问题和利益问题，其中包括严重的中国礼仪问题。一个宗教问题变成了社会利益矛盾。咸丰十一年（1861）《湖南合省公檄》是全国"反洋教"的先声，檄中列举基督教"最恶而毒者十害"，第一就是："该教不敬祖宗及诸神灵。……必先毁其祖考神主。"③ 湖南士绅谩骂、攻击天主教，并不细察《圣经》十诫第五诫即为"当孝敬父母"，症结只在于教会触动了他们的宗法权力。

光绪十五年（1889）湖北广济县发生的"蓝氏宗谱事件"，更具体地说明了天主教废除祭祖引起了不必要的混乱。当时有蓝世叨一家入教，因遵禁令，不供奉祖宗。所以，在新修蓝氏宗谱的时候，族长不准将这一家续入宗谱。冲突之后，竟由外国神父出面，向县里控告。宗族祠堂中的回答是："谱乃是叙祖宗，而教乃是弃祖宗，道各不同。如（蓝世）叨等供贴祖宗，洋人既不能准。而叨等追祀祖宗，洋人又岂能准耶?"④

---

① 史式徽．江南传教史．天主教上海教区史料译写组，译．上海：上海译文出版社，1983：20.

② 李天纲．信仰与传统：马相伯的宗教生涯//马相伯集．朱维铮，主编．李天纲，等编校．上海：复旦大学出版社，1996.

③ 佚名．湖南合省公檄//王明伦．反洋教书文揭帖选．济南：齐鲁书社，1984：3. 此文源于湖南，流行于全国。据《中西纪事》卷二十一，当时法国传教士至长沙、湘潭一带，"楚之绅士闻而恶之，乃撰为公檄，议逐天主教"。咸丰年，天主教尚在恢复阶段，"民教不和"较少为实际利益纠纷。湖南士绅"反洋教"，主要出于保守宗法旧礼俗的文化目的。

④ 教务教案档：第5辑2．台北："中央"研究院近代史研究所，1977：1094.

天主教会和宗族社会在祭祖问题上误会很深。中国宗法族规中，一般没有对具体信仰的规定，守儒家，或信佛教、道教，都是各家的事。家族中不禁入天主教，但不祭祖宗，在当时的家族中却很难被承认。同样，天主教实际上也并不准备破坏宗法关系。但它一面要求教徒仍然参加宗族活动，记入宗谱，一面却因礼仪问题，不守当时的宗法规定，这样使中国天主教徒的身份认同发生危机。在当时还没有可能具有一种多元身份认同的情况下，中国人当教徒，要守外国规矩，就很难成为众人认可的中国人。所谓“多一个基督徒，少一个中国人”，这样的身份尴尬，确实因“中国礼仪之争”而发生在清末。

问题必须解决，局势却是僵持，不是中国社会放弃祭祀礼仪，就是天主教放弃禁止祭祀礼仪的规定。令人欣喜的是：双方都在改变，朝多元认同的方向改变。虽然 20 世纪上半叶中国的文化性质仍然有其“礼教”和“宗法”制度的特质，但对礼仪规定已不严格。在西方神学思想和近代科学生活方式的冲击下，祭天、祭祖、祀孔的活动，一项项地在放弃；同样，虽然 20 世纪的天主教仍然坚守古老的信仰，但对异文化已是大为宽容。中西社会的趋同和多元的变化，使“中国礼仪之争”的解决变得水到渠成。十分耐人寻味的是，“中国礼仪之争”的最终解决，不是因为中国事务，而是因为发生在日本的相关事件。

20 世纪 30 年代，日本军国主义势力影响到文部省。日本政府在教育界通过了一项法律，要求所有公立、私立学校的学生都必须参拜神社，以培养学生的爱国主义精神，便于在任何时候都可以向学生进行军事动员。1929 年，属于耶稣会的教会大学东京上智大学也开始了军事科学的课程和训练。就在这一时期发生了上智大学“靖国神社事件”。

20 世纪 80 年代初，发现了 1933 年 1 月 1 日一份上智大学耶稣会负责人科农伯格（Maximilian Knenburg）神父用德文写给耶稣会德国省的报告，报告有关“靖国神社事件”。按此报告，1932 年 5 月 5 日，大约有六十名上智大学预备班二年级的学生，由学校负责军事课程的老师带去野外训练。行前宣布：此行要去参观军事博物馆，然后再去参拜附近的靖国神社，向武士亡灵膜拜。这时，校长郝夫曼（Herman Hoffman）神父正好经过现场，学生中一些天主教徒问校长他们可不可以参加。校长回答说他们可以不参加。出发后，在参拜靖国神社时，有两三个学生没有按常规的方式行礼。这两次举动，引起了日本军部和大学当局的冲突，两天以后，军部就派人来责问。

一个多月后，1932 年 6 月 14 日，文部省打电话给上智大学，说军部通知说：上智大学“没有遵守日本的教育原则”。军部希望文部省与其一致行动。当天，广岛主教罗斯（Johannes Ross）也在上智大学参加大学新大楼落成仪式。他在广岛也深为神社问题困扰。罗斯主教为解决礼仪问题找到了一项有利的证据。他相信，罗马教会在 1258 年有过一项关于基督徒可以参加非基督教仪式的通谕，这项通谕比所有关于“中国礼仪之争”的文献都早。这不但有传统的权威性，更能够使得日本天主教徒参拜神社合法化。他向东京红衣大主教、法国巴黎外方传教会神父香蓬（Jean Alix Champon）提出了这个问题。东京大主教被他说服，以“口头的和仅此为例”的方式，答应学生可以参拜靖国神社。为求统一，此事还要经过全国传教大会的讨论。为此，上智大学如释重负地呈报军部说，自己已经改变了对参拜靖国神社的态度。

1932 年 9 月 18 日，是“九一八事变”的一周年日，东京地区的学生都去参拜靖国神社。这一天，上智大学的天主教学生顺利地做完了仪式。[①] 上智大学的“靖国神社事件”以如此方式解决，对解决三百年的“中国礼仪之争”起了很大的催化作用。而新发现的校长德文原始报告，对了解当年的事件过程有十分重要的作用。据当代欧美学术界“中国礼仪之争”问题研究专家、日本籍耶稣会士南木博士说，这份报告是上智大学的前校长、当时的校史资料收集委员会主席鲁梅尔（Claus Luhmer）神父提供的。

在正式讨论“神社礼仪”问题的时候，日本教会内部仍然有很大争议。因此，东京大主教香蓬在 1932 年 9 月 22 日正式写信给文部省，问：给靖国神社中的神龛鞠躬，到底有没有宗教意味？一周后，文部省的回答是：

> 要求高中学生和初中、小学学生集体鞠躬，除了表现爱国和忠诚的情感之外，并没有其他目的。[②]

---

① 以上所有关于上智大学“靖国神社事件”的报告，均转引自：George Minamiki S. J. The Chinese Rites Controversy. Loyola University Press，1985。

② 以上通告转引自：George Minamiki S. J. The Chinese Rites Controversy. Loyola University Press，1985：149。

这份报告的作用，差不多等于当年康熙写给法国耶稣会的“证明信”。不同的是，这封“证明信”起了积极作用。此后，在日本的罗马巡视代表莫奈（Edward Mooney）主教向日本教会发布通告：

> 根据官方权威机构的鉴定后的公开声明，日本百姓在神社中低头行礼，除了表示他们对祖国的热爱、对天皇的忠诚外，别无他意。因此，它是可以被允许的。①

“神社礼仪”的解决，很快就成为“中国礼仪之争”解决的前奏。在日本关东军占领的伪满洲国，当局要理清复杂的宗教关系。伪满洲国既定的宗教政策是利用孔子，把先秦儒家中包含的“王道”和日本的文化、军事、政治政策结合起来，强制中国人执行。为此，伪满洲国恢复了祭孔仪式。作为“国家”强制执行的文化政策，东三省的天主教徒也面临“中国礼仪之争”带来的难题。1935 年 2 月 25 日，吉林主教盖斯皮（Augustin Ernest Gaspais）向伪满洲国询问，这种祭孔活动有没有什么宗教上的意思。3 月 5 日，得到的回答是：“祭孔的仪式，只有单单的一个目的，就是表现一个人对孔子的崇敬之情。完全没有任何宗教上的特性。”②

吉林主教在统一教会意见后，值他在罗马之际，向传信部提交了建议报告。报告分四点，大意是：（1）应该允许教会学校的学生参加祭孔仪式，只要这是纯粹的民间活动。（2）应该容忍天主教徒唱非宗教的和赞美孔子的歌曲，否则他们就会失去工作。（3）允许天主教徒参加孔庙的修建捐款活动。（4）鉴于风俗的变化，向死者牌位跪拜的做法已经失去宗教意义，可以允许信徒参加。1935 年 5 月 16 日，盖斯皮主教得到教宗庇护十一世（Pius Ⅺ）的接见。28 日，教宗发布命令：

> 一、为避免招致非议，“满洲国”教区主教应该根据环境做出谨慎的判断，以明白（如同 Gaspais 主教最近在他给我的信中确定的）：祭孔仪式“完全没有宗教特征”。
>
> 二、根据这些正式声明的内容，应该对当地主教对信仰规则加以指导。
>
> 三、神职人员在行过反对中国礼仪的宣誓之后，还应该等

---

① 以上通告转引自：George Minamiki S. J. The Chinese Rites Controversy. Loyola University Press，1985：149。

② 同①177.

待主教们的指导，以避免疑惑和争议。

这份文件在后来的《罗马观察家》（*L'Osservatore Romano*）上发表。这是《自那一天》以来，关于“中国礼仪之争”的最重要的文件，表明了罗马教会对中国礼仪的态度有了重大转变。

1939年11月8日，罗马传信部发布了由教宗庇护十一世签署的教谕，被在中国的传教士称为“中国的解放宣言”（The Liberating Decree for China）。这份教谕就是《人们完全明白》（*Plane compertum est*），它最终结束了明清以来的“中国礼仪之争”。在此教谕发布的前一年，非洲比属刚果也发生了葬礼问题的争议。但是这份教谕的主要内容是针对吉林主教提出的中国礼仪问题。鉴于这份文献非常重要，现据英文本翻译如下：

传信部有关中国礼仪的某些礼节和誓言的通告

人们完全明白，东方国家有一些礼仪，虽然早期它们与异教礼俗相联系，但现在经过几个世纪的变迁，这些习俗和观念已经被改变了。它们现在只是保留为对祖先的崇敬、对祖国的热爱，或者是对同胞的尊敬之情。

这就是为什么传信部，经教宗庇护十一世的批准，在1935年和1936年发布了有关此事的新准则。满洲和日本的教区主教，根据二十二号通谕，向大家宣布了这些准则。这些准则与当今的环境更加和谐。

最近，主教们，即传信部的头脑们，全体集合，于今年11月4日举行会议。会议也考虑了其他一些地方的环境给时代明显带来的相似变化，应该采取一种相似的应变方式。

所以，在仔细听取了正反两方面的意见，咨询了谨慎而又老练的人们之后，主教们觉得应该做出下列决定：

一、中国政府反复而公开地说过：所有人都有选择加入他所愿意的宗教的自由。政府并不想颁布关于宗教事务的法律和条文。因此，社会当局关于祭孔仪式，无论是实演还是规定，都不会导致表示宗教性崇拜的意图，而仅仅是为了这样的目的：对这位非常著名的人物，对祖先的传统，培养和表现出一种适当的尊崇和敬意。缘此，天主教徒允许出席那些有孔子像、孔子牌位，或者为孔子所建的楼宇，以及学校中荣耀和褒扬孔子的活动。

二、所以，在天主教学校竖立孔子像，或写有他名字的牌位，或向它低头以示敬意，都不应被禁止，特别是在当局要求这样做时。如果可能有丑闻发生，天主教的态度应该事先表明。

三、如果命令教会学校的老师和学生出席有迷信样子的公共仪式，根据1258年的教典，只要大家是保持被动态度，仅仅做出表示尊重，被旁人看起来只是世俗的举动，参与其中也没有关系。当遇到明确需要避免引起行为上误会的场合，他们应该如上所说，事先表明态度。

四、在死者或死者像前，以及单单写有人名的死者牌位前，低头和做其他世俗的礼拜行为，都应被视为允许和正当。

此外，主教们注意到，1742年7月11日的法典《从特殊处》，要求所有到中华帝国去，以及在帝国内，或与之接壤、附近的省份的传教士，都做出关于中国礼仪的宣誓，已经不完全与这次圣会的规定一致。他们认为在当代条件下，这种宣誓已经没有必要作为一种传教手段。人人都知道，以前的"中国礼仪之争"现已解决了。更何况，对传教士和其他神职人员，不必靠宣誓的方式来强迫他们表达对上帝的顺从。因此，他们决定在仍然规定进行的地方，如中国或其他地方，取消这项强迫宣誓。目前为止，这些地方还没有按最近的规定改变。本笃十四世的指令还有约束力，特别是那些反对中国礼仪的禁令。

在11月7日的圣座会见中，全体传信部官员主教，把主教们这个未经签署的决定呈送给教宗庇护十二世。教宗俯准并完全批准了这项次定。

发自罗马，传信部大楼，1939年11月8日，值纯洁无瑕圣母玛利亚庆典之日。①

至此，"中国礼仪之争"的案子，在经过三百多年断断续续和反反复复之后，最终在1939年全盘地翻了旧案。这次翻案，为什么能够一举成功，而没有多大的异议，有两点应该注意。一是主张翻案的人们强调了，几百年来中国礼仪已经起了根本的变化，从宗教性的变为世俗性的，因此可以加以容忍了。二是找到了一条1258年颁布的有利规定。这条规定允许基督徒参加异教徒的宗教仪式。问题并不在于能不能参加这些活动，而在于怎样适当地表明自己的宗教立场。

① Ricci Institute for Chinese-Western Cultural History, 100 Roman Documents Concerning the Chinese Rites Controversy. U. S. F., 1992: 88-89.

这三百多年，中国经历了清代和民国。国民政府奉行共和体制，法律规定宗教信仰自由，取消了皇帝的祭天、祀孔仪式，中国礼仪的性质起了一定的变化。这恐怕是罗马认为中国礼仪已经失去宗教特性的最重要的理由。再考虑到20世纪中，西方思想已经影响到中国文化内部，社会上提倡科学、文明，反对迷信、愚昧，对中国的佛教、道教的神秘主义和各种礼俗进行了严厉的批判，“新文化运动”“启蒙运动”显而易见成为20世纪中国文化的主流。这也是罗马教廷觉得可以放松对中国礼仪攻击的重要理由。

但是，在民间，中国礼仪和各式“迷信”的本质变化其实很小。20世纪30年代道教做“道场”，佛教做“超度”，和清初的中国礼仪状况基本是一样的，儒家奉行的“庙祭”“墓祭”，形式也仍旧。罗马教廷其实知道，像袁世凯1915年全国性的“祭孔”，1935年的伪满洲国“祭孔”，以及日本的“靖国神社参拜礼仪”，都是在恢复东方旧式的祭祀制度，是反信仰自由，反西方化，并不表现出三百多年来时代发展变化的一面。近代的罗马教廷之所以能够更加容忍东方礼仪，与其说是东方文化发生了本质变化，不如说是西方教会比过去更加世俗化、功利化，更加容易为教会在东方文化中扎根而做出妥协。正是在这些问题上，证明了耶稣会在当时的先见之明。罗马教廷终于知道，不能用改变中国礼仪、开罪于中国百姓的方法得到中国人的信仰。

正是这一功利因素，使得其寻找到另一条有利于中国礼仪的根据。1258年，罗马教廷关于东欧地区的传教问题，有过一个“1258年谕令”。谕令规定：“一、对于信仰者来说，以任何方式出席或参加非公教的宗教仪式都是非法的；二、经过主教的批准，非基督徒的婚葬礼仪和其他类似活动，只要不涉及堕落和丑闻，只是被动地，或仅仅是肉体地参加一些民间的集会和祭祀应该是有理由被容忍的。”① 这条古老的教谕强调，教徒可以参加非天主教的礼仪活动。问题不在于形式，而在于内心。有了这条依据，“中国礼仪之争”在20世纪的宗教大会上很容易地解决了。天主教徒可以参加中国礼仪，只要事先向教会表明态度。

---

① George Minamiki S. J. The Chinese Rites Controversy. Loyola University Press, 1985: 146.

第二章
“中国礼仪之争”的汉语文献

一、关于汉语文献

中国古籍记录

历来认为“中国礼仪之争”是欧洲人之间的争论，似乎与中国历史无关。确实，争论中形成的主要文献是用西方文字撰写的，关于这项问题的研究是由西方人进行的。迄今为止，我们看到的关于“中国礼仪之争”的汉语文献，都是20世纪二三十年代后从西方翻译过来的。1937年，河北献县耶稣会出版萧若瑟编译的《天主教传行中国考》，在谈到康熙晚年禁行天主教的时候，用约2 500字描述了这一事件，但没有提出“中国礼仪之争”这一词。在小标题中，他列有“中国敬孔子与敬亡人之礼教士意见不洽”，这显然是“中国礼仪之争”的原意。

1938年耶稣会徐家汇土山湾印书馆出版徐宗泽编写的《中国天主教传教史概论》，在第八章“自清入关到康熙朝”有“教仪问题”一节，约3 000字，是从法语 Questions des Rites 翻译过来的，仍然没有用“中国礼仪之争”。1966年，台湾光启社翻译白晋的《清康乾两帝与天主教传教史》，在第一编第六章设题“祭祖问题及其解决经过”，约4 000字。1969年台湾传记文学出版社出版罗光的《教廷与中国使节史》，正式改称“中国礼仪之争”。该书是迄今为止讨论“中国礼仪之争”篇幅最大的中文著作。整个第四、五、六章，共98页，以超过万字的篇幅，讨论了铎罗和嘉乐两次通使康熙，解决中国礼仪问题的经过。该书也基本使用西文资料，顺从目前的翻译习惯，据英语 The Chinese Rites Controversy 翻译为“中国礼仪的争论”，也就是“中国礼仪之争”。

欧洲人讨论中国文化问题，形成的当然都是西方文献。但是，他们谈论的是中国文化问题，必然会引起中国方面的反应。事实上，大量的中国人参与了当时的争论。“中国礼仪之争”从内到外，分好些层次进行。（1）各个修会的外国传教士在中国长期地争论不休，这是传教会内部的争论；（2）罗马教宗和康熙皇帝的高层冲突，这是中外最高统治者之间的争论；（3）因禁止中国教徒行祭祀之礼而引起教友日常生活的不便，这是天主教信徒内部的中外文化之争；（4）教外的儒家士大夫维护中国祭祀方式，批评天主教不从中国文化，这是中国礼教和天主教的争论。这些不同性质的争论，都引起过中国人对“中国礼仪之争”的兴趣。正是这种兴趣，形成了大量关于“中国礼仪之争”的汉语文献。现在我们知道，在以上四个方面，都有汉语文献存在，保存于中国、法国和意大利。比如，耶稣会方面所作的汉语文献，都收藏在梵蒂冈本会档案馆和巴黎法国国家图书馆。巴黎外方传教会的档案中也间有一些汉语文献。

在罗马教宗和康熙皇帝的冲突方面，历史学家先后发现了一些汉语文献。1931 年，陈垣收集整理并影印出版了北平故宫博物院所藏有关“中国礼仪之争”的文献。1925 年最早在故宫懋勤殿留存档案中，发现有关康熙皇帝与铎罗和嘉乐主教争论中国礼仪的二通文件。1928 年又发现九通。1930 年又发现三通。这十四通文件，因为康熙留有朱批在上面，按例得以保存。出版时题为《康熙与罗马使节关系文书》。1931 年故宫博物院文献馆印行《史料旬刊》第三期，刊载《康熙四十八年广东督抚奏西洋人进贡折》。这些是清宫所藏与“中国礼仪之争”直接有关的汉语文献，在研究中具有非常重要的作用。另外，1985 年，档案出版社影印出版《康熙朝汉文朱批奏折汇编》，其中很多奏折不是直接有关“中国礼仪之争”，但是表明了康熙在驱逐各地传教士后，如何努力处理和传教士的关系。这些都是未经清代史官和近代史家整理删改的手稿真迹，是原始资料，具有完整的历史面貌。

至今在中国传世书稿中，确实较少发现由中国天主教徒直接撰写的为中国礼仪辩护的文字。中国教徒肯定参与过“中国礼仪之争”，这在西方文献中常有披露，问题也在于在什么样的范围之内看待“中国礼仪之争”。“中国礼仪之争”最初起源于传教士反对利玛窦迎合儒家及中国文化的做法，而这种做法恰恰是徐光启、李之藻、杨廷筠等人坚持的。因此，“教中三柱石”的著作和利玛窦的《天主实义》一起，后来都是“中国礼仪之争”中的关键，都是反对者攻击的对象。这部分著作也应该当作争论文献加以研究。

徐光启、李之藻、杨廷筠等江南士大夫天主教徒的著作大量谈论“天儒合一”，主张把天主教与儒家混为一体。他们都认为“东海西海，心同理同”，提倡西方文化与中国文化相结合。他们认为：天主教的神，就是儒家经典中的“天”“上帝”，因此主张把“Deus”翻译成儒家经典中的语言。人类只有一个最高主宰，在中国是“天”，在西方也应该是“天”。显然，这就是“中国礼仪之争”中的命题。可以说，“中国礼仪之争”的最初议题，即关于“天”的“译名问题”，就是他们这一代人埋下的。

据说，杨廷筠的《代疑编》是“中国礼仪之争”的导火线之一。《代疑编》作于“天启辛酉”①，即 1621 年。这一时期，“中国礼仪之争”还没有全面爆发，但在耶稣会内部，龙华民和艾儒略等人的争论已经进行了十多年。本书仿利玛窦《天主实义》“中士”问、“西士”答的形式，由某“大儒”问许多关于天主教的问题，杨廷筠（“弥格居士”）以过来人的身份讲解天主教神学。杨廷筠是艾儒略的朋友，艾儒略进入福建传教之前就住在杭州杨廷筠家，两人终日讨论教理。因此，杨廷筠的《代疑编》代表了艾儒略等耶稣会内拥护中国礼仪派的观点。艾儒略在 1625 年进入福建传教。艾儒略认为杨廷筠对基督教神学的理解是最好的。据艾儒略的传教助手、福建晋江丁志麟撰写的《杨淇园先生超性事迹》说：“善承（耶稣会）诸先生之训者，莫如杨公。而深悉杨公之行者，亦莫如诸先生。迩者，艾（儒略）先生自武林入闽，余幸而从游。艾先生每津津乐道之：‘余思兹世，锢于习闻，其聆圣学，卓然进修者有几？今独于杨公见之，窃仰止焉。’”② 在这种情况下，艾儒略认为杨廷筠的《代疑编》对士大夫有宣传作用，正可以现身说法，劝化士大夫入教。他把此书散发给福建教内外的中国人阅读。

今本《代疑编》是八十多年前重印的，没有直接有关“中国礼仪之争”的内容。目前还没有找到方济各会士是怎样批评《代疑编》的，不知为什么福建的方济各会士李安堂要把《代疑编》用作反面

---

① 林起.《代疑编》总论//杨廷筠. 代疑编. 上海：土山湾印书馆，1935.

② 丁志麟. 杨淇园先生超性事迹//杨廷筠. 代疑编. 上海：土山湾印书馆，1935.

证据。据韩承良《由方济会的传教历史文件看中国天主教礼仪之争的来龙去脉》中说：当初艾儒略在福建允许信徒们向死者牌位奉献米饭、肉、鱼、水果、酒和香烛等，而他散发的《代疑编》还向信徒们解释这样做是完全合情合理的事。“但是《代疑编》也强调，这样做只是为表示对亡者父母的尊敬，并不是向他们祈求恩典。因为他们大都死于外教之中，故此身在地狱，是不能接受任何祭献，更不能对活人施行什么恩惠的”。

查《代疑编》，只有一处谈到中国人的祭礼。当被问：中国“圣王制礼，生则养，死则祭，故祀典极重。闻西教不奉祖先。此出讹传犹可，设果有之，忘亲背本，不足齿矣”。杨廷筠否定了教外人士对天主教不孝敬祖先的批评。他认为天主教也是讲孝道的。首先是《圣经》中有孝亲的依据，其次有天主教友孝的实践。“圣教十诫，是立教之大纲。前三诫以敬主，后七诫以爱人。七诫之首，曰孝敬父母。父母生，则奉养竭其为；死，则追念尽其心。乃孝敬也。西儒传教，若于父母死则不孝敬，何为列诸爱人诫首乎？即观此中缙绅奉教最坚者，其父母去世，必哀毁尽礼，为之备棺椁，披衰衣，是亦明证也。”

杨廷筠并没有主张中国礼仪。相反，他在书中认为，尽孝尽礼可以，但不能搞迷信活动。天主教认为，中国民间的礼俗活动是迷信。“教中丧礼，与俗不同。纸钱银锭，冥器明衣，是今大所重，彼皆谓无益，通不用之。”耶稣会反对迷信（superstition），但不是主张完全废除中国礼仪，而是主张改造更新。杨廷筠的主张，是和当时耶稣会的做法一致的。在福建和其他地区，耶稣会鉴于一边是西方传教士之间的“中国礼仪之争”，一边是中国信徒要求保持传统礼仪的双方压力，因此用折中的办法，说服信徒把自己的祖先牌位移到教堂或天主像前，把中国的“家礼”和天主教的礼拜仪式结合起来，称为“并庙”，与所谓“合儒”互为表里。为此，许大受《圣朝佐辟》批评天主教，说“夷之初入，实教人皆不祀先。厥后被劾，又变其说，而今民间父祖，得与天主并庙”①。

① 许大受. 圣朝佐辟//徐昌治. 圣朝破邪集. 夏瑰琦，编. 香港：建道神学院，1996：卷四. 所谓“并庙”，按杨廷筠的说法，就是天主教徒也可以把本族本姓的“家堂”与“祖宗神主供在一处”。如儒、道、佛“三教合一”的办法一样，把耶稣和祖宗供在一起，这样就可以保持中国的祭祖仪式。杨廷筠向大家解释说，天主教并不废除祭礼，“世遂讹传不奉祖先，盖有不知而误信者，亦有明知而故为之谤者”（杨廷筠. 代疑编. 上海：土山湾印书馆，1935：西儒之教不废五伦）。

按以上这些内容，《代疑编》的基本立场是维护中国文化传统的，但也兼顾了教会规定。这种折中意见不应引起外方激烈的争议。可能是现行的《代疑编》在明末清初已经经过删改，看不到原始样子了。同样可能的是，当时的争论是在对此书的阅读、讲解和宣传过程中发生的，与此书原来的观点已有差异。到目前为止，《代疑编》被认为是最早直接有关“中国礼仪之争”的汉语文献。

在目前可查的范围之内，民间形成的汉语文献，除了杨廷筠的《代疑编》外，还有一本《祭祖答问》。此书作者署名“文都辣、徐慕义”，原收藏于上海徐家汇藏书楼。徐宗泽《明清间耶稣会士译著提要》收有文都辣为此书作的《〈祭祖答问〉序》，但未有更多背景资料提供。① 文都辣是西班牙方济各会士，和李安堂一起到达福建，是最早的西班牙传教士之一。文都辣后期到山东济南传教。1659 年，回欧洲报告“中国礼仪之争”。1669 年带了六名年轻的方济各会士回中国。该会反对中国礼仪，后逐渐与耶稣会合作。作者自署“逸民文都辣”，“逸民”即为天主教徒，而作者籍隶“云阳”则表示入籍中国。“云阳”是古地名，有三处。秦代所置云阳县在陕西淳化县境内，北魏所置云阳县在陕西泾阳县境内，元代所置云阳州即四川云阳县。因尚不明文都辣生平，不知此为何处“云阳”。

作为史料，《祭祖答问》的珍贵之处在于，它的作者们以儒家天主教徒的口吻，站在反对中国礼仪的立场劝说中国人放弃习惯了的“祭礼”习惯。这是很特别的。从此也可以认为，《祭祖答问》应该是在康熙朝罗马发布禁令之后，天主教会不得已而请中国人劝解中国人的小册子。

> 至论奉教之人，弃绝异端，摒除一切淫祀，莫不谓其理所当然。一旦谈及不烧祖宗之说，士、农、工、商，莫不惊为异讲，以为忘其根本。一口一词，同心协力，以诤其说。虽议论弘多，情真理确，弗穷其答。觅无专书备论，以为醒世南针。兹不揣固陋昏懵，将生平答问之说，援笔直书以志云。②

---

① 《中西文化交流史杂志》(*Sino-Western Culture Relations Journal* XⅧ，1996) 刊登了杜鼎克 (Adrian Dudink) 教授整理的《台湾辅仁大学图书馆收藏耶稣会神学著作》目录。在这批由上海徐家汇迁往台湾辅仁大学的书籍中并无《祭祖答问》。大约是留在了上海，没有带走。写此章时上海图书馆藏书楼先因地铁工程，库房受损，后因新馆落成，准备搬迁，藏书楼的这批教会藏书近十年无法利用，令国内外专家感到遗憾。

② 徐宗泽. 明清间耶稣会士译著提要. 上海：中华书局，1949：119.

作者的交代是：因为被教内外的中国人问得无言以答，所以写了此书给大家答疑解惑。但是，作者的逻辑是：既然士大夫能够放弃佛教、道教的“淫祀”，那么祭祖的习惯也是可以放弃的。这样的逻辑是很难服人的。因为士大夫把儒家看作中国文化的“根本”。佛教从印度外来，本属异端；而道教一贯俚俗，在权势上历来不能与儒家相比。以一种统治学说（儒家）代表中国文化，作为中国文化的整体观，这种“正统”观念在当时是根深蒂固的。当天主教站在儒家立场，天、儒两家合力排拒佛、道，它是可接受的。可是一旦天主教反对敬天、祭祖、祀孔，情况就不一样了。礼制，包括百姓的“家礼”、天子的“朝礼”、士大夫的“祭孔礼”，都是儒家制度的核心内容。要当时的士大夫，如排拒佛教和道教一样，排拒已属于儒家实践的礼制，是非常困难的。

徐昌治编《圣朝破邪集》，收入许大受的《圣朝佐辟》，其中有“辟废祖”一节，抗议天主教反对中国人的祭祀礼仪，可以代表教外的儒家士大夫对天主教禁止中国礼仪制度的反感。许大受是浙江湖州府德清县人。其父许孚远曾在万历年间任福建巡抚，因之他对“中国礼仪之争”有所了解。他批评天主教废除了儒家“祀典”上所载的各项神祇：

> 经传所定五祀、方社、田租等位，祀典所载“捍大灾、恤大患、死勤事、劳奉国”等诸灵爽以上，及吾夫子之圣神，凡从夷者，概指为魔鬼，唾而不顾，以为谄天主之妙诀，必督令弃之厕中。其有龛室者，令舁至本邑戎首之家所私设天主堂内杂烧之，嗟嗟！以大圣大贤、精忠伏义之神明，或受人彘之刑，或受秦火之烈，何惨也！举历代我朝所褒崇之圣哲，即关公为神皇，近年所新加帝号之英灵，而恣意私戕，又何逆也。①

撇开《圣朝破邪集》中对天主教的攻击之辞不讲，许大受所说：西方天主教会反对中国信徒供奉原有的各项神明，反对祭祀孔子、关公、山川、风神、雷神、土地、灶神，把所有牌位、神龛、画像都烧掉，这些都是事实。这些做法，都是根据罗马宗教裁判所决定的审查标准，对每一种信仰方式仔细考察后定下来的。《圣朝佐辟》在《圣朝破邪集》中自成一卷，是全书中最系统、全面地批评天主

① 许大受．圣朝佐辟//徐昌治．圣朝破邪集．夏瑰琦，编．香港：建道神学院，1996：卷四．

教的一篇文章。它的观点代表了明代儒家士大夫坚守中国文化的态度，也开始了后代面临西方文化的冲击，越来越激烈的反西方文化、西方宗教的心态。

明清两代的中国学者、著作家和思想家，很少有直接卷入“中国礼仪之争”的。徐光启、李之藻、杨廷筠等儒家天主教徒，其著作基本上都是针对中国读者的，目的在于说服中国人：西方宗教并不是中国文化的异己力量。正好相反，“中国礼仪之争”中的耶稣会却是要向西方人说明：中国文化不是天主教的异己力量，西方人应加以宽容。我们迄今未发现徐光启、李之藻、杨廷筠“三柱石”有过一些向西方人宣传、介绍中国文化的文字。中国的天主教徒，在耶稣会内部讨论“译名问题”的时候，对“西学”中的“实学”更感兴趣，无暇顾及欧洲人关心的文化论战。如何造炮，如何练军，如何修渠，如何筑城，在崇祯年的财政、军事危机中急切异常，是他们更关心的。徐光启等中国天主教徒，正是明末士大夫“实学论”的领袖，他们正在表率江南士大夫讨论国计民生问题。他们忽视“中国礼仪之争”，这也是很自然的。

罗马汉语文献

如前所述，“中国礼仪之争”是欧洲中国文化研究的传统课题，在几百年的争论和研究中形成了大量的文献和著作。法国汉学家高第（Henry Cordier，1849—1925）的《西人论中国书目，1904—1924》（*Bibliotheca Sinica，1904－1924*）中，将“礼仪问题”（Question des Rites）单列为一类，从耶稣会、多明我会、方济各会、巴黎外方传教会等资料来源方面，列举了 1539—1718 年大量原始资料条目，共 56 页，近千条。他还在从 17 世纪中叶到 20 世纪初期有关著作中列举了与“中国礼仪之争”相关的部分，从第 869 至 925 号，共 57 个专著和专题①，这些著作和资料大部分没有被翻译成中文，因此，中国学者不但很难深入研究这一专题，而且连全面了解“中国礼仪之争”的全过程都相当困难。

本来，20 世纪前半叶中西学术交流空前频繁，中国学者应该能够知道较多有关“中国礼仪之争”的细节。但是，当西方学者来华、中国留学生赴欧时，“中国礼仪之争”的研究已经趋于冷寂，外交和

① Henry Cordier. Bibliotheca Sinica，1904－1924. Paris，1922. New York，1971.

政治的研究在汉学界兴起。所以，中国学者仍然无法多了解这个在欧洲似乎已经被忘却的话题。

1939年罗马教廷决定废除关于中国礼仪的一切禁令，允许举行儒家祭祀后，欧洲知识界又对两百多年前的这场大事变产生了研究兴趣。由于20世纪的欧美大学与研究院的汉学家转向政治和社会研究，对中国的宗教和文化、学术史研究不甚热情，这次研究高潮主要出现在神学界，其中也出现了不少新的成果。

1941年9月，还在抗战动乱时期，中国河北献县的耶稣会及时召开会议，讨论罗马对中国礼仪的最新决定，会议印制了《罗马关于礼仪问题决定的传教研究》(*Journees d'Etudes Missionnaires au Sujet des Decisions de Rome Concernant les Rites*)，对刚刚做出的决定做了迅速的反应。1949年，法文《宗教学研究》(*Recherches de Science Religieuse*) 第36卷整理发表了《十七世纪末汉语译名问题文件目录》(Un Dossier Bibliographique de la Fin du ⅩⅦe Siecle sur la Question des Termes Chinois)。完整的著作有《十七、十八世纪围绕中文名词的争论》(Francois Bontinck, *La Lutte Autour de la Liturgie Chinoise aux* ⅩⅦ *e et* ⅩⅧ *et Siecles*, Louvain, 1962)、《罗马与十七世纪的印度支那教会》(Henri Chappoulie, *Rome et les Missions d'Indochine au* ⅩⅦ*e Siecle*, Paris, 1948)、《纳瓦雷的旅行和争议》(J. S. Cummins, *The Travels and Controversies of Fray Domingo Navarrete, 1618-1686*, Cambridge, 1962)、《巨人的时代：明末中国耶稣会士的故事》(G. H. Dunne, *Generation of Giants: The Story of the Jesuits in China in the Last Decades of the Ming Dynasty*, Notre Dame: University of Notre Dame Press, 1962)、《耶稣会士在中国：礼仪之争》(R. Etiermble, *Les Jesuites en Chine, 1552-1773*, la querelle des rites, Paris, 1966)。①

在这次研究高潮中，法国汉学家做出了突出贡献。著名汉学家伯希和（Paul Pelliot, 1878—1945）的贡献在于"敦煌学"，但他也参与了中国天主教史的研究。他在《通报》等学术杂志上发表的论文，仅经冯承钧翻译收入《西域南海史地考证译丛》的就有关于开封犹太人（《艾田》）、耶稣会士的汉文著作（《近在瑞典发现之耶稣会士汉文旧刊物》）、中国礼仪之争中的传教士（《康熙时三传教师之

---

① 以上书目均见于《中国礼仪之争》(George Minamiki, *The Chinese Rites Controversy*) 附录之书目。

汉姓名》）等。由于他的提倡，同时代的一大批原来研究中西交通史的学者，如中国的冯承钧、向达、王重民、张星烺、朱杰勤、陈垣、方豪，日本的桑原骘藏、藤田丰八，都兼而从事中国天主教史的研究。

这一时期的中国天主教史研究水平，以法国耶稣会士学者裴化行（Henri Bernard-Maitre，1889—1975）为代表。他是天主教天津工商学院和上海震旦大学的教授，其法文专著译为中文的有：(1)《天主教十六世纪在华传教志》(*Aux Portes de le Chine les Missionaires du* XVIe *Siecle*，*1514－1588*，1933)，1936年由上海商务印书馆发行。(2)《利玛窦神父与当代中国社会》(*Le Pere Mattieu Ricci et la Societe Chinoise de Son Temps*，*1522－1610*，1937)，商务印书馆1993年重印时，改名为《利玛窦评传》。另外还有《中国学术和基督教哲学历史关系之研究》(*Sagesse Chinoise et Philosophie Chretienne*：*Essai sur leurs Relations Historiques*，1935)、《利玛窦对中国科学的贡献》(*L'apport Scientifique du Pere Mattieu Ricci a la Chine*，1935)。1930年代起，虽有中国学者开始加入研究，但资料来源均为西文。除了陈垣在故宫发现若干件汉语档案文献，在明清人士的文集中挑拣到一些资料，对研究大有帮助之外，中国天主教史的研究仍然以欧洲学者为主，以翻译西文为主。

二战结束后20世纪50年代，大学、研究院的学术研究复苏，更加注意从人类学、比较宗教学角度研究东方文化；20世纪60年代，罗马教廷召开了"梵蒂冈第二次大公会议"，对东方文化采取更开明的政策，东方教会迅速发展，拉美、非洲、东亚成为世界天主教最活跃的地区；20世纪70年代末，中国文化又一次对西方文化"开放"，全世界重现"中国热"。这半个世纪的东西文化关系之变迁，必然引起人们对"中国礼仪之争""印度礼仪之争""日本神道礼仪之争""非洲礼仪之争"的研究兴趣。这些都鼓励了对中国礼仪问题的研究。近年来，许多大学、研究院的学者重新对明末清初的中国天主教史感兴趣，有关天主教史和"中国礼仪之争"的成果越来越多。其中重要者有：

法国耶稣会荣振华神父的《在华耶稣会士列传及书目补编》(Joseph Dehergne，*S. J. Repertoire des Jesuites de Chine de 1552 a 1800*，Rome，1973)。

法兰西学院院士、法国著名汉学家谢和耐教授的《中国与基督教：中西文化的首次撞击》(Jacques Gernet, *Chine et Christianisme, action et reaction*, Paris, 1982)。

美国乔治顿大学魏特克教授的《中国与欧洲的观念冲突》(John Witek, *Controversial Ideas in China and in Europe, A Biography of Jean-Francois Foucquet, S. J. 1665-1741*, Rome, 1982)。

香港中文大学杨意龙教授的《儒家和基督教的初次相遇》(John D. Young, *Confucianism and Christianity: The First Encounter*, Hong Kong, 1983)。①

美国耶鲁大学史景迁教授的《利玛窦的记忆之宫》(Jonathan Spence, *The Memory Palace of Matteo Ricci*, New York, 1984)。

圣母大学南木教授的《中国礼仪之争》(George Minamiki, *The Chinese Rites Controversy: From Its Beginning to Modern Times*, Chicago, 1985)。

德国柯兰霓博士的《耶稣会士白晋》(Claudia von Collani, P. Joachim Bouvel S. J., Sein Leben und Sein Werk, Nettetal, 1985)。

澳大利亚雷拓布大学鲁利教授的《孔子还是儒家？耶稣会士对儒家的解释》(Paul Rule, *K'ung-Tzu or Confucius? The Jesuit Interpretation of Confucianism*, 1986)。

比利时鲁汶大学钟鸣旦教授的《杨廷筠：明末天主教儒者》(*Yang Tingyun, Confucian and Christian in Late Ming China*, Leiden, 1988)。

荷兰莱顿大学许理和教授的《佛教与基督教：两种传播方式》(L. Zurcher, *Bouddhis meet Christianisme: deux modeles d'xexpansion*, 1991)。

美国南加州大学魏尔思教授的《使节还是幻觉：1666—1687 年间荷兰和葡萄牙赴康熙朝的使节》(John E. Wills, Jr., *Embassies and Illusions: Dutch and Portuguese Embassies to K'ang-his, 1666-1687*)。

美国旧金山大学利玛窦中西文化历史研究所翻译出版的《中国礼

---

① 杨意龙先生是美国加州大学戴维斯分校的博士。1996 年 10 月，笔者和定居香港的杨教授同在香港浸会大学参加“中国基督教历史研究”国际学术会议。笔者的论文有幸经杨教授讲评，约定共同参加一个明清基督教史的协作研究，相约更多交流。然回上海不久，接香港中文大学博士生黎汉基信，告知杨教授在 11 月的车祸中身亡。遇此不幸，深为之痛，附志哀思在此。

仪之争罗马一百文献》(100 *Roman Documents Concerning the Chinese Rites Controversy*, Ricci Institute for Chinese-Western Cultural History, U. S. F. 1992)。①

美国贝勒大学孟德卫教授的《被遗忘的杭州基督徒》(David E. Mungello, *The Forgotten Christians of Hangzhou*, Honolulu, 1994)。

法国让-皮埃尔·杜戴勒的《替天行道》(Jean-Pierre Duteil, *Le Mandatdu Ciel*, *le role des Jesuites en Chine*, editions Arguments, 1994)。

重要论文集有:

罗南编《东西交流:耶稣会士在中国,1582—1773》(Charles E. Ronan S. J. ed., *East Meets West*, *the Jesuits in China*, *1582-1773*, Loyola University Press, 1982)。

詹嘉玲、德罗绘编《欧洲在中国,17—18世纪的科学、宗教和文化的相互影响》(Catherine Jamiet, Hubdert Delahaysem eds., *L'Europe en Chine*, *Interactions Scientifiques et Culturelles aux* XVII *et* XVIII *Siecles*, College de France, 1993)。

孟德卫编《中国礼仪之争》(Mungello ed., *The Chinese Rites Controversy*, Institut Monumenta Serica and the Ricci Institute for Chinese-Western Cultural History, 1994)。

在这次研究热潮中,不少欧美学者摆脱"冲击—反应"模式从外部世界看中国的视野,开始利用汉语原始资料,使天主教史和"中国礼仪之争"的研究进一步回到中国本土。如《中国与基督教:中西文化的首次撞击》《杨廷筠:明末天主教儒者》《被遗忘的杭州基督徒》《儒家和基督教的初次相遇》等著作,都有大量的汉语资料做基础。这是当代西方中国学比过去大大进步的地方。但是,以上著作在涉及"中国礼仪之争"的时候,都还是以西文资料为主。这不仅是因为语言和理解上的困难,而且是因为这方面的汉语资料确实缺乏。

20世纪80年代,研究"中国礼仪之争"的学者获悉,罗马耶稣会档案馆藏有一批康熙朝前后完全由中国人写作的有关"中国礼仪

① 此书是从拉丁文英译过来的罗马教会有关"中国礼仪之争"的官方文件,对了解这一历史过程最具价值。笔者在旧金山大学利玛窦中西文化历史研究所和神学宗教系研修期间,曾参与其中的部分工作。

之争”的文献，这里称之为“中国礼仪之争”罗马汉语文献。这批汉语文献未经整理和出版，以前受罗马权威机构的严格管理，不便开放，使至今为止的学术研究都还没有加以利用。随着时间的推移，罗马档案逐渐开放。这批“中国礼仪之争”汉语文献也慢慢解禁。这对中西文化文流史学者来说，无疑是个福音，令人兴奋。

罗马耶稣会档案馆藏有自方济各、罗明坚、利玛窦等早期耶稣会士入华以来的档案文献。档案记录从明末一直延续到1949年西方教会全面撤离大陆为止。原来我们估计：所有关于“中国礼仪之争”的文献，都是由西方传教士、神学家、思想家和哲学家写就的，因为这虽是一场发生在中国的争论，但毕竟是西方人更感兴趣的神学争议。我们还估计：既然连徐光启等明末信教士大夫都没有直接参加争论，到清初“中国礼仪之争”全面爆发的时候，天主教在士大夫中的地位已经降得很低，更不会有中国知识分子关心和写作这方面的事情。为了从中国文化的立场理解“中国礼仪之争”，学者查找了许多明清人士的文集，但很少有收获。为此几乎已经放弃再去发现有关“中国礼仪之争”汉语资料的企图。

然而，就在罗马耶稣会档案馆“日本-中国卷”（Japonica-Sinica，简称JAP-SIN）中，收有关于“中国礼仪之争”的大量文献。其中有一批就是汉语手稿本，大部分就是当年耶稣会士请儒生们写的。由于历史的原因，这批档案在罗马尘封了约三百年。由中国士大夫写的文献，在事件发生之后，中国人却一直没有读到过。据目前所知，以前旅行欧洲的中国学者也没有见过这批文献。文献学家王重民先生在欧洲抄录了许多汉语文献回国，1936年，他在《罗马访书记》中提到了罗马梵蒂冈教廷图书馆的藏书，但没有提到耶稣会档案馆中的这批文献。中国教会史专家方豪先生收集了许多有关中西教会的文献，他编辑的《中国天主教史人物传》可称洋洋大观，但所引汉语文献目录中也没有这批资料。在人物“严谟”“张星曜”等条目中，还是没有提到他们写作的这批汉语文献。

由于管理和出版的原因，这批资料至今还没有完全无条件地向学术界开放。在欧洲和北美学术界，也是刚刚开始流传，并没有正式刊布。当笔者于1991—1992年度在美国旧金山大学利玛窦中西文化研究所做访问学者期间，所长马爱德博士（Dr. Edward Malatesta，S.J.）热情帮助，提供了这批文献的复印件，并嘱咐加以研究，这是其中最重要的一部分。

按档案顺序，有关“中国礼仪之争”的汉语文献被收在“JAP-SIN I”总卷中。关于“JAP-SIN I”，旧金山大学利玛窦中西文化研究所高级研究员陈伦绪（Albert Chan，S.J.）神父作了一份目录①，可以提供罗马耶稣会档案馆的大致收藏状况。从书名判断，从JAP-SIN I 1 到JAP-SIN I 38，基本上是与“中国礼仪之争”没有直接关系的书籍。很多是明末清初耶稣会士为了研究中国文化，在中国收集、写作，并从中国送到欧洲的汉语书籍和资料。如历史记载，徐光启孙女许母徐太夫人甘第大，通过潘国光神父，在1680年柏应理（Philippe Couplet，1622—1643）神父为“中国礼仪之争”专赴罗马的时候，出资购买了100本图书，捐献给罗马教宗。② 以上目录中，可能就有这批上海地区教徒捐献的中国古籍。这些书，对西方人理解中国礼仪有益，但不是直接的争论文献。

在此编号以下，从第39号到第42号，共有四个编号的卷宗，都是我们较感兴趣的汉语文献，因为每一卷宗号都不只有一件文献，而是系着若干的单件手稿。就单件数量来看，目前掌握的一共有32件。它们是：

39/1：《赣州堂夏相公圣名玛弟亚回方老爷书》。手稿，一卷，六面，宣纸。是江西赣州一位姓夏的信徒写给耶稣会中国省会长的信。详情见另节介绍。关于作者，此文署名：夏玛弟亚。罗马耶稣会档案馆所藏他的所有文章均署名“夏玛弟亚”，是教名，不知其中文本名。幸运的是，笔者在巴黎发现，法国国家图书馆也收藏与夏玛弟亚所作同名的《祭礼炮制》③，署“建武教下后学夏玛弟亚大常撰”。这样，我们知道夏玛弟亚的中文姓名是“夏大常”。

39/2：《生祠缘由册》。作者：夏大常（玛弟亚）。手稿，一卷，二十二面，宣纸，24厘米×14厘米。此文也是应方济各了解“生祠”问题的要求而写的。文中提到“生祠”的起源。百姓们为了表

① 此目录和以下文献介绍，很多得益于美国旧金山大学利玛窦中西文化研究所高级研究员陈伦绪为该所所作的《提要》原稿。陈神父是哈佛大学历史学博士，专门研究明清史，为该研究所的主要研究者，本领域研究的前辈。所作《提要》尚未出版，以下文献介绍含有陈神父多年的心血，笔者蒙准使用，特感谢于此。

② 柏应理．一位中国奉教太太：许母徐太夫人事略．台北：光启出版社，1938：76.

③ 罗马耶稣会档案馆藏，编号为SIN-JAP 39/4。巴黎法国国家图书馆珍本部东方文献室中文处的M. Courant：Catalogue des Livres Chinois，Coreens，Japonais etc. 1912，Paris，编号为Chinois 7157。

示对地方父母官政绩的褒扬，为他们树碑建祠，初一、十五日为他们烧香、点蜡烛。此文作者认为，这些并不是表示“献祭”的意思，而只是一般的尊敬。“生祠”不是宗教寺庙。全文完成于“康熙二十五年十月二十九日”，即 1686 年 12 月 14 日。

39/3：《生祠故事》。作者：夏大常（玛弟亚），署名“赣州夏相公”。手稿，一卷，十面，宣纸，24 厘米×14 厘米。这是作者编辑过的一些关于“生祠”的人物故事。

39/4：《祭礼炮制》。作者：夏大常（玛弟亚）。手稿，一卷，二十六面，宣纸，24 厘米×14 厘米。此书稿从《礼记》各章如《曲礼》《檀弓》《王制》《礼器》《郊特牲》《祭义》等中摘录语句。解释的依据是明代永乐年官定的陈澔《礼记集说》。根据陈澔的注解，作者对“中国礼仪之争”的祭祀问题做出再解释。比如陈澔对《礼记》中“祷”“祠”“祭”“祀”的解释为：“祷以求为意，祠以文为主，祭以养为事，祀以安为道。”据此，作者认为同一汉字要区别不同意义。“举一祭字，便分四种名色，四种意思。可知祭礼包含甚广，须当辨明邪正，分别好歹。”作者从中国古典文献中找到依据，认为中国人讲的祭祀，有的是求神拜鬼，是迷信——“邪”；有的则是文化，不是迷信——“正”。①

39/5：《礼记祭制撮言》。作者：夏大常（玛弟亚）。手稿，一卷，六面，宣纸，24 厘米×14 厘米。这一卷书稿，也是夏大常应会士要求撰写的。文稿也是从《礼记》各篇中抄出，逐条加以解释。整个抄录工作并没有完成，作者在文章最后说：“但因来人忙迫，未及缮写，嗣容全抄，奉寄。”不过这一卷书稿没有《祭礼炮制》那样多的议论，只是在本书稿的末尾做了一条总结：“观于全部《礼记》，言奉祭者曰飨，言待宾者亦曰飨。可知中国祭祀，只是一件‘事死如生’之理。”作者按清初“汉学”文字训诂的方法，认为中文“飨”字有两重含义：一是祭祀的时候献给死人东西，另一是招待客人的时候让朋友吃东西。这两重含义，表明中国人的礼节，在供奉死人的时候，也是如待活人一般。所谓“事死如生”，即对待死者的敬意和对待活人的客气是差不多的，没有很多宗教意味，并不指望从祖先或朋友处得到灵魂上的保佑。

---

① 笔者在巴黎法国国家图书馆查到的夏大常所作同名的《祭礼炮制》，是同书的另本。全书共十四张，二十八面。面十行，行二十八字。篇幅和罗马所藏相当，但是残本。或者也可能是未完成稿。

40/1：《通鉴总论》。作者待考。手稿，一卷，一百二十面，宣纸，24 厘米×14 厘米。此书稿名为《通鉴总论》，但也选录了许多唐、宋散文大家如韩愈、李翱、柳宗元、欧阳修、苏轼的作品。

40/2：《李师条问》。作者：严谟。手稿，一卷，一百面，24 厘米×14 厘米。严谟和他的父亲严赞化，是福建地区"中国礼仪之争"的重要人物。《李师条问》是严谟回答耶稣会士李西满（Simon Rodrigues，1645—1704）神父各条问题的汇编。按署名"闽漳严保禄谟定猷氏集答，父严盎博削赞化思参氏鉴定"，可见严谟的父亲也审阅了这本书稿。另外，李西满神父是葡萄牙人，1675 年随殷铎泽来中国，先到上海，旋去福建，至 1690 年返回常熟。故此书应作于 17 世纪七八十年代李西满在福建期间。[①] 严谟的主要观点是：中国人在祠堂、厅堂上为列祖列宗设立牌位，并不是说祖先的灵魂会附在牌位上，而是后人的思念无处寄托，所以借此来汇聚整个家族的情感。反对中国礼仪的人指责说：后汉许慎提出"依神"说，正证明竖立牌位是为了让神灵依附于其上。严谟有蛮好的经学知识，他认为许慎说"孝子既葬，心无所依，所以立主以事之"[②]，"后乃因心依之，依字纽摄，其称曰依神。中国用字法转注假借，大约如此，亦不得拘也"。他认为，所谓"依神"的说法，是自己内心情感向本主牌位的投射，并不是指认有外在的祖先灵魂来依附。

40/3：《闽中将乐县丘先生致诸位神父书》。作者：丘晟。手稿，一卷，十一面，宣纸，24 厘米×14 厘米。在所有罗马"中国礼仪之争"的汉语文献中，这封信稿是最强烈维护中国礼仪立场的。在整体上，这些汉语文献，是中国的读书人应耶稣会士的要求写作的，目的也是让耶稣会士带去参加西方传教士之间的争论，因此，总有附和耶稣会士的立场，为耶稣会士收集证据。但是丘晟的信也表现了儒家知识分子的立场。他对天主教会禁止祀孔极为不满，在信中对外国神父们说：你们到中国来，并不是因为自己的文化高级，可以向中国人炫耀，而是因为怜悯中国人没有认识到天主的存在，为中国人服务，传播福音。他的原话是："窃以诸位神父之入吾中土

---

① 费赖之. 在华耶稣会士列传及书目. 冯承钧，译. 北京：商务印书馆，1995：385-386.

② 许慎《五经异义》："主者，神象也。孝子既葬，心无所依，所以虞而立主以事之。"《五经异义》，并郑玄《驳五经异义》均已佚，今所见语录则存于《太平御览》等书中。清人陈寿祺有《五经异义疏证》，皮锡瑞有《驳五经异义疏证》。

也，原未尝有角胜矜奇，自高自傲，以为人莫己若之意。不过怜悯也人不知有天主之理，致令灵魂永坠，故冒险跋涉而来耳。”换句话说，他认为，中国人从西方传教士处接受的应该只是信仰，而不是文化。值得注意的是，他的话和 1659 年罗马传信部给在华传教士的指示“这信仰并不和任何种族的礼仪习俗相矛盾相冲突”① 如出一辙。

40/4：《述闻编》。作者：丘晟。手稿，一卷，一百八十四面，宣纸，24 厘米×14 厘米。丘晟不满外国神父们讲的道理，认为他们太固执于西方的观念，不肯与中国的道理结合，因此读书人不肯入教。在《闽中将乐县丘先生致诸位神父书》中，丘晟要求神父们允许他写一本书，用中国道理“圆融变通”天主教理。“神父辈读吾中国之书，当圆融变通者，不宜死死认定一个字眼、一句说话，便不融通。致外传教事情理也。今读书之人，嗷嗷其说，不肯奉教，正谓此等说话。……所以罪人不惜笔墨之劳，作书一通，名曰《述闻编》。将中国之疑团，逐一打破，其中有从前神父之所已言者，亦有所未言者。要必出之以中国文辞，则人尤欢喜细阅。”《述闻编》主张用中国人习惯的语言文字和道理来宣讲天主教理。在基督教传教学上，这实际上是要求用中国文化来传播基督教理。

40/5：《辩祭参评》。作者：李西满、李良爵。手稿，一卷，一百三十八面。《辩祭》的作者是多明我会士万济各（Francisco Varo，1627—1687）。作者的原义是：只有天主教的上帝才配接受祭祀。他运用神学造诣，把祭祀行为按内容和形式分为两种：“一是以伪礼敬其真主，一是以真礼敬其伪主。”所谓“真礼”敬“真主”，按此标准，不但中国人的祭祖、祀孔不能被允许，就是天主教堂里的弥撒也应该是全盘的西方式礼仪。对此，耶稣会方面在此书稿的书眉上写的评语是：“此篇不无至理。但圣教尚未大行，而祀先、祀孔二者行之已久。众皆知为儒教不可违，且王制更不敢越。所以要从宣扬中。”耶稣会承认，在神学原则上，多明我会是有道理的，但在传教实践中却是耶稣会的做法更可行。这里有一点值得注意：耶稣会只是从实践的角度肯定自己的做法。耶稣会士们心里知道，在神学上他们处于不利地位。

40/6a：《辨祭》。作者：严谟。手稿，一卷，十一面。宣纸，24 厘米×14 厘米。严谟指出，万济各不懂中国的传统，不懂“祭”有

---

① Ricci Institute for Chinese-Western Cultural History. 100 Roman Documents Concerning the Chinese Rites Controversy. U. S. F.，1992：6.

广义和狭义两种意思。“祭之名义，释为至。凡有所排列表意以至之，皆可称祭。故祭之名，上下通用，不过泛称。”这里涉及对“祭”的本质的看法。按许慎《说文解字》解“祭”字：“祭祀也，从示，以手持肉。”“祭”字的本义就是贡献牺牲，确实就是宗教的仪式。严谟把“祭”字释为“至”，是从《礼记·祭统》“夫祭者非物自外至者也，自中出，生于心也。”严谟说，外国人对“祭”字的本义不了解，因此对中国礼仪的理解不对。祭祀不是宗教，只是心有所至而已。“物自外至”和心所至，是儒家经学的两种解释，严谟主心所至。

40/6b：《考疑》。作者：严谟。手稿，一卷，十四面。据文章最后一段：“此书乃呈进罗、欧二老师者，已蒙采取。录寄万、夏二老师，谨将原稿呈览，以便采择。”其他三位传教士较难考证，但“万老师”应该就是万济各。《考疑》是严谟批评万济各《辩祭》系列论文中的一篇。除了已经提到的《考疑》《辨祭》之外，另一篇是《木主考》。

40/7a：《祀典说》。作者：张星曜。手稿，一卷，十四面。这是一份比较突出的文献。其他作者大多来自康熙朝“中国礼仪之争”的中心地区福建、江西，这位作者张星曜来自浙江杭州。就文章的章法来看，这篇短文没有严谟的口气激烈，但在学理上要比严谟成熟老练。从抄写的书法来看，也是这篇文章精致。我们从中可以发现，江南的天主教徒作者比福建的信徒学养更好些。

40/7b：《礼义问答》。作者待考。手稿，一卷，十六面。这位未知名的作者，也不是南方福建人，记录说是陕西的秀才。这份问答稿，是他应毕嘉（Jean-Dominique Gabiani，1623—1696）神父的要求写的。按费赖之《在华耶稣会士列传及书目》和荣振华《在华耶稣会士列传及书目补编》，毕嘉于1672—1680年在西安府。这份来自陕西的作品应作于此时。毕嘉，意大利尼斯（今属法国）人。1659年来华，主要在江南镇江、扬州、南京、苏州等地传教。记录说毕嘉遗著中有两种是关于“中国礼仪之争”的，可见他确实有研究中国礼仪的任务。[1] 陕西偏于西北，风俗民情与福建和江南地区有差异。但是《礼义问答》中讨论的中国礼仪问题和沿海地区的内容差不多，这表明儒家文化在全国十分普及。二十六个问题中，有

---

① 费赖之. 在华耶稣会士列传及书目. 冯承钧，译. 北京：商务印书馆，1995：321；荣振华. 在华耶稣会士列传及书目补编. 耿昇，译. 北京：中华书局，1995：104.

“天子九献、诸侯六献、士大夫三献”“孔子庙春秋二祭”“官长敬城隍”“婚礼夫妇拜天地”“祭孔子、祖宗求福不求福”等，和南方讨论的问题基本一致。但中原、关西地区的有些古老礼仪和江南地区毕竟有所不同。如“丧礼用草殉葬”一题，作者说这是古代秦川汉水地区“人殉”制度的残留。当时的孔子反对“始作俑者”这样做。现在秦汉地区的民俗用草人代替，不用“人殉”，也不用“人俑”，便是“无害于天理”。另外，有一个题目“京中皇城内北面历代帝王庙人过下马何义?”“帝王庙”是传统的都城设置，是南方城市没有的。

40/8：《〈证礼刍议〉引》。作者：李九功。手稿，一卷，二十五面，24 厘米×14 厘米。作者来自福建。全文分四部分：“议吊丧礼”“议安葬礼”“议祀祖先礼”“议祀孔子礼”。

40/9a：《祭祀问答》。作者：洪意纳爵、朱西满、杨伯多禄。手稿，一卷，二十面。此篇是作者们回答殷铎泽问题的长篇论文。殷铎泽长期主持杭州教务，是康熙朝经常受到朝廷点名的著名传教士。他是意大利西西里人。1659 年来华，在江西传教。在北京被关押。1671 年返罗马，1674 年又来中国。在杭州，因受到康熙南巡召见，并帮助修复被火烧毁的杭州天主堂而名声大起。殷铎泽在 1668 年著《中国礼仪征信》，1700 年刊于巴黎。另在《中国礼仪之信札记录汇编》中有殷铎泽的《铎泽答闵明我神甫书》，其中附有不少中文文摘。可见殷铎泽也长期研究中国礼仪。① 文章没有分章和条目。从头到尾，没有分段，一气呵成。最后署名“杭州沐化门生朱西满、洪意纳爵、杨伯多禄等同百顿首上”。可见三位作者都来自杭州，论文是书信体。杭州的作者加入“中国礼仪之争”，表明论战的范围是全国性的。在天主教的中心地区，也有人卷入了论战。从江南到西北，从闽粤到北京，都有中国士大夫加入其中。在江南地区，浙东与浙西有差异。浙西的杭州与苏南联系，经济、文化比较发达，而浙东民俗中迷信成分较多。作者们承认浙东地区的迷信有偶像崇拜的问题，但又说杭州士大夫对此一贯持批评态度，并以文明化解迷信。按儒家标准，浙东地区的迷信也已经渐渐开化，不复以往。“向之祈求，便能降福禳灾，莫不皆知其妄。币钱箔锭，焚烧楮帛，莫不皆知其谬，革除盖亦久矣。止有浙东风俗，初视若有可疑，辨明知无僭越。”这样的说法是认为：儒家和天主教在反对迷信上是一致

---

① 费赖之. 在华耶稣会士列传及书目. 冯承钧，译. 北京：商务印书馆，1995：327.

的，在没有天主教的时候，是儒家在反对迷信。

40/9b：《刍言》。作者：何（某），原署名何相公。手稿，一卷，八面，宣纸，24.5 厘米×144.5 厘米。此文和《礼义问答》（40/7b）的内容是差不多的。但此文不像《礼义问答》那样的问答体。在问题次序排列上也稍有不同。在书皮上有葡萄牙文：Sobre controversias（关于礼仪之争）。在正文开头有 Este Tratado he do Ho Sian Cum Christiao de Fo Kien Kiu Gin que da Corte o deo a o P. Gabiani V. Prl. 因为葡萄牙国王获有远东传教的保教权，在中国的耶稣会士受澳门葡萄牙当局的保护，葡萄牙文是当时耶稣会士的工作语言。可知这些葡文提要、提示，都是当时耶稣会士作的。从此西文注解中可知，此文作者是福建的一位举人、信徒。文章也是应毕嘉神父之要求写的。从此文和《礼义问答》的对比中可以看出一个现象：耶稣会关于中国礼仪的调查范围很广泛，从陕西到福建都有。

40/9c：《丧礼哀论》。作者待考。手稿，一卷，六面。文章提倡儒家"丧致乎哀而止"的简葬态度，介绍儒家反对民间祭祀中焚烧纸钱等迷信行为。

40/9d：《家礼合教录》。作者：张象璨。手稿，一卷，十四面。此文也是呈送给毕嘉神父的。作者是陕西西安的一位举人，为耶稣会专门研究朱熹《家礼》。明代士大夫治理家族内部事务时非常看重的书有两种，一种是格言式的颜之推的《颜氏家训》，另一种就是相传朱熹写的专讲家族内礼制规定的《家礼》。《家礼》这部书在明代非常流行，但其实与宋代朱熹的原著已有很大差别。朱刻五卷，明刻衍为八卷。清代有人干脆认为《家礼》在宋代也是别人假托朱熹而作的著作，而"自明以宋，坊刻窜乱，殆不可读"。清人不读没有根据的书，但明末的时候有许多新注本。"中国礼仪之争"中提到的许多问题，特别是家族祠堂内祭祖的问题，此书都提到了。因此，对明末流行之书《家礼》的研究是自然的。

40/10a：《礼仪答问》。作者：夏大常（玛弟亚）。手稿，一卷，二十六面。此文至今没有题目。近年来，研究"中国礼仪之争"的学者，遵从罗马当代整理者的意见，定名为《礼仪答问》，因为这篇的文意和《礼义问答》（40/7b）的非常相似，所调查的问题也完全一致。① 它也是由毕嘉神父负责调查的。作者是我们已经熟悉的江西赣州秀才文

① 参见陈伦绪未刊《提要》。

人夏大常（玛弟亚）。

40/10b：《中国各省寺庙录》。作者待考。一卷，十六面。这是一份中国各省寺庙的名录。是从欧阳忞《舆地广记》中抄录出来的。

41/1a：《祭祖考》。手稿，一卷，二十面。

41/1b：《木主考》。手稿，一卷，八面。

41/1c：《辨祭》。手稿，一卷，十面。以上三本著作的作者均为严谟。三本著作合为一本，由一人连页抄写。封面标题也是各篇书名合录。按封面，应该有四本书，书名分别为《祭考》《祝□考》《木主考》《辨祭》。但在正文中，《祭考》实际更名为《祭祖考》，《祝□考》全文没有出现。"三考一辨"少了一考。《祭祖考》有小标题，分别为"祭之意""三代祭仪""宋儒家礼""后代祝文""俗祭之邪"，此篇较长，《木主考》和《辨祭》都较短。这三种著作，都是严谟独立撰写的。不像其他一些著作的形式，是由耶稣会提问，中国人作答的作品。作品表现了这位儒生一定的独立见解，以及一定的儒学与天主教神学造诣。我们会在以后的分析中提到。

41/2a：《草稿》。作者：严谟等。手稿，二面。这是作者们写给福建代牧主教穆若瑟（Joseph Monteiro，1646—1718）的一封信。作者们因为为耶稣会写了大量为中国礼仪辩护的文章，受到了后来到达福建的著名的阎当主教的迫害，不让他们进行教堂生活。为此，他们上书耶稣会，请求帮助。

41/2b：《〈辨祭〉后志》。作者：严谟。原文未见。只见到罗马档案中的编号和书名。此文应该是严谟在《草稿》（41/2a）中提到的文章。他在信中不承认自己反驳论战对手的《辨祭》有什么错。为此"再为略志数条于后，今抄呈上，可附钉于谟《辨祭》册之后"。在严谟的《辨祭》（41/1c）后面，我们没有见到这"略志数条"。所以，这《〈辨祭〉后志》可能就是严谟的这份作品。

41/3：《致穆老师文两首，附跋一首》。作者：严谟。原文未见。只见到罗马档案中的编号和书名。"穆老师"应该就是严谟写信求助的穆若瑟。

41/4：《草稿》（抄白）。作者：严谟。手稿，一卷，二十面。此文第一篇是严谟写给穆若瑟主教的另一封信，也是专门讨论和别的修会争论中国礼仪细节问题的。正文是《辑答李老师条问》，回答的问题和当时的题目相似。

42/1：《易书》。作者：待考。手稿，一卷，十八面。在《易书》

的封面上有葡萄牙文 suma dos textos sinicos/contra/citados do R. P. Fr. Varo nos seus papeis，nos mandou o P. /Simao Rodrigues，de Fo cheu。大意是："中文原文概述、相反论点，引自万神父的论文、福州的李西满神父。"按这些提示，此文的内容其实是一些出自古典的儒家语录。这些语录是万神父在他的文章中引用过的。这些语录核对工作，大约是为李西满神父做的。从整体上判断，《易书》大约是李西满神父为了和万神父论战，请此文作者进行核对，提出意见。

42/2a：《礼俗明辨》。作者：李九功、李良爵。手稿，一卷，二十七面。这是一部问答体的著作。问的一些问题以日常生活中的礼仪为主。比如："官长办酒先奠于地其义如何？""死人旁边造草人何义？""婚礼拜天地何义？""子婚女嫁告祠堂何义？"……这些关于民间风俗或迷信的问题都是实践性的问题，不是从古书到古书的那种学术考证。在"中国礼仪之争"的汉语文献中，具有较独特的视角。

42/2b：《摘出问答汇抄》。作者：李九功。手稿，一卷，十二面。

42/2c：《证礼刍议》。作者：李九功。手稿，一卷，二十八面。

以上这 32 件汉语文献，都是因为"中国礼仪之争"而形成的，但也不全都与之直接有关。比如"JAN-SIN I 40/1《通鉴总论》"，现存一卷，一百二十面。书稿的第一段是从《资治通鉴》中抄录的，其后的文章都是选自唐、宋散文大家的作品。每段入选文章的后面都有中文批注。在有些段落边上，注有罗马拼音和葡萄牙文的意译。书稿上的书法很简陋，有简体字，也有错字。估计是耶稣会士学习中文用的教科书，或者是了解中国礼仪背景的材料。它没有直接涉及"中国礼仪之争"。

在这 32 件汉语文献中，还有一些是为讨论礼仪问题而准备的背景资料，如"JAP-SIN I 40/10b《中国各省寺庙录》"。这是一份十六面的手稿，一卷，全部是从宋欧阳忞的《舆地广记》卷二十中摘录出来的中国各省庙宇名单，显然是为了在辩论中当作资料用的。还有一些文献是同一作者所写，中间有长短、繁简、先后之别，但无大的内容差异。

在此目录以下，从 43/a 到 224，都是利玛窦、徐光启等耶稣会士和中国信徒写作的汉语书籍。略举重要者如下，有的是有关"中国礼仪之争"的。

43/a—43/b：罗如望《天主圣教启蒙》《诵念珠规程》。

44—53/b：利玛窦《天主实义》。

49—53/2：利玛窦《交友论》。

50—51：利玛窦等《辩学遗牍》。

52：利玛窦《畸人十篇》。

53/1—53/a：利玛窦《二十五言》。

53/3：杨廷筠、孙学诗《圣水纪言》。

53/4：景净《景教流行中国碑颂并序》。

53/5：杨廷筠《枭鸾不并鸣说》。

…………

文献价值

当"中国礼仪之争"愈演愈烈的时候，耶稣会士为了应付论战，不得不发动会内有学问的中国信徒，根据论战需要，研究四书五经，研究中国人的信仰习俗。研究的目的也很明确，就是收集证据，以证明中国礼仪不是宗教礼仪。这些资料，有的是信徒们应当地神父之要求而撰写的系统研究论文，和一般的明末清初经学研究的方法相似。有的则是以士人名义所作的证词，根据神父的提问，以自己的学识和体会回答。还有的则是当时事件的记录，比如说一些通信往来的记录。这些资料的出现，对"中国礼仪之争"以及中国文化的研究无疑具有重大意义。

这批资料的重大意义可以从三个方面来理解。第一，这批历史文献对我们实证地了解"中国礼仪之争"大有好处。我们知道，随着近年中西文化交流历史研究的复兴，渐渐有不少人关心康熙年间的这场争论。但是目前中国学术界对"中国礼仪之争"的理解，大致限于百科全书条目的水平。确实因为实证资料非常缺乏，我们很难在条条杠杠之外了解到更多的东西。原先估计，从欧洲神学研究的精细程度来看，耶稣会为了和多明我会辩论"天""上帝"等儒家概念，肯定会对《尚书》《周易》《论语》详加辨析。还估计，按利玛窦以来耶稣会士对中国文化，特别是对儒家文化的学习研究水平来看，耶稣会内部讨论中国文化的水平不会很差。现在有了这批汉语文献资料，我们看到"中国礼仪之争"确实不是一场简单的意气之争，它深深地进入了中国文化内部。

争论双方用两种方法具体地进入中国文化：（1）从研究中国古

代经典切入。从这批汉语文献的题目就可以看出，引经据典的作品很多，大部分是关于《礼记》的研究。（2）主要兴趣在于摸清中国人当时信仰的意义。“中国礼仪之争”显然不是近代意义上的纯粹客观研究，所以它在涉及中国经典的时候，并不是对中国经典本身感兴趣，而是对经典语句在信仰生活中的运用感兴趣。比如他们研究古书中的“灵魂”观念，其实是要了解，人们在祭祀祖先的牌位上写“灵位”的“灵”字，他们心里想的到底是什么。换言之，他们研究的目的不在于经典，而在于现实。从他们在信徒和一般民众中广泛开展问卷调查，仔细询问，注意当事人的实际感受来看，很像是近代民俗学中的田野调查方法。

第二，它对中西文化比较研究有珍贵价值。在明末不断变化的中国儒学内部，宋明时期的理学、心学主流渐渐变为明末清初的“汉学”主流。按现在的研究来看，17 世纪在中国大行其道的耶稣会“西学”，确实在“汉学”形成过程中起了很大作用。有前辈学者说过，“乾嘉汉学”中本身就有西方学术传统，是中西文化交流和比较的产物。[①] 从徐光启、方以智等人的著作中，我们明显地看到西方神学的痕迹。然而，我们很惊异地发现，这场“中国礼仪之争”的宗教论战，又一次把西方悠久的基督教神学研究传统和同样悠久的中国经学传统结合起来了，具体地讲，就是将欧洲近代神学方法和明清时期复兴的“汉学”研究方法结合起来了。这一次西方神学和中国经学的汇流，不同以往，非同小可。在集中的几个焦点问题上，中西之间观点鲜明，冲突尖锐，因而也让旁观比较的人兴趣盎然。这批全由清初士大夫写作的汉语文献，讨论的是天主教神学，学术上使用的却全是当时流行的训诂、音韵、考据等“汉学”方法。这批作者当然都不是清朝的著名经学家，学术名声不能和戴震、钱大昕等大师相比，但他们把儒家的“天”“道”“性”“理”“灵魂”和基督教的“Deus”一起讨论，却是前人没有做过的。在文化比较研究上，其价值之高，自不待言。

第三，恐怕是令中国学者最兴奋的。“中国礼仪之争”本来发生在中国，是关于中国文化的大事件。但是长期以来，一直是外国学者对它谈论更多，更有兴趣，也更有研究。因为没有中国学者对此

---

① 梁启超说：“戴震全属西洋思想，而必自谓出孔子。”（《清代学术概论》）；胡适说：“顾炎武、阎若璩此种学的方法，全系受利玛窦来华影响。”（《考据学方法的来历》）这些判断虽还有待证明，但从此汉语文献来看，确实可以成立。

研究发表意见，许多关于“中国礼仪之争”的结论难免就是片面的。争论从一开始就充满了对中国文化的误解。这种误解在多明我会的观点中存在，在耶稣会观点中也存在。同样，数百年前的争论双方存在误解，在数百年后的学术研究中也存在误解。站在西方人的角度并不能十分了解中国的文化、习俗、经学、儒道佛传统。同样，站在儒家本位立场，也不足以了解问题的本义。因此，现有的对“中国礼仪之争”的判断就不是十分贴切。

例如，从利玛窦到黑格尔，都说中国人采用儒家学说治理国家、社会、思想和灵魂，因此儒家是一种世俗的、经验的、理性的学说，而非宗教。好像中国人都是信奉实用主义的世俗分子。这个判断跟欧洲人长期讨论中国礼仪的性质有关，“中国礼仪之争”中的耶稣会一方努力宣传这一观点。耶稣会的目的是要欧洲教会在世俗文化地盘中给中国文化留一个位置。欧洲启蒙学者的这种说法在一定范围内也是对的。但是，当人们说儒家不是宗教，而是世俗学说的时候，实际上我们是在用欧洲基督教关于“宗教”的定义来看待儒家，因为儒家没有严格的欧洲式的教会、教阶和教仪。但是，从许多地方来看，治世的儒家在本体论、认识论、伦理观上也有许多超验论的说法。确实，儒家主要不是一种宗教，尤其没有一个教会。但是不能排斥儒家思想中有强烈的宗教式理念和情怀，否则，就难以理解中国文化中出现过许多精神高尚、超凡脱俗的人物。

“中国礼仪非宗教”，“中国文化是诗化的宗教”，“中国人以道德代宗教”，中国应以“美育代宗教”，这些欧洲观点在冯友兰、贺麟、梁漱溟、蔡元培等思想家的中国文化观中常有出现。今天的许多学者仍以为中国文化中没有宗教，中国人没有“终极关怀”。可见，“中国礼仪之争”以后形成的中西比较观念，不单单影响了欧洲人，其他留学欧美，受到西方汉学家、中国学家观念的影响，戴上了有色眼镜的中国人也是这样看自己的。

三百多年前，被卷入“中国礼仪之争”的中国士大夫对西方人批评中国礼仪很不以为然。他们认为，多明我会士不识中国字，不读中国书，只能妄论中国礼仪。江西赣州的夏大常，有学术造诣。他的《祭礼炮制》中提出：

> 若要免人妄证，须先明透中国本性之情。若要明透中国本性之情，须先博览中国之书籍。中国之书籍，即为中国之本性也。未有不读中国之书籍，而能识透中国之本性。亦未有不能

识透中国之本性，而能阐扬超性之理于中国者。

既然当时参与“中国礼仪之争”的士大夫已经在神学争议中深入运用中国文化，那么我们今天的研究也自然要通过理解中西方的文化背景来理解“中国礼仪之争”，并做出“跨文化的理解”。因此，这批汉语文献的价值就可想而知了。西方学者很了解这批汉语文献的价值，也知道忽视这项研究的症结之所在。美国孟德卫教授在谈到这一问题的时候，充满遗憾地总结道：

> 最近的汉学学术界有关 16 世纪到 18 世纪基督教与中国遭遇之研究，对于此种遭遇中的中国一方给予了更大的关注。这些工作对“礼仪之争”较少关注，因为从中国人的观点来看，这场争论主要是欧洲人的事。例如，谢和耐先生的《中国与基督教：中西文化的首次撞击》（1982）就几乎没有提到“礼仪之争”。未加说明的含义就是，“礼仪之争”在中国基督教史上已经是一件被强调得过分的事件。但是，人们能发现罗马耶稣会档案馆所藏档案（ARSI，JAP-SIN）中，那些由基督徒士大夫写的有关 17 世纪“中国礼仪之争”的中文手稿。（西方）学者们忽视这些文献，正说明“中国礼仪之争”中的中国方面还没有被充分地研究。①

孟德卫教授赞同近年来欧美学术界提倡的，在研究中重视中国人观点、立场的主张。但是他反对因为重视了中国人自己的经验，就把像“中国礼仪之争”这样的有关中西文化交流的题目忽视了。他提到了“中国礼仪之争”汉语文献，说西方学术界并没有人研究这些纯粹由中国士大夫写作的汉语文献。汉语文献中的中国人对待西方文化和宗教的观点、立场也就很难为人理解。就我们来讲，欧美学者尚且呼吁重视研究这批文献，而作为中国学者，我们就更当努力地运用自己对母语、母文化的体会和理解，深入研究当时“中国礼仪之争”中的中国观点和立场。

在中西文化交流融合的过程中，非常需要一种外来的眼光来看待自己，这样能发现自己身上原先不被注意的东西。人身上的有些地方处在死角，确实是不照镜子自己不能发现的，比如说眼睛下面的鼻子，需要用别人的眼光或镜子来鉴别、认定。“不识庐山真面

---

① David E. Mungello. An Introduction to the Chinese Rites Controversy，Institut Monumenta Serica，The Chinese Rite Controversy，1994：8.

目，只缘身在此山中”，我们需要用比较的眼光来审视中国文化。

同样不能偏废的是，为了更好地比较，我们需要对中国文化有主体性的了解。最了解自己的毕竟还是自己。对中国文化最有体会、最能理解、最可以说清楚，或者说，不说也清楚的，毕竟还是中国人。我们在“中国礼仪之争”中，常见到的是外部的观念，是外国人对中国文化的评论。耶稣会虽然代表了中国信徒、中国皇帝，或者说中国文化的立场，但其仍然是用西方的语言、文字、理解方式来表达的。我们需要以中国的语言、文字、思维方式来对待“中国礼仪之争”。现在正好有了这样一批汉语文献，可以供我们从这样的角度来看此问题。

二、两个典型文本

《草稿》

在“中国礼仪之争”汉语文献中，有《草稿》一卷，编号为“JAP-SIN I 41/2a”。用宣纸抄录，纸张大小尺寸为 22.9 厘米×14.4 厘米，全稿共二面，面十行，行二十八字，约五百字。在所有关于“中国礼仪之争”的汉语文献中，这是最短的。此文不像大多数同类文献那样引经据典，考辨论证，纯关中国的经学和西方的神学。它比较特别，在涉及“中国礼仪之争”之基本问题的同时，还披露了一些历史的真实片段，使我们能够在理解这场争论的同时，窥见当初“中国礼仪之争”激烈到何等程度。

《草稿》的作者不是一人，他们是六位中国天主教徒。六人合作此书，署的是教名，为严保禄（Pual）、蔡伯多禄（Petrus）、江老楞佐（Laurentius）、蔡德阿费禄（Theophilus）、亚肋叔（Alexis）、蔡类斯（Lucovicus），都是福建漳州人。《草稿》其实是一份中国信徒答复天主教福建主教的请愿信，信中要求主教允许他们在教堂生活之外，也能和其他中国人一样，在日常生活中举行中国礼仪。书信显然是严谟执笔，因为用的是严谟的口气，在提到自己时称“谟”，并在行文中将“谟”字用小字书写。在信后附录的文字之后，署名是“乙亥秋月严保禄志”。

文献资料中透露了作者的生平片段。严保禄，中文名严谟，从小受耶稣会士照顾，是由耶稣会士受洗的教徒。他的父亲严赞化也是天主教徒。父子都介入了“中国礼仪之争”，可见他们一家为耶稣会所倚重。严谟取得过“贡生”的功名，他的堂弟也参加过科举考试，可见严家是当地的缙绅家庭。

严谟在福建地区的“中国礼仪之争”中是个相当活跃的人物。他写了大量的争论文章。近代学者虽不知他参加了“中国礼仪之争”，并且深陷其中，但在思想史的研究中发现他有刊刻的汉语著作传世。侯外庐《中国思想通史》在论天主教神学与儒学的时候，引用了他的著作《〈诗〉〈书〉辨错解》，所论的是儒学中的“理”“上帝”和天主教意义上的“天”“神”之关系：

> 朱注曰：“天即理也。……天命者，天所赋之正理也。……”盖不识有一上帝，至权能、至纯神，造成天地万物而掌治之。形天特其所造中之一物，非上帝也。又不悟古人此“天”字是借称，遂误认天有“理”与“气”之两项。有时专以形言，有时专以理言。又谓苍苍之天，即此道理之天。分合都错也。[①]

《〈诗〉〈书〉辨错解》显然不是为参加“中国礼仪之争”而作的，此书的辩论对象不是多明我等反耶稣会观点的修会，而是《四书集注》的作者朱熹。严谟认为，朱熹说“天即理也”，是把自然界的“天”和“道理之天”混同起来。这样便把“上帝”的地位淹没了。严谟认为，上帝“至权能、至纯神，造成天地万物而掌治之”，是有人格意味的，按照耶稣会士的习惯，他把儒书中的“天”“上帝”认作天主教神学中的创造者，或曰“主”。而“道理之天”是一种自然规律，属于天的主观和客观交互关系，属于认识论范畴。明末清初，利玛窦《天主实义》和其他一系列西方科学、哲学、神学著作的翻译，引起了中国思想界对世界本原问题看法的改变。比严谟后几十年的乾嘉汉学家如戴震、钱大昕接受了西方理论中的宇宙观、自然观，在他们的观念中已经出现了不同于朱熹“天理混一”而又类似于西方近代自然神学的世界观。[②] 在这部公开刊布的书中，我们知道，严谟在这种矛头向内、对准朱熹宋明理学的争论中是冲

---

① 严谟.《诗》《书》辨错解. 转引自：侯外庐. 中国思想通史：第 4 卷下. 北京：人民出版社，1960：1216。

② 李天纲.《孟子字义疏证》与《天主实义》//王元化. 学术集林：卷二. 上海：远东出版社，1994.

在前面的。他使用的同样是耶稣会尊重先秦儒学（“先儒”）、贬斥后世儒学（“后儒”）的策略。

当矛头向外、对准西方神学家的时候，严谟的主观意图是遵循利玛窦路线，使用耶稣会观点。他的基本策略也是否认儒家的祭祖、祀孔是迷信活动。在写这一封信之前，严谟已经深深地卷入了争论。先前，严谟曾经应耶稣会士李西满神父的要求，作了一本《李师条问》，回答李西满的提问，主旨是为中国礼仪辩护。查《耶稣会士名录》，1682 年前后，李西满在福建。此后他被调到了江南，1704 年在苏州去世。因此，严谟被邀请参加“中国礼仪之争”应在 17 世纪 80 年代。

《草稿》最后署“乙亥秋月”，应是康熙三十四年（1695），离严谟加入“中国礼仪之争”已经有十几年了。正是十几年前的长篇论文《李师条问》给他带来了麻烦。在当地传教的马神父［“马老师”，即多明我会传教士马吉诺（Magino Ventallol）］一定要他承认，当年他写的论文是错误的，否则不得参加教会生活。由于罗马教廷对中国传教区进行了重新划分，由耶稣会士艾儒略开辟的福建传教区改由各个修会共同传教，同时由罗马直接派代牧主教管理。当时主持福建教区的代牧主教正是法国遣使会的阎当，正是他在中国和世界范围内重新点着了“中国礼仪之争”的火药桶，坚决要求禁行中国礼仪。李西满走后，当地大约已经没有耶稣会士传教。来自南洋的西班牙人多明我会士和方济各会士，以及穆主教的巴黎遣使会在漳州占了优势。这样，耶稣会老信徒的教堂礼仪生活就成了问题。严谟等人无法参与弥撒。因为别的修会不满意耶稣会的信徒们能自由地进行中国礼仪，不愿接收。当年九月初，耶稣会的前任福建地区主教穆若瑟“穆大老师”写信给严谟，答应请遣使会的神父接受耶稣会留下的信徒，接管耶稣会留下的教堂。穆若瑟是葡萄牙里斯本人，他于 1680 年到中国，先在湖广和江西传教。1687—1693 年，穆若瑟被澳门主教任命为福建宗座代牧；1693 年，又被果阿大主教任命为福建副主教，配合阎当主教。但因为与阎当在“中国礼仪之争”中不和，旋即辞职，直到 1707 年被任命为中国区副区长。①

严谟等人在信中感谢穆若瑟继续关心当地耶稣会士留下的信徒，说：“师台颁翰，如从天飞下。知爱我罪人之至，视我漳人为本会原

① 费赖之. 在华耶稣会士列传及书目. 冯承钧，译. 北京：商务印书馆，1995：394；荣振华. 在华耶稣会士列传及书目补编. 耿昇，译. 北京：中华书局，1995：230.

所培植。”穆若瑟在信中答应，会让他们这一批受耶稣会士洗礼的天主教徒参加复活节瞻礼活动，恢复教堂生活。但是当地的马神父“马老师”和耶稣会在“中国礼仪之争”中积下成见。马神父收集到严谟写给“颜主教”（即阎当）的有关书信，知道他坚持中国礼仪的态度，曾经专门作了文章，驳斥严谟的观点。马神父说，如果严谟和他的侄子严默觉不另作一部反对中国礼仪的著作“补赎”罪过，便不能为他们行告解。严默觉当时病得很厉害，已是垂死状态，很可能需要临终告解，否则一生的信仰不得结果。有鉴于此，严谟等六位教徒联名要求主教干预，赶快解决这个问题。

严谟的侄子严默觉为了临终告解，已经决定改悔，“自驳”错误。但是，严谟坚持原来的观点，在此信中，他向穆若瑟表示他侄子的反悔并不代表他的态度。严谟在信中不但没有承认他们祭祖、祀孔是错误的，还又作《辨祭》数条，补充他以前所写的《辨祭》条问，以备进一步争论之用。严谟也是考虑到自己生后的临终告解，怕他以后也会被逼“反前所立言，以为补赎”，所以要求穆若瑟赶快解决这些遗留问题。

信中透露出的消息大致如此，现抄录于此：

> 穆大老师台大域：九月初间，得接师台颁翰，如从天飞下。知爱我罪人之至，视我漳人为本会原所培植，不弃之于原罪中也。感戴泣下，惟祈天主得遂终愿也。尊札云，复活瞻礼，教友咸在堂，诚然。但马老师云，颜主教之命未有能改之者，不肯与人行告解，坚执如故也。又尊札所云，漳有一人驳先父所论祭祖合礼者，盖因马老师有著论，驳谟前所与颜老师之书为逆主教之罪以示。舍侄有默觉者，又病又切欲行告解。马老师命其前既有与分写谟所著作诸书之罪，当著驳以为补赎。尊札到，谟始寻而阅之，其与驳颜老师书者，马师收在不得见，所见者其申明万老师《辨祭》二十余条，亦无甚深辩。谟再为略志数条于后，今抄呈上，可附于谟《辨祭》册之后，恐异日彼二会者有执默觉所论，谓谟之子侄尚且自驳，则谟之所言不足为取，即可以此数条答示之也。噫！本会既无，在谟等倘遇重病必求马老师告解，马老师必命其反前所立言，以为补赎，不然不肯，即谟等亦不可自保矣，而况默觉奈何。惟望本会列位，哀矜洞鉴，速妥此事。

这封信由于是写给耶稣会的，便被收在该会的档案中。这个故事说明，“中国礼仪之争”在关系复杂的福建地区非常激烈，持续的时间也很长。更加说明这场争论不仅是在不同修会的西方传教士之间进行，而且还深入地影响了中国民众和士大夫的日常生活。“中国礼仪之争”确实是一场深入中国文化内部的冲突。在此信中，严谟等人要求尽快让耶稣会士穆若瑟回到福建，重新照顾他们这些教徒。严谟等人听说穆若瑟将回来访问他们，兴奋异常，说“师驾许临，教人如饥得食，如死得活，甚愿速来”，并抱怨“近年有风霜之苦”。

中国士大夫不可能在争论中作壁上观。像严谟这样的人，即使不自觉地参加到争论中，也会在争论爆发后被动地卷入纠纷。他这样的士大夫，面对争论必须做出选择，不可能不受影响。事实上，康熙朝以后的中国士大夫大多冷淡了天主教，再也没有明末的那番热情。“中国礼仪之争”是让士大夫改变态度的主要原因。在中国的乡村社会中，士绅是非常重要的阶层。他们因读书科举而需要祀孔，因掌管大家族宗法事务而需要祭祖。因此，在发生“中国礼仪之争”的时候，他们就自然地站在耶稣会一边。或者说，耶稣会坚持的宽容政策，本来就是为了满足他们的特权需要。

严谟家族是漳州士绅，他的妹夫是举人，曾在赴京会试时替他把写给穆若瑟和李西满（1675—1704 年在华）的文稿带到北京。[①] 严谟除了和在北京的耶稣会士有良好关系外，为了研究中国礼仪问题，他还和在江西的耶稣会士聂仲迁（1656—1695 年在华）共同讨论，有书信往返。聂仲迁，法国人，曾在加拿大印第安人中传教，1656 年来华，先因充澳门特使，在广州被两广总督囚禁，出狱后赴海南岛，1660 年到江西赣州，当时福建汀州、江西吉安都归他管理。[②] 在《草稿》前有一短信，可见穆若瑟、李西满、聂仲迁和严谟在中国礼仪研究中结为一群：

> 谟又五月书寄舍妹夫会试，想已达览。其中有未当未至处，求老师指教之。并所求略译彼二会（指多明我会、方济各会。——引者）辩驳之条，及本会（指耶稣会。——引者）答解之要文前呈颜老师西字回书，亦求指示其中一二要语。近日本会省诸位与彼二会动定为此一事者何如，亦求示之。《辑答李老师》一书（应即《李师条问》。——引者）未经呈上，以其多

① 严谟之《考疑》书后。

② 费赖之. 在华耶稣会士列传及书目. 冯承钧，译. 北京：商务印书馆，1995：300.

问诸等祭祀，诸等礼文，未为今日切举也。兹再就中录孔子与裸祭二条并其全目录呈上，可以附编于诸拙作之后也。另有一本，烦为寄上李老师，盖此有从新改详前所未有者。

又求抄本寄与京省本全诸位老师也。江西聂老师常切征拙著，曾托寄一二，但恐失落无到。祈将谟前后所著如前所呈目录者，全抄送上之，并为道达鄙意，切诚尤感。余不尽禀。穆大老师台座下。

教下门人后谟百拜启①

这篇书前的短信，暴露了严谟和耶稣会士在争论中的紧密关系。严谟的汉语著作对耶稣会士有不小的参考作用。在维持中国礼仪上，漳州严氏家族是非常活跃的。难怪多明我会士不能原谅和容忍严氏家族成员。除了他们家族与耶稣会的特殊关系外，更重要的其实是他们的社会利益、社会特权在耶稣会那边。在以耶稣会为主的天主教传教史上，儒家士大夫一直是教会的主体，现在禁止中国礼仪，等于是废除他们的传统身份，使他们的精神信仰和社会角色发生了冲突，非常尴尬。

《赣州堂夏相公圣名玛弟亚回方老爷书》

《赣州堂夏相公圣名玛弟亚回方老爷书》，是江西赣州教堂的一位姓夏的中国信徒（夏大常）写的，教会委托他回答耶稣会士“方老爷”方济各（François-Xavier Pilipucci，1631—1692）神父提出的“生祠”问题。他肯定是当地有一定学问的人，是一位明朝遗民。他熟悉明末宦官魏忠贤及其党徒在各地为自己立“生祠”的掌故。他自称藏书在清兵入关后都丢失了，他凭记忆仍然写出了有一定文献基础的学术报告。

向夏大常调查“生祠”问题的“方老爷”，是意大利人，1663 年到达澳门，1671—1679 年在广东教区传教，1680—1683 年担任耶稣会日本省会长，1688—1691 年担任教廷中国和日本传教区的视察员，1690—1692 年又重新担任日本省会长。他当时负有使命为中国礼仪辩护。1682 年写的著作《中国礼仪事件》，1700 年在法国里昂出版。②

---

① 严谟之《草稿》书前。

② 费赖之. 在华耶稣会士列传及书目. 冯承钧，译. 北京：商务印书馆，1995：377；荣振华. 在华耶稣会士列传及书目补编. 耿昇，译. 北京：中华书局，1995：230.

这封信没有署年月。但在下一个文件“JAP-SIN I 39/2《生祠缘由册》”署年为“康熙二十五年”，即1686年。这封信的写作，当于1686年以前不久。方济各出面负责调查，应是他在中国和日本视察员的任上，现在不明他在1683—1688年期间（即不任日本省会长后，担任视察员前）的确切职务，但是现有夏玛弟亚给他的通信和论文，可以证明这一期间他在负责耶稣会内部的“中国礼仪之争”的专题研究。这封信也不是很长，转录于下：

罪仆夏玛弟亚承谕详查生祠故事。罪仆无书可查，因为兵乱散失，堂中又无古书，只得略述一二以复老爷之命。

今据《白玉蟾集》中所载《许真君传》，他说许真君名逊，字敬之。河南许昌人也。移居江西南昌府，习邪法，点铁成金。仕晋，为四川成都旌阳县官。旌阳县，即今德阳县也。百姓贫穷，无力完粮。他倚邪法，点成银子，埋在园中，令百姓到园，锄土作池。百姓尽将银子搬回家中，完粮。县中瘟疫盛行，又倚魔术，医人疾病，人人爱他。他要辞官，苦不肯留。百姓只得立他生祠，画他相貌，如他在县一般。

又据《文行粹抄》中所载邵宝故事。曾做许州知州。极会做官。遇饥荒，开仓赈济。遇读书人，便教他读书作文。他爱百姓如子，百姓爱他如父师。因他升了官，免不得要往别处地方。百姓不忍舍他，立生祠，祭祀他。

又据《明朝通纪》上所载魏忠贤故事。魏忠贤是天启年间的太监，只因天启皇帝爱他，便做了掌印的太监，就把那奸邪的本事发出来。把皇帝的权柄，便执在他手中，害死了满朝的好官。那多不好的官，只是奉承他，还怕不合他的意。他的官位是有的，他的金银是有的，只是少了一个菩萨与他做，便有一个奉承人的李之才，做了皇陵指挥使，便替他上了本。称他爱恤小民，百姓要立他的生祠，报他的恩。天启是个昏君，便准了本。又赐“仁溥”两字的御匾，悬在他生祠中，后来大小官员，都学这个表样。顺天、南京、辽东、太和山、上林苑、山西、延绥、河南，到处立他的生祠。天启皇帝若不死，他的生祠立不了。及到天启七年，崇祯登位，便拿了两个监生，是要立他生祠的，坐了牢。崇祯又命，凡有魏忠贤的生祠，尽数毁拆。

但是生祠的来历没有查处。近时陕西西安府有一个徐日久，极是博学的人。著了一部书，是《徐子卿别集》。他说生祠不知从何而起。他既会著书，尚说没有查这根原处。孔明是后汉时人，那时既有生祠。这个生祠想在春秋之时便有了。那时有个左丘明，是孔子的弟子，著了一部书，是《左传》。又著了一部书，是《国语》。《国语》中所载范蠡故事，助越灭吴，便去隐居。越王留他，同享富贵，他不肯留，竟携妻子不知何处去了。越王思念他的功劳，又不曾报得他，就用了上等的金，命匠人铸了他的像，自己日日朝拜他。又命大小官员，十日一遭，齐来朝拜他。那时范蠡尚未死，越王拜他如土神。当初既立这个像，不知安顿在何处，若有安顿这像处，便是生祠的根原了。

又有一个唐朝韦皋，做了西川节度使，有大功劳，爱恤百姓。在他生时，百姓立像祀他。若有见了这个像的，没有一人不拜他。

又有土神的根原。因为古书载了两句可疑的话头，如《周书·洛诰篇》所说：记宗功，以功作元祀。后人不解这个意思，便疑祭这许多功臣何用，想是人死便为神了。不知古人说话原有深奥的意思。看他下节又说：乃汝其悉自教工。是他自己说明了意思。后人尚不达其意，总是不曾尽心读书。又有《礼记·祭文篇》，载了几句可疑的话，说道：众生必死，死必归土。又说：其气发扬于上，为昭明。后人错解了书，便疑他说善人死了为神，恶人死了为鬼。怎知他是把鬼神的表样，勉人从善莫从恶也。看他下节，又是自己说明意思。他说：明名鬼神，以为黔首则。百众以畏，万民以服。他既说出这个意思，怎么后人疑惑他说人死为鬼为神。只因不会尽心读书，只是看见他上节，不曾看见他下节也。故说鬼神原是周朝起的，说个鬼神不了，就有一个好妄为的，做了一部《封神传》，讲说多少土神的话头。说这土神起于周朝，都是好人死后做的。因为太公封武王，取了殷朝的天下，那多战阵死的，都是菩萨出生，都要封他做个土神。据此，便说是土神的根因。

中国尊崇土神，尚为次着，只是佞佛希仙，最是中国可恶事情。阻碍天主正路，佞佛尤为可恶之甚。若要中国圣教大行，必须先攻妖佛。无奈圣教中没有一人敢与妖佛作对头者。惟有利玛窦老爷是爽快的。看他回复虞吏部书，真个像下了战书一般。若是利老爷尚留世间数年，妖佛舍卫城，必被利老爷推倒。

舍卫一倒，中国灵魂孰不思想一个倚靠，必须倚靠天主。阻碍既除，道路自开。推倒舍卫城，圣教便行于天下。这等易事，怎么不行，莫说妖佛难除也。利老爷言：舍卫虽坚，恐未免负固为名也。舍卫的城，像似什么，像似纸糊篾骨做成的，外面好看，不中用也。内中脆薄难堪矣。道理甚是歹的，没有一句好的。说不尽，说不尽，只将他一两句告闻老爷台前。妖佛教人，轻贱父母，并敢教人谋反大逆。他《楞严经》三卷中曾说：妙明真心，要把父母所生的身，像似虚空中一点微尘一般。这样看得轻贱，是把父母生我的恩情都没有了，即是忘恩负义。他《楞严经》六卷中又说：若诸众生，乐为人主。我于彼前，现人王身，而为说法，令其成就。是说：若还有人要做皇帝，妖佛便有法术，自变做一个皇帝到他跟前，与他讲说谋反的事。帮他做得皇帝，包管他成就得这项事情了。看这邪言，真个教人谋反大逆。若是妖佛是个正人，怎敢轻易许人？这样凶悖？若是佛法是个正法，怎敢引人起这邪念？只将这两句言语，便知舍卫脆城，易得打破，易得推倒。不消费力，只用几个指头，一按便倒。这等易事，圣教中人，怎么不行，况有全能天主，帮助我等，易得成功。全能天主，无有莫能行之行。况兹易事，怎敢哑口无言。怎敢与妖佛同享太平，打和局耶？怎容罢手！怎容罢手！

兹承老爷热情如火，详查中国故事，切救中国灵魂。要把中国现成的道理，详对中国人讲求，易得明晓，一如圣保禄宗徒，只把我等不所不知的天主之庙，引动外教人的心。又如圣女嘉大利那纳对五十学士讲：土神引动人心，识认天主，易信易从也。令我罪仆，冷心亦热。故敢剖开此心，送献老爷。专心恳求，或著一部辟佛之书，或恳寄书南老爷，将此妖佛悖谬事情，奏知朝廷，殄除佛教，广救灵魂，罪仆死也安心矣。惟望老爷，赦我罪仆觍缕之罪。

从报告内容来看，调查研究的方法是把祭祖、祀孔等中国礼仪和中国古典文献结合起来考证。问题是针对清初当时人的宗教经验，但讨论的方式是历史的。这种方法认定古典记载与现实信仰有继承关系，即所谓“六经皆史”。夏大常用的是清初学者的考据方法，而不是明末的性理方法。他花了很大的力气，在古籍中查对“生祠”“土神”的最早原形。他还查找中国人最早是在什么时候有了人死后会按生前的善或恶变成神或鬼的观念。他认为：中国人之所以大讲“鬼神”，是因为《礼记·祭义》中的两句话：“众生必死，死必归土。此之谓鬼……其气发扬于上，为昭明。……百物之精也，神之著也。”这是中国古籍中较早“神鬼”并称的话。他以为，后人大讲“鬼神”，全是对这两句话的理解有错误；并认为，周孔时代，中国人开始讲“鬼神”，分“善恶”，并不错，只是后来受错误学说影响，才迷信起来。今人看来，这种说法在具体结论上是错的。中国古代便有信仰、有宗教，这是肯定的。当代的人类学、考古学普遍认为，中国人在远古就有各种“鬼神”宗教意识。但是，这份研究的总体思维路线却是近代的。

之所以认为他采用的是近代的思维方式，是因为这种方法认定：当时中国人的思想、行为和习俗，是古代中国人的思想、行为和习俗的延续。如果中国古人的祭祀方式不是迷信，那当时中国人的类似做法也应不是迷信。如果真的是迷信，那也是因为后来受了佛教、道教等不良宗教文化的影响，并不是本质如此、本该如此。一个民族，或一个民族中一群有信仰的人，在历史上犯的过失完全可以在历史实践中改正。用这种方法思考问题，就必然要对古书进行版本学的鉴别，文字学、语源学的分析，以及历史学的考辨，这是一种历史的、理性的思维方法。

在“中国礼仪之争”中，耶稣会士和中国士大夫大量采用考据方法，证明中外学者有一个更广泛的、理性上的认定：中国古书中记录的祭祀方式，可以说明当时中国人所奉行的类似的仪式。对传统的精确研究有助于对现实的全面理解。这种客观、仔细、现实的分析式思维方式，是中世纪以后流行起来的科学思维方式。我们说，这种方法在中国的清初被称为“汉学”，在18世纪的西方被称为“历史的《圣经》诠释学”。多明我等会的神学家都有中世纪神学传统，喜欢使用纯粹的概念分析，进行观念推论，对人的灵魂、信仰问题进行玄而又玄的空论。他们常常借用先验的、主观的意念，不顾历史，不看现场实地来裁判别人。这种方法和“汉学”不一样，大致相当于中国的“宋学”，或者说“超验论”一派。在“中国礼仪之争”汉语文献中，中国学者突出地使用了考证方法，令人深思。

夏大常按耶稣会的口径，把魏忠贤在明末广立生祠的事件和古代文献的考据联系起来看。当时耶稣会对“生祠”问题感兴趣，引来作为例子，可能是觉得50年前的中国人既然能够为一个活着的、有肉体的魏某建祠立庙，就说明中国人对庙中偶像的态度只是出于现实的、世俗的尊敬，而不是超自然的、宗教的崇拜。因为人们是不可能对一个活着的人进行灵魂崇拜的。天主教神学认为，活着的人是不可能有灵魂的，总不见得魏忠贤在北京喝茶，灵魂却在南京收税抓人（中国的道教等民间宗教的确认为活人也能“灵魂出窍”）。还可以借这样的结论证明：祭祖、祀孔、供奉牌位等中国礼仪也只是情感上的，而不是信仰上的。夏大常的论证就是用此思路。他认为，古书中的“生祠”完全是纪念堂性质的建筑，如越王为纪念有功的范蠡，又如某一地方的百姓为自己爱戴的官员立像等，都不带宗教意味，并非偶像崇拜。

耶稣会的这种理论假设是否完全符合中国文化实际，另当别论。因为我们在最近几十年还看到过，中国有些人对活着的社会领袖一样可以进行许多方式的神一般的崇拜，并对他寄予灵魂上启示和生命中福佑的希冀。我们看到过很多人，面对塑像，希望与之建立心灵或精神上的沟通。人们有时就是认为，人（包括活人）的灵魂是可以出窍、感应和相通的。但我们还是要说，耶稣会用“生祠”这个例子，参加在欧洲进行的文化辩论，企图说明：中国人的“庙宇”和“偶像”只是纪念堂，是英雄雕塑，这是非常聪明和有利的。把“此岸”和“彼岸”分得很清楚的欧洲人，很少把一个活着的人当作“神”或“圣人”来看待，他们不懂中国人的“鬼人合一”。

在这篇短小的考辨式论文中，有一点大可注意，它涉及耶稣会和中国学者在“中国礼仪之争”中的一个明确战略。这就是：把欧洲人对中国文化的攻击，把欧洲神学家对中国礼仪的不满，转移到佛教和道教头上。由中国的佛教、道教来承担“异端”和“迷信”的罪名，而中国的儒家则安全地和天主教一起批判它们。拜“土神”、立“生祠”，都被正统的儒家称作“淫祀”，是官方规定的敬天、祭祖、祀孔等仪式之外的多余祭祀行为，都是正统的儒家所鄙视的。中国社会把这形形色色的民间宗教都归在道教门下，如上帝、城隍、雷公、灶上、天后等。汉以后的儒家思想，在吸收了先秦诸子百家的思想精华之后，成为中国思想界独大独尊的学说，确实具有比较博大的体系。儒家常常看不起处于民间的道教，在儒、道对立中，儒家常占上风。儒家在朝，在官方；道教则在野，在民间。唐代以后，中国思想界有为的在野思想是佛学。正统的儒家和新来的佛教在许多地方格格不入，但佛学比道教有更精深、更系统的思维和学术体系。儒家常常把佛学作为对话者和挑战者。在某种程度上，明末反对佛教的士大夫，是把新入中国的天主教作为自己的同盟者，来对付传统的思想对手佛学。这位赣州的夏大常秀才，也为耶稣会出主意，请耶稣会士把注意力从祭祖、祀孔等中国礼仪上引开，像利玛窦那样始终把佛教作为自己的论辩对手，去批评《楞严经》中提倡的"轻贱父母""谋反大逆"的不孝行为。这个做法就是利玛窦、徐光启商定的"补儒易佛"策略，甚是高明。"补儒易佛"，实质上是一种文化的替代与改造，亦即一般所称"文化适应"（culture accomodation），比较复杂，利玛窦懂得运用，而处在中国文化儒、道、佛三者纠纷之外的欧洲人，如何能知其内底？

"中国礼仪之争"是一场很具体实在的神学争论，但它在中国文化中却涉及儒、道、佛和基督教各派，这其中有很复杂的关系。罗马教廷主要考虑的是天主教教义的纯洁性，不允许有"异教"的思想掺入。而中国儒家天主教徒处于一种尴尬的境地，他们多少都有传统的宗教习惯在身上、在脑中，儒、道、佛的思维方式深深地影响着他们。现在他们必须选择：要么放弃儒家士绅的基本社会身份，成为和当时中国礼仪格格不入的天主教徒；要么退出教会，放弃信仰，而这个新的宗教在神学、哲学和科学上都很有魅力。事实是，经过"中国礼仪之争"，中国天主教会严格执行罗马规定，入教儒生大为减少，教会和中国官方、民间的关系急剧恶化。至清末，天主教基本上被防范为民间白莲教之类，官绅阶级视之为异教，认为它是一种下层民间宗教。

三、几个争论焦点

调查要点

严谟的《李师条问》，以条目方式，列举各种祭祀，详加讨论。在卷首，严谟照耶稣会的写作体例和习惯，开列了参考书目。这书目包括：《尚书》《诗经》《礼记》《春秋》《周礼》《仪礼》《论语》《中庸》《白虎通》《开元礼》《文献通考》《家礼》《大明集礼》。严谟在这些古籍中寻章摘句，列出有关条目，然后在每个问题后提出自己对经文的理解。《李师条问》按照李西满神父设计的问题，一一作答。严氏是经书之家，大约是漳州地区教徒中最有学问的。这部著作其实是在他父亲的指导下完成的。书稿的署名是“闽漳严保禄谟定猷氏集答，父严盎博削赞化思参氏鉴定”。因为这部书稿全面罗列了“中国礼仪之争”中的基本问题，所以可以作为标本分析。

全书中有如下十六个问题，都是耶稣会备受攻击的地方：

第一题：“问祭风云雷雨缘由如何。”按汉代应劭《风俗通义》：“《周礼》风师者，箕星也。箕主播扬，能致风气。”除了“风师箕”外，另有“雨师毕”，两神主持风雨。在这个题目下，耶稣会被攻击，说中国民间百姓向“风师箕”“雨师毕”祈天求雨的活动，是对全能全智的“天主”的不信任，是一种民间宗教，不应被天主教容许。

第二题：“问日蚀月蚀行礼如何。”日月食在中国被认为是灾象，是“天狗吃”。因为好谈祥瑞灾异，中国官方对天文学特别重视。明清以来的耶稣会士正是迎合这一点，凭准确的天象预测，在钦天监站住了脚，取得了后来各个修会所没有的特权，但攻击也随之而来。多明我等会在欧洲反对星占学，到中国也大力攻击耶稣会成了东方术士，是迷信活动的主持人，而不是传教士。为此，自然要调查中国人对天象的态度。

第三题：“问中国祭礼天子九献诸侯七献士大夫三献其义如何。”基督教承认人和人之间存在不平等，但在对上帝崇拜时不应有不平等，教堂里无分老幼贵贱，都是兄弟姐妹；认为《礼记·祭义》里规定“天子为藉千亩……诸侯为藉百亩……以事天地山川、社稷先古”，在祭祀中将人分等是不符合基督教教义的。如果“天子”在祭天中具有特殊位置，就说明他具有相当于教会和教宗的地位，显然是异端。同理，州、府、县的“诸侯”“父母官”，主持一方的祭祀活动，也是对信仰生活的垄断，是精神上的不平等。耶稣会为搞清官方祭祀时的等第问题，展开调查。

第四题：“问祭祖宗求福不求福。”耶稣会要取得明确的证据，以证明中国人祭祖只是思念先人，而不是向死人的灵魂求福。因为思念祖先是人之常情，而向牌位上的亡灵祈求就意味着把“灵魂”视为实有，是“偶像崇拜”。

第五题：“问将祭斋戒沐浴何义。”《孟子·离娄下》：“虽有恶人，斋戒沐浴，则可以祀上帝。”儒家在祭祀前，有的也像伊斯兰教徒一样沐浴洗澡，净身净心，显然也有对“上帝”的崇敬。攻击耶稣会的人想证明，中国人在祭祀之前清洁身体、宁静心灵的做法，所谓“祭神如神在”式的虔诚，和佛教徒、伊斯兰教徒在斋戒日的相似做法没有不同，由此证明儒家是宗教，应予拒斥。

第六题：“问孔子庙中春秋二祭何义。又问祀孔子与神、祖宗有何分别。又问祭孔子求福不求福。又问进学中举孔子庙中谢者何义。”这是“中国礼仪之争”的关键。这里想要搞清的是：中国士人在生活中，视孔子的学说为伦理规范还是天命和启示，祭了孔子就可以使自己学习聪明、考试顺利？问中国人是把孔子看成历史上的人、学习的对象，还是超越时空的灵魂、保佑成功的神明。这也是问孔子是“师”，还是“圣”“神”。

第七题：“问子婚女嫁告祠堂何义。”西方人搞不懂，为什么乡间女子出嫁到丈夫家之前，习俗规定要去本姓的祖庙或祠堂向自己的祖父牌位大哭，并呼三声“爷爷”。这是否又意味着中国人把牌位看成祖先灵魂的依附物。一个明显的现象是：中国人常常是以“哭”的方式和超自然的灵魂交谈的，所谓“呼天抢地”；西方人是用静默祷告的方式和上帝沟通的。换句话说，中国人在葬礼、婚礼悲喜之极时候的哭，会兼而具有超自然的功用；西方人的哭，通常只是自然人性的表露。

第八题：“问人死行复礼今不知可行否。又有在城外路旁叫者何义。”“复礼”是指各种各样为死者“招魂”的仪式。中国民间百姓在清明等节气常用竹竿挑白幡等物为死人招魂。“中国礼仪之争”中，耶稣会最受攻击的是迁就民间迷信，中国民间认为人的灵魂可以招之即来，人可以变形复活。基督教教义中，只有耶稣才能复活。后世儒生有的认为民间“招魂”是土俗，其实“复礼”也是在士大夫中被广泛承认的礼仪。《楚辞·招魂》就是一部被经常诵唱的“魂兮归来”的祷词。

第九题：“问人死饭含行之何义。”《周礼·典瑞》：“大丧共饭玉、含玉、赠玉。”“饭玉”是指在丧礼上，在死者口中填碎玉。多明我等会认为这种礼法是“异端”的做法。

第十题：“问丧礼用草人殉葬何义。又问死人旁造草人何义。又有酒奠草人上何义。”这是一个关于殉葬和偶俑的问题。《孟子·梁惠王》中记载，孔子对用陪葬、立偶像深恶痛绝：“仲尼曰：始作俑者，其无后乎？”所以，儒家也是一贯反对这项殉葬礼制的，但是民间一直存在厚葬现象。利玛窦在《天主实义》中已开始批评这种风气，在“中国礼仪之争”中，耶稣会士还是被指责过于宽容。

第十一题："问死人灵前设磬何义。"中国古礼中有在葬礼上用磬作为乐器的习俗，供歌舞者用。当时福建漳州没有这礼数，但调查说，在江南地区，有人死"七七"之日，用磬警送亡灵，以防迷路。这也是儒家反对的迷信之一。

第十二题："问丧礼各等葬礼何如。"有一连串的葬礼名词，外国人搞不懂，如"初终"：临死前病人要迁至正堂，气绝时齐哭，护丧、易服、治棺、讣告、设帏、置灵座。"小敛"：在移动尸床前请人代哭。"大敛"：棺材移到中堂时请人代哭。"吊"：客来着素服，呈名刺，在灵前哭而后退。"葬"：三月后下葬，造明器，焚香，迁柩，升车。"反哭"：沿途列队大哭。在天主教看来，中国的葬礼比西方教堂"七件圣事"中的"终傅"礼还要复杂。这样的一套礼仪体系，围绕死者的灵魂大做文章，是和天主教会的灵魂处理方式相冲突的。

第十三题："问官长备酒行礼先奠于地其义何如。民家备酒行礼何如。"西方人不明白，为什么大场面的酒席，当官的先把第一杯酒洒在地上，祭所祭者。耶稣会引《礼记·曲礼》说："主人延客祭。"解释说古代主人宴客前，总是先有所祭奠，甚至说是"每食必祭"。这样解释古礼，显然是要说这一项古代礼节，饭前洒酒祭奠，和天主教的饭前画十字祷告、感谢上帝赐食的礼节差不多。耶稣会以为这是中国古礼，合于天主教。而反对者以为，这是儒家自己的一套，与天主教不合。

第十四题："问家内祭五祀神何义。"官方允许的祭祀对象有天地、四方、山川、五祀、祀先。《礼记·曲礼》等对"五祀"的具体对象说法不一，一般以为是族厉、门神、厅神、户神、灶神、井神等日常生活中的小神明，是一般民众可以祭祀的，如一般人敬钟馗为门神。这方面，耶稣会也和宋明以来的儒家一样，采取无可无不可的态度，这暧昧态度也被欧洲神学界批评。

第十五题："问官长敬城隍何义。""城隍"是宋明在江南特别流行的民间信仰，每年清明和霜降两节气是城隍老爷出巡日，现任县官，抬老爷出城，去慰问本县的"鬼厉"。城隍通常被认为是一方城池的保护神。借此举行的盛大庙会，也是城市的节日。儒家士大夫也差不多认为它是"淫祀"一类。

第十六题："问武官兵马祭旗纛神其理何如。""祭旗"是古代至当时的用兵者经常做的礼仪，属"吉、嘉、军、宾、凶"五礼中的军礼。后世儒家在县一级军操中保留这个祭祀，在阅武场用少牢祭旗纛神，耶稣会对这一中国礼仪采取批评态度。

这一系列问题，非常烦琐复杂，其中有许多只是欧洲神学家关心的，而中国人反而很难搞懂。欧洲神学家最关心的是，中国人这些“乱七八糟”的信仰千万不能和天主教对上帝的信仰混淆起来。如果一个一般的中国人行“中国礼仪”，有“怪异”的想法，这还无关紧要，传教士可以竭力劝化他们放弃“偶像崇拜”，但是一个已经改信了天主教的信徒仍然坚持中国礼仪，这就会把天主教的信仰和天地、鬼神的信仰混淆起来。

中国人几乎所有的祭祀对象都被拿来检讨。当时的欧洲还没有专门的汉学研究，除了耶稣会，神学界的大多数人对中国问题并不精通，在一些基本问题上都不能根据自己的经验和体会，而是按照欧洲的经院哲学标准来判断。现在只看到耶稣会收集到了汉语文献，请中国人用中文讨论西方人提出的中国问题，还没有看到其他修会有类似的汉语文献。耶稣会企图在争论中尊重中国人的传统，这是教会史上非常具有创建意义的。也因为这样，争论中出现了中国和西方两套思维方法。

中国人参加争论也有困难，主要在于不十分明白西方人争论的用意。中国人没有直接参加在罗马、巴黎等地的争论，他们只是根据耶稣会士的神学意见，表达自己作为儒家式的中国天主教徒的看法。他们持中国的文化立场、中国的论理方式，对解决西方的神学争论也不起大作用，只是被作为一种旁证。但是，他们对西方人理解不了、领会不透的中国问题加以全面陈述，然后由中国文化在欧洲的代理人——耶稣会士，用欧洲人懂得的方式，把中西文化中的宗教分歧解释清楚，为中国礼仪辩护。我们看到的《李师条问》等作品，就是这样的情况。西方人不懂中国经典，中国人则不熟悉神学。若不是中西合作，中国人的宗教和信仰将在世界文化的范围内难以得到全面清理。

统括讨论所及，基本上可以分成三种祭祀礼仪问题，即所谓“祭天地”“祭鬼神”“祭孔”，余下的可以称为“杂祀”，或中国传统说法“淫祀”。在中国官定的祀典里，最重要的祭祀是“郊社”，祭“风师雨师”“诸星”，这些属于祭天；其次祭“山川”“方丘”“社稷”，这些属于祭地。历代祭天地在“祭一”“祭多”的问题上有辩论，有主天地合祭，有主天地分祭。显然，主张“祭一”的，有一总坛，在形式上比较近于基督教的一神教。中国传统的“祭天地”，属于对超自然力量的崇拜，是人类面对自然界无能为力时的祈祷。祭祀天地的仪式规模较大，庄严神秘，感情强烈，最具宗教色彩。“祭天地”在历代祀典中，建在吉礼中的“郊祀”，总是被列在第一等。祭祀场合在北京天坛、地坛这样的地方，仪式隆重热烈，是国家级的全民祭祀，最具宗教威仪。

“祭天地”之外，又有“祭鬼神”，这是对人类自身现象的崇拜。祀典里规定可以祭祀的鬼神，主要是自己的祖先亡灵，从天子、宗室，到士大夫、庶人，都可以设本族本姓的宗庙，放置自己祖先的牌位。这些神谱主要是家族性的私人祭祀。“祭鬼神”的神谱中，也有一些亡灵是社会性的，例如“城隍”。这个神祇受到城市市民的普遍崇拜，在明清制度中，设立一些生前对地方繁荣和安全有功的人，死后设庙造像立主，加以供奉。如上海县的城隍是元末明初一个叫“秦裕，字惟饶”的文士。他们的保佑使城市富裕平安。还有如“关帝”被奉为“财神”，“包公”被奉为公正廉洁之神。很多著名人物死后被设立祠堂，因为人们认为，身前有德、行善的人，死后的魂魄都比较灵验。这都是对人的神化，寄托的情感是社会上难以实现的东西，属于人性中的良善愿望和生活中的本能欲望。“祭鬼神”活动所崇拜的对象是民间生活中的超自然现象。在官方祀典中，“祭鬼神”是第二等的，规定在家族和一定的社会场合举行。仪式较平常，宗教感则差得更多。因为“祭鬼神”属民间性，易生混乱，官方其实是严加管理的。不符合祀典的鬼神祭祀被称为“淫祀”，如各地杂出的仙姑、老爷等。

“祀孔”，又称“丁祭”，供奉的是孔子和他学派的代表人物。从“至圣先师”孔子，到颜回、子思、孟子，直到朱熹。这一系列亡灵都是为官方意识形态服务的，按理应该地位靠前。但是，实际上“祀孔”通常不是作为全社会的隆重祭祀之一，它只在科举发达城市的儒生中流行。在中国的祀典中，“祀孔”活动列在靠后。唐代杜佑的《通典》，仅把“祀孔”列在“杂祀”和“淫祀”之前。元代马端临的《文献通考》中，甚至没有列入“祀孔”的祭礼。这种状况说明，中国社会在把孔子看作“圣人”还是“神明”上有分歧。历史上，汉代有儒学的“谶纬运动”，清末有“孔教会”活动，这都把孔子神化、宗教化了。但是一般来说，历代的儒学保留了孔子“敬鬼神而远之”“子不语怪力乱神”的理性化精神，使得孔子更多地具有人间色彩，也使得文庙的“祀孔”宗教性较少。

黑格尔在《精神现象学》里，把人类历史上的宗教分为三种。第一种是“自然宗教”，这种宗教“所表示的只是一种外在的自我，而不是内心的自我”①。黑格尔把埃及人用金字塔表现的对“天”的崇拜，波斯人对“火”的崇拜，阿拉伯人对“黑石”的崇拜，所谓“东方宗教”都归为这一种。

第二种是“艺术宗教”，主要是指古希腊、罗马的宗教形态。在这里，人的自我意识进入了伦理的状态，“在这个（自由）民族的生活中，伦理构成了一切人的实体，这伦理实体的实现和体现，每个人和一切人都知道是他们自己的意志和行为”②。在这里，如古希腊人从事的艺术雕像、赞美诗、对灵魂的崇拜、史诗、悲剧、英雄崇拜等，都是“艺术宗教”中包含的“自我意识”赖以存在的“语言”。据说中国古代宗教也属于这一种。

第三种是“天启宗教”。按黑格尔的意见，“伦理生活里的自我沉浸在民族精神之中，自我只是充满了内容的普遍性”③。它没有精神的普遍性。因此，在“艺术宗教”中启动的“自我意识”，人的主体，还应该进一步发展到它的高级形态，和客体的“绝对精神”构成一种“绝对宗教”。黑格尔列举的“天启宗教”内容，正是他所处时代的欧洲基督教神学和宗教生活所包含的内容。

如果把黑格尔的“绝对精神”概念转换成现代人易懂的人类学、社会学语言，现代人的宗教观念和黑格尔所列三种宗教形态就相差并不很多。爱因斯坦曾经说，他所理解的人类宗教也有三种：一是“恐惧宗教”，二是“道德宗教”，三是“宇宙宗教”。④“恐惧宗教”颇类于“自然宗教”；“道德宗教”近似于“艺术宗教”；而“宇宙宗教”强调了自然规律和天地秩序的和谐美妙，表现了犹太民族的超验认识，和黑格尔讲的基督教传统的“天启宗教”还是有很多相似之处。

欧洲人的宗教经验不能完全涵盖中国人的宗教经验。但这样的普遍划分仍有道理。中国礼仪中的三种基本祭祀内容，“祭天地”

---

① 黑格尔. 精神现象学. 贺麟，王玖兴，译. 北京：商务印书馆，1983：194.

② 同①196.

③ 同①230.

④ 爱因斯坦. 宗教和科学//爱因斯坦文集：第1卷. 许良英，范岱年，编译. 北京：商务印书馆，1976：279.

"祭鬼神""祀孔"，正是出自三种不同的基本宗教心理："祭天地"是表达中国人对自然现象的崇拜，是"自然宗教"；"祭鬼神"是中国人企图对人生经验的超越，属于"伦理宗教"；"祀孔"是儒家知识分子的高级意识，是他们学术、学理生活的一种外在形式，这种理性活动有不少形而上学的表达，如理学、道学和心学，都企图克服经验的有限性，以思维的方式，接近宇宙和人类现象中最高的真、善、美，相当于"宇宙宗教"。

从以上这三种划分看"中国礼仪之争"，严谟的《李师条问》可作为一个标本。它提出的一系列问题，把"中国礼仪之争"讨论的三项基本内容都揭露出来了。从以上列举中，归纳一下，再参照其他文献，我们可以理出一些重要的线索来研究。我们发现，"中国礼仪之争"旷日持久，这么多年罗马教廷的决议反反复复，各个学派之间众说纷纭，欧洲经院哲学和中国经学、考据学搅在一起，而实际上表达的仍然是人类宗教生活和意识中的几个基本问题。

祭天地

JAP-SIN I 40/7a《祀典说》，是杭州教徒张星曜写的。根据草稿封面上传教士写的葡萄牙文眉批："Este he obra de un Letrado de Hoan cheu. Amandou o P. Intorcetta"（"本研究根据殷铎泽神父的指示，由杭州一位文人所作"），说明张星曜也是耶稣会的积极分子。从这份文件也可以看出，"中国礼仪之争"已经从福建、江西、广东扩大到江南。清初江南的苏、松、太、杭、嘉、湖、镇、常、宁、扬等是经学研究的中心，学术水平比福建、广东、江西要高得多。殷铎泽请杭州的张星曜写"中国礼仪之争"的做证文件，显然是在江南地区，当时中国学术文化的中心，寻求比福建严谟等人更权威的学术界人士的帮助。张星曜的父亲也是一位学者，是明末杭州官、学、教巨绅杨廷筠的门生。[①]

殷铎泽是意大利西西里人。1659 年到达中国，先后住在南昌、广州、澳门。殷铎泽在会内负责儒学著作翻译，他领衔 17 位会士一起刊刻"四书"。1662 年在江西建昌刻印《中庸》（拉丁文），为第一种正式西译的中文经典。[②] 1669 年回罗马，1674 年返回中国。

① David E. Mungello. The Forgotten Christians of Hangzhou. Honolulu：University of Hawaii Press，1994：70.

② 费赖之. 在华耶稣会士列传及书目. 冯承钧，译. 北京：商务印书馆，1995：331.

1676—1684 年担任中国教区的视察员，其中 1678 年在杭州。1686—1689 年，担任耶稣会中国省会副会长。1691 年后，他在杭州传教。康熙二十八年（1689），康熙南巡，在杭州认识了殷铎泽，“上问在中国有几多年，先在何处，在浙江有几年，今有多少年纪”①。从此康熙和殷铎泽成为私人朋友。每次南巡都被召见，见到其他传教士都特地寻知近况，转达问候。殷铎泽也不断向康熙呈送礼品。殷铎泽能“通天”，和江南士大夫关系好，是一个全国性的人物，不像陷在各省一地传教的会士。他参与组织“中国礼仪之争”的讨论，提高了争论的水平。

攻击中国礼仪的人，说中国人在祭天地的时候，是想通过祭祀，请到天地自然间的神灵下凡，来帮助解决祭祀者的各种困境。献在上帝和诸神面前的“太牢”“少牢”，鼎盂里盛满的牛、羊、猪肉，“奏黄钟，歌大吕，舞《云门》，以祀天神”②。这种样子很容易被认为是祭祀者摆了盛宴，请客贿赂神灵，以期达到祭祀者的世俗目的。今天的学者倘若以一种人类学、民俗学的眼光去观察各地庙宇里的祭祀，肯定也会得出类似的结论。中国信仰祈福德、求吉祥，确实是对自然界的崇拜，具有功利目的。生病的想健康，不幸的要消灾，无嗣的欲求子，没钱的图发财……这些人性欲望都想要通过天地神明的保佑来获得满足。

这种祭祀心理，和神父在教堂里“七件圣事”指导的不一样。基督徒根据神学的教诲，把自己在现实人生中所有的一切都算作上帝对自己的“恩宠”，无论富贵荣华还是生老病死，都是上帝的安排。人在现实生活中怎么积极进取，这是另一回事，但在教堂里，只应向上帝所赐表示感谢。基督教神学强调“施”，而不是向上帝“取”。在“施”与“取”之间，有中西方文化宗教心理上的重大区别，这也是“中国礼仪之争”的根本问题。多明我会的传教士们因此也反复追问：你们在祭祀中“求福不求福”？是否想从祖先灵魂中得到什么？

按基督教标准，任何稍稍熟悉中国祭祀习惯的人都很难说它不是迷信。但是张星曜采取的解释方法，在学理上和辩论策略上都很有力。他掌握了另一个重大的理论区别：中国的儒家学说，是在民间信仰上加以提炼，是一种官方祭祀，有理论体系，不那么迷信。

---

① 黄伯禄. 正教奉褒. 上海：上海慈母堂，1884：“康熙二十八年”.

② 周礼：春官宗伯.

他的说法是：儒家祭祀礼仪，强调的是“报答”，而不是“祈求”。这样，就和基督教对上帝恩宠的感谢之情差不多了。

张星曜的《祀典说》讨论中国礼仪，有高屋建瓴的气度。他从给中国祭祀方式下定义的角度来讨论中国人的“上帝”崇拜：

> 先王之制祭祀也，有二义焉：一曰祈，二曰报。祈者，祈求福泽也；报者，报其成功也。夫天地万物，悉上帝所生。祈报之礼，悉聚于上帝。若百神者，奉帝命以司化。人既享其成老，则亦有报之礼焉，第不敢有祈耳。

儒家在祭祀时，“有报之礼”，但却“不敢有祈”。张星曜用“报”与“祈”分辨了儒家和民间其他信仰，认为儒家不重祈、重报，不主张临时抱佛脚，这才是祭祀之正道。儒家反对民间“淫祀”时经常采用此说，它正好也能用来堵上中国礼仪反对者之口。他从儒家“重报轻祈”的说法中找到了古典文献根据（本段引文经过校正，［ ］内为脱字，【 】内为正字，（ ）内为原本小字注）：

> 是说也，余尝考之六经矣。“天子［乃］以元日祈谷于上帝”，曰祈谷郊。（详《礼记·月令》篇。元日，孟春，上辛日也。）仲春，祈子于上帝，曰郊。（详《诗经·大雅·生民》篇注文。《礼记·月令》作“高媒”。以其礼始于高辛也，即媒。伏羲氏正姓氏，定媒妁，故祀以配上帝为先媒。后改从示，以其为祀事故也。）兴师，祈胜于上帝，曰类。（《礼记·王制》篇：“天子将出征，类于上帝。宜于【乎】社，造于【乎】祢。祃于【乎】所征之地。”注云：类者，以其有类于正祭，故名之。）仲夏，祈雨于上帝，曰雩。（《礼记·月令》篇：“命有司为民祈。祀山川百源，大雩帝，用盛乐。”）此皆以祈而祀也。夫土能生长百物，祈谷者不专于土；山川出云雾风雨，祈雨不专于山川；有子无子，父母任之；致胜与否，将帅专之。而祈求者必于上帝。非以宇宙之间，尊无二上，宰制群主，统驭万有，非帝莫属耶？若夏至之南郊，冬至之北郊，皆所以祀上帝也。此感阴阳之成，而祀以报之耳。

张星曜承认：中国的天子，确实在“孟春”播种时节，向上帝祈求丰收；在“仲春”生物繁盛的季节，向上帝祈求能生个儿子；在出征誓师的时候，向上帝祈求胜利；在“仲夏”干旱的日子里，向上帝祈求下雨。这都是“祈”的行为。但是，天子祭祀，“祈谷者不专于土”，“祈雨不专于山川”，祭祀的对象不是直接的偶像物体，而是一切现象之后的主宰者“上帝”。而且，天子祭祀是定下时节的，并不是临时有求才祭，获得实利马上祭。因此，这种祈求就不是简单的功利行为，而是怀有对上帝感激之情的“报”本行为。张星曜把儒家承认的祭祀活动，解释成一种高尚的学说，而不是对自然界的“恐惧”和“祈求”，大约也不同于民间佛教、道教的“现世报”“平时不烧香，临时抱佛脚”。

祭祖

祭祖是中国最普遍的信仰行为，就此的问题争论最多。多明我会和耶稣会都对此做了广泛的调查。耶稣会士擅长做文献研究，他们引经据典地证明：中国人的祭祖行为不是迷信。

《李师条问》中，李西满设计的一问是：“祭祖宗求福不求福。”他想要知道的是：中国人祭祖宗的时候，是不是在那里向祖宗的亡灵祈求保佑，如果是的，那么中国人信仰的就是众多的、个别的灵魂，而不是独一尊神上帝，便是迷信。严谟的回答当然是否定的：“愚按：礼祭祖宗只是思念死者之意，非有求福也。”严谟认为，中国人在先人的牌位前烧香磕头，敬牲、酒、瓜果，都是为了纪念，而并不是希望祖先的灵魂从牌位上下来保佑他们，这都是内心追思故人的情感宣泄。换成现代哲学术语来讲，如果祭祖是在“求福”，那就是祭祀者信仰自然界的另一种神明。反之，那就是内心情感的流露。前者是宗教，后者就是伦理。

严谟从历代的经典和疏文中摘录了有关祭祖的章句，加以辨析，然后得出结论。他认为这些话有利于他的观点。他从《礼记·祭义》中抄录了如下一段（【　】内为正字，[　] 内为脱字）：

> 孝子将祭，虑事不可以不豫。比将【时】具物，不可以不备。虚中以治之。宫室既修，墙屋既设，百物既备，夫妇齐戒、沐浴、[盛服]，奉承而进之。洞洞乎！属属乎！如弗胜，如将失之，其孝敬之心至也欤。荐其荐俎，序其礼乐，备其百官，奉承而进之。于是谕其志意，以其恍惚，以与神明交。庶或飨之，孝子之志也。
>
> 祭之日，入室，僾然必有见乎其位。周还出户，肃然必有闻乎其容声。出户而听，忾然必有闻乎其叹息之声。是故先王之孝也，色不忘乎目，声不绝乎耳，心志嗜欲不忘乎心。致爱

则存，致悫则著。著存不忘乎心，夫安得不敬乎？君子生则敬养，死则敬享，思终生弗辱也。

文王之祭也，事死者如事生，思死者如不欲生。忌日必哀，称讳如见亲。祀之忠也，如见亲之所爱，如欲色然。其文王欤？

祭不欲数，数则烦，烦则不敬。祭不欲疏，疏则怠，怠则忘。是故君子合之天道，春禘秋尝。霜露既降，君子履之，必有凄怆之心，非其寒之谓也。春，雨露既濡，君子履之，必有怵惕之心，如将见之。

如下一段，摘录自《礼记·祭统》（（　）内为原本小字注）：

凡治人之道，莫急于礼。礼有五经，莫重于祭。夫祭者，非物自外至者也，自中出生于心也。心怵而奉之以礼。是故唯贤者能尽祭之义。贤者之祭也，必受其福，非世所谓福也。福者，备也。备者，百顺之名也。无所不顺者谓之备。（言内尽于己而外顺于道也。忠臣以事其君，孝子以事其亲。其本一也。上则顺于鬼神，外则顺于君长，内则以孝于亲。如此之谓备。）唯贤者能备，能备然后能祭。是故贤者之祭也，致其诚信与其忠敬。奉之以物，道之以礼，安之以乐，参之以时。明荐之而已矣。不求其为，此孝子之心也。祭者，所以追养继孝也。孝者，畜也。

为了说明祭祖到底是怎样进行的，严谟引了唐代《开元礼》祝文和朱熹的《家礼》祝文，前者是皇家祭祀祖宗时的祷文格式，后者是一般家庭祭祀时的格式。

《开元礼》祝文：

维某年岁次月朔日，子孝开元神武皇帝讳，敢昭告于献祖宣皇帝、祖妣宣庄皇后张氏。气序流迈，时惟孟春（孟夏孟秋），永怀罔极，伏增远感，谨以一元，大武牛，柔牛羊，刚鬣豕，明粢稷，芗合黍，芗萁粱，嘉蔬稻，醴斋酒，恭修时享，以申追慕，尚（庶几）飨。

《家礼》祝文：

维某年岁次月朔日，子孝玄孙（孝曾孙，孝孙）某，官某，感昭告于高祖考某官府君，高祖妣某，封某氏。气序于流易，时惟仲春（仲夏仲秋），追感岁时，不胜永慕，敢以洁牲、柔、毛、粢，盛醴斋，祗荐岁事尚飨。考称孝子改，不胜永慕，大昊大罔极。

严谟认为："自唐迄今，上至天子，下至士庶之家，祝文一然，并未尝有一毫涉及求福之词。"他认为，在他摘录的《礼记》语录中，也没有什么"求福"的意思。祭祀中不向祖宗"求福"，自然也就不能说祭祀是一种宗教行为。因此，从古到今，从上到下，中国人祭祀祖宗的行为无伤天主教大雅。他认为中国古代的祭礼更是一种"追养继孝"的人生艺术，而不是一种宗教。

这种说法，非常合乎后世哲学家的论点。冯友兰《中国哲学史》中有"关于祭礼之理论"①，引用的也是《礼记》中的《祭义》和《祭统》。他认为《礼记·祭统》所说："夫祭者，非物自外至者也，自中出生于心也。"说明中国人在祭祀的时候，并不是对外在神明的崇拜，而是比较注意自己的内心感情，一种仪式如果主要是主体性的体验，而不是对超验客体的祈盼，当然就难称是宗教的，而主要是人文的。冯友兰也谈到"祭祖宗求福不求福"的问题。他同样也引《礼记·祭统》："贤者之祭也，必受其福，非世所谓福也。福者备也。备者百顺之名也。无所不顺者谓之备。"古人明确讲祭祀者是想"受其福"的。但这种"福"是一种状态，是"备"，是"顺"，是一种对自然规律的掌握，"无所不顺者谓之备，言内尽于己而外顺于道也"。冯友兰并没有像在"中国礼仪之争"时那样，把祭礼与基督教、佛教、道教加以比较，但是同样认定中国人的祭祀行为无关于神，而只是有关于人的人文行为。在这一点上，冯友兰和严谟很相似。他们都认为，儒家《礼记》里的祭祀，不是求超验的神灵来保佑自己。所谓求"福"，既不像基督教那样，等待上帝的启示和拯救，也不像佛教的普度众生、道教的福禄寿禧。儒家的祭礼只是表达内心自我的一种古法，与其说是神性的，不如说是人性的。

祭祖到底是不是一种宗教活动？从严谟的时代到今天，一直在争论。目前中国比较流行的仍然是冯友兰的"新黑格尔主义"的说法，这种说法明显地具有明清耶稣会立场，是一面躲避多明我会的攻击，一面掩护儒家以"非宗教"的名义过关的做法。事实上，许多近代中国哲学家、思想家受西方的中国观念影响，认定中国文化是功利世俗的文化。大家在此类问题上的看法，显然受到了当年"中国礼仪之争"的影响。关于这种说法是否准确，应有专章讨论。

---

① 冯友兰．中国哲学史．北京：中华书局，1961：424.

现在我们应该先理解一下耶稣会对手的立场。早期到福建与耶稣会争论的方济各会、多明我会，以及康熙时代在福建的法国遣使会，是怎样把祭礼判为异端的？

目前掌握的“中国礼仪之争”汉语文献资料，多是站在耶稣会立场上，不太可能全面地看出与耶稣会对立诸派的观点。幸好有一份《辩祭参评》，保留了一些当年方济各会向耶稣会发难的全文，正可以帮助我们从对面了解一下，通过了解双方在祭祖问题上的纠纷，也能更好地确定儒家祭祀的性质。

《辩祭参评》（JAP-SIN I 40/5）是“康熙辛酉”（1681）形成的文件。这部著作是关于另一本名为《辩祭》著作的评论。原文列前，评论置后，因而保留了当年争论的原貌。按书前李西满神父所作《〈辩祭参评〉引》：“《辩祭》一书，系传教会士与福安秀士设为问答，以明祭礼之意。”虽未明写“传教会”是何会，但因为后来激烈反对中国礼仪的阎当是在1681年后才到达福建的，因此当时作此《辩祭》文献的应是方济各会士。在此书稿封面的书名下，有九个现被墨水涂去的汉字，隐约可辨：“系圣方济各利安当述”。虽不知为何涂去，但应判断，《辩祭》一稿确是李安堂所作。

李西满说，他自从到达福建以后，一直想学习中国经典，如前辈利玛窦、艾儒略那样，但因为太忙或健康问题，没有钻研。“西满入闽，数载以来，志虽向学，而尝苦质弱不能广搜书籍。迨辛酉秋日，乃得稍检教中诸书，见有《辩祭》一稿于旧藏笥中。反复阅之，皆宜切辩者也。”这可以说明，李西满早就想认真地进行一番中西经学的比较研究，与方济各会的李安堂等人较量。但直到1681年，他才安排了这项工作。事实上，是阎当在逼李西满回答这些问题。这一年阎当到了福建，他派了一位中国助手李良爵来问李西满。李西满找出李安堂留下的《辩祭》，在每条后面都做了评论，由李良爵记录下来，署“为西耶稣会士李西满授，闽中景教后学李良爵述”，合成《辩祭参评》。此书封面上附有一个拉丁文手写条目，最后一句有“Li leantuis fuit Siam cem seu Amanuensis et domesticus ac cathechista ILL mi D. Maygrott”（“李良爵是阎当主教的管家、秘书和经学顾问”）的字样。李良爵显然是中国信教士大夫，有文字处理能力，是阎当的中国文化顾问。但是，当时李良爵说自己中文文辞不好，不愿述录李西满对《辩祭》的“参评”（“李生以文不工辞”）。但李西满一定要他写。他说：“其理弗明，所关最大。余岂好辩哉？

亦欲教会中心同理同，求以上合天主之旨也。”从行文来看，李良爵的中文能力确实一般。1706 年，康熙皇帝和北京耶稣会士嘲笑从福建来的阎当官话和汉字能力都不过关，弄得阎当很窘。李西满早在 1681 年就暗自批评了阎当的中文老师李良爵水平有限（“李生文不工”），外国人说中国人中文不好，表现了耶稣会士一贯的对自己熟练掌握中国文化的自信。

李安堂和耶稣会之间有根本的不同点。耶稣会认为：中国人的祭祀不能算是严格的宗教，行之无妨。而李安堂则认为：人除了向天主礼拜之外，根本就不应该再有什么其他的祭祀仪式。在此争议中，耶稣会接近于后世的“多元文化主义”，而李安堂之说则类似于“基督教中心主义”。李安堂规定说：“祭祀惟敬天主可用，而不可用于他位。”在同教徒解释这一规定的时候，李安堂说：

> 祭有内外之别。内祭即是人将灵性内情献于天主。因天主独是万有之本末，人始初受其有于天主，至末后亦归根受福于天主。天主既为人之本末，其外无他，原故奉祭宜独向之。外祭即是将品物奉献天主，行外礼以表内意，而向天主认之为生养万物之真主，而此外无他主。盖人有神形两者，皆天主所赐。故将内祭以报内恩，将外祭以酬外恩。俱为当然之事。至外祭宜专向于主，此礼在人最为紧要。

上面的话，用今天的语言应该这样说：上帝是全人类最高的主宰，是宇宙中无限的终极存在。人对于上帝的恩宠，除了有内心的赞天和感谢，即所谓“内祭”之外，还应该有一种仪式上的外部表现，这就是“外祭”。所谓“内外”，也就是宗教的内心信仰和外在的表现形式。李安堂认为，中国人的“祭祀”，是把原应该给上帝的祭祀形式，错给了“天地”、“祖宗”和“鬼神”等混乱对象。这样，便把上帝的“位格”下降了，把上帝与人类的灵魂和自然现象混为一谈。中国人的祭祀，不是一种对终极存在（“其外无他”）的祭祀，不是最高境界神明（“万有之本”），因而这种祭祀把人类的灵魂和自然现象作为“终极关怀”，是把自己的崇拜错置于“他位”。

方济各会认为，中国的祭祀占据了天主教弥撒的位子。祭了祖先，就等于把上帝应该占有的独自地位给顶替了，两者是冲突的。李西满则认为，中国人的信仰有它自身的独特性，和天主教的仪式完全不同，不具有可比性。他认为，中国人的祭祀有他们的一套。天子祭天，庶人不能祭天。文庙祀孔，又严禁妇女。在祭祀中，又分有太牢、少牢，还有昭、穆之分。还有，在中国，家家户户都可以祭祀，不过有等级上的区别。这种礼制严格、等级森严的中国礼仪，和完全由天主教教会在教堂里一手操办的“七件圣事”根本不同。李西满说：

> 即此以观，其礼不同，其时、其物、其人、其地又各不同，则可知中国之祭，非（如《辩祭》所说）与内外合一，如所谓弥撒之真礼矣。若以此二祭为内祭属神，报其所赐内恩；外祭属形，酬其所赐外恩，认其为生养万物之真主，其相去何远耶？

耶稣会认为，既然中国的祭祀和信仰这么混乱，那它就不可能用天主教的道理来简单比较。“中国之祭”，非“所谓弥撒之真礼”。中国人祭祀的，也不是他们所认为的“生养万物之真主”。由于把中国礼仪看作一种具有民族特点的、比较低级的祭祀，耶稣会认为，中西方的礼仪可以并行不悖。天主教的“七件圣事”是最高的，中国礼仪则可以作为生活习俗保留下来。

从某种意义上说，耶稣会士和欧洲神学家在神学上没有大的分歧，他们的分歧在于，要不要对中国人的民族性加以容忍。为了说服对方，耶稣会士才艰苦吃力地解释中国祭祀的特殊意义，使之与天主教的神学相契合。在《辩祭参评》第三、四面的顶端有一段眉批，不知是谁批的，但确实比较公允。他认为《辩祭》在理论上是对的。但天主教刚传入，儒家和皇帝的权威很难侵犯，中国的习惯又行之很久，在实际中很难改变，不如加以尊重。至于天主教的一套礼仪怎样和中国礼仪结合起来，还要请西方神学家仔细研究：

> 此篇不无至理，但圣教尚未大行，而祀先、祀孔子二者行之已久。众皆知为儒教不可违，且王制更不敢越。所以要从宜畅中，又无实□□。天主规诫，必有待于怀学西师，就中自有权衡也望之。

站在基督教的立场，这样的说法是对中国文化的宽容，是无奈的折中，但是已经表现出中世纪以后欧洲思想的进步。“文艺复兴”和“大航海”拓展了欧洲人的知识视野。远方传教又把天主教会带出了希伯来、希腊、拉丁、日耳曼、盎格鲁-撒克逊民族，走进了中国、印度等亚洲国家，这是一次天主教会主导的全球化，东西方文化在信仰问题上相遇，双方都表现出相当程度的宽容，这个“宽容”议题与罗马天主教内部不同教派和神学间的宽容很不相同，异民族和不同信仰间的文化宽容更表现出时代特征。

祀孔

《闽中将乐县丘先生致诸位神父书》(JAP-SIN I 40/3)的作者是福建将乐县一位称丘晟的儒生教徒。福建的天主教历来在福州和漳、泉地带较发达。将乐县地处闽北山区，当地也有天主教会的发展，可见清初传教士的深入。这是一封关于祀孔问题的通信。丘晟陈述了自己对孔子和儒学的基本态度，然后向他的教堂神父自荐他编写的《述闻编》，专门讨论儒学与“天学”的关系。他请神父迅速刻印此书，在传教时向儒生散发。刻书事关神学教理，按规定要获得教区主教的批准，这封信就是申请。书不甚长，摘录于下：

……利玛窦先生，初与中国语言不合，受尽耻辱，后颇知中国书义，遍交名人达士，始得创祈祷诸事。所以中土之人，自生六七岁，即习其书。及长，即用其书为考试。非有孔子，则天教未入中国以前，早已沦为禽兽之区矣，安得复有好人物知礼义者乎？盖孔子之人有功于天主，此恐非诸神父所及知也。

中国之异端最多，惟孔子则不肯信异端，尝曰：“攻乎异端，斯害也已。”而惟兢兢于人命之当畏。后世因有孔子先有是言，而人始信西儒否佛尊天之说。若使孔子不为之先，则神父虽有万口，不能强人以必听。譬之架屋于旷野之中，必先雇人平其基址，去其荆棘茅苇之类，而后匠人得以施其木石之工。如使荆棘茅苇未除，基址未定，则未免倍费生人之力，而屋宇亦无处架造。吾观孔子，即天教驱除荆棘茅苇之人也。神父即架屋之匠人也。今欲架屋，徒知搬运瓦石，雕梁镂栋，而驱除草莱之人，反不知其功也，可乎？

又如将军统兵剿贼，其将军虽有智勇，必先用本地向导，为众兵引路，然后可以出战立功。如欲广扬圣教，亦必以孔子为引路之人，则可指孔子以语人曰：尔所尊信之孔子亦已如此，今尔何为不如此？庶儒者或可以欣然乐从于我。倘曰孔子亦有异端，则通国之人谁不唾而骂之。而望圣教之行，断断不能矣。即罪人奉教，亦以圣教不悖于孔子，故诚心而敬服之。必指孔子为有异端，则儒者尤必指圣教为有异端。互为无益之诘訾，此疚将谁归乎？

……果欲坚持不祭祖先、不祭孔子之说，势必将圣教之门紧闭不开，无复有读书知礼之人入教。辜负神父一片苦心，尽无所用矣。

丘晟在这封书信中提到，他写《述闻编》并不是简单地重复教理，他是用中国文化精神来解释天主教理。他说，该书“其中有从前神父之所已言者，亦有所未言者。要必出自以中国文辞”。他用中国的古典文献来发扬基督教神学。这种汉语神学的做法在学理上是否可行，是另一回事。但丘晟据自己的信仰经验，自信儒家文化和天主教文化在学理上可以沟通与补充。他自信到甚至不许神父改他的文章：“（书）内义理、文意，俱校正无讹。幸不必改易一字，致伤中国文理。”这是一种主人的态度，并不把外国神父视为绝对思想权威，也不把天主教当作外来宗教。他坚持说祀孔正确，在教会内提倡继承孔子精神，赞扬利玛窦迎合儒家的做法。中国文化的主体意识在他身上体现得非常强烈。

在教会内部，丘晟确实具有较强的中国文化的主体意识，但在教会之外看，他的理性方式仍是基督徒式的。他把中国的孔子带进了罗马天主教，但是并没有给孔子一个与耶稣相等的位置。从这种意义上说，他只是把儒学拆散了，融化进基督教神学，实际上还是令孔子失去了他原来在中国传统文化中的独尊地位。应注意丘晟在行文中，把孔子比喻成西方基督教文化进入中国之前，为中国文化开辟荆棘、指引方向的先驱。因为有孔子的开创工作，天主教方能顺利进入，建筑一座坚实的大厦。好像中国的孔子就是那在犹太地区走在耶稣前面，为耶稣开道和预告的“洗者约翰”（John the Baptist）。他把孔子解释成耶稣的学生、中国的约翰。

如何在全球各民族的文化传统中定义孔子的地位，这是“中国礼仪之争”中各方争议的焦点之一。中国的孔子，要成为另一个世界的孔子，这是近代儒学问题上众说纷纭的关键。中国周代的孔子（公元前551—公元前479）要早于罗马帝国时代的耶稣五六百年。①

---

① 关于耶稣生年的研究，是西方史学界和神学界的一个专题。过去一般说，耶稣的生年就是公元初年。但是近代学者开始怀疑。《路加福音》说，耶稣生活在奥古斯都（Augustus）时代。奥古斯都死在公元14年。这样，耶稣至少要迟14年出生。另外一说是，据《玛窦福音》，耶稣生于希律王（Herod the Great，the King of Jews）死前一年，即公元前5年。耶稣诞生前还有一颗极亮的彗星出现。考古天文学家据此线索，在中国古代文献《汉书》等书中查到，公元前12年有彗星出现。但这个年代离希律王死期太远。现代学者大多相信中国史书的另一记载，即公元前5年，中国人记录了地球上空有一颗极亮的新星爆发。这样，可以推定：耶稣诞生于公元前5年。

中国的一般民众对历史年代也很敏感。人人都会发问：一个“后生”的耶稣，怎么可能做“先生”的孔子的先生呢？所以，当利玛窦等人强孔子为耶稣先驱的时候，考据熟练的儒生都嘲笑他们虚妄。如清咸丰年间著名反洋教文献《湖南合省公檄》，就是用中国人习惯的年代常识和历史理性，把耶稣掀翻：“考之耶稣生于汉哀帝元寿二年（公元 1 年）。不知元寿以前之天，果虚位以待耶？”但是，当时的西方基督教神学没有这样浓重的历史理性。历史地看，基督教在世界各伟大宗教中诞生很晚，无法和古老的佛教、印度教、犹太教、古希腊罗马宗教，或儒家、道家相比。但基督教神学不注重耶稣在时间上的占先，而强调观念上的占先。这里有欧洲神学和中国经学的差异。欧洲神学认为，耶稣降临之前，人类历史无缘和上帝沟通，生活是无意义的，都只是人类精神生活的准备和漫长的等待。

“天不生孔子，万古长如夜。”（朱熹语）中国经学也有类似的说法，圣人出世必有人为之先导，孔子以前的历史不足道。然而，孔子在经学史上的地位，并不如耶稣在《新约》和教会圣统中那样确定。讲到礼仪制度、儒家教义的时候，常有人把孔子与周公或三皇五帝对立起来。古文经学认为“六经皆史”，孔子只不过是删定前代著述的史学家、考订家，是文明制度的继承者。比较肯定孔子超越前人地位的是今文经学，其认为孔子是六经的作者，专讲“微言大义”，是教育家、思想家甚至神学家。① 后世的统治者和经师们把孔子奉为“至圣先师”，超于一般文化史人物，但他对中国人精神生活的重要性毕竟不能和耶稣在西方的重要性相比。关于“圣人”和“拯救”的说法，在基督教神学中更加强烈，它是全部信仰的核心。如果说孔子主要以其经验、话语和思想劝世的话，则神学中的耶稣是以其超验的神性力量来救世。按天主教神学，耶稣被处死，复活以后升天，留下了他和使徒们首创的罗马教会，教会通过礼仪（sacrament），让信徒和上帝沟通。这种礼仪让所有的信徒在教堂中等待他的再次降临，让信徒保持信、望、爱的内心状态。

中国人祭祀孔子，其实没有给他像天主教中耶稣这样的礼遇。儒生的祭孔，有一些崇高和神圣的含义，但没有耶稣那样的神迹。在文庙中，孔子基本上被定位为官方教育家和权威思想家，是“至圣先师”，不像耶稣那样被认为是全智全能的神。按“三位一体”

---

① 关于经今、古文学家对孔子地位的不同认识，参见：周予同. 经今古文学//周予同经学史论著选集. 朱维铮，编. 上海：上海人民出版社，1982。

(trinity) 的教条，耶稣有“圣父”“圣子”“圣灵”三种位格。他既可以代表上帝，又可以体现人类；既有肉体感受的一面，又有精神超越的一面。这些孔子都没有。问题出在这同一个“圣”字上。孔子确实是中国人眼中的“圣人”，但他一贯自称是“学而知之”的普通人，不是“生而知之”的天启式“先知先觉”。他的圣人地位是从普通人的灵魂中升华而来的，身上没有很多神迹。按此理解，孔子的“圣人”地位，其实是一个公正贤达、具有人间智慧的圣贤(sage)。即使按丘晟和其他人的辩护，强装榫头，把孔子纳入天主教，他的“位格”也不过相当于天主教会的“圣徒”(the saints)，并没有构成对耶稣的僭越。

严谟在另一份写给李西满神父的书信和备忘文献中，也谈到如何理解中国儒家士大夫对孔子的崇拜，谈到如何看待孔子的“圣人”地位。JAP-SIN I 41/4《草稿》(抄白) 重点回答了以下几个问题：“问孔子立庙春秋二义何义?”“又问祀孔庙与神祖宗有何分别?”“又问祭孔子求福不求福?”“又问进学中式孔子庙中谢者何义?”这四个问题的核心是：孔子在中国人的心目中是不是一个神祇?

孔子在中国人的心目中，肯定不是像耶稣一样性质的“神人”。按《圣经》中的说法，玛利亚是“无孕受胎”，基督徒都相信生耶稣的圣母玛利亚是处女。反观中国史书对孔子的记载，原来没有什么神迹。(汉代谶纬学说，一度把孔子神秘化、宗教化。这是后世儒家的编造。隋唐以后也逐渐被新儒学淘汰。) 孔子和他的母亲颜氏征在，原都是平民阶层，所谓“吾少也贱”，这一点和耶稣有一点相像。但是，孔子诞生日的母子俩，绝没有耶稣圣诞时的光圈，甚至还有一些经学家并不回避的不光彩。按《史记·孔子世家》：“纥与颜氏女野合而生孔子。”郑玄注《礼记·檀弓上》：“孔子之父陬叔梁纥，与颜氏之女征在野合而生孔子。征在耻之，不告。”母亲不告诉孔子他的生父是谁，是因为她对她的这场不寻常的怀孕感到羞耻。同是和耶稣那样不知自己的生父是谁，中国从古到今的历史学家却都敢于承认：孔子是一个私生子。① 这也说明中国人愿意把孔子看作人，一个一生没什么神迹在身的普通人。

孔子没有像耶稣那样的神圣，但退一步讲，他作为中国的“圣人”，是不是和天主教会的“圣徒”有同等地位呢？在上面引用的丘晟

---

① 蔡尚思．孔子思想体系．上海：上海人民出版社，1982：5.

的论证中，他已经潜在地认为：孔子是中国的“洗者约翰”，是像耶稣会“圣依纳爵”这样的“圣徒”。中国的知识分子信徒已经把自己原来最尊敬的“至圣先师”，降格到和天主教会众多“圣徒”同流的水平，实属思想开放。但是，这种说法在中国教会中又引起争议。中国礼仪的反对派人士认为，对孔子的祭祀，也不能和天主教对“圣徒”的崇拜相提并论，他们甚至连中国人称孔子为“圣人”都要反对，认为是异端。对此，严谟的《草稿》（抄白）中说：

> 或曰孔子非泰西定入圣品之圣人，则未可称圣。不知我敝国之称圣原只是造极之名，如孟子所谓美大圣神者，各有训解在，非泰西之所谓圣也。泰西特借用我国之字耳。我今称我之原称，非僭也。

从严谟的反驳来看，当时的多明我会已经固执教条到蛮不讲理。中国在汉元帝时已称孔子为“帝师”，奉为“褒成君”。汉平帝元始初年，即公元初年耶稣刚诞生时，孔子被正式封为“褒成宣尼公”。魏文帝黄初二年（221），正式称孔子为“圣”，“奉孔子祀”，封孔子二十一代孙孔羡为“宗圣侯”。[①] 中国人在“中国礼仪之争”爆发的1 500年前，就称孔子为“圣人”，倒是因为天主教到中国，用中文“圣”字，称为“耶稣”和“圣徒”，中国人反不能再用“圣”字称孔子。此圣人非彼圣人，是中西互译中的歧义问题，这样的辩论实际已经脱离了文化差异的本质，而只具有文字学、语源学的意义。

严谟讲的“定圣品”，即canonization，是天主教会的一项制度，教会发现某位可尊敬的教徒（holy person），就根据他的表现，第一步先授予“上帝之仆”（servant of God）。死后，当具备一定的条件时，例如能够在他身上查找到至少四项奇迹（the attestation of four miracles），就可以宣布他为“有福之人”（the beatified），意即他已经升上了天堂。只有“有福之人”才能在符合诸多条件以后，被正式授予“圣徒”（Saint）称号。这些条件包括要查找到另外两个重要奇迹和其他许多要求。[②] 被称为“圣徒”以后，就可以在各地的教堂里供奉，在弥撒的时候，起到代教徒向上帝祈祷的传递作用。例如，当天主教徒为远东教会祈祷的时候，常常就请印度、日本、中

---

① 杜佑．通典．校点本．北京：中华书局，1988：1479．

② Geddes Macgregor. Dictionary of Religion and Philosophy. New York：Paragon House，1989：“Canonization”.

国传教先驱圣方济各代传祝愿。当时天主教中有人责问耶稣会，即使孔子是“至善”之人，但未“定圣品”，不可称“圣人”。“圣教定法，人虽至善，未经定入圣品，天下不敢一奉祀之。今孔子即至善，岂可奉事乎?”孔子当然不是“圣徒”，连罗马天主教的名称都没有听说过。到这个时候，严谟只能采取和利玛窦、丘晟等附会儒家不一样的态度，承认孔子的“圣人”地位和上帝的“圣徒”地位完全不同。唯其不同，更应该并行不悖。

> 我国之奉事孔子，非如圣教之奉事定入圣品之圣人也。圣教是恃其能力为转求天主也。我国之奉事孔子，只是尊行古制常礼，醇厚风励之美意，以为不忘本始之本情而已。历代帝王举行祝文具在，只是尊师重道之词。进学中式一拜，只是为读其书，蒙其泽，国家使我一敬礼之而已。大异于圣教事圣品之意也。

严谟把人们对孔子礼拜中的神圣色彩淡化到最低限度。他说这只是读书人对老师的尊敬。许多儒家士大夫辩称：参加科举的人到孔庙参拜，只是根据国家的规定、古礼的习惯，是一种形式，并没有想要通过给孔子献祭品、烧香、敬礼而获得功名利禄。

杂祀

反对中国礼仪的西方传教士，对中国文化采取了不加分析、不求理解的态度。他们没有注意到，中国的官方和士大夫，除了自己进行的敬天、祭祖、祀孔等祀典之外，对佛教、道教的礼拜仪式经常持批评、保留态度。他们把许多民间信仰斥为“杂祀”“淫祀”。儒家祭祀中所称的“杂祀”“民祀”“淫祀”，大致相当于西方传教士和汉学家讲的民间宗教（folk religion），在《礼记·曲礼》中有“非其所祭而祭之，名曰淫祀。淫祀无福”之语。多明我等修会的神学家，把儒家反对的“淫祀”和敬天、祭祖、祀孔等列入正典的礼仪混在一起，当时就很不能服众。儒家对民间信仰的贬斥，有多重原因。既有“独尊儒术”以后，儒家知识阶层获得官方承认，自视为社会“正统”思想的优越感，又有继承孔子“子不语怪力乱神”严肃思考的世俗理性精神。

历史上所有成功的宗教，除了在民众中获取信仰之外，都还从知识分子中汲取严密周到的理性精神。一个完整的宗教，通常都有信仰和理性的两面。在基督教希伯来《圣经》传统和古希腊哲学传统的结合上，我们看到了这一点。在印度教、琐罗亚斯德教和伊斯兰教中也看到过这种知识与宗教、理性与信仰、下层与上层的结合。中世纪的教会，几乎是社会上的一切。在当时西方教会权力与国王权力交错，教会权力常常处于优势地位，国王权力不是很大的情况下，通常是由教会出面，把全社会的信仰、理想、知识、教育和财富、权力结合起来。此所谓“政教合一”的格局，在中国传统社会中并未出现过。天主教是社会资源的最大占有者。在中国，理性与宗教、官方与民间的结合不是这种形式。由于官方通常支持的是儒家，儒家的矜持使其对民间文化和信仰精神的吸收比较有限。民间宗教常常是政府政治和思想的“异端”。这种分裂状况，很容易让利玛窦等耶稣会士想到这样一个策略：通过强调儒家的“非宗教”的一面，强化儒家的理性的一面，来抑制民间宗教意识和宗教行为中的“异端”。“补儒易佛”，既把儒家贬低到天主教之下，又打击了佛教和道教势力，这是耶稣会早期传教中十分得意的文化政策。①

我们看到，“中国礼仪之争”爆发前，在明末的时候，“补儒易佛”的耶稣会士已经在批评中国民间“乱七八糟”的各种祭祀。在“中国礼仪之争”汉语文献资料中，有一篇以摘录耶稣会士旧作语录的方式，集中了明末耶稣会士自己批评中国民间信仰的段落。摘录的目的是想说明：耶稣会士和儒家知识分子一样，在某种场合、某些问题上也和中国礼仪的反对者一样，反对中国的“异端”和“迷信”。在 JAP-SIN I 42/2b《摘出问答汇抄》中，耶稣会士从三部汉语旧作中抄录了四个题目：“答敬城隍并岳渎火土之神”（摘录自《口铎日抄》），“答拜天地”（摘录自《辨敬录》），“答择地”（摘录自《答客问》），“答祀关公”（摘录自《答客问》），全都是持反对态度的。

第一题“答敬城隍并岳渎火土之神”，是从《口铎日抄》中摘录的：

> 或问：仙佛之不足信，固已。然人家有火土之神，郡邑有城隍之神，天下国家有山川岳渎之神。此非天主所命，以分卫于万国者乎？故舜望于山川，遍于群神。武王所过，名山大川，曰：惟尔有神，尚克相予，无作神羞。岂其无见而舜、武云然？

① 关于“补儒易佛”，参见：李天纲. 补儒易佛：徐光启的比较宗教观. 上海社会科学院学术季刊，1990（3）。

令一切戒人勿祀何与?

曰:天主生天地人物,各有神以守护之,不可谓无。然既谓之神,非有形为肖也。舜、武望之遍之,亦望其相予而护之耳。未尝有像而望之遍之也。未尝求吉免凶,即以为主而祀之也。今天人乃修其庙宇,塑其像貌,焚香顶礼,谓祸福其所攸司也。是耶,非耶?即真是神,亦奉主命而各受其职者,非能自主人物也。前代城隍岳渎,皆有封号,独太祖诏削之,止称某府某州县城隍之神。其山川岳渎亦以山水本名称之。盖以诸神受命上主,非国家封号所能加。皇哉圣意!可正千古之谬矣,岂若今之衣冠而人鬼者哉?知此则人家火土之神,可无问矣。①

"城隍"是唐宋以后随着城市生活活跃而来的城市市民信仰,是一个专以保护地方和城市市民利益为职责的神灵。"城隍老爷"的神性位格,相当于欧洲的"城市守护神"(the God of City)。这一类的守护神,古代罗马有台伯河上的那一只神狼,古代雅典有雅典卫城帕提侬神庙里供奉的著名女神雅典娜。和古代西方相比,中国古代的城市生活不像古罗马、古希腊那样发达。但地上有多少种利益,天上就有多少位专职的神明,这在世界各地的民间信仰中都可以看到,也是现代宗教学说承认的。中国的商业市民也需要有自己的神。

"城隍"的盛行,和明代市民生活的繁荣很有关系。为求这种祭祀的合法性,后世有人说《礼记·效特性》中记录周代的"祭坊与水庸",祭的就是"城隍"。《北齐书·慕容俨传》载:"城中先有神祠一所,俗号城隍神,公私每有祈祷。"则至迟在南北朝时有"城隍神"。从史书上看,唐代和元代都曾把"城隍"列入官方祀典。《续文献通考·群祀考》记录:"明洪武二年正月,封京都及天下城隍。"明代给城隍之祀定了一整套礼仪。朱元璋还别出心裁地为各地的"城隍老爷"封侯加爵。京城的"城隍"封为"承天鉴国司民升福明灵正",开封为"显圣天",滁州为"灵佑王",秩正一品。各地"城隍",在府称"公",在一般的州称"侯",在县称"伯"。如上海县的城隍名叫"秦裕",封称"秦裕伯"。② 这是根据每个城市的经济、政治之重要性而定的。清代继承明代的制度,官方对民间的"城隍"

① 艾儒略,卢安德,张庚,等. 口铎日抄. 崇祯四年刻本. 巴黎法国国家图书馆藏.

② 上海史研究者常将上海城隍的名字"秦裕"误作"秦裕伯",不知"伯"乃明代的封号。

信仰持容忍和利用态度。

但是耶稣会对“城隍”信仰和它附带的土地山川等“土神”持批评态度。福建的这一群人早在明代崇祯年间就开始讨论祭祀问题。《口铎日抄》中的“或问”者，是中国的教徒，提的是有代表性的疑惑问题。“曰”者，是耶稣会传教士，艾儒略、卢安德（André Rudomina，1596—1631）两人根据他们对中西文化的理解，对于基督教文化如何在中国文化中开展，提出了权威性的意见。按照如上摘录，耶稣会士对中国民间的小信仰，如城隍、灶王爷、土地公等神祇，基本上持否定态度。他们对中国信徒说：中国古书说舜帝、武王都祭祀山川，天主教对这不置可否。他们有妥协，以为：或许这些鬼神，天主教也能接受，因为天主教也有许多专门执掌的神灵。但绝对不能设立神像，这些神像就是偶像。偶像崇拜，就是忘记了上帝的终极存在，即是异端。耶稣会对“杂祀”“淫祀”也持反对态度。

《口铎日抄》的作者们值得注意。原书署名是：“泰西思及艾先生、磐石卢先生口铎，福清李九标其香笔记，温陵张庚明皋、清漳严赞化思参订正，晋安陈克宽孔熙、同邑林一俊用竽校阅，弟李九功其叙参定。”“泰西思及艾先生”，即艾儒略，当时被称为“西来孔子”，与利玛窦齐名。我们已在第一章中提到，他在“嘉定会议”上关于“天主”的“译名之争”中，和本会会长龙华民有很大争议。广义地讲，他是最早涉入“中国礼仪之争”的耶稣会士之一。“磐石卢先生”是立陶宛人耶稣会士卢安德。他在1626年到达福州，逝世前一直在福州传教。此书是中国作者们记录两人的授课内容而成，其中应特别注意的是“清漳严赞化思”，他就是严谟的父亲严思，严赞化。《口铎日抄》最晚刻于“崇祯四年”（1631），巴黎法国国家图书馆藏有该年版本。可见漳州的严氏家族很早就被卷入了福建地区中国礼仪的讨论。后来严谟和他的家族被这场争论折磨，他本人写了那么多的辩论文字，都不是偶然的。

明清十分盛行的另一民间信仰是“关帝”。中国各地祭祀关公，把关公当作忠义之神。在《答客问》中，有人问：当初狄仁杰巡视江南，以反对“淫祀”的口号，大毁民间各种寺庙。根据祀典，毁掉这些民间野庙是对的。但是，像“关帝”这样的“古名贤忠义”，官府认为“虽祀之，可也”，对此，耶稣会明确地说“是淫祀也。”

“关帝”即三国时蜀汉大将关云长，蒲州人，生前被封为“寿亭侯”，死后被谥为“壮缪侯”。在民间崇尚“义气”的宋代，关羽又被追封为“忠惠公”（崇宁元年）、“武安王”（大观二年）、“义勇武安王”（宣和五年）、“壮缪义勇武安王”（建炎二年）、“壮缪义勇武安英济王”（淳熙十四年）。[①] 明代洪武二十八年（1395），在南京鸡鸣寺建关帝庙。永乐年又在北京建庙，由太常寺官主持祭祀，“国有大事则告”。“关帝”是被载入国家祭祀要典的重要神明[②]，清代对关羽的崇拜登峰造极，把关羽视为“武圣”，与孔子并列。“关帝”除去以前的忠义形象之外，他在清代泛化出另外的形象。清顺治九年（1652），封关羽为“忠义神武关圣大帝”。关帝在清代是“武圣”“时神”“商神”。他在清、洪帮的香堂被供奉，在各户商家被供奉。清朝将领在战前要祭“武圣”。有许多人求风祈雨的时候，不是求风师雨师，而是转求“关帝”。清朝的“关帝”信仰从宫廷到民间，弥漫很广，“关帝”成为最灵通的神明。“关帝”虽然有国家权威做担保，但在正统儒家思想中还缺少充分依据，带有浓重的民间色彩。耶稣会正是有鉴于此而决定反对这种礼仪。

统观以上这些祭天地、祭祖、祀孔和“杂祀”等祭祀礼仪问题，我们可以看出，耶稣会并非不知道儒家文化具有宗教性、中国文化与基督教文化存在异质问题，而只是对中国礼仪基本上采取了妥协的做法。从利玛窦到汤若望，耶稣会士对中国文化之所以采取友善态度，都不单纯是出于对中国文化的热爱和佩服，而主要是一种屈服于现实的策略考虑。

对那些被载入国家祭祀典礼的神明，从远古的“三皇五帝”到当朝的列祖列宗，耶稣会士都不得不尊重。很显然，反对皇帝每年必须举行的“郊社”活动，无疑是向皇帝宣战，自绝教会的生路。耶稣会在这方面积累了丰富的经验和教训。朱维铮先生首先注意到，在耶稣会内部有一场“关于钦天监监正职务的争议与关于历书问题之聚讼”[③]。这是耶稣会内部在“译名之争”之外的另一场关于“中国礼仪之争”的争论。当时罗马曾请宗教裁判所和罗马学院审定，汤若望担任清朝的钦天监监正是否违反教规，清朝历法是不是异端。耶稣会内部有人攻击汤若望不做教事，反而“事天”于皇帝，担任“迷信机关”的首长，违反了会规和教义。争论的结果，照例是为了

① 据赵翼之《陔余丛考》、李调元之《新搜神记·神考》。

② 据《续文献通考·群祀考》。

③ 魏特. 汤若望传. 杨丙辰，译. 台北：商务印书馆，1949：420.

中国教会的利益而加以妥协。这种争论，给耶稣会士许多中西文化关系上的启示，让他们变得开通和聪明。①

1649年，当时被称为“西来孔子”，对中国文化相当友好，在福建地区顶住压力和西班牙传教士周旋于中国礼仪的艾儒略，带头反对汤若望担任钦天监监正。在这份要求汤若望下台的上书上签字的有利类思、金尼阁、龙华民、李方西（J.-Fr. de Ferrariis，1640年来华，1671年逝世，意大利人）、方德望（Etienne Le Faber，1598—1695）、郭纳爵（Ignace da Costa，1599—1666），还有一度支持汤若望上任的副会长傅汎际。反对的理由有几种：（1）耶稣会士的入会誓词中有一条是保证不担任显赫的世俗职务，以低级的地位专为教会和上帝服务。担任钦天监监正职务有违这一“发愿”内容。（2）这一职务太危险，预报天象，制定历法、历书，稍有出错，会被杀头。耶稣会的全体名誉将受到损害，在华传教成果将前功尽弃。汤若望本人连生命也可能不保。（3）最重要的是，汤若望的职务等于是改变了自己为上帝服务的性质，开始为中国人的“天”和“天子”服务。当签上了“钦天监监正汤若望”的皇历在各地发行，在民众眼中他显然成了中国“天子”观察星相的耳目。另外，他还必须参加天子的“祀天”活动。戴高帽，穿古怪的礼服，对一个耶稣会士来说，会引起很大争议。

耶稣会内部也有支持汤若望继续担任钦天监监正职务的。贾宜睦（Jérôme de Gravina，1603—1662）、潘国光、穆尼各（Nicolas Motel，1617—1657）三人上书罗马本会的总会长，为汤若望辩护。后来的阳玛诺、卫匡国也站到汤若望一边。从神学上为他辩护的理由也有许多，但最有力的还是一个出于现实环境的理由：不向中国人的“天”和“天子”妥协，教会难以生存。按《汤若望传》的陈述：

> 汤若望担任钦天监监正之职，原怀有极大之图谋，就是他要借这个职权，渐次把钦天监完全置入基督教徒之手中，而使中国之历书化为基督教的历书。如果他定要将这个职权辞退，那么皇帝对于北京有传教士与否，就绝不会再在意了。这样，中国人旧日对于一切外来事物之厌恶仇视，就又要兴盛起来。而其结果必将大不利于传教会。

① 朱维铮. 走出中世纪. 上海：上海人民出版社，1987：汤若望与杨光先.

只要耶稣会士在钦天监有位置一天，传教士在中国就一天不失安全感。有一个例子。曾极力反对汤若望任钦天监监正的耶稣会士安文思（Gabriel de Magalhaens，1609—1677），一度遭遇不测，正是汤若望的“天学”名声在外，在中国人心中耶稣会士都有“通天”的本领，所以才救了他一命。1644 年，安文思在四川被张献忠俘获，本来也是要像其他天主教徒一样被杀掉的，但知道他和汤若望一样通“天学”，张献忠便强留他在“大西国”任职，赐“天学国师”，制造天仪，负责历法。但是，张献忠被传教士认为有精神病，他杀人如麻，喜怒无常。他们“三年之内，颇受危险。时而被尊，时而受屈；时而受赏，时而受罚。有时定以死刑，皆蒙天主洪佑，履险为夷”①。这种为虎作伥使利类思、安文思内疚和恐惧。1647 年，四川被清朝军队攻取，清兵又要以附逆罪杀安文思。记载说，临行死刑，已被五花大绑、抓起头发之时，肃亲王豪格拦住了刀，问：“你认识汤若望吗?”他赶快回答：“是的，认识。他是我的老哥哥。”这样留下了性命，回到北京。② 或许正是他的“天学”经验过于屈辱，给他带来的是灾难和凶险，而不是像汤若望那样成功地利用了清朝来保护教会，他才反对耶稣会士用这种危险的“天学”为皇帝服务。

大规模对天感恩的祭祀，只有皇帝一人以全民的名义才能进行。一般的老百姓本来就不能搞“祀天”活动，所以耶稣会并没有过于担心民间的祭祀会把传统的“天”和天主教的“天主”混同起来，而公开攻击祭天必然招致皇帝的反对。这就是在“中国礼仪之争”汉语文献资料中少见“辩天之论”，而多有“祭祖之辩”的原因。在民间，他们担心的是，在广泛的祭祖活动中，混乱的祖先灵魂和严格的天主教神学搅在一起。要让中国的皇帝放弃“祀天”，不讲星相学，等于是毁掉他“替天行道”的统治理论。同样，让百姓不“祭祖”，也等于让他们陷入生前不孝祖先，而死后不被子孙所孝的境地。这些都是不可能的。

因此，面对中国人的宗教意识，耶稣会士采取了宽容的态度。这种态度的基本就是：只要不太过分，不太迷信，一般的祭祀是可以的。这种态度又和孔子“敬鬼神而远之”“祭神如神在”的鬼神祭祀主张一致。所以，“中国礼仪之争”前的中国天主教采取了儒家的祭祀主张。严谟的《草稿》（抄白）一文中具体是这样说的：

---

① 古洛李．圣教入川记．成都：四川人民出版社，1981：62.

② 魏特．汤若望传．杨丙辰，译．台北：台湾商务印书馆，1949：231.

> 目今我国祖宗外祭祀已死之人，类有两样，须为分别。一样是国家祀典。如先圣先贤，及本处忠孝节义等祀法古常典礼者。此可祀者也。一样是流俗邪祀。如将人类名流作神灵供事，祈签焚楮，下愿求福等，为魔鬼之借托，欲以僭古上帝百神之事者，则不可祀者也。又有一种原是常典所祀者，被人入邪其中，变作淫祀，处处遍祀，一用祭野鬼之法矣，则当悉禁其邪祀邪礼，以仍归于常典中而后可祀者也。

这就是说：第一类，凡载入“国家祀典”的神明，其含义是表达中国人的“忠孝节义”，不带有过于强烈的迷信色彩，耶稣会都可以承认。说实在的，中国官方文献有载的神明，如“上帝”“神”，其真实含义到底是什么，到底是不是迷信，要经过很多讨论、鉴别。耶稣会士凭自己的汉学造诣，开辟出广阔的解释空间，制造了很多的解释体系，足以把问题深入到复杂境地，弄得多明我会士不明就里。第二类，民间信仰，耶稣会采取了基本不承认的态度。不承认的原因表面上和儒家反“淫祀”差不多。但儒家反“淫祀”，更多是反对祭祀过多、过乱，冲淡了“国家祀典”的严肃性和有效性。天主教反对中国礼仪，关键是认为，这些“神灵供事”是“魔鬼”们的宴席，是想“僭古上帝百神”的位置。至于第三类，原来是“国家祀典”承认的，但在民间实践过程中走了样，走火入魔，耶稣会也反对。由这样三类划分可以看出，耶稣会对官方的祭祀没有办法，只得妥协，而对民间的祭祀，则借助儒家，采取了有限的妥协措施。

在中国生活了一百多年，经历了明清改朝换代，见到过各种各样的人物，耶稣会士有丰富的经验。用他们几代人的血汗和生命换来的经验之一是：不与中国文化为敌。具体怎样对待被皇帝任用，以及对民间流行的儒家“天道观念”和祭祀礼仪，耶稣会士也在神学上调和出一套折中说法。

四、关于文献写作和作者

文献写作

在为中国礼仪所做的相互辩驳中，耶稣会与方济各等会都做了许多神学上的研究。就目前了解的情况来看，双方之所以会对中国礼仪的性质有不同看法，不仅是因为在神学上坚持不同的原则，而且是因为双方在思想方法上也有一些区别。

在研究方法上，方济各会、多明我会等的会士较多采用的是搞实地调查。他们一遇到问题，就召集人来开听证会，听从当地信徒的口说，问他们在祭祀时的体会。他们还经常深入祭祀现场做实地观察，判断某种礼仪的性质，看到底与天主教教义差别何在。然后，再根据收集到的材料，在宗教裁判会议上做出审断。1645 年，罗马为“中国礼仪之争”做出第一个决议。这个决议根据多明我会黎玉范上报的材料做出。黎玉范上报的材料不是以文献研究作为基础的，他用他在 1635 年 12 月 24 日与方济各会李安堂的福州联合调查作为证据。据记载，这次开庭公开调查，没有耶稣会方面的人员参加。被询问人全都是方济各会和多明我会的信徒。这些人中，能把概念问题说得比较清晰的主要是两位有进士功名的教徒——陈伍臣和郭邦雍。其中的郭邦雍还是多明我会的中文助手。他们都事先熟悉西班牙传教士对中国礼仪的反感态度，所以在回答问题的时候都不免主动迎合神父们的观点，使调查失去全面客观的立场。正是中国福建省福州福安县附近两三个小镇信徒的口供，造成了“中国礼仪之争”的大事变。

当时多明我会的黎玉范神父也觉得这场调查主观性太强，有诱导答案的嫌疑。范围也太小，都是与多明我会关系密切的人员，且集中在福建几个小地方。另外，问题的设计也不严谨，都是临时提问。因此，1636 年 1 月 21 日第二次调查时，多明我会让方济各会单独主持，自己则作为证人出庭。这次调查干脆不请中国人而请两会传教士到场，请他们发表对中国礼仪的看法。[①] 基督教有一个很好的议事传统，就是对待观念纠纷用听证会的形式进行辩论。

目前所见有关“中国礼仪之争”的史籍，很少见到多明我会或方济各会的研究是从汉语文献出发讨论问题的。就现在中国学术界的开放程度而言，我们在上海还无法知道，在菲律宾、西班牙、意大利，或者世界其他什么地方，也像罗马耶稣会档案馆一样，收藏着另一批“中国礼仪之争”汉语文献。这样的可能性似

① 韩承良．由方济各会的传教历史文件看中国天主教礼仪之争的来龙去脉．善导周刊（台湾），1993-04-18，1993-04-25.

乎不大。[①] 据各方面的记载，方济各会士和多明我会士的中文能力都较差。最早（1635年）在福建主持中国礼仪调查的方济各会士李安堂，后来在中国一共待了三十六年。虽然方济各会的史料说他写过近四十本中文书，但都散失了。李安堂和汤若望很要好，汤若望在北京帮了他很多忙。但据汤若望说，方济各会士的中文都很差。1637年，有两个方济各会士潜入北京，中文都很差。他们“对于中国的语言或中国的情势都无所深知”[②]。生性骄傲而坦率的汤若望，在给了他们很多帮助之后，仍然在给欧洲朋友的信中讥笑了他们的水平不行。确实，除了耶稣会士，当时很少有合格的“汉学家”“中国通”。

就收集资料的方式而言，多明我会士的做法很相似于现代人类学家的那种田野调查法。不同的是，近代的传教士还不具备现代人类学家的科学调研方法和多元文化精神。跑到什么地方，只是以自己脑子里的教条、理想来判断别种文化，对别种部落的宗教信仰、习俗、婚姻在尚未完全了解之前就妄加评论。这种宗教裁判调查表面上是实证的，从现实出发的，但不是客观的，因不是从事实出发，而是从教义出发；还有，表面上看，这种态度是坚持理念、坚持原则的，但实际上它并不愿把对方理解成同样也是有个性、有理性的，因而也是可以比较着加以同情理解的对象。简言之，这是一种固执而勇敢的头脑，是在中世纪后期那么多的宗教冲突中形成的防范性思维。

近代文艺复兴运动以后的欧洲人文主义精神就不同了。耶稣会士首先开始远方传教，最早卷入知识全球化，也就开始懂得历史地、全面地、比较地看待别的文化和别的宗教。为了了解对方，他们愿意学习很多技巧，掌握更多的研究手段。欧洲各大学中具有人文精神的学者，都努力学习希腊文、阿拉伯文、波斯文等，对东方精神

① 笔者于1997年初，在巴黎法国国家图书馆、巴黎外方传教会档案馆、巴黎耶稣会档案馆、巴黎遣使会档案馆查过档案资料，找到不少属于耶稣会方面的有关“中国礼仪之争”的汉语资料。许多耶稣会士的汉语手稿非常工整，其文法、书法与一般中国儒生无异。但是仍然没有发现有方济各会士、多明我会士写的汉语资料。巴黎外方传教会档案馆中有完整的“阎当”专卷二大卷。从档案内容来看，阎当的拉丁文和法文非常好，但中文确实勉强。阎当关于“中国礼仪之争”的书信文件，其中夹有个别汉字，但没有整段的中文记录。在巴黎各图书馆、档案馆，仍然没有发现汉语文献。可惜罗马之行最后没有成功，没有查到罗马的中文档案。

② 魏特. 汤若望传. 杨丙辰，译. 台北：台湾商务印书馆，1949：200.

具有探究的热情。16 世纪中，第一批传教士从广东、福建弄到几本线装书带回欧洲。当时造纸术和印刷术在欧洲普及还不久，因此远东的文化发现惊动了整个欧洲学术界。葡萄牙、法国、意大利等国国王，比赛谁家收藏中国书多，以此为时髦。法国国王路易十四派耶稣会士来康熙时的中国，临行交代中就有多多收集中国书籍的任务。对东方文化的兴趣，促进了文化间的理解。一位欧洲学者在他的《十七世纪的历史背景》中讲到“比较宗教学”的诞生原因时提醒道：

> 必须记住，古老而原始的状况——在这种状况中，基督教世界把自己打扮成整个世界。部分得到容忍的犹太人也在这个世界之中，只有邪恶的异教徒被排斥在外——已经一去不复返了。航海探险活动和商业开阔了人们的眼界，在 17 世纪的许多著作家那里，人们可以看到，东方的宗教尽管知道得还很不完全，却在开始影响欧洲人的意识。①

在东方，耶稣会代表了欧洲文艺复兴以后的人文主义精神。他们具有了解与理解其他文化的兴趣和热情，是近代比较宗教研究的先驱。和多明我会士相比，耶稣会士有客观的态度。他们有许多儒家士大夫朋友，试图在交谈中理解对方、说服对方。是人文主义的宽容，还是教条主义的固执，这是耶稣会和多明我会等在“中国礼仪之争”中的一个鲜明对比。

耶稣会士具有人文主义式的博学，比其他修会会士更注意学习当地的语言文字，注意研究中国的古典作品。其他修会会士虽然也有学问出众的，但所持多是现成的教义、教条，缺乏分析、认识新知的热情，不及耶稣会士开通。这一点从利玛窦身上就能发现。他懂得多种语言，读了很多古书、奇书。在欧洲过往的历史上，还没有谁像利玛窦这样深入中国文化，懂中文，研究四书五经。这个是文艺复兴时期的性格。

“中国礼仪之争”中，多明我会士很少进行汉语文献学的研究，而耶稣会士的基本观点很大部分是建立在自己的汉文典籍研究之上的。耶稣会士这样做，并不是单单要炫耀自己的博学。他们掌握的学术原则是一种历史理性。他们是通过历史来把握现实，通过理解

---

① 埃里克·夏普. 比较宗教学史. 吕大吉，何光沪，徐大建，译. 上海：上海人民出版社，1988：20.

中国文化整体来理解中国单个的问题。这是有难度的。没有耶稣会那样对中国传统的早期体验，要想通过文字的辨析分析出古今中外文化的异同是很难的。说到底，这还是能力的问题。当时多明我会的学者，没有足够的语言、文字和感悟能力对中国文化进行整体的研究，只能凭自己的主观感受，抱住现成的神学教条来谈问题。他们的神学学术很精深，可是在此之外知道很少。他们造成了以西方人的文化和宗教的经验来规范中国人的思维和行为的局面。这可以说是一种教会生活和教堂礼仪上的“全盘西化”“全盘罗马化”主张。这种不明智、不合理的主张，与他们知识面的狭隘、不懂历史、不通中西文化的比较很有关系。

“中国礼仪之争”汉语文献，大多是中国儒家知识分子亲笔写的。但从思想来源判断，这样的作品既不能算作纯粹中国式的，也不能说是西方神学式的。他们讨论的问题，既不是中国学术史上的传统问题，也不是标准的西方神学问题，而是教会内部提出的中西文化比较问题。中国士大夫的观点、立场和利益倾向，都明显地偏向耶稣会。当维护自己祖传的儒家文化，坚持祭祖无罪、祀孔有理的时候，他们的慷慨言辞很有本土意识。但当他们企图为耶稣会辩护，在运用西方神学原理时，又显得语贫词乏。只是坚持一句：中国人在祭祀的时候并不祈福于神灵。这种问题很有意义，但学术水准并不高。

汉语文献其实仍然是欧洲神父与中国士人之间的对话。这个对话的背景不在中国，而在欧洲，因此在神学观点的把握上，耶稣会起了主导作用。这表现在：所有的文献，除了一些书信、便笺、抄白之外，都是严格按照耶稣会神父设计的问题来回答的。1601 年利玛窦作《天主实义》时，在书中假设的是“中士问”“西士答”。这是耶稣会士向中国儒家士大夫解答关于西方文化的问题。一百多年后，因为中国礼仪在西方造成的争议，西方人要了解中国文化，问答的方式就倒了过来，即西士问、中士答。像严谟的《李师条问》，这是神父李西满“来问某某祭礼其义如何”，而严谟则竭尽自己的经学造诣，在四书五经中论证中国礼仪的非宗教性。这种问答体的方式，本身就是耶稣会一贯的中西合作交流的方式。

目前披露的这些文献，大部分是在福建主教阎当挑起争议以后，由耶稣会应战形成的。耶稣会找中国信徒作为采访对象，然后由自己的神学专家做了研究报告向欧洲呈送。有一份《礼义问答》(JAP-

SIN I 40/7b)，作者是陕西的一位秀才。他回答的问题基本上和严谟《李师条问》中问答的问题一样，只是他准备的材料和所持的观点稍有不同。一共 26 个问题，和严谟《李师条问》如出一辙。向他们提问题的“李师”是李西满神父。文献中，还有一份《礼仪答问》，编号为 JAP-SIN I 40/10a，作者正是江西赣州的信教绅士夏大常（玛弟亚）。另有一份《刍言》，编号 JAP-SIN I 40/9b，调查的也是相似的问题。在我们引用的文献中，严谟和李九功、李良爵也都与李西满神父有关系。这三份资料又都是为回答李西满的问题而作的。据此可以知道，耶稣会士李西满曾在 17 世纪七八十年代住在福建，代表耶稣会和阎当正面争论。

耶稣会主要负责研究中国礼仪的不是李西满。耶稣会的大本营在江南，上海、杭州、南京、扬州等地的会士对中国经典更熟。现在还没有充分的旁证资料来找出江南研究中国礼仪的人到底是谁。陕西无名作者的《礼义问答》第一页上，有葡萄牙文眉批“Este tratado he de hum Bacharel pauce gente de Xen sy，q. c. deo a op. Gabiani：V Provincial”，原意是：“这文章据说是由陕西的一位秀才写的，他把这文章交给了副会长毕嘉神父。”据此，我们知道，这份问答卷的手稿送交给了另一位意大利耶稣会士毕嘉。查《在华耶稣会士列传》，毕嘉除了在 1680—1683 年、1689—1692 年两度出任耶稣会中国省会副会长之外，还于 1684 年在南京创办了一所神学院。以后一直作为一位历史学家，在南京、北京、扬州等地活动。看来，毕嘉是位学者。很可能他就是 17 世纪八九十年代耶稣会关于中国礼仪问题的代表。他为“中国礼仪之争”写过两本专著：(1)《中国礼仪之争的辩护论述，1680 年手稿》(*Dissertatio apologetica*，*scripta*，*anno 1680*，de Sinensium ritibus poliricis，1700)；(2)《中国基督教礼仪之辩护》(*De ritibus Ecclesiae Sinicae permissis apologetica dissertatio*)。据此推断，是毕嘉列出了这些问题，然后由各地的神父请人回答，再由他来研究。种种迹象表明，李西满从严谟等人那里征集到的有关中国礼仪的问答手稿，是为毕嘉的写作准备的。毕嘉是在华耶稣会士中和阎当辩论时的研究者和发言人。

李西满在福建第一线和阎当主教当面争论，毕嘉在江南组织学者潜心研究，充当后援。此外，耶稣会在争论达到白炽化的时候，于 1703 年派在南昌的魏方济和在广州的庞嘉宾赶赴罗马，专门参加西方的“中国礼仪之争”。魏方济是比利时籍法国人。1687 年到广州、上海，1692年在南昌，1703年回罗马，1706年又来中国。据《在华耶稣会士列传》说，在巴黎法国国家图书馆有他当年写的“中国礼仪之争”的手稿。庞嘉宾是德国人。1697年来华后，一直在广东各地。1707年回到中国后，在北京任钦天监监正，号“慕斋”。死于北京，葬于栅栏墓地。这两个人在罗马受到教宗多次接见，但他们顶不住欧洲神学家们的巨大压力，也没有成功地说服教宗。

福建世家：严氏父子、李氏兄弟

到目前为止所见参与“中国礼仪之争”汉语文献写作的儒家士大夫，主要有严谟（福建漳州人）、李九功（福建福清人）、夏大常（江西赣州人）、丘晟（福建将乐人）、张星曜（浙江杭州人）等。这些作者都是天主教徒，都是在耶稣会系统的教堂里受的洗礼，有的还出生于从明末传下来的天主教世家。

严谟写作时，自己用中文书署的教名是“保禄”，即天主教翻译的“Paul”（基督教新教译成“保罗”）。同时，他也和一般的中国读书人一样，也有自己的字——“定猷”。原来关于严谟的籍贯、姓名、字号是根据间接资料得到的。现在有他在礼仪之争汉语文献上的亲署，可以知道得相当确凿。在《李师条问》的标题下，有他的署名：“闽漳严保禄谟定猷氏集答。”这样正可以知道，他是福建漳州人，姓严，教名保禄，名谟，字定猷。

严谟的父亲是“严赞化”，字“思参”，也是一位天主教徒，教名“盎博削”，应该是“Ambrose”的译音。他是福建开教人物艾儒略的学生。[①] 在《祭祖考》《木主考》《辨祭》（41/1a、41/1b、41/1c）的封面下，关于严氏父子，有当时写的拉丁文注文，称他们是 litterato christiano in Fokein（福建有学问的基督徒）。在中文记载方面，《重纂福建通志》卷一一六、《龙溪县志》卷十四都提到严谟是当地的“贡生”。

漳州严氏家族全面地卷入了“中国礼仪之争”。在罗马耶稣会档案馆的这份汉语文献主要讲的是祭祖、祀孔问题。但是据方豪收集

---

① 方豪的《中国天主教史人物传》“严谟”一条有一点错误。他说：“《口铎日抄》订正人之一清漳严赞，字化思，必其（严谟。——引者）昆仲。”方豪把“严赞化”读成“严赞”，把字“思参”读成“化思”，把严谟和严赞化的父子关系错判成兄弟“昆仲”关系。在《李师条问》标题上的另一条署名是：“父严盎博削赞化思参氏鉴定。”据此可知：严赞化是严谟的父亲。按中国士大夫的名字习惯，名和字相通，所以“赞化思参氏”应该理解成“思参天地之赞化”的意思。所以，严谟父亲的姓、名、字，应该分读成姓“严”、名“赞化”、字“思参”，不能读成名“赞”、字“化思”。

到的文献，严谟还写过一部《天帝考》，今罗马梵蒂冈教廷图书馆有抄本。严谟从《尚书》《诗经》和四书中抄录下来所有有关“上帝”与“天”的论述，然后加以诠释。据见过此书的方豪说，严谟在《尚书》中引用的篇目有：《舜典》《大禹谟》《皋陶谟》《益稷》《甘誓》《汤誓》《仲虺之诰》《汤诰》《伊训》《太甲》《说命》《泰誓》《武成》《洪范》《金縢》《大诰》《康诰》《召诰》。引用自《诗经》的篇目有：《正月》《文王》《大明》《皇矣》《假乐》《板》《荡》《云汉》《烝民》《时迈》《执竞》《敬之》《庶工》《长发》。还有四书中的《论语》《中庸》《孟子》。[①] 严谟几乎把中国经典中所有关于“天”、“上帝”和“帝”的语录，都摘出研究了一番。这是后来所有类似讨论中较早的。从此可见，严谟在讨论祭祖、祀孔之前，已经参加了教会内的“译名之争”。

《天帝考》这部著作完成后，分别呈送给耶稣会士罗、万、南、鲁、罗、聂、李七位神父。如此说来，严谟的《天帝考》也是写出来提供给耶稣会士，为他们讨论“天主译名”问题做参考用的。据方豪说，他已考证出这七位会士中的“罗神父”是罗如望（Jean de Rocha，1566—1623）、“聂神父”是聂伯多（Pierre Cunevari，1594—1675）、“李神父”是李玛诺。查后人费赖之整理的《在华耶稣会士列传及书目》，和以上三位神父前后一起在中国，而又和严谟同时代的会士中，姓“万”的只有万密克（Michel Walta，1606—1643）。万密克神父是德国慕尼黑人，1638 年来华，先后在杭州、南京、北京、绛州、湖北蒲州传教，可能他是在江南的时候接触到中国礼仪问题。姓“南”的应该是著名的南怀仁（Ferdnand Verhiest，1623—1688）。他是 1658 年到中国的，在西安传教几年后，长期在北京宫廷，是后期耶稣会的支柱，他也经历和参与了早期的“中国礼仪之争”。姓“鲁”的应该是鲁日满（Françols de Rougemont，1624—1676）。他于 1658 年到中国，先后在杭州、上海、苏州、常熟等江浙地区传教。他的回忆录《中国的礼拜仪式和神职人员》就是专门研究“中国礼仪之争”的。[②] 姓“罗”的神父有好几个，已经无法确认是哪一位了。从《天帝考》的情况来看，耶稣会即使在“中国礼仪之争”还没有激化的时候，或许还是在他们自己内部讨论“天主”“上帝”的译名问题的时候，就已经请了中国士大夫和他们一起

---

① 方豪. 中国天主教史人物传：中. 北京：中华书局，1988：106.

② 荣振华. 在华耶稣会士列传及书目补编. 耿昇，译. 北京：中华书局，1995：578.

研究中国经典。中西方的知识分子，会同讨论中西方的经学，这是当时他们讨论问题的常规方式。

在“译名之争”中，严谟有最极端的主张。明末崇祯时的“嘉定会议”，已经决定废用“上帝”和“天”，改用“天主”。生于清初顺康时期的他，却仍是坚持主张用“上帝”来称“天主”。他主张“上帝即天主”。他选了很多经典言论后，在《天帝考》中做出的结论是：“以今考之，古书之‘上帝’即大西国称‘天主’也。”中国人的“上帝”，就是西方被翻译成“天主”的耶稣基督。

他甚至想翻案，要恢复使用利玛窦时期的“上帝”，来代替当时所用的“天主”。他认为利玛窦和徐光启以后的中国天主教之所以放弃使用“上帝”，不是因为“古书”中原话的意义有什么“异端”，问题在实践中，佛教、道教以及民间社会衍用了“上帝”一词后，这个词才混同起来，玷污了“纯全”的“上帝”的含义。前辈们后来用“天主”，是因为避免麻烦，并不是有原则性错误。现在有人攻击古书中“上帝”的本义有错，他不能同意。他是这样说的：

> 初来诸铎德，与敝邦之先辈翻译经籍，非不知上帝即天主。但以古书中惯称，见之已成套语。又后代释老之教，目上帝以为人类。又其号至鄙，其位至卑，俗人习闻其名不清，故依太西之号，纽摄称为天主。非疑古称上帝非天主，而革去不用也。今愚忧新来铎德，有不究不察者，视上帝之名如同异端，拘忌禁称，讽敝邦上古圣贤以不识天主，将德义纯全之人，等于乱贼之辈、邪魔之徒，其谬患有难以详言者。①

到底用“上帝”“天”还是“天主”来翻译“耶稣基督”，历史上一直在争论。严谟的这个案子在中国天主教会内一直没有翻过来，“天主”成为天主教会的固定名称。但是19世纪初进入中国的基督教新教，在经过几乎和明末清初一样的“天主”“上帝”“译名之争”后，在各教派联合翻译的官话本中文《圣经》中决定使用“上帝”一词。这种仁者见仁、智者见智的选择，说明当初严谟这一类人的翻案主张并不是不知中西文化和宗教之比较。在学术方法上，严谟运用了近代的分析方法。他从语源学和语言学的观察出发，分清了“上帝”一词在古代原初文本中的本义和它在后世实践中的衍义。他研究思想、观念和神学，用的是一种历史的和社会的分析方法，这

---

① 方豪. 中国天主教史人物传：中. 北京：中华书局，1988：106-107.

也不同于当时的多明我会学术传统，接近近代学术原则。

收录在这批档案文献中的严谟著作有：《李师条问》、《辨祭》、《考疑》、《祭祖考》、《木主考》、《辨祭》（另本）、《草稿》、《〈辨祭〉后志》、《致穆老师文两首，附跋一首》、《草稿》（抄白），共十件，是所有现存文献作者中著述最多的。

李九功也是这批汉语文献的主要作者。他参加和主撰的作品有《文行粹编》《慎思录》《问答汇抄》《〈证礼刍议〉引》《证礼刍议》《礼俗明辨》《摘出问答汇抄》等。李九功是福建福清人。他是严谟的世交前辈。李九功和他的哥哥李九标，曾经与严谟的父亲严赞化一起，和艾儒略在福建各地游学传教，讨论中西宗教。他们这一群人属于一个非常紧密的文人团体。前文提及，他们曾用各地讲学问答的方式，共同完成了《口铎日抄》，刻印后在中国教会内外影响很大。[①]从《口铎日抄》卷一的署名看得出他们的密切关系："泰西思及艾先生、磐石卢先生口铎，福清李九标其香笔记，温陵张赓明皋、清漳严赞化思参订正，晋安陈克宽孔熙、同邑林一俊用竽校阅，弟李九功其叙参定。"艾儒略、卢安德和李家、严家不但是同教相亲，而且有通家之好。

李九功还和严赞化一起，完成了另外一本研究儒学与神学关系的著作《励修一鉴》。此书刻于"崇祯乙卯"，即 1639 年，署名是："福唐李九功其叙纂评，绥安李嗣玄又玄、清漳严赞化思参订正，兄李九标其香校阅。"[②] 李九标、李九功兄弟在明末已经出道，至清初仍在"中国礼仪之争"中和严赞化一起写作，其年龄大约是比严赞化小些，比严谟大些。

李九功《〈励修一鉴〉自序》云："戊辰冬，偕伯氏其香，就试三出，闻道于艾先生。幡然志昭事之学，始受圣洗。"[③] "戊辰"即崇祯元年，1628 年；"伯氏其香"，即他的长兄李九标；"三山"，即内阁首辅，东林巨公，三山叶向高；"艾先生"，即福建开教人物艾

---

① 此书在上海徐家汇藏书楼、巴黎法国国家图书馆、罗马梵蒂冈教廷图书馆都有收藏。可以参见徐宗泽的《明清间耶稣会士译著提要》（中华书局，1949）。徐家汇本已封藏多年，写此文时更因新旧馆址交替，全部藏书楼旧藏都捆扎放在南郊龙华仓库。因 1949 年后不见有人引用，而台湾学者常有引用，故或者早已转运台湾辅仁大学也未可知。笔者所见为巴黎法国国家图书馆藏本，收藏编号为 Chinois 7114。

② 徐宗泽．明清间耶稣会士译著提要．上海：中华书局，1949：62.

③ 李九功．《励修一鉴》自序//徐宗泽．明清间耶稣会士译著提要．上海：中华书局，1949：64.

儒略。从此可以知道：李九标、李九功兄弟都是叶向高的学生，在1628年受同情天主教“西学”的福建籍首辅大臣叶向高的影响，由艾儒略亲自洗礼入教。原来留下的汉语著述中，没有见到李九功的教名。这次发现《〈证礼刍议〉引》后的署名是：“闽中景教后学李九功圣名多默著。”“多默”，可见李九功的教名是“Thomas”。

作为福建地区的教中元老，李九功自然享有较高地位。他在“中国礼仪之争”中扮演重要角色的另一原因是：他的儿子李良爵成为福建主教阎当的秘书和中文教师。在《辩祭参评》中，我们看到，李良爵记录、整理了耶稣会士李西满的看法。李西满对阎当很不以为然，以为中国礼仪没有问题。李良爵作为耶稣会培养的两代天主教世家的后嗣，又作为当时和耶稣会在中国礼仪问题上对立的主教秘书，他的处境一定是比较复杂的。到底是站在耶稣会一边，还是站在现任主教一边，这在当时确实会为难。他一定是请父亲李九功出来帮助他解决这一难题。《礼俗明辨》即由他们父子俩合作完成，书后的署名是：“古闽李多默口授，男李良爵笔录。”

从父子俩参加写作的作品来看，他们没有严谟那样激烈地为中国礼仪争辩的口吻，但基本上是在维护老一辈耶稣会士定下的传统，继续主张天主教实行儒家化的传教策略。也可以说，李良爵是在运用他接近阎当主教的便利，尽可能地影响这位固执人物。这种基本态度，我们可以从《礼俗明辨》的“总评”中看出：

> 天教自利西泰先生入广东，始服儒冠，与诸名公交接。然后得引见神宗，至蒙钦褒天学，迄今上尤荷睿鉴，宠赉有加。盖由“东海西海，心同理同”。近天教者莫如儒，故其书之相合者多，非若释老二氏，邪正相悬，如白黑不同者比也。
>
> 今欲敷教中土，当发明天教之是，并勿轻拟儒书之非。盖中土经书之传，自秦焰之后，不惟缺略，亦有伪讹杂出者。如《易》上下系文言，欧阳永叔断以为非孔子之作。《礼记·月令》，实秦吕不韦集诸儒为之，余亦不无汉书附合，安得执为古昔真传，皆纯粹而无差谬耶？况《礼记》一经，即昔有其文者，今人所行，亦多不仍其旧。此由于世代迭更，其中因革损益，自然不能相符也。又凡中土经书之文，用字甚活，必通上下文细看，方得其意，非可以分截执滞求者。故谓：“说《诗》者，不以文害辞，不以辞害志。”又谓：“尽信书，则不如无书。”皆孟夫子教人善读书法也。

今如善会儒书之旨，则其相合之多者，正可取之以羽翼天教。而其不尽相同处，或犹有习而安者。若果为显悖主诫，自当示以知避。苟但为俗习纤细仪文，非于主诫无大妨碍者，则恕为无罪无功，置之不议。何如若此则同乎昭事而复和于俗。

分析这段“总评”，明白地表达他们父子观点的是最后一段。他们提示西方神学家、哲学家，应该对中国的儒家文化采取客观的态度。儒家那些与天主教教义相符的东西，正可以拿来“以羽翼天教”，此类似于后来所谓之“拿来主义”；而那些与天主教教义不尽相同的东西，双方正可以“习而安”，此类似于后人说的“和平共处”；争论中又有些文化上的细节问题，于原则“无大妨碍者”，则可认为“无罪无功”，不对不错，搁置起来，此又同于后人发明的聪明的“不争论”。

对参加“中国礼仪之争”的各方来说，李九功贡献的意见，虽然无甚高论，没有新发明，但却最可以折中对立，消弭分歧。可惜那一批刚刚到中国的人，不像利玛窦、艾儒略和徐光启、叶向高等老一代中西文化交流的先驱，对中西文化的冲突没什么经验，不能对双方的文化采取分析的态度。所以，双方只有在福建、马尼拉、广州、澳门，在北京、罗马、巴黎，争论得不可开交。

江南学者：夏大常、丘晟、张星曜

福建的严赞化、严谟父子，李九标、李九功兄弟，过去见于不少汉语文献记载，方豪之《中国天主教史人物传》中有他们的专传。但是江西赣州的夏大常，是中国天主教史上新发现的人物。

夏大常，用“夏玛弟亚”的署名，撰写了《赣州堂夏相公圣名玛弟亚回方老爷书》《生祠缘由册》《生祠故事》《祭礼炮制》《礼记祭制撮言》《礼仪答问》。清代的江南教会，把在教会中从事文字工作的在俗人员称作“相公”。夏大常显然是赣州教堂里的中文助手，应该是他帮助聂仲迁在赣州创立了一座神学院，以培养中国本土的耶稣会士。[①]

据巴黎法国国家图书馆藏《祭礼炮制》封面上的注释：“此《祭礼炮制》之书，原夏相公（圣名玛弟亚）在虔州天主堂内辅佐耶稣会聂神父传教有年，亲笔字撰于戊寅春。已物故矣。”该馆图书管理员库朗（M. Courant）所作《库朗目录》（1912）介绍说：此文作于

① 费赖之. 在华耶稣会士列传及书目. 冯承钧，译. 北京：商务印书馆，1995：300；荣振华. 在华耶稣会士列传及书目补编. 耿昇，译. 北京：中华书局，1995：292.

1698年，即“戊寅”年。和其他文献不同的是，此文署名说当时夏大常在“虔州”而不是“赣州”。这并不错。因为聂仲迁神父晚年正是从赣州转到虔州信丰县一带传教，1695年死于当地。以此一例，又可见每个耶稣会士都有很好的中文助手，帮助他们了解与理解中国的语言、文字、习俗和思想。

夏大常的功名不高，只是秀才。在他所作《礼仪答问》（署名“夏玛弟亚”，档案文件编号40/10a）的第171页边上，有葡萄牙文小注 Este tratado he de Hia Siam cum p. St. nome Mathias，Bacharel de Kiencheu que mora na lgr de Can Cheu e o deo a o P. Gabiani V. Pro。意为：本书作者夏相公的圣名是玛弟亚，是住在虔州教区的赣州秀才，并提交副会长毕嘉。毕嘉在1680—1683年和1689—1692年两度任耶稣会中国省会副省会长，负责回答多明我会的责难。因此，《礼仪答问》应是作于17世纪80年代。和严谟等人一样，在“中国礼仪之争”爆发前的17世纪八九十年代，夏大常因为阎当在福建挑起的争论，而被深深地卷入了对儒家文化的研究中。

如果说严谟等人是引经据典，开始用考据学研究祭礼，用明末清初兴起的“汉学”方法的话，则夏大常还是沿用“宋学”论经。他的《祭礼炮制》，所用的权威解释只据一本书，即明代流行的元代陈澔的《礼记集成》。此书说理浅显，易为人掌握。这说明，赣南虽处江南边缘，但在内地山区，学术风气反而不及沿海的福建。夏大常的文章，不及严谟等人的学术味浓，但简单化的说法却把“中国礼仪之争”的问题关键挑得明白。如夏大常认为，中国人也是认为天下只有一个道理，如果罗马教宗不让中国人“追养继孝”，那便是“一项道理，分作两种意见。中国人必疑西洋人心与我本性不合。安望能通超性耶?”夏大常的“道理”直接源于宋儒的“心同理同”论。认“宋学”的“道理”，可以逻辑地认为：中国人和西方人对真理应该有相同的认识。他指出了当时争论的关键：中国天主教的基础，在于全人类的本性相同。

天主教大公主义的一个预设就是，人类为上帝所创，源于一个祖先，故本性是“一”，是“同”。利玛窦入华后，江南学者首先呼应，即以陆九渊“东海西海，心同理同”理论来翻译大公主义学说。李之藻说：“信哉‘东海西海，心同理同’。”① 杨廷筠说：“知天事

① 李之藻.《天主实义》重刻序//徐宗泽.明清间耶稣会士译著提要.上海：中华书局，1949.

天，质之东海西海，不相谋而合符节者。”[①] 夏大常这份文件表明，在“王学”普及的江南地区，“心同论”确实成为大公主义的对应学说，非常有效。

福建籍的另一工作者丘晟，也是新发现的人物，但他的学术地位要比夏大常的高得多。在以前所知的明末清初天主教中西文献中没有见到过这个名字。丘晟的原籍是福建将乐县，后来全家住在江苏常熟县，不知是因为做官，还是读书或经商的原因。JAP-SIN I 131号文件是1663年耶稣会的年报告信。信中披露当时在常熟有超过一万的天主教徒，教堂主持人是鲁日满。鲁日满是荷兰人，1658年到达澳门，随即来江南，先在杭州一年，后一直在苏州和松江，主要住在常熟。后来他在欧洲发表的回忆录《中国的礼拜仪式和神职人员》，也是关于“中国礼仪之争”的。[②]

JAP-SIN I 108号文件，是丘晟的父亲为潘国光《圣教四规》写的跋文。据丘晟为鲁日满神父写的一份他父亲的简历[③]，他的父亲也是教徒，姓丘，名曰知，在崇祯十一年（1638）从毕方济（今梁）神父领洗，教名“奥定”（Angustine）。毕方济是意大利人，1610年到澳门，随即到北京，1622年后到上海、嘉定，以后一直在江南、河南、山西、山东等地，晚年到广东。[④] 1631—1643年在南京，与方以智等江南名士有过深入交往。[⑤] 如此看来，丘曰知离开了原籍福建将乐，在南京入教。这些资料还记载，丘家因为信天主教的缘故，被当地的暴徒抢过一次。丘曰知虽然是闽北山区的人，但生活在明清天主教中心江南教区，和中国最大的天主教家族上海徐氏有联系。他本人在清代有著作刊刻流行过。徐宗泽之《明清耶稣会士译著提要》中提到《圣教四规》：“耶稣会泰西学士潘国光述。同会毕嘉、鲁日满阅。值会郭纳爵准。有上海徐文定公孙尔觉昭斋序，上邑后学奥定丘曰知跋。”徐光启的孙子和丘晟的父亲是朋友、

---

① 杨廷筠．刻《职方外纪》序//徐宗泽．明清间耶稣会士译著提要．上海：中华书局，1949.

② 费赖之．在华耶稣会士列传及书目．冯承钧，译．北京：商务印书馆，1995：336；荣振华．在华耶稣会士列传及书目补编．耿昇，译．北京：中华书局，1995：576.

③ 见于JAP-SIN 112号文件。

④ 费赖之．在华耶稣会士列传及书目．冯承钧，译．北京：商务印书馆，1995：142；荣振华．在华耶稣会士列传及书目补编．耿昇，译．北京：中华书局，1995：591.

⑤ 方以智之《流寓草·赠毕今梁》：“先生何处至，长揖若神仙。言语能通俗，衣冠更异禅。不知几万里，尝说数千年。我厌南方若，相从好问天。”（任道斌．方以智年谱．合肥：安徽教育出版社，1983：76）

同事。这里记丘曰知是“上邑”（即上海县）人，应是当时有误，其实丘氏的籍贯是福建将乐，流寓于江南教区的上海、常熟一带。

丘晟的父亲功名不高，只是秀才。鲁日满神父在 1663 年丘曰知死时写的拉丁文墓碑（见 JAP-SIN 112 号文件）文中说：已故基督徒，生前一名丘奥定，是常熟教堂的秀才（Christitiana mors et vita Augustini jin Xo Leam baccalauei Ecclesiae Cham Xo）。清初，许多天主教家庭仍然薪传儒家香火。秀才而终的父亲，儿子成为进士。据《将乐县志》卷上，丘晟是康熙三十二年（1693）的举人，四十五年（1706）的进士。又据《诸暨县志》卷二十一，丘晟当过该县的知县。虽然天主教徒在明末最高位的有大学士徐光启，丘晟只是知县，并不算高，但清初教会不比明末，汉人天主教徒能位至进士、官至知县的并不多，因此丘家在江南天主教圈内应该具有很高的地位。

丘晟这样的人物，出现在“中国礼仪之争”的汉语文献中，具有重大意义。丘晟虽然是来自福建北部地区的教徒，但他的父亲和江南苏、松、宁、杭一带有密切的联系。丘家在江南应该是有名气的。如没有一定的地位，已经是江南巨绅的徐家是不会与他并列（一个作序，一个作跋）的。丘晟在家乡应试，但在江南生活和做官，和江苏、浙江的天主教会联络更多。他写的《闽中将乐县丘先生致诸位神父书》和《述闻编》，明确地表明自己对“中国礼仪之争”的看法，他说他是冲着“天儒合一”才入教的，如果教会不让他祭祖、祀孔，他是要退教的。其文章之自信，口气之强硬，学识之丰富，完全是明清之际江南学者的风度。

历来的“中国礼仪之争”研究，凡涉及中国教徒的，只是在福建地区。现在从这批汉语档案文献来看，当初的争论已经扩大到浙江、江苏，杭州、上海、苏州都有人参加。江南教会历来是耶稣会一统天下，当地并无其他修会的反对者，也没有人逼他们放弃中国礼仪。但是江南人士有更强的文化责任感。明末中西交往之后，他们发表的见解更多、更成熟，所以理所当然地要出面声援福建教徒。

从教会历史联系来看，江浙声援福建也是很自然的。福建的严家和李家都是艾儒略的学生。而艾儒略从江南去福建开教，后又在杭州、嘉定住了很久，与杨廷筠、李之藻、徐光启家族都是朋友。苏、杭是到福州的孔道，福建和江南教会又有亲缘关系，“中国礼仪之争”必然波及江南。有了丘晟的这几篇文章，我们知道，“中国礼仪之争”

确实从福建扩大到了江南。也就是说，从中国文化的边缘地区，扩大到了中心地区。如此，“敬天、祭祖、祀孔”的讨论，有可能在当时的全国学术文化中心吸引了当时的一流学者参加，并发生了影响。

在“中国礼仪之争”的汉语文献中，还有一位作者是来自江南的儒生。和丘晟的情况相似的是：他的父辈也和明末天主教“江南三柱石”之一的人物有联系。和丘晟的情况不同的是：他是地道的浙江杭州人。这就是有过公开刊刻著作行世的张星曜。他的《祀典说》被收入文件，带到罗马，编号为JAP-SIN I 40/7a。

张星曜，字紫臣，杭州府仁和县人。据《天儒同异考》自序，署“康熙乙未（1715）八十三岁老人张星曜紫臣氏”，则张星曜应生于1632年。原北平北堂图书馆藏张星曜所著《历代通鉴纪事本末补后编》，书后附录《家学渊源》中说到，他的家庭是读书世家。父亲张傅岩是杨廷筠的学生，科举中屡试不第，在南明弘光朝中了进士。清初不试不仕，和儿子张星曜耕读于家，因著书以明于人之理：

> 父傅岩（字殷甫，号伯雨）公，少听讲于杨淇园先生所，既而从葛屺瞻先生游，先生遂聘为西席，据葛所三十余年。殚精古文辞，十试棘闱，辄不利。弘光乙酉科，试高第而国运终。我朝定鼎，父年已迈，遂弃举子业，隐居著书。纂十三经、二十一史，分类胪列，细大不遗，若纲在纲，为类书之冠。因篇帙繁重，未能刊也。小子生晚，不及见先祖音容，惟日侍先君提诲，凡于性理微言，必谆谆详告。家间承数世读书以未，典册稍备，遂得遍观而博采之。今头颅已白，愧无所成，辑为此册，欲以辨白理道是非，令人不堕邪见，盖得先世读书之泽，先君教育之恩。①

按江南富裕地区传统的士风、民风，饶有资财的家族常常是希望子弟能以读书为业。读书可以为业，一是通过科举，可以获得官位，获得俸禄和各种收入，在治生事业中并不输以士、农、商为业者。二是研读诗书，本身可以博取文名，以知识传授为职业，可以教人子弟，也可以受雇于高官、豪绅、巨贾，帮助著书、刻书，做幕府、理财政。在这些把读书作为治生手段之外，真正衣食无虞的家庭，也真有以诗书传家的。他们以提高生活趣味，讨论人生价值，或者传播古人和自己的学问与思想为生活的主要内容。这些人对文

① 方豪．中国天主教史人物传：中．北京：中华书局，1988：103.

化价值本身有真正的体会和追求。张星曜的家族显然是以其“诗书传家”的传统为豪的。

张家不缺钱，但在人生的终极问题上一直缺答案。当时的杭州信仰是多元化的。他们父子两代接触过儒家、天主教、佛教和道教。这四种信仰在明末清初的杭州都很流行。天主教有杭州杨廷筠、仁和李之藻，佛教有当时全国领袖袾宏和尚（莲池大师）。浙江很多地区还流行儒、道、佛合一的“三一教”。多元的文化信仰格局，各种思想的融化吸收，反而使他们父子很难决定自己的信仰。像杨廷筠曾笃信佛教一样，杭州张氏也觉得儒学不够超然。关于生前死后的灵魂问题，他们也倾向于向佛教、道家请教。出入于儒、道、佛之间，这是传统儒家对待信仰的态度。张星曜最后是在他父亲的葬礼上决定改信天主教的。方豪在北堂图书馆见张星曜另一本著作《天教明辨》，署名“康熙辛卯端月谷旦钱江依纳子张星曜紫臣氏”。此书的自序中有谈到他终于决定改信天主教的原因。那是由于他觉得和尚、道士为他父亲做的道场，只要多花钱就可以办到，这是花钱用贿赂的方式买票入天堂。他说：

> 予少习儒，以为应学之业在是也。既而先人背世，民俗竟作佛事。予亦延僧诵经。其所诵者：《金刚》《水忏》《法华》而已。……思罪自己作，僧祈可免。是有钱者生，无钱者死也。①

张星曜觉得民间盛行的佛教、道教礼仪带有过于浓烈的功利色彩，是有钱人的宗教，缺乏内在的信仰激情。当然，这种认识并不全面。基督教历史上也有“赎罪券”的问题，要信徒多出钱买券，方可上天堂。历史上的佛教高僧很多是靠其佛学吸引士大夫的，是有信仰的。问题是明清佛教处于衰落时期，寺庙腐败，拐骗妇女，聚敛钱财，已经冯梦龙“三言”小说揭露，十分类似于文艺复兴时期薄伽丘的《十日谈》中所写。这是中国佛教弊端百出的时期，这时的佛教在信仰上当然很容易失去魅力。

张星曜在听过朋友诸际南讲解天主教神学之后，“深悔从前之读二氏书为错用功也。于康熙戊午发愤领洗”。这就是说，他是在康熙十七年（1678）46 岁时入教的。他的教名是“依纳子”，即 Ignatius 音译。据他说，当时“阻予者多方，予皆不听。有仇予者，背谓人曰：‘张某儒者也，今尽弃其学而学西戎之教矣。’予闻之谓曰：‘世

① 方豪．中国天主教史人物传：中．北京：中华书局，1988：99.

之儒者，皆儒名而墨行者也，以其皆从佛也。予归天教，是弃墨而从儒也。孔子尊天，予亦尊天。孔孟辟异端，予亦辟佛老。'”张星曜认为，中国没有纯粹的儒家，人多夹杂其他学说。他承认自己曾杂于墨家。这种说法的道理是：墨家讲“兼爱”“明鬼”“节葬”等，有类于宗教。张星曜需要一种人生信仰，他曾在墨家学说中寻找。张星曜此时认为，天主教既有宗教的信仰，又完全符合儒家的基本教义，这能够弥合他信仰的心理分裂状态，解脱他对传统文化中各家的疑惑。从墨家走到天主教，这是一条独特的路线。这令人想起 19 世纪末 20 世纪初，孙诒让、康有为、章太炎、胡适等人在西学再次大量注入的背景下表彰“墨学”，使之成为当时之“显学”。

张星曜的著述，散藏于上海徐家汇藏书楼、北京北堂图书馆、巴黎法国国家图书馆、罗马梵蒂冈教廷图书馆。他是由殷铎泽受洗的。他讨论“天儒异同”的著作，关于儒家和天主教之关系的论述，和明末以来中西译名、中西伦理、中西制度的讨论是一脉相承的。张星曜是儒者，但也是虔诚的基督徒。他的一子二女二婿都是基督徒。[①] 张星曜和明末的先驱人物完全一致，他们都不把天主教当作外教看待，而是把它当作新加入中国文化之林的儒家同盟者。他的

① 关于张星曜在清初杭州天主教中的事迹和作用，详细可见美国贝勒大学孟德卫教授所著《被遗忘的杭州基督徒》的第二章和第三章。孟德卫区别了杭州府的两个“张星曜”（“仁和张星曜”和“钱塘张星曜”），这是正确的。但是中国学者还有将两人误会为一人的。如谢国桢述所见姚礼《郭西小志》，说张星曜被清朝官员以“狂妄无行，绳以法，被诛”。该书记录：张星曜，字砥中，又字紫臣，后改名台柱。钱塘人。师事沈谦，长于诗词乐府，与洪昇齐名（江浙访书记//通鉴纪事本末补后编卷五十. 北京：三联书店，1985：202）。谢先生信“砥中”和“紫臣”同为一人，即杭州天主教徒张星曜晚年被杀。其实，此为误谈。查徐逢吉《清波小志》：“张砥中台柱，钱塘人，家住白莲洲侧。少时喜大言，力能挽三百钧弓。临文绝不苦思，而稿已脱手。尤工填词，著有《洗铅词》数百首，语多香艳，而亦有沈著老练之处。师事沈东江谦，与洪稗畦齐名。甲寅（1674）从军，授招抚教谕职衔。总督姚忧庵雅推重之。旋以不检被斥。中年游侠江淮，踪迹靡定。后人婺州太守幕，挟其家人而窜。逻者捕得之，置狱中年余，撰《万人敌》《八宝刀》乐府数种。中臣金公宏怜其才，将释之。乃婺州使君忽为家奴所弑，复牵张入案。未几，遇恩赦，得放还。适金中丞被论，张念旧德，号聚都人士，投词督抚，恳其疏留。会怨家官于都门者，闻张漏网，遂属法司行文浙省，凡罪囚内似可援赦而情有可恶者，乃行正法。一日，张正在友人所小饮，收者至，缳首于钱塘门外。临刑赋《满江红》一阕，有‘一失足时无可悔，再回头处如何是’之句。盖狂而无行，临死自悔，殆无及矣。”从这部笔记记录来看，钱塘张星曜是一位文人，是与康熙年全国流行戏曲《长生殿》作者洪昇齐名的散曲家。以诗词歌赋出名的文人，与基督徒气质的文人完全不同。钱塘张星曜早年从军，中为幕僚，涉人官司，长期潜逃，被捕后绞死，未享高年，与年过八旬、尚在著述的仁和张星曜显为二人。

《天儒同异考》“取中国经书同符天学者，集为一卷，以《天主教合儒》名之”。他认为，天主教和儒家是相合的两家。但这是一种愿望而已。事实上，西方文化和中国文化同样复杂，对于对方的文化，有的愿合，有的愿分。当“中国礼仪之争”发生后，张星曜这样的观点就难以成立了。西方世界并不是都同意耶稣会士和中国信教士大夫们调和天主教与儒家的主张。

第三章
“中国礼仪之争”的文化史意义

一、宗教抑或伦理

“中国礼仪之争”与西方“汉学”

“中国礼仪之争”爆发后，欧洲对中国文化进行了全面的研究。在此后的三百多年里，西方人对中国文化有了较深入的理解。“东学西渐”“西学东渐”，形形色色，林林总总。这一切中间都有耶稣会士的首创之功，很多都与“中国礼仪之争”有关。“仪礼问题兴起结果，各派传教师皆为拥护己派，详研中国礼俗，其报告论难，大刺激欧洲教界，西人对于中国文物之知识乃见一大见解，此近代欧西东方知识发达史上重要事件也。”①

与16、17世纪西方人积极了解中国文化相比，中国人主动而全面研究西方文化要晚得多。基本上都是传教士来学、来教，很少中国人自己往学、往教。在向欧洲人介绍中国文化方面，中国人也十分被动。虽然也有少数几个中国人随耶稣会士到过意大利、英国、法国，传播了中国文化，但是欧洲人了解的中国文化基本上都是由他们自己派来的传教士介绍回去的，尤其是通过“中国礼仪之争”的讨论弄明白的。

作为思想继承者，金尼阁在回国期间，把利玛窦写的意大利文札记原稿用拉丁文增改写成“De Christiana expeditio ne apvd Sinas, svsceptaab societate Iesv”，意为“在中国传教期间的基督教扩张”，

① 莫东寅．汉学发达史．北平：文化出版社，1949：77.

陈垣先生翻译为《中国开教史》，近年又被翻译为《基督教远征中国史》。1615 年出了初版，轰动欧洲。此后，1616、1617、1623、1648 年又出了四个拉丁文本，1616、1617、1618 年有三个法文本，1617 年有德文本，1617 年有西班牙文本，1621 年有意大利文本，1621 年有英文摘译本。这本书是第一部深入中国内地，仔细描写中国宗教、文化与习俗的著作。马可波罗之后，西方人真正了解中国的情况，是从这本书开始的。这本书有中华书局 1983 年中文本，何高济、王遵仲、李申译名改成《利玛窦中国札记》。

金尼阁从自己读过的《尚书》《左传》《史记》《汉书》《资治通鉴》中摘录资料，编译了一部拉丁文巨型编年体史书，历朝历代的重要史事均记录在内，书名是《中国历年王朝录》（*Annales Regni Sinensis*），共四卷。金尼阁号称：为作此书，读了 120 种书。第一卷在 1624 年完成，时限上是从三皇五帝到公元前 560 年。1626 年，他完成第二卷，从前 560 年写到公元元年。1627 年，他完成了第三卷，从公元元年写到公元 200 年。第四卷写作情况不详。这部巨著被分成四卷带回欧洲。在 20 世纪还有学者见过此书的第一卷，可见当时是出版流行过的。[①]

"中国礼仪之争"爆发后，传教士对中国文化的评论在欧洲发表，加深了西方人对中国的了解。1701 年，龙华民反对利玛窦赞同中国礼仪的文章在巴黎发表。它由法国巴黎外方传教会的来华教士德西塞（Louis de Cice，1584 年来华，1727 年逝世）从西班牙文译成法文，轰动一时，影响很大。该文题为《论中国宗教的若干问题》。龙华民是意大利人，原文应是意大利文。根据钟鸣旦在《杨廷筠：明末天主教儒者》中查证的版本情况，此文的第一个抄本是葡萄牙文，后有拉丁文译稿，最先在西班牙发表。此文先用西班牙文发表，可见这正是方济各会士李安堂在济南从耶稣会士手里获得的那份原稿。李安堂把它译成西班牙文，并由他所派出的同会会士文都辣带回西班牙。因为法国巴黎外方传教会神父阎当主教的加入（他是巴黎大学的神学博士），巴黎大学变成了"中国礼仪之争"的论战中心。又因为法国和巴黎大学在欧洲思想文化界的重大影响力，全欧洲都通过争论了解了中国文化。1704 年，英国伦敦也翻译了这份报告，收录在《旅行者书录》（*A Col-*

---

① 费赖之. 入华耶稣会士列传. 冯承钧，译. 上海：商务印书馆，1938：140.

lection of Voyages and Travelers）中。

耶稣会士是中西语言文字的沟通者。据说利玛窦和郭居静编了一部《音韵字典》（*Vocabularium ordine alphabetieo europaeo concinnatum, et per accentus suos digestum*）。[①] 按原文意思，这是一部用西文字母顺序编排，每个字都注明发音的字典。这显然是一部供耶稣会士学习中文用的字书。方济各会和多明我会后来也编过一些汉西字书，但时间较晚，且多为福建方言。此书在同类书中应该是最早的。费奇规在1604年来中国，马上到北京接受利玛窦指导，利玛窦要他好好学习中文，传授给他许多学习中文的方法。他真的是利玛窦的好学生。在"译名之争"中，他写文章为已故利玛窦的观点辩护。更不负利玛窦期望的是，后来他编了一部《汉葡字典》，让欧洲人学习汉语方便许多。[②] 相似的是，第一部《汉法字典》和法语《汉语语法》也是18世纪初年因"中国礼仪之争"而到罗马、巴黎做证的一位中国人黄嘉略帮助作的。

与后来发生的事件相联系，从很多意义上说，来华耶稣会士中积极从事中国文化研究的人，自然地成为近代历史上的第一代"汉学家"。如果我们承认这一点，那么意大利人的汉学就在17世纪居于世界领先地位。罗明坚、利玛窦、龙华民、艾儒略、王丰肃、熊三拔、毕方济、郭居静、潘国光、马国贤等都是意大利人。和当代汉学家相比，他们在中国居住了几十年，且大多生活在文人士大夫中间，汉语造诣要好得多。他们的研究成果丰富，社会影响巨大，对欧洲思想文化界的影响远过于今天。不同的是：当时的"汉学家"多数是在中国居住日长，回欧洲居住日短，有的终生在中国"留学"，终老于此。

也有中国人在欧洲"留学"的。和19世纪留学运动不同的是：当时的中国人没有多大的"往学"目的，倒是负有"传学"使命。1681年12月5日，松江府天主教徒沈福宗（Machel Alfonso Chen，？—1692）修士，跟随在江南地区传教的比利时人柏应理神父，到罗马汇报"中国礼仪之争"。作为一个知书达礼的中国人，沈福宗在欧洲许多宫廷、大学、研究院、教会机构，向国王、主教、神父、教授表演祭祖、祀孔的礼仪，向欧洲人解释《礼记》等书在中国人社会生活中的具体含义。除了向欧洲人讲解中国礼仪的真实

---

① 费赖之. 入华耶稣会士列传. 冯承钧，译. 上海：商务印书馆，1938：72.

② 同①97.

意义外，沈福宗还不得不介绍中国文化的其他内容。他“在罗马吻了教宗陛下的脚”；在凡尔赛宫，他拜谒了法国国王路易十四，并应邀在国王面前表演中国式的餐桌礼仪。目前所知，沈福宗是最早到达欧洲的中国江南学士。他本人被作为中国文化的代表，在欧洲表演、展示。英国宫廷画家奎勒（Godfrey Kueller）为他画了全身的肖像画，广为流传，收藏至今。①

在欧洲汉学史上值得一提的是意大利耶稣会士马国贤。马国贤是遣使会士，1710 年到中国。当时，“中国礼仪之争”在中国已经结案，康熙把不愿领“红票”、不尊重中国礼仪的传教士驱离中国内地。但是喜欢西方科学和艺术的康熙还是让一些有学问的传教士进到北京，为他服务。马国贤作为当时特许引进的“技巧三人”之一，进到北京，任为宫廷画师。他画过著名的《热河行宫图》。

1723 年，他带回了四个年幼的中国学生和他们年长些的中国老师回到家乡那不勒斯。1732 年 7 月，在教宗的特许下，设立了专门培训中国人的“中国学院”（Collegio dei Cinesi），后被意大利政府收管，改称“东方学院”（Istituto Orientale）。他的著作是《中国圣会和中国学院创办记事》（*Storia della fondazione della congregatione e del collegio dei Cinesi*，1832）。该书在 1844 年翻译出英文本，成为更加著名的汉学名著《京廷十又三年记》（*Memoirs of Father Ripa during 13 years' Residence at the Court of Peking in the Service of the Emperor of China*）。当时，教宗批复成立“中国学院”的条件是：“不得接收除中国人和其他宣誓愿意到中国去当传教士之外的人入校。”这样的办学目的明确地是要为中国留学生建一所专门的大学。当时规定入校学生要作“五项发愿”（five vows）：“第一，坚守贫困生活；第二，遵从上级主人；第三，学成后进入圣修会；第四，服从罗马教廷传信部的安排，加入东方传教会；第五，终生为罗马天主教服务，而不再加入其他任何团体。”

这所专门培养中国留学生的大学真是生不逢时。建立初期，中国内地正处于清朝雍、乾禁教时代，中国天主教传教事业进入低潮，不单传教士难以进入中国内地，就连一般中国人也因为严厉的禁海令而不得出来。在中西文化交流的困难时期，创办这样的学校，在学生来源和毕业后的去向上都有问题。当时欧洲都传说，马国贤买了五

---

① 荣振华．在华耶稣会士列传及书目补编．耿昇，译．北京：中华书局，1995：14.

个中国小孩，带回那不勒斯来办“中国学院”。还没有查见这五个中国人的名字，只在《京廷十又三年记》中看到他们的西文姓名，分别译为：谷文耀（Baptist ku）、殷若望（John In）、吴露爵（Lucio U）[①]，另外两个还没有发现。很可能是因为缺乏足够的中国学生，“中国学院”从一开始就不是单单招收中国学生。“用基金的花费开销，学校由一批适合于传教任务的年轻的中国人和印度人构成。”

无论如何艰难，名不符实，这个“中国学院”毕竟开创了中西学术交流史上的许多第一。我们大致可以说它是：第一所设在海外的传授中国文化的学校；第一个欧洲人研究中国文化的专门组织，诞生中国第一代留学生的地方；第一个被西方人用来观察中国人的肤色、头发、眼睛和生活习惯及日常礼仪的地方……据开学后人们的参观报道说，当年有八个学生在校，其中六个中国人，两个希腊人。授课用拉丁文，但学生们已经学会了用意大利文和校中的仆人们沟通。他们发现，中国人“脸色是黄的，但并不难看。发亮的黑发，又平又直，盖在低浅的额头。小小的、怪怪的、半睁的眼睛透出黑色大理石般的黑光。……这就是著名的鞑靼民族”[②]。

就欧洲的汉学研究来说，“中国学院”做了许多初创工作。据《意大利百科全书》(*Encyclopedia Italiana*)“马国贤”条，学院用意大利文翻译了《三字经》、唐宋古文，还有中国各地方言的语法书籍。还有许多作品散布在那不勒斯的图书馆和其他私人手里。马国贤本人编写了一本《中文拉丁文词典》。当“中国学院”难以为继时，意大利政府接管了该校，该校成为意大利的汉学研究中心。学院旧址今天仍然保存着，墙上仍然挂着中国风格的书画。[③]

对中国文化的研究，从天主教会的神父扩展到世俗学者中。莱布尼兹原来并不是当时研究中国文化的专家，而是著名的科学家和哲学家，但因为和耶稣会士的著述有密切接触，从而对中国文化表现出极大兴趣。换句话说，他对中国文化的倾向完全是受了耶稣会的影响。

---

① 谷文耀、殷若望、吴露爵，此中文名回译自：方豪．同治前欧洲留学史略//方豪六十自定稿：中．自印本．台北：台湾学生书局，1969：389。谷文耀曾被译为顾约翰，殷若望曾被译为殷约翰。方豪据《北京公教月刊》（1942年9月）等教内资料改定。

② Matteo Ripa. Memoirs of Father Ripa during 13 years' Residence at the Court of Peking in the Service of the Emperor of China. London，1844：149．以上马国贤事迹，俱见于此书。

③ 吴宗文．意大利的汉学研究//世界各国汉学研究论文集．台北：中国文化研究所，1962：268.

1697 年，莱布尼兹用拉丁文编辑了一本《中国近事》(*Novissima Sinica, Historium Nostri Temperis Illustratura, in quibus de Christianismo Publica nune primumautoritate propagato missa in Europan relatio exhibetur, deque f vorescientiarum Europacarum ac moribus gentis et ipsius pra sertim Monarchae, tum et de bello Sinensium cum Moscis, ac pacc constituta, multahacteomus, multa hacteomus ignota explicanter*)，题名甚长，全称为《中国近事：现代历史资料。内容为最近刚获得的有关中国政府特许传教情况的报告，欧洲学术界渴望知道的中国民族和皇帝的情况，以及中国和莫斯科战争与缔约的经过并种种珍闻》。全书分为七个部分：(1) 序言；(2) 苏霖关于 1692 年中国传教自由的报告；(3) 南怀仁关于康熙谕全国印行天主教书籍的报道；(4) 闵明我 1693 年 12 月 6 日从印度果阿给莱布尼兹的书信；(5) 安多 1695 年 11 月 12 日从北京给莱布尼兹的书信；(6) 1693—1695 年，莫斯科使节中国旅行记；(7) 张诚 1689 年 9 月关于《中俄尼布楚条约》的谈判和签订过程。①

著名学者、理性主义大师纷纷加入对中国文化的研究，他们的宏观建树对"汉学"在欧洲的发展有很大推动。莱布尼兹和笛卡尔、斯宾诺莎一样，是一个"普遍主义"者。他认为世界上有单一的因素，可以构成整个世界的复杂性。由于这样的原因，他对中国儒家宋明理学中的"道""理""气""器"等概念，尤其是《周易》中的阴阳学说，非常感兴趣。莱布尼兹从宋明理学中看到了类似于古希腊哲学"元素"(first principle) 之类的学说，以为中国儒家也明了世界构成的普遍性。他从"普遍主义"理想出发，对耶稣会士和中国天主教徒们主张的"东海西海，心同理同"等主张非常同情。他认为，西方文化和中国文化能够相互补充，相互沟通，有益于人类。在《中国近事》里，他说："大概是天意要使得这两个文明程度最高的（同时又是地域相隔最为遥远的）民族携起手来，逐渐地使位于它们两者之间的各个民族都过上一种更为合乎理性的生活。"②

莱布尼兹对中西文化的各自优劣做出了比较。他没有到过中国，借助耶稣会士的感性认识和书面描述，因此得出的结论和耶稣会士

---

① 原书未见。莱布尼兹的《中国近事》目录转见于：谢扶雅．莱布尼兹与东西文化．岭南学报，第 1 卷第 1 期，1929 年 12 月。

② 莱布尼茨．《中国近事》序言//夏瑞春．德国思想家论中国．陈爱政，等译．南京：江苏人民出版社，1989：3.

的观点差不多。他说："如果说我们在手工艺技能上与之相比不分上下，而在思辨科学方面要略胜一筹的话，那么在实践哲学方面，即在生活与人类实际方面的伦理，以及治国学说方面，我们实在是相形见绌了。"① 中国文化重伦理政治，轻哲学和科学理念，这种观点和当时耶稣会士的判断完全一样。或者我们还可以说，把中国文化当作理性的伦理学和政治学，而非宗教神学看待，这种思路和"中国礼仪之争"中耶稣会对中国文化的定性直接相关。②

在宗教派别上，莱布尼兹是新教徒。但在"中国礼仪之争"中，莱布尼兹明确地站在天主教的耶稣会一边。他说："多年来，欧洲人，尤其是耶稣会士以可歌可泣的献身精神致力于将上天赐予的这份圣礼传入中华帝国。他们那种投身事业的坚韧不拔精神，甚至使那些持反对意见的人也不得不表示赞叹。我知道，我昔日的好友，当代一位杰出的人物安托万·阿尔诺极力反对耶稣会，对它的传教士横加指责。以我的观点看，这类指责在某些情况下言过其实、过分激烈。……推崇孔子，就其本质而言，似乎与宗教崇拜毫不相关。"莱布尼兹摒弃信仰下的"门户之见"，支持耶稣会，推崇中国文化，完全是出于学术上的原因。

1700 年，莱布尼兹写下《关于儒家的俗礼》(De cultu Confucii civili)，直接参加"中国礼仪之争"。他认为儒家学说只是世俗的礼节，而非宗教。他对争论将导致中西文化交流中断的结局深为忧虑。1714 年，莱布尼兹读了龙华民的《论中国宗教的若干问题》和李安堂的《论中国宗教的几个问题》。为回答这些反对意见，1716 年，莱布尼兹写成《论中国人的自然神学》(Discourse on the Natural Theology of the Chinese)。③ 莱布尼兹对中国文化采取了基本肯定的态度。他认为中国人有一种基于"道""理""太极""太一"的"自然神学"，在此之下有"自然道德"。中国人的人性按照自然规律做"向善"的追求，而不是按照如基督教的绝对律令来"去恶"。这样，人的道德性和世界的物质性就可以统一起来，基于启示的理性和发自人性的理性也可以更加协调。这是符合近代启蒙精神的

① 莱布尼茨.《中国近事》序言//夏瑞春. 德国思想家论中国. 陈爱政，等译. 南京：江苏人民出版社，1989：5.

② 同①9.

③ 莱布尼兹之《论中国人的自然神学》原有庞景先生据英文本节译的中文本，现有秦家懿据法文的全译本，收入《德国哲学家论中国》(三联书店，1993)。

“人文主义”态度。莱布尼兹认为，中国文化为西方人解决人和宗教的冲突、科学和宗教的冲突、社会和宗教的冲突，提供了很好的借鉴。①

龙华民认为，中国人既把“善”归于“理”，也把“恶”归于“理”，这是思维上的混乱。按基督教神学来看，“上帝”只能是至善至能的，不可能既善又恶，只有人类才是善恶兼备的。因此，中国人的“理”不可能是基督教的“上帝”。

莱布尼兹认为：“他（指龙华民。——引者）完全错了。”莱布尼兹在《性理大全》卷二十八看到过陆九渊的语录——“天体圆如弹丸”，也知道邵雍《太极图说》中的“太极”是一个圆形。所以，他说：“中国人也称他们的‘理’为‘圆体’或‘丸体’。我相信，这如我们（所）说，至高神可比丸体或圆体一样，它的中心无所不在，而它的圆边则并无所在的。他们称它为物之‘性’。我相信这也像我们说至高神是自然之自然（natura naturans）一样。”② 这样的“理”，“是至善之中，至善之善，至善之纯，微而无形。它真是纯精神体的，不可洞窥的。它好得不能更好。这句话说出了一切。说了这些话，为什么不能也说中国人的‘理’即是我们拜为至高神的至上实体呢?”③ 莱布尼兹站在耶稣会一边。在“理”的观念上，他甚至比《天主实义》里的利玛窦走得更远。利玛窦在《天主实义》中只肯定先秦古籍中的“天”和“上帝”，对宋儒谈“理”是持保留态度的④，而莱布尼兹则把宋儒的“理”和近代天文学、物理学、神学中的“上帝”一起理解，加以肯定，认为是一种来自东方的自然神学。

莱布尼兹是当时欧洲的著名哲学家，他说的中国之“理”到底是不是中国的原“理”，当作另论。他站在耶稣会一边，毕竟十分有利于耶稣会在欧洲知识分子思想界的地位。但是，他做出中国思想是“自然神学”的结论，是欧洲思想在当时激烈争议的话题，反而给保守的天主教神学界提供了更多口实。神学家据此批评儒家哲学

---

① 关于莱布尼兹有关中国文化的“自然神学”“自然道德”“人本主义”“普遍主义”，中文书籍可参见秦家懿编译的《德国哲学家论中国》之“序言”。英文书籍可参见：D. E. Mungello. Leibniz and Confucianism：The Search for Accord. Honolulu，1977。

② 秦家懿. 德国哲学家论中国. 北京：三联书店，1993：76.

③ 同②77.

④ 李天纲.《孟子字义疏证》与《天主实义》// 王元化. 学术集林：卷二. 上海：上海远东出版社，1994.

是不同于天主教的异端，实际上也是为了反对欧洲思想界内部以自然神学为特征的理性主义启蒙主张。

和莱布尼兹一样热衷中国文化的另一位德国思想大师是沃尔夫。他是莱布尼兹的学生。和莱布尼兹一样，这时的德国哲学家都还是有神论者。他们都是从神学存在论来肯定中国文化的。但是他们企图借鉴中国的“象数”理论来推导自己的“唯理论”的做法，在德国被认为是异端，被归为无神论。沃尔夫在著名的1723年演讲中，赞美孔子的道德哲学。他发挥了莱布尼兹的思想，认为：没有神的启示，凭人的德性，经过像中国人一样的理性修炼过程，也可以达到至高至善的上帝境界。这场题为《中国的实践哲学》的演讲[①]，给沃尔夫带来了麻烦。他被普鲁士国王以“宣传无神论”的罪名赶出哈雷大学。然而，他却因此在全欧洲获得了为学术自由而牺牲个人利益的名声。以后他被沙皇彼得大帝聘为顾问，并最终回到哈雷大学任校长。

沃尔夫的中国文化知识少于莱布尼兹。他的中国知识来自法国耶稣会士魏方济。魏方济于1685年到达中国，在澳门、广州、上海、南昌传教，并于1705年回到欧洲，专门准备“中国礼仪之争”，著有《民族礼仪史》《中国伦理》。[②] 沃尔夫读了魏方济翻译的四书，接受了耶稣会对中国文化的判断：中国人是用孔子哲学，而不是用宗教来管理社会。他对孔子学说的极度赞美，几乎到了盲目的地步。在《中国的实践哲学》最后，沃尔夫认为儒家礼仪也是一项“中国智慧的原则”。“古中国人特别喜爱礼仪，并且也有许多礼仪。……礼仪能够协助行善的程度和效力。……中国的礼仪表示智慧的合理性。”[③] 极为赞美中国“礼教”，这样的观点显然受到了耶稣会“中国礼仪非宗教”的影响。

沃尔夫竭力赞美孔子，但他还不认为孔子就是中华文明的奠基人。“在我们眼中，孔子常常被看作一种如此伟大的智慧的始祖，这种看法恰恰表明了对中国情况的一无所知。”孔子被称为“素王”，因哲学而王天下。然而，中国古代帝王本人也是智者，因帝王而哲

---

① 沃尔夫的《中国的实践哲学》一文近年来有两个中文译本：一是郜世红译的《关于中国人道德学的演讲》，收入夏瑞春编的《德国思想家论中国》（江苏人民出版社，1989）；另一为秦家懿译的《中国的实践哲学》，收入《德国哲学家论中国》。

② 荣振华．在华耶稣会士列传及书目补编．耿昇，译．北京：中华书局，1995：460.

③ 夏瑞春．德国思想家论中国．陈爱政，等译．南京：江苏人民出版社，1989：166.

学。“伏羲是第一个因大兴科学、创建国家而受到中国人崇敬的人。神农、黄帝、尧、舜治理国家时都以他为榜样，并不断改进伏羲创建的国家机构，到了夏、商、周，在各位帝王的领导下，不论是朝政还是法律都达到了空前的完善。”沃尔夫把儒家理想化的“三代之治”解释为“智者当道”①，转化为欧洲启蒙主义者的理想，仍然是一种夸张。这里有一个值得注意的学术史关键：沃尔夫显然已经接触到儒家经学史的核心即孔子的地位问题。经古文学家认为孔子“述而不作”，仅仅是三代文明的传承者。经今文学家则提出：孔子六经是“微言大义”，为儒家奠定了一整套思想和哲学。沃尔夫一定是通过魏方济等耶稣会士了解到这一层区别。

“中国热”的中心在法国，耶稣会士的争论也集中出现在巴黎。欧洲的贵族、思想家和商人，在中世纪以后的世俗文化建设中，在社会上合力发动了“中国文化热”。王公贵族炫耀自己的财富、趣味和生活方式，竞相建造到中国的航船，竭力收集中国的瓷器、家具、绘画、书籍和各种小件摆设，贵妇人在自己的沙龙里召开中国文化讨论会，讨论儒家、道教、佛教。当时正值18世纪启蒙运动，重要的思想家都倾向于批评欧洲固有的文化价值观念。在德国是莱布尼兹、沃尔夫，在法国是伏尔泰、孟德斯鸠、卢梭、百科全书派等。

伏尔泰是当时著名的中国文化爱好者。从《路易十四时代》第三十九章“关于中国礼仪的争论，这些争论怎样促使中国取缔基督教”来看，伏尔泰对“中国礼仪之争”投入了极大的关注。伏尔泰对中国人敬天、祭祖、祀孔的观点，主要受耶稣会士李明的影响，其基本态度是以赞美中国文化为手段，要求贤人政治，批评欧洲的现实。

李明于1687年来华，在北京、山西、陕西传教。1692年回法国，成为路易十四孙子布尔哥涅公爵（Duc de Bourgogne）夫人的告解神父。1696年，他发表了《中国近事报道》。② 书中的一句话引起极大争议，连偏袒耶稣会的路易十四也觉得说得太重。李明说，中国“这个民族将近两千多年来，始终保持对真神的认识，他们在世界最古老的寺庙（指天坛祈年殿。——引者）中祭祀造物主。中国

① 沃尔夫．关于中国人道德学的演讲//夏瑞春．德国思想家论中国．陈爱政，等译．南京：江苏人民出版社，1989：30．

② 中国社会科学院近代史研究所翻译室．近代来华外国人名辞典．北京：中国社会科学出版社，1981：280．

遵循最纯洁的道德教训时，欧洲正陷于谬误和腐化堕落之中”①。李明的观点有两处是极端和偏激的。首先，他以赞美中国人道德纯美的方式批评欧洲人“腐化堕落”，让欧洲人自尊心受损；其次，他说中国礼仪中天子的“祭天”行为，祭祀的正是“造物主”，如此则不啻认为中国人崇拜的“真神”就是天主教的上帝。李明甚至突破了耶稣会的观点。一般的耶稣会士只是辩解说：儒家非宗教，中国礼仪只是民间风俗，并不是祭祀神明，而是人事纪念。李明则公开承认儒家祭祀的“真神”与上帝有同样意义。这样激进的包容观点受到巴黎大学神学院的攻击，把“中国礼仪之争”推向高潮。

伏尔泰为李明辩护：“当高卢、日耳曼、英吉利以及整个北欧沉沦于最野蛮的偶像崇拜之中时，庞大的中华帝国的政府各部（门）正培养良俗美德，制定法律，只承认一个上帝，对这个上帝的朴素的信仰始终不渝。这些明显的事实应能证明勒孔德（指李明。——引者）教士的看法正确无误。”② 伏尔泰比耶稣会士李明更大胆。他直截了当地说中国文化比欧洲文化更古老，且更早用一神教代替“偶像崇拜”，因而更文明。

欧洲对留华耶稣会士的批评，其立场是混乱的。教会立场的保守主义者，站在欧洲文化本位立场，反对推崇中国文化。他们从两个方面批评儒家礼仪。有的反对耶稣会“儒家非宗教”的辩解，说中国人祭祀就是偶像崇拜；有的则指责中国人为“无神论者”；有的承认耶稣会辩解中国礼仪是世俗礼仪之后，又指责耶稣会不应为不信教的中国皇帝服务。作为18世纪的欧洲思想大师，伏尔泰一下子看出把中国文化同时说成“崇拜偶像”和“无神论”是自相矛盾。作为欧洲理性和宽容精神的代表，伏尔泰进而提出了一个更重要的思想观点：欧洲人不应用自己的标准来判断其他世界的一切：

> 在非难这个大帝国的政府为无神论者的同时，我们又轻率地说他们崇拜偶像。这种指责是自相矛盾的。对中国的礼仪的极大误会，产生于我们以我们的习俗为标准来评判他们的习俗，我们要把我们偏执的门户之见带到世界各地。跪拜在他们国家只不过是个普通的敬礼，而在我们看来，就是一种顶礼膜拜行

---

① 伏尔泰．路易十四时代．吴模信，等译．北京：商务印书馆，1982：597．

② 同①598．

为。我们误把桌子当祭台，我们就是这样地评骘一切的。①

伏尔泰批评欧洲人“门户之见”的观点，在19、20世纪不断发展。尊重世界各民族的习俗和生活方式，理解别民族的文化传统，甚至推崇别民族有高于自己的道德价值，这已经超越了一般人的“异域好奇”（exotic curiosity），是一种启蒙主张。伏尔泰以后，破除“欧洲中心论”，反对“西方中心主义”，终于成为近代思想中公认的一个基本原则。这是“中国礼仪之争”在欧洲获得的最大思想成果之一。

今天欧美汉学界，已经不像17、18世纪“中国礼仪之争”的时候，那些不通汉语而仅凭西方社会的信念来讨论中国文化者鲜见。相反，在欧美的大学和各社会团体中已经出现了一批真正懂得中国文化的专家。美国汉学界，还容纳了许多华裔学者。这使得中国文化的海外研究比三四百年前要提高了许多。由耶稣会开创的汉学研究已经有了很大收获。但是，尽管现代欧美的中国学已经把重点转向近当代的研究，但扎实而有基础的汉学成果仍是几百年里积累起来的中国传统文化研究。就学科的完善而言，前辈汉学家在语言、文字、考据、考古、文献、文物、实物和直觉悟性方面，达到了相当熟练的程度，有的简直可以像中国人一样以直觉来判断复杂的问题。这方面应该承认耶稣会士的首创之功。

近当代的欧美知识界，由于思想自由和反对教会的缘故，对天主教会和耶稣会有许多批评。但是，来华耶稣会士在欧洲传播中国文化的功绩，以及他们对汉学研究的开创之功，却得到了正确评价。20世纪法国著名汉学家戴密微在总结“中国礼仪之争”的时候，谈到耶稣会士的立场，他的评价很精确：“耶稣会士们在国外，即在对待中国的态度方面是左派，而在国内问题的态度上则是右派，这是法国历史上的一个矛盾。在19、20世纪，在世俗的、反宗教的法兰西共和国的转折时期，这一点尤为明显。法国的耶稣会士大多是知识分子，不但遭到了外国的反对，也遭到了一些宗教界人士、圣方济各会教士、多明我会教士的反对。”② 戴密微是说：耶稣会士在国内，利用他们在路易十四宫廷获得的权势，压制詹森教派，反对思想自由，为专制君主服务，是

---

① 伏尔泰．风俗论：上．梁守锵，译．北京：商务印书馆，1995：221.

② 戴密微．法国汉学研究史．中国史研究动态，1980（1）.

"右派"。[①] 但是在海外，尤其在东方，他们走的是知识分子的思想路线，用的是人文主义的学术方法，突破了很多欧洲原有思想的禁区，因而不是他们压制别人，相反却是他们受到保守势力的围攻。他们在这一条战线上是"左派"。

孟德斯鸠和伏尔泰相反，他在《论法的精神》中批评中国文化。莱布尼兹、伏尔泰，他们通过学习儒家经典，研究"中国礼仪之争"中的概念来谈论中国文化。孟德斯鸠是社会政治思想家，他通过生活细节来判断中国文化。孟德斯鸠通过启蒙运动的先驱、大学问家弗莱雷（Nicola Freret）结识了在巴黎的中国人黄嘉略（Arcade Hoangh，1679—1716），了解到一些活生生的中国知识。弗莱雷是古代东方历史学家，他的治学范围已经到达中国研究，有著名论文《关于中国的诗歌》（Sur la poesie des Chinoise）。福建莆田的天主教徒黄嘉略作为法国巴黎外方传教会传教士梁宏仁（Autus de lionne）的中文秘书，随其于 1702 年到达罗马，向教宗报告"中国礼仪之争"的情况。1706 年，在罗马做证的使命结束后，他来到巴黎，获得皇家年金，作为路易十四的中文翻译，并编写《汉法字典》（未完成）和《汉语语法》（未出版）。1713 年和法国姑娘结婚，育有一女。[②]

在弗莱雷的安排下，黄嘉略在皇家图书馆工作，管中文图书。1716 年 4 月，在皇家图书馆，孟德斯鸠与黄嘉略有过多次长谈。1944 年新发现的孟德斯鸠《札记》记录了当时的谈话内容。《札记》的第 368 条说：黄嘉略对欧洲存在犯罪和使用酷刑表示吃惊。他说中国社会是靠儒家伦理来治理的。[③] 黄嘉略要么是在迎合法国启蒙时期美化中国的说法，要么是对家乡和四书五经以外的中国确实无知。他描述的儒家道德主义并不真实，中国也有严刑峻法。不过，孟德斯鸠确实被儒家文化与道德、法律之关系，世俗文化与宗教、哲学之关系所吸引，为此做了长期的思考。孟德斯鸠以后在罗马遇

① 耶稣会在国内问题上是参与压制自由思想的。路易十四的忏悔神父是耶稣会士勒泰利埃（Michel Le Tellier）。他也参加了"中国礼仪之争"。因为法国教会内的詹森教派曾经使罗马教宗谴责过他关于中国礼仪的著作，所以他在帮助路易十四加强王权时，怂恿国王把詹森教派的皇港修道院（Port Royal des Champs Abbey）夷为平地，同时以詹森教派的名目关押异己，使得法国各界与天主教尖锐对立，导致了法国大革命时教会的大难。伏尔泰. 路易十四时代. 吴模信，等译. 北京：商务印书馆，1982；Williston Walker. A History of the Christian Church. New York：Charles Scribner's Sons，1985：666-668.

② 许明龙. 中法文化交流的先驱黄嘉略. 社会科学战线，1986（3）.

③ 夏克尔顿. 孟德斯鸠评传. 刘明臣，沈永兴，许明龙，译. 北京：中国社会科学出版社，1991：21.

到了从中国回来的耶稣会士傅圣泽（Jean-François Foucquet，1663—1740?）和罗马教廷教士马国贤。耶稣会士更有学问，孟德斯鸠又获得了更多对中国政府、人口、地理、风俗和宗教的理性认识。但是，孟德斯鸠似乎没有对儒家经典做出如莱布尼兹和伏尔泰一般的文本研究，他对中国的实际生活更感兴趣。《论法的精神》中，孟德斯鸠引用得较多的是从与黄嘉略谈话中得到的中国风俗民情知识和杜赫德的《中华帝国志》（Jean Bastiste Du Hald，*Description geographique*，*historique*，*Chronologique*，*politique*，*et physique de l'Em pire de la Chine etc.*，1737）。

《中华帝国志》是集法国18世纪中国知识大全的著作。全书规模庞大，分四大卷，综合了卫匡国、南怀仁、柏应理、安文思、洪若翰、白晋、张诚、魏方济、李明、刘应、雷孝思、马若瑟、殷洪绪、赫仓壁、龚当信、戈维里、夏德修、巴多明、杜德美、汤尚贤、冯秉正、郭中传、彭加德、卜文气、沙守信、宋君荣、杨嘉禄等27个耶稣会士的日记、回忆录，1737年在荷兰海牙出版。《中华帝国志》对中国的地理、历史、政治、历代王朝和风俗都做了详细描述。书中似乎也包含了一些西班牙背景的其他修会会士的观点。例如书中有不少对中国沿海商人道德的批评，显然出自西班牙作者，有一段说："中国人的性格是另外一种混合，和西班牙人的性格恰恰相反。中国人生活的不稳定，使他们具有一种不可想象的活动力和异乎寻常的贪得欲，所以没有一个经营贸易的国家敢于信任他们。"这种"中国人的性格"，明显地不是儒风犹存的中原人民性格，也不是家家诗书的江南人民性格，它是福建、广东沿海至南洋一带，泉州、潮州经商华侨的性格。相对来说，耶稣会士熟悉江南、华北，并不怎么批评中国文化，其他会士旅居南洋、福建，较多注意中国文化与基督教文明的差异。这显然也是与"中国礼仪之争"的不同立场有关。这样的批评被对中国文化持慎重态度的孟德斯鸠所重视，进入了他的《论法的精神》。①

孟德斯鸠在《论法的精神》中为"中华帝国"专列一节，整体定义中国社会的性质，但他对耶稣会士的结论表示怀疑："我们的传教士们告诉我们，那个幅员广阔的中华帝国的政体是可称赞的。它的政体是畏惧、荣誉和品德兼而有之。那么，我们建立的三种政体

---

① 孟德斯鸠. 论法的精神. 张雁深，译. 北京：商务印书馆，1982：308. 孟德斯鸠标明，本段引文引自《中华帝国志》。

的原则的区别便毫无意义了。但是，我不晓得一个国家只有使用棍棒才能让人民做些事情，还能有什么荣誉可说呢?"[①] 杜赫德在《中华帝国志》中说：统治中国的就是棍子。孟德斯鸠在研究后得到的结论是："中国是一个专制的国家"。[②]

"中国礼仪之争"引起了欧洲人对中国文化的极大兴趣，普及了中国文化，拉近了东西方人思想文化上的距离。但也正是因为"中国文化热"基本是由礼仪问题引起的，这一时期欧洲人对中国文化的理解还带有很大的局限性和片面性。

首先，他们了解的中国文化基本上限于儒家。敬天、祭祖、祀孔这一套礼制，都是官方儒家典章制度的一部分。为了向欧洲辩解耶稣会在中国为什么和儒家合作，儒家著作首先得到全面的翻译。1593年利玛窦把儒家经典"四书"译为拉丁文，名为《中国四书》(*Tetrabiblion Sinense*)。"Tetra"，意思为"四"；"biblion"，意思是"书"。这是一个利玛窦自己杜撰的合成字，《中国四书》是西方人最早翻译的中国经典。这部《中国四书》后经金尼阁校阅，送回欧洲刊印。金尼阁继承了利玛窦的事业，在1626年译成了《中国五经》(*Pentabiblion Sinense*)。[③] "Penta"是拉丁文的"五"字，与"biblion"并在一起，和前面的"Tetrabiblion"，合为"中国四书五经"。18世纪最流行的是魏方济拉丁文的"四书"译本。儒家经典的翻译高潮在17世纪。高第的《西人论中国书目》，有殷铎泽和郭纳爵领衔众多会士合译的拉丁文《大学》、《中庸》和《论语》。因其是在南京、建昌、广州和果阿刻印，故在欧洲流传不广。1637年在巴黎出版，收录在柏应理《孔子哲学》(*Confucius Sinarum Philosophus*)中的《大学》、《中庸》和《论语》，应该是在华传教士共同翻译工作的继续或结果。耶稣会历史学者费赖之《在华耶稣会士列传及书目》查证，当时在中国，由殷和郭两人为首，柏应理和刘迪我、利玛弟、成际理、何大化、聂伯多、潘国光、李方济、洪度贞、聂仲迁、穆迪我、毕嘉、张玛诺、鲁日满、恩理格等十七人一起翻译"四书"。很明显，几乎所有这些译者都是"中国礼仪之争"中的重要人物，而魏方济、柏应理两人更是中国教会派往欧洲解释中国礼仪的代表。从某种意义上看，翻译儒家经典是"中国礼仪之争"的论战需要。

---

① 孟德斯鸠. 论法的精神. 张雁深，译. 北京：商务印书馆，1982：127.

② 同①129.

③ 费赖之. 入华耶稣会士列传. 冯承钧，译. 上海：商务印书馆，1938：55，111.

本着“天儒合一”的策略或理想，殷铎泽和郭纳爵把《大学》翻译为“《中国智慧篇》”（*Sapientia Sinica*），意在和《旧约》里的《智慧篇》（*Liber Sapientia*，英译本为 *The Book of Wisdom*）进行比较，目的在于吸取儒家的语言、思想，以利传教。对儒家文化的高度重视，把四书五经与《旧约》相比较，也造成了相当程度的偏见。中国文化至少是儒、道、佛三家。但佛教和道家是耶稣会批评的对象，基本上没有翻译其著作。这样使得莱布尼兹、伏尔泰等人都以偏概全地把儒家，中国文化中的一家，当作中国文化的整体来谈论。

其次，他们了解的中国习俗基本上限于广东、福建沿海地区。由于明末清初传教修会的特殊格局，耶稣会士和中国士大夫一起，生活在内地。从内地看中国，他们的眼光和儒家差不多。其他修会，如方济各会、多明我会和更后的遣使会、巴黎外方传教会，或从南洋来，或入内地不久，还没来得及本地化，故都是从海上看中国。耶稣会多学习、研究、翻译、传播儒家经典。而其他修会则多对闽、粤地区的民间习俗做调查、记录和考核。这种情况造成了当时赞扬中国文化的一派人站在耶稣会一边，读儒家书，把中国理想化；而批评中国文化的一派人站在多明我会一边，根据他们描绘的下层社会情况（实际只是沿海的情况），对中国文化不以为然。

最后，他们了解的中国政治基本上限于康熙时代。法国耶稣会士白晋的《康熙帝传》（*Portrait historique de l'Empereur de la Chine, presentee au roy par la P*, J. Bouvet, 1697）① 和张诚的《张诚日记》（*Relation de 8 voyages dans la Grande Tartarie de 1688 a 1699*）② 在欧洲出版后，引起了欧洲人极大的阅读兴趣。这两部书都是关于康熙时期的中国社会的。作者努力赞美他们所服务的皇帝，把康熙和路易十四相提并论。欧洲学者们不但据以研究中国礼仪，而且借以了解中国社会的一般状况。

伏尔泰和孟德斯鸠对中国问题判断的分歧，有些地方是由于欧洲早期汉学的片面性引起的。伏尔泰像耶稣会士那样多读儒家经典，孟德斯鸠则像多明我会和外方传教会那样偏重于民俗观察。他们多

---

① 《康熙帝传》的中文译本有二：一是马绪祥译的《康熙帝传》，收入《清史资料》第 1 辑（中华书局，1980）；二是冯作民译的《康熙帝传》，收入《清康乾两帝与天主教传教史》（光启出版社，1977）。

② 《张诚日记》是张诚在康熙宫廷和东北边疆参加中俄尼布楚谈判的记录，收入杜赫德之《中华帝国志》。中译文见张宝剑等译的《张诚日记》，收入《清史资料》第 5、第 6 辑（中华书局，1984，1985）。

少都受到18世纪初欧洲和巴黎“中国礼仪之争”的影响。

孟德斯鸠把世界各国政体分为三种：需要“品德”的“共和政体”，需要“荣誉”的“君主政体”，需要“恐怖”的“专制政体”。由于对中国礼仪的详细讨论，特别是康熙朝政在欧洲的全面暴露，欧洲对中国政治的复杂性有了了解。所有耶稣会士关于康熙的描写，都称赞他是明君贤主。很多人向孟德斯鸠争辩，中国不是一个“专制”国家，而是一个复杂的国家，中国政体中混合了“专制”、“君主”甚至“共和”的不同原则，是可称赞的。孟德斯鸠承认这一点。他认为，中国的立法者，“把宗教、法律、风俗、礼仪都混在一起。所有这些东西都是道德。所有这些东西都是品德。这四者的箴规，就是所谓礼教”①。但是他仍然认为中国属于“专制”国家。他说中国的皇帝“与其说是管理民政，毋宁说是管理家政”②。中国虽然有一套“典章制度”，“想使法律和专制主义并行，但是任何东西和专制主义联系起来，便失掉了自己的力量。中国的专制主义，在祸患无穷的压力之下，虽然曾经愿意给自己带上锁链（指法制。——引者），但都徒劳无益。它用自己的锁链武装了自己，而变得更为凶暴”③。

孟德斯鸠的分析非常犀利准确，但显然也犯了把清初中国当作历史中国的错误。他分析的“中国政治的特质”，以及当时人说中国政治“高度稳定”“千年不变”“风俗醇厚”“道德完美”等所谓“礼教”的情况，其实都是康熙提倡“理学”、压制江南“王学”的特有现象。应该是中国社会在经过宋明“启蒙”以后，在“走出中世纪”过程中的回潮现象。④ 在中国历史上出现过各种各样的政治方式，“专制”并非中国的常态，如利玛窦笔下的明末，在很多意义上就是一个“士大夫社会”。孟德斯鸠对康熙朝的“专制”分析是准确而深刻的，但以此概括和批评古老的中国一贯如此，片面地对一种广大的文明做本质主义的定性，不免失之偏颇。

伏尔泰采取了另外一种态度。他说，17世纪，欧洲不太了解中国，因而有对中国的“过分赞扬”和“横加污蔑”的“两种极端态度”。他自己努力避免这些态度。康熙皇帝垄断了中国人的精神生活

---

① 孟德斯鸠．论法的精神．张雁深，译．北京：商务印书馆，1982：26.

② 同①313.

③ 同①129.

④ 参见朱维铮先生之《走出中世纪》中的有关论述。

和宗教生活。所有宗教，如同所有法律一样，都必须为皇家服务。在清朝传教，靠的是皇帝。连北京的天主教堂也挂上了御书的匾额“敬天”和对联“无始无终先作形声真主宰，宣仁宣义聿昭拯济大权衡”（横批“万有真原”）。[①] 但是，伏尔泰认为这表明康熙有“上帝”的信仰。伏尔泰告诉孟德斯鸠和他的读者，不要“因广州小民曾经想方设法欺骗英国人，便鄙视和讽刺中国人。但是，难道可以根据边境群氓的行为来评价一个伟大民族的政府吗？”同样，伏尔泰认为，汉代中国有“谏议”制度，明代的官府具有法律权威。他认为，“这一重要事实推翻了孟德斯鸠《论法的精神》中对世界上这个最古老的国家提出的笼统含混的责难”[②]。伏尔泰的这些谨慎意见不错，表现了他的可贵见识。但是，伏尔泰也只是在论战中持谨慎态度，平日里他仍然保持对儒家的夸张和赞美。伏尔泰没有很多别的朝代的资料，他想把清代的中国辩护成比路易十四时代更辉煌国度的努力，变得很勉强，最终也被认为有“过分赞扬”之嫌。

人文主义：中国文化的定性研究

长期辩论的目的是确定中国人的祭祖、祀孔，到底是宗教行为，还是生活习俗。东方和西方为此都进行了大量的学术研究。按现代学者的估计，争论只是不同传教会为了扩大自己的传教势力范围而进行的权利争夺。这的确可以部分地解释“中国礼仪之争”，但将争议完全归为世俗利益则未必尽然。事实上耶稣会内部分成“利玛窦派”“龙华民派”，对中国礼仪也有争议。许多不同修会的传教士在其他问题上都合作良好，李安堂以后的方济各会传教士与耶稣会传教士采取相当合作的态度。这说明，“中国礼仪之争”不仅仅是一场利益纠纷。在神学至上的时代，它被当作一个信仰问题在讨论。据目前所见的中外文资料，对中国礼仪妥协的人千方百计地要确定：中国礼仪只是中国文化的一部分，它不是宗教，应该被基督教容忍和接受。而反对者则认为：中国礼仪是异端的信仰。从此意义上讲，“中国礼仪之争”是近代历史上第一次为中国文化性质加以定义的大讨论。

“中国礼仪之争”在文化史上有重要意义。它提出的问题很简单

---

① 此对联未见清朝官方文献记载。伏尔泰所见，载杜赫德的《中华帝国志》，说是康熙赐予传教士的，悬挂在堂内。

② 伏尔泰．风俗论：上．梁守锵，译．北京：商务印书馆，1995：216.

也很复杂，很抽象也很实在。这是每个刚刚接触中国文化的欧洲人必然会问，而土生土长的中国人却未必能回答的问题。中国文化是什么？儒家是宗教还是伦理，是迷信还是理性？历史上有过“诸子百家”之间的比较，有过“儒、道、佛”之间的比较，有过“宋学”和“汉学”之间的比较。中国文化的许多性质，是在不同时期、不同地域、不同民族的比较中发现的。明末清初，因为有了来自欧洲的文化比较，所有关于中国文化的原有认识就要重新考虑，再做定义。

近人裴化行在《利玛窦评传》① 中指出：“利玛窦在韶州重新安顿下来的最直接成果之一，就是发现了远东的人文主义。”利玛窦认为，中国文化是一种东方人文主义。该书的第七章题名为“远东的人文主义”。确实，从中世纪以后的欧洲来到中国，很容易发现中国文化，尤其是正统的儒家文化，是和以信仰作为基础的西方基督教文化很不相同的世俗文化。

在利玛窦时期，耶稣会士就对中国文化确立了一个基本判断。他们认为：中国的宗教不发达，中国也没有好的神学，中国思想文化中有价值很高的东西，这就是以道德哲学为主的儒家哲学。但是在他们看来，儒家哲学是生活中各种经验常识的总结，缺乏逻辑的提炼，没有理性上的内在联系。这种来自生活、限于人生的思想，尽管被赋予了戒律一般的神圣，但对孔子的崇拜不是宗教。《利玛窦中国札记》中讲到中国文化的特征，说：

> 中国人所熟习的唯一较高深的哲理科学就是道德哲学，但在这方面，他们由于引入了错误，似乎非但没有把事情弄明白，反倒弄糊涂了。他们没有逻辑规则的概念，因而处理伦理学的某些教诫时毫不考虑这一课题各个分支相互的内在联系。在他们那里，伦理学这门科学只是他们在理性之光的指引下所达到的一系列混乱的格言和推论。中国哲学家之中最有名的叫作孔子。这位博学的伟大人物诞生于基督纪元前五百五十一年，享年七十余岁。他既以著作和授徒也以自己的身教来激励他的人民追求道德。……中国有学问的人非常之尊敬他，以致不敢对他说的任何一句话稍有异议，而且还以他的名义起的誓，随时准备全部实行，正如对待一个共同的主宰那样。

---

① 原文由献县传教团理财书店 1937 年出版。旧译名曾称《利玛窦神父与当代中国社会》。现有商务印书馆 1993 年《利玛窦评传》译本。

不仅哲学家作为一个阶级是如此，就是统治者在过去的时代里也给予他一个人的最高敬意。然而，他却从未像神那样受到宗教式的崇拜。①

这段话取自此书第五章“关于中国人的人文科学、自然科学及学位的运用”。在近代西人对中国文化特征的概括中，这些话语可能是最早、最重要和最基本的了，可称为“利玛窦判断”。利玛窦这段话中有几项判断可以引起特别注意：耶稣会认为中国尤重视“道德哲学”；中国哲学“没有逻辑”；中国学术只是些简单的“格言和推论”；孔子是中国的圣人，但对孔子的崇敬并不是宗教式的。很显然，这些都是和西方“文艺复兴”时期推崇的哲学传统比较之后得出的结论。

“利玛窦判断”确实有它的深刻见解。利玛窦的一生，正好处于意大利文艺复兴运动和法国思想启蒙运动的过渡阶段。“人文主义”在罗马教廷和耶稣会中都有合法地位，早期的耶稣会士在东方一直奉行现实而世俗的传教路线，其神学根据也在于此。② 许多稍后来华的法国耶稣会士继承了利玛窦路线，并不认为“人文主义”和“理性精神”是与天主教义十分对立的思想。法国大革命前，“人文主义”和“理性精神”是在天主教神学中发生的，还没有反对教会。这是他们敢于赞美中国文化的原因之一。

中国的思想、文化和学术，主要不是在教会内部以宗教理论、天条戒律的方式发展起来的。在此意义上，耶稣会士和汉学家认为中国文化中没有宗教。在中国社会中表现的主流思想，不是教会主导的神学，主要是官方意识形态。中国经学史上，原来有“学在王官”和“学在民间”的争论。班固《汉书·艺文志》提出：“儒家者流，盖出于司徒之官”；“道家者流，盖出于史官”；“阴阳家者流，盖出于羲和之官”；“法家者流，盖出于理官”；“名家者流，盖出于礼官”；“墨家者流，盖出于清庙之守”；“纵横家者流，盖出于行人之官”；“杂家者流，盖出于议官”；“农家者流，盖出于农稷之官”；“小说家者流，盖出于稗官”。汉代经学家认为：先秦的思想学术和文化艺术，都是从王家所代表的国家意识形态、官方统治体系中派

---

① 利玛窦，金尼阁．利玛窦中国札记．何高济，王遵仲，李申，译．北京：中华书局，1983：31-32．

② 关于耶稣会与“文艺复兴”和“人文主义”运动的密切关系，参见：John C. Olin，Erasmus，Utopia，and the Jesuits. New York：Fordham University Press，1994：90。

生出来的。近人章炳麟在《论诸子学》（1906）中重新解释汉代学者的观点，以为“诸子出于王官”。如“道家固出于史官”，“阴阳家者，其所掌为文史星历之事”。① 章炳麟借此抓住中国文化的本质，说：中国思想的起源，在于王官文人的部门职掌；中国思想的本质，是官方意识形态。后来有胡适等人反对这个见解，但难以否认儒家思想的最大特征——官方意识形态。

章炳麟认为，中国没有宗教性质的意识形态。固然，“出于清庙之守”的墨家，“论道必归于天志，此乃所谓宗教矣”。但是，他的“兼爱、尚同之说，为孟子所非；非乐、节葬之义，为荀卿所驳”。墨家在和儒家的竞争中败下阵来。“不信鬼神，而言有命”的儒家，打败了“尊信鬼神，而言天命”的墨家。“墨子之说，其不应者甚多，此其宗教所以不能传久也。”章炳麟非常可惜地说，从学问上讲，墨家固然不及儒家，但墨家的宗教情怀却是儒家无法比拟的：“墨子之学诚有不逮孔、老者，其道德则非孔、老所敢窥视也。”②

如此看来，章炳麟其实并不认为中国没有“明鬼”“兼爱”式的宗教，只是被官方儒学意识形态排斥在民间，不似天主教那样曾经占据庙堂、统领信仰。他在《訄书·儒墨》中说：墨子法禹，“不法其意而法其度，虽知三统，不足以为政”。墨子的宗教精神，终于没有进入官学，与政治合作的不是宗教性的墨学，而是学理性的儒学。章炳麟的这一见解相当透彻。

中古时期佛教输入，嫁接在民间信仰上，成为汉传佛教，大大增强了中国文化的宗教性。但经传统儒家的抵制和消解，中国的宗教意识形态仍然不发达。和欧洲思想相比，中国思想确实更具世俗社会的色彩。它主要是由官方学者为了社会目的，从人生的知识、规则、理想和信念中提炼而成的。从此来讲，利玛窦发现一则是“宗教精神”，一则是“人文精神”，是很有洞察力的。比较而言，欧洲的“人文精神”，正是在中世纪以后，由民间学者从世俗文艺、学术、法律、道德、科学等社会学说中提炼出来的。人文主义者认为：

---

① 章太炎．论诸子学．国粹学报，1906（20），1906（21）．此文现收入朱维铮、姜义华编注的《章太炎选集（注释本）》（上海人民出版社，1981）。有关“诸子出于王官”之论，详见编注者对该文的“说明”和“注释”。

② 章太炎选集（注释本）．朱维铮，姜义华，编注．上海：上海人民出版社，1981：375.

人是宇宙的中心，人身上体现了上帝的意志。此后，尊重人和与人有关的一切，服从人的本质需求，而不是服从人以外的意志、牺牲人的价值，构成了近代人类的基本精神。

把中国文化特征定为与宗教信仰相对应的“人文主义”“道德主义”，在相当程度上是对中国文化的赞美，也是对欧洲传统思想的批判。黑格尔以前的欧洲思想家，大多从启蒙的立场，对中国文化加以赞扬。伏尔泰、孟德斯鸠、莱布尼兹、沃尔夫、康德、赫尔德等西方思想大师，都认为中国人从人本身、从伦理出发达到信仰；与西方人靠上帝的天启而达到宗教不同，是一条“道德”“伦理”“政治”，或曰“理性”的思想路线。

但是，中国的“人文精神”和西方的“人文精神”有很大不同。同样是从人的需求出发，西方“文艺复兴”后的“人文精神”强调人的个体性，提倡人的自由意志的发挥，在社会规范中用法律来保护个人的自由。中国的“人文精神”强调的不是人的“个性和法律”，强调的是“集体和伦理”。如果说西方近代的“人文精神”源于古希腊、罗马的市民生活方式，偏于“个性张扬”的话，那么中国儒家的“人文精神”就是和春秋战国以来的君权相联系，主张“集体安全”“社会稳定”。确实，儒家不像基督教那样，具有严格的灭欲理论。对一般的人性，如食、色，既不取严格的限制，也不取尽情放纵的态度，要之以社会安全为尺度。但是，和中世纪宗教“神本主义”相对立的“人文精神”，还可以有“集体主义”和“个人主义”的区分。儒家的“人文精神”显然是一种“集体主义”“君权政治”。这一明显特征，后来被反“专制”的孟德斯鸠等人大大发挥，阐释得淋漓尽致，足以服人。但是，最早发现这一重要特征的也是思想敏锐而善于比较的利玛窦：

> 儒家这一教派的最终目的和总的意图是国内的太平和秩序。他们也期待家庭的经济安全和个人的道德修养。他们所阐述的箴言确实都是指导人们达到这些目的的……他们利用五对不同的组合来构成人与人的全部关系，即父子、夫妇、主仆、兄弟以及朋友五种关系。按照他们的信念，只有他们才知道如何尊重这些关系，而外国人则被认为是全然无知，或者即使知道也全不注意。他们不赞成独身而允许多妻制。他们的著作详尽地解说了仁爱的第二诫：“己所不欲，勿施于人。”他们十分重视子女尊敬和顺从父母，奴仆对主人忠诚，青年人效忠长辈。这

一点确实是引人注目的。①

利玛窦还认为，中国的儒家是社会组织，而不是宗教教会。“儒家不承认自己属于一个教派，他们宣称他们这个阶层或社会集团倒更是一个学术团体，（是）为了恰当地治理国家和国家的普遍利益而组织起来的。”② 在中国皇帝的天坛、士大夫的孔庙、宗法家族的祠堂里，举行的礼仪是“教会”行为，还是“社团”行为？在这一点上，耶稣会具有强有力的证据。中国中央、地方、学校、家族中的祭祀组织，确实不像欧洲教会那样严格，不能称作一个教阶、教规、教条齐全的宗教组织。耶稣会士坚持“利玛窦判断”，认为：天坛、孔庙、祠堂里的祭祀行为，是后人对先人先贤的崇敬，而不是对牌位上灵魂的恐惧、怀疑或祈求。“礼祭祀宗，只是思念死者之意，非有求福也。”中国礼仪并不是“偶像崇拜”和“异端”。如严谟辩称的，儒家“古礼”只是敬亲思亲，而后世的“邪说”和迷信是佛教、道教掺杂进来的。

> 总之，祭祀只是沿习古礼，敬思亲之心耳，非有魔鬼之说行之，无碍于圣教信德之事。不行之人未解更有深微之礼，但见其外面，必相诬以不认祖先，大不道非人类矣。……至若流俗杂释老之法于祭祀之中，如焚金银纸钱等，此亦我前贤之所极鄙，非痛绝者禁之足矣。若（罗马）不细加考别，徒执后来篡入之邪说，以概我古先历传之正礼，同类而共摒之，岂不冤哉？③

儒家“人文主义”除不重视和强调“集体意识”之外，相应的就是轻视与忽视纯粹观念和概念的学说。后世的“佛学”“理学”有较多的“形而上”的讨论，但其论天地、天道之有无，仍然是多用直觉和体验来论说。方法不一样，而概念基础也不及西方的神学、哲学和科学精密、细致，其逻辑关系也不是同样形式的严密。对于中国文化的这一特征，同情和反对中国社会的双方都同意。杨廷筠在回答龙华民对他的考察时说：

> 中国学者对他们所见的事有上佳的理论，譬如五伦、五德、政府等。但对看不见的事实，如天使、灵魂等，他们就随便乱

---

① 利玛窦，金尼阁. 利玛窦中国札记. 何高济，王遵仲，李申，译. 北京：中华书局，1983：104.

② 同①105.

③ 严谟. 李师条问.

说，而且并不确切，所以不值得信赖。①

反对中国礼仪的龙华民认为，杨廷筠对“天”“理”的理解有问题，是儒家化的歪曲，但对这一点的回答却十分满意，表示同意。其实，杨廷筠的说法原来应该是“利玛窦判断”的一部分，是中国第一代儒家基督徒的共识。徐光启和利玛窦一起提出用天主教神学和科学来“补儒易佛”。原因在于儒家缺乏良好的“天学”，需要天主教的补充；而佛教、道教的“空”“无”学说不可信，需要取代。徐光启和利玛窦都认为：天主教的“天学”是经验与信仰（“主性”与“超性”）、实在与逻辑（“实理”与“名理”）、此岸与彼岸（“身前”与“身后”）完美结合的“实学”。② 在后来的思想史上，有些人按照这个判断，认为中国文化是无神论。也有些人认为，中国文化中人生哲学过度发展，而哲学思维不发达，以及科学技术长期落后的重要原因正在于此。

按照以上的判断，虽说儒家思想和欧洲的“理性精神”有很大不同，但把它判定为一种源于世俗生活、政治经验、社会安全、伦理倾向的学问，并因此而认为它是一种关于人的学说，是“人文主义”，是说得通的。但是，如果仅以宋明儒家学者认定的儒学、儒家来证明中国文化无宗教，中国人没有信仰，这个结论又是偏颇的。无论如何，欧洲人在中国发现了自己，这正是儒家思想的世俗性解说在 18 世纪的法国和德国大行其道的原因之一。

即使从儒家思想本身来观察，“利玛窦判断”也有难圆之处。从思想原则上说儒家是“人文的”而不是“宗教的”，这比较容易。无论是“理学”还是“心学”，“汉学”还是“宋学”，所谓的“儒家思想”都是以人事为基础而发展起来的（或许只有西汉时期持阴阳五行之说的方士术师们的“谶纬”“经学”是例外）。但是要把儒家的祭祀礼仪和其他宗教彻底分开，这是有困难的。孔子固然采取了“敬鬼神而远之”“子不语怪力乱神”的态度，但后世儒家采用的祭祀礼仪是从远古祖先的宗教生活中遗留下来的，而且都还明确记载在五经（《易》《书》《诗》《礼》《春秋》）与四书（《大学》《中庸》《论语》《孟子》）中。与佛教、道教和天主教的仪式一样，儒家祭祀

① 在龙华民 1623 年所作的《论中国宗教的若干问题》中，保留了杨廷筠和他的“关于上帝、天性、灵魂和其他中文译名争议”的谈话。译文转见于：钟鸣旦. 杨廷筠：明末天主教儒者. 圣神研究中心，译. 鲁汶大学中国欧洲研究中心，1987：226。

② 李天纲. 补儒易佛：徐光启的比较宗教观. 上海社会科学院学术季刊，1990（3）.

给人以强烈的宗教感。例如：按中国古礼，在大祭日，主祭者应该断荤腥、沐浴、更衣、去杂念。类似的斋戒礼数在印度、伊斯兰国家和犹太民族的宗教活动中都存在。这就是宗教式的虔诚和信仰。

对此，严谟认为，儒家的这些复杂礼数都是为了取得心理上的宁静，达到祭祀的效果。严谟争辩说：儒家在祭祀之前，甚至在读书之前，要焚香、洗澡、素食，把自己的身体、思想弄干净。但这“与佛教茹蔬不杀牲之义大不同”。其实儒家在要求人们在祭祀前洁身静心虔诚，和其他宗教没什么区别，都是一种“圣事”。通过这种活动，达到崇高和神圣的心境。严谟不能回避：“祭必斋者，致其敬洁，以接于神明之道也。”① 虽可以辩称儒家祭祀更重心理效果，而不重灵魂本体，但是“接于神明”的意味是宗教的。儒家反对“厚葬”，反对“人殉”，反对“偶俑”，但不反对祭祀。“祭神如神在。”儒家对神还是很敬畏的。“中国礼仪之争”中，为儒家辩护的人尽量减轻儒家的宗教性。关于献在墓前让死者享用的日常生活用品，他们也否认具有牺牲的含义。《利玛窦中国札记》中说：“他们并不真正相信死者确实需要摆在他们墓前的供品；但是他们说他们之所以遵守这个摆供的习俗，是因为这似乎是对他们已故的亲人表示自己的深情的最好办法。”② 实际上，耶稣会很难否认，儒家祭祀时的“深情”，遵守的“习俗”，不会升华到信仰的境界，具有宗教意义。因此，当我们说儒家的基本精神是一种“集体主义”的“人文精神”的时候，我们也应该承认，儒家的思想和实践中包含着超越社会与人生的宗教情怀。

其实，在华耶稣会对于儒家礼仪的宗教性是清楚的。“中国礼仪之争”发生前，在华耶稣会假说《尚书》《诗经》里的“上帝”就是天主教的“Deus”。在肯定了古典文献中的“上帝”之后，接下来的问题是：要不要承认历代大礼之首“郊社之礼”中的“上帝”？耶稣会面临一个难题：既然承认了古典文献中的“上帝”，按逻辑就应该承认现实生活中皇帝“天子”每年祭祀的也是“上帝”。我们已经知道：从1601年利玛窦作《天主实义》到“嘉定会议”“译名之争”之前，耶稣会都用“上帝”作为天主教尊神的翻译。现在还知道：“中国礼仪之争”发生前，耶稣会确实有人还一度企图把中国皇帝的

① 严谟．李师条问．

② 利玛窦，金尼阁．利玛窦中国札记．何高济，王遵仲，李申，译．北京：中华书局，1983：103．

"祭天"与天主教所祭的"上帝"联系起来。康熙要求天主教"敬天"。争论中，北京教徒也依据康熙给耶稣会的朱批，向教宗争辩，要求教会承认中国的"天"和"上帝"。在前述《同人公简》中，北京教徒领袖王伯多禄说："不独我等明知儒家用天及上帝等字，真指天主之实义。且皇上业经解天及上帝等字，申明天主之义矣。斯时若违皇命，即至坏灭圣教。"可见，在当时要求承认儒家"上帝"及其祭礼的呼声是很强烈的。

巴黎法国国家图书馆藏有稿本《郊社之礼所以事上帝也》，作者朱宗元，目录编号为"Chinois 7144"。题下标明"十三科大题文征"，知为八股文习作。文章刚破题，过了起兴阶段，开始引经据典，便中断了，属残稿。文章观点很明确："夫上帝者，天之主也。为天之主则亦为地之主。故郊社虽异礼而统之同事上帝。"因为是命题作文，所以这段"开宗明义"的话应该就是耶稣会的观点。这个观点表明，耶稣会内部有人主张实行彻底的儒家化，干脆连天坛"祭天"活动也一起接纳到中国天主教教会中来。

耶稣会并不是无条件地承认"郊社之礼"。按历代礼制，"天"与"地"是分开祭祀的。据《周礼》《尔雅·释天》等，上古的中国人，冬至日祭天于"圜丘"，称"禘"；夏正之月，祭感生帝于"南郊"，称"郊"。沿至明清，演变成"天坛"祭天，"地坛"祭地、祭山川。按耶稣会的意见，中国人祭"上帝"，分别"祭天"和"祭地"。"祭天"时，又把"上帝"分别为"五帝"（太皞、炎帝、黄帝、少昊、颛顼），五个化身同时加以祭祀。按天主教一神论的教义，中国人祭祀太乱，"分天与地而二之，又复分天而五之"。这样就乱了祭祀上帝的独一尊神的地位，是有悖于基督教精神的。"上帝者，无所不在，亦无所不主。在天则为天之主，在地则为地之主，在人则为人身之主，在万物则为万物之主。虽日月运行而一寒一暑，水土交成而百谷繁殖，各有鬼神为之运动守护，然皆受上帝之命而行者也。"① 基督教是一神教，"创造者"只有一个，所以被祭祀的"上帝"也只应是一个。耶稣会士和儒家天主教徒似乎是说，只要中国人改革礼仪，把天坛、地坛合并为一，在天坛里只祭"上帝"，不祭众神，天主教就能接受中国人敬天的礼仪。中国人和天主教徒敬的是同一个"上帝"。正是因为这种礼仪革新和宗教改革的思路，李明神父才

---

① 朱宗元. 郊社之礼所以事上帝也. 巴黎法国国家图书馆珍本部东方文献室中文处藏，编号为 Chinois 7144.

在欧洲说：欧洲人还在蒙昧时，中国人已经祭祀上帝了。值得注意的是：在这里，耶稣会士不小心承认了“祭天”是宗教礼仪。

改革中国礼仪，并“圜丘”和“郊祀”为一，并非不可能。在中国历史上，礼制也是不断变化的。有一派意见就是主张只祭祀一个上帝。唐代杜佑《通典·吉礼一》中说：“郊丘之说，互有不同。历代诸儒，各执所见。虽则争论纷起，大凡不出二涂：宗王子雍者，以为天体唯一，安得有六？圜丘之与郊祀，实名异而体同。所云帝者，兆五人帝于四郊，岂得称之天帝！一岁凡二祭也。宗郑康成者，则以天有六名，岁凡九祭。”① “天体唯一，安得有六?”按三国魏经学家王肃（字子雍，195—256）这一派的意见，祭天应该是祭唯一的上帝，上帝应是“一”，而不是东汉经学家郑玄（字康成，127—200）那一派主张的“六”，更不是“多”。朱宗元的《郊社之礼所以事上帝也》就是根据王肃一派的主张，建议以此来改造儒家的祭天礼仪，以为天主教所用。

除了“郊社之礼”具有宗教含义外，祭祖活动也有不少宗教意味。在杭州，除了张星曜作了《祀典说》之外，叫洪意纳爵、朱西满、杨伯多禄的三位中国教徒作了《祭祀问答》（JAP-SIN I 40/9a），回答殷铎泽神父的咨询。他们辩护说，祭祖活动只是培养子孙后代诚心和孝心的手段。“祭祀之意，一以提醒儿孙追忆之诚，一以教导后昆孝敬之法。久远之宗祖，念且不忘，堂上之双亲，事当奚若?”这是“中国礼仪之争”中很流行的说法。用祭祀或其他仪式来培养儿孙对长辈的“孝心”，对朋友的“诚心”，对君主的“忠心”，或对社会的“敬心”。所谓“礼教”“教化”的含义正在于此。应该指出的是：儒家的祭祀目的中，确实有它追求现实效果的企图。但要真正获得这种效果，就必须唤起参祭者内心的宗教情感。因此，为肯定中国礼仪中的“人文性”，而完全否认儒家精神中的宗教感，这是有问题的。事实上，中国人在社会教育中提倡的“慎终追远”，本身就含有超越人生的意义。

多明我会批评中国祭祀有自己的宗教形式，有“主祭”“陪祭”“赞礼”“执事”，和天主教太相似。杭州三教徒辩护说，这些主持祭祀的人物只不过像酒桌上的“主席”，没有神师的职责。这种辩解也很勉强。主祭人物通常是一国之皇帝、一地之父母官、家族中的嫡长子。但是助祭人物就通常选些德高望重的“贤人”“名流”。如同

① 杜佑．通典：第2册．校点本．北京：中华书局，1988：1167.

天主教会的主祭应是神职人员，而助祭师应是品行纯洁的俗人。目的无他，就是具有与神灵沟通的资格。这种情况在一些“淫祀”活动中可以更清楚地看到。主持“道场”的祭者甚至是“神汉”“巫婆”，是被认为能直接与神灵沟通的人。

中国祭祀礼仪有自己的宗教形式，尤其以“祭天”最强烈。按《大司乐》规定：天子“祭天”时，“乃奏黄钟，歌大吕，舞云门，以祀天神”。音乐、歌曲、舞蹈，庄严肃穆的气氛比天主教教堂里的管风琴、唱诗班有过之而无不及。从中国礼仪和传统巫祝的关系来看，儒家的“祭天”差不多只是国家法定、有礼制规范的而已。

清代的“祭天”，较严格地遵守礼制。满人原先所信萨满教，是原始迷狂的“跳神教”。天聪十年（1636）改国号为“清”，“设圜丘德盛门外”，改汉族儒家礼仪，露问鼎中原之心。“世祖（即顺治。——引者）入关，宅帝位。于是冬至祀圜丘，奉日月星辰云雨风雷配；夏至祀方泽，奉岳镇海渎配。南北分飨著为例。四年（1647），定郊祀荐生牢如初，惟躬祀南郊进胙牛。”顺治朝几度修改“郊社之礼”，力臻完善。

至康熙朝，皇帝对祭天更加重视，亲自祭祀，历年不断。《清史稿·礼志·郊社仪制》记：“康熙二年，定郊祀躬亲行礼，无故不摄。四十六年，冬至大祀，会天寒，群臣以代请，勿许。四十八年，帝违和，始令李光地摄行郊坛大礼。越二年，祀圜丘如初。嗣是帝年逾六十，兼病足，复令大臣摄之。明年冬至，斋戒，犹力疾升坛省俎豆，量力拜跽，退处幄次，俟摄事者礼讫始还宫。臣工固请停躬诣，犹勿许。六十一年，祀南郊，始遣世宗恭代，距宾天止五日也。”《清史稿》抄录历朝故事，特别记载康熙不因寒暑和年老多病，几十年不废“郊社之礼”，不轻易让人替代自己的祭祀职责，直到临死前的第五天还关心祭天。清朝皇帝固勤于政事，但康熙特别突出地勤于祭天。这不但说明他很看重自己“天子”的地位，也说明他真是有严肃信仰态度的人。

康熙身边的耶稣会士应该最深切地知道这一点。白晋之《康熙帝传》和张诚之《张诚日记》中提到了康熙的许多优秀品质。白晋说康熙虽不是基督徒，但对西方学说很感兴趣，具有许多基督徒的特征，称他有“一半基督化的行为”①，他们没有提到康熙每年冬夏

① 白晋．康熙帝传//清史资料：第1辑．北京：中华书局，1980：195.

两次祭天的情景。而李明在法国谈到这一事实，并把它等同于祭上帝，欧洲为之哗然。北京的耶稣会士很清楚，根本不能反对康熙的“祭天”。既然不可能让皇帝放弃“敬天”的“郊社之礼”，便应该把它改造成天主教能够接受的礼仪，这是耶稣会中开明派的策略。

耶稣会士事实上明白中国礼仪确实含有宗教成分。他们在很多地方强调说，中国礼仪看似奇怪，但中国人的信仰是理性的，心理是健康的，是相当接近天主教神学的。他们要求欧洲宽容中国人的信仰。但是，“保教运动”中的罗马教廷，为维护本教的纯洁性，重视宗教形式胜于重视内心信仰，不能接受东方民族特殊的信仰方式。这使耶稣会不得不在辩称“中国礼仪非宗教”上面做文章。

肯定中国礼仪的宗教性，并不意味着耶稣会关于中国文化是“人文主义”的判断是错误的。错误可能源于另一种认识，即认为“人文主义”一定是非宗教的。从欧洲的情况来看，人文主义和宗教信仰并非水火不容。利玛窦时代的“人文主义”，是罗马教廷大为奉行的。罗马教廷盖图书馆，办大学、科学院，雇用学者，资助画家，参加游行狂欢，出过不少“人文主义教宗”。[①] 白晋、张诚、李明时代，法国、德国发动了“启蒙运动”。德国并没有因“启蒙运动”而出现大规模的非宗教运动。从莱布尼兹到黑格尔，德国的思想革命一直是在神学的名义下进行的。[②] 在大革命中，法国人民确实把矛头指向教会，有伏尔泰领导的“理性主义”思潮开始批评教会，造成人文主义和教会的对立。但是当时的人们对信仰本身、对教义，并没有根本否定。在近代，教会和自由思想一度是对立的。但是，人文主义和宗教精神并没有如此剧烈的冲突，相反，有深刻的内在联系。

伏尔泰是欧洲“启蒙运动”和“理性主义”的大师，他在“中国礼仪之争”中，在争论各方之外，从思想家和学者的立场发表了

---

① 罗马教廷是文艺复兴的早期倡导者。教宗利奥十世（Leo Ⅹ，1513—1521 年在位）出自著名的文艺复兴家族佛罗伦萨美第奇家族，酷爱文学和艺术；朱利亚二世（Julius Ⅱ，1503—1513 年在位）是建筑师，赞助了很多学术和艺术活动；西斯图斯四世（Sixtus Ⅳ，1471—1484 年在位）在罗马大兴土木，最著名的是“西斯廷大教堂”；尼古拉五世（Nicholas Ⅴ，1447—1455 年在位）是最著名的“人文主义教宗”，他把文艺复兴的中心从佛罗伦萨移到了罗马，建造了梵蒂冈教廷图书馆；尼古拉五世以后的卡力克斯图斯三世（Calixtus Ⅲ，1455—1458 年在位）、庇护二世（Pius Ⅱ，1458—1464 年在位）、保罗二世（Paul Ⅱ，1464—1471 年在位）都被称为“人文主义教宗”。（Williston Walker. A History of the Christian Church，Charles Scrihner's Sons. New York，1985：ch. 15 “The Italian Renaissance and Its Popes” 392-599）

② 参见马克思、恩格斯在《德意志意识形态》中的有关论述。

看法。他的论述和观点或许最能为近代知识分子所理解与接受。伏尔泰抓住反对中国礼仪一派的一个“互相矛盾”的论点，表达了他赞成和拥护耶稣会的态度。他在《风俗论》中几次指出：在“中国礼仪之争”中有一个“互相矛盾”的逻辑：一方面指责中国人是“无神论者”，另一方面又说中国人搞“偶像崇拜”；一方面说不信神的社会不可能存在，另一方面又说孔子的儒家社会是不信神的。[①]这样的“互相矛盾”，让提倡“理性”的伏尔泰一下子抓住。既然涉及对中国文化的性质判断，那么中国文化、儒家社会到底是宗教的还是世俗的？伏尔泰就必须回答。他说：

> 孔子不创新说，不立新礼；他不做受神启者，也不做先知。他是传授古代法律的贤明官吏。我们有时不恰当地把他的学说称为“儒教”，其实他并没有宗教，他的宗教就是所有皇帝和大臣的宗教，就是先贤的宗教。孔子只以道德谆谆告诫人，而不宣扬什么奥义。[②]

伏尔泰说孔子是一个谈论世俗哲学的哲学家，不是宗教家，儒家也不是以孔子思想命名的“儒教”。然而，伏尔泰却不认为孔子、中国皇帝以及中国人都没有信仰，都是天生的“无神论者”。

> 在欧洲，曾经有人指责自己所不喜欢的耶稣会士们谄媚中国的不信神者。于是教皇任命一个名叫梅格罗（即阎当。——引者）的法国人为驻中国福建代牧主教，前往中国处理此事。这个梅格罗一个汉字不识，却把孔子当作不信神者看待，其根据就是这个伟大人物的这两句话：“天生德于予，桓魋其如予何?”我们的最伟大的圣徒也从未说过比这更为精辟的格言。如果孔子是不信神者，那么加图和大法官洛比塔尔也是不信神者了。”[③]

伏尔泰读过耶稣会士的四书译本，他从《论语》中认识孔子的宗教观。《论语・八佾》中多有论祭祀礼仪，其中有耶稣会士和多明我会士反复辩论的名句：“祭如在，祭神如神在。子曰：‘吾不与祭，

---

① 伏尔泰．风俗论：上．梁守锵，译．北京：商务印书馆，1995：218-224.

② 同①77.

③ 同①77-78. 加图（Marcus Porcius Cato，公元前95—公元前46），罗马共和国著名政治家。从小刻苦正直，信奉斯多葛学派哲学，为罗马贵族代表，最后败于独裁者恺撒，自杀而亡。洛比塔尔（Michel de L'Hopital，1505—1573），法国图卢兹人，凯瑟琳皇后时期任大法官，为人正直公允、忠诚无私，是一位人道主义者，且主张宗教宽容。

如不祭。'" 一般的解释是，这句话确实表达了孔子对神的敬意。伏尔泰认为，"绝对不相信任何神，则是道德上的一种可怕的谬误，一种跟贤明的政府格格不入的谬误"①。伏尔泰认为，中国人都是有信仰的，信神的。不过就是欧洲保守神学不能接受这种信仰罢了。他《风俗论》第二章的一段标题就是"中国政府并非不信神者"。"只有像我们这样一个在一切争论中都信口开河的人，才会把它说成是不信神者。"他还认为，中国哲学不是宗教，但也不是无神论。中国人的"玄学"有长处：

> 我们污蔑中国人，仅仅因为他们的玄学不是我们的玄学。其实我们应赞赏中国人的两点长处：既谴责异教徒的迷信，也谴责基督徒的习惯做法。中国儒生的宗教从来没有受无稽神话的糟蹋，也没有为政教之争和内战所玷污。②

伏尔泰的这种观点与其说是证明儒家学说的高明或优越性，不如说是表明伏尔泰引进外来思想、批判本国保守神学的一贯立场。他的"启蒙思想"主张，受英国洛克哲学的影响，反对天启哲学，尤其反对神学统治，主张按照人类自己的经验和体验寻找信仰、寻找神灵。"理性的信仰"正是近代"人文主义""理性精神"的精髓之一。代尔泰同时受到中国哲学影响，认为中国哲学正具有这样的特征。虽然有把东方思想理想化的嫌疑，但在东西方文化比较的层面上看，伏尔泰的概括有其精辟的地方。"它山之石，可以为错"，同样是运用远方的思想来批评当地思想，伏尔泰引儒家思想济天主教神学之穷的做法，与徐光启在中国提倡用"西学"来"补儒易佛"有异曲同工之处。

二、北京和罗马

近代外交之先河

"中国礼仪之争"初步显露了近代社会的外交问题，虽然当时欧洲和中国都还没有形成"民族国家"（nation-state），但北京和罗

---

① 伏尔泰. 风俗论：上. 梁守锵，译. 北京：商务印书馆，1995：223.

② 同①222.

马的争议已经预演了一种现代外交关系。既然天主教是一个严密的宗教组织，又由于“政教合一”的传统，时至18世纪，欧洲各国和教会仍有紧密联系，这使得中国人从一开始就必须与梵蒂冈教宗国和各保教国政府打交道。一般情况下，康熙和耶稣会士保持着皇帝和内廷宠臣的个人关系。但是，当“中国礼仪之争”发生时，罗马、法国、葡萄牙、西班牙都被卷了进来。康熙必须处理与欧洲之间的国际关系，清朝开始了近代意义上的对外交往。

当“中国礼仪之争”发展到高潮的时候，罗马教廷两次派代表团访问北京，康熙承认其使节地位。近代中国和欧洲的正式通使，是从中梵关系开始的。虽然早些时候，葡萄牙和法国作为天主教传教的“保教国”，已经和中国发生了密切的关系，但所有交往局限在澳门和地方层面，未升至皇帝和教宗关系。在“中国礼仪之争”过程中，有了更多的宗教、民族和国家的权威因素渗入中国。

葡萄牙国王的“保教权”是在1493年从教宗亚历山大六世（Alexander Ⅵ，1492—1503年在位）手里获得的。葡萄牙、西班牙率先向海外探险，开辟了通往美洲、非洲和亚洲的航线。很多传教士通过这些航线到当地传教。从里斯本到好望角、到印度洋的航线，是葡萄牙人达·伽马在1498年发现的。因此，利奥十世在1514年将亚洲的保教权也授予了葡萄牙。“保教权”有几项内容：到东亚的传教士应向葡萄牙政府登记；应搭乘葡萄牙的商船前往亚洲；东亚的主教应由葡萄牙国王向教宗推荐；当地为传教发生的交涉事务应由葡萄牙政府代理；在当地进行宗教仪式时，葡萄牙国王的代表应在各国代表之前；葡萄牙政府负责提供传教津贴。① 在中国，葡萄牙驻澳门总督负责监督中国的传教事务。由于葡萄牙总督的垄断，耶稣会内部为中国礼仪而发生的争论在澳门得到协调，问题没有暴露到罗马和欧洲。

16世纪是伊比利亚半岛的葡萄牙、西班牙海上竞争的世纪。地球是圆的。1519年，葡萄牙航海家麦哲伦代表西班牙，从另一条航线，经大西洋，沿南美洲海岸，入太平洋，“发现”关岛，到达菲律宾。西班牙人最终在1571年把菲律宾群岛占为殖民地。此后，西班牙背景的多明我会和方济各会的会士到达亚洲传教。他们经过南洋华人的中介，进入中国台湾，又在17世纪的明末清初和葡萄牙系统

---

① 罗光．教廷与中国使节史．台北：传记文学出版社，1969：176.

的耶稣会相会于中国福建地区。“中国礼仪之争”主要是由于双方对中西文化和宗教的不同理解造成的，但是多国矛盾加剧了神学冲突。

17 世纪，法国因素加入了本已复杂的中国问题。1661 年（康熙即位前一年），法国权相马扎兰（Mazaran）逝世，路易十四亲政。“太阳王”一贯喜爱中国书籍、文物，和本国耶稣会关系密切，因而决心与葡萄牙争夺在中国的传教权。在路易十四的努力下，教宗亚历山大七世（Alexander Ⅶ，1655—1667 年在位）向中国派遣了三个法国耶稣会传教士。此举干预了原定的保教权，引起葡萄牙的强烈抗议。这三人最终没有到达中国参与内地传教。[①] 康熙十七年（1678），在北京的耶稣会士南怀仁向欧洲呼吁，尽快向中国派遣懂得天文学和其他自然科学的传教士，得到积极响应。路易十四时期的法国，其经济、军事、政治力量在天主教国家已凌驾于伊比利亚半岛的葡萄牙、西班牙之上。在文化上，法国的文学、艺术、科学、哲学也迅速发展，与英国互争雄长。1682 年，路易十四与大臣柯尔柏（Colbert）、他的忏悔神父耶稣会士拉雪兹（Pere de la Chaise）、著名数学家洪若翰、法国天文台台长喀西尼，决定了对中国的传教计划。由洪若翰带队，张诚、白晋、李明、刘应和塔卡（Guy Tachard）加入，组成著名的“法兰西六人传教团”。他们在中国深为康熙皇帝喜爱，在欧洲大量著述，是利玛窦以后对中西文化交流贡献最大的耶稣会士。[②]

“中国礼仪之争”中，葡萄牙、法国和西班牙的国王，为自己的国家利益而采取了不同的态度。“中国礼仪之争”既是罗马教廷与北京政权之间的宗教争议，也构成了欧洲各民族国家之间，以及各国与清朝之间的多边及双边世俗关系。葡萄牙在中国享有特权，占据澳门特殊地位。从商业利益考虑，澳门总督经常利用耶稣会士与明朝和清朝建立密切关系，而努力避免与中国发生宗教冲突。当罗马或西班牙、法国为宗教事务而侵犯其传统特权的时候，葡萄牙和澳门总督的反应十分强烈。1707 年 6 月 29 日，铎罗特使在回到澳门的时候，立即遭到软禁。三位代表一起照会铎罗：军方通知他的住所已被包围，不得离开；总督代表告诉他不得向外发布任何命令；澳门主教和方济各会、耶稣会的代表则请求他放弃“南京命令”。为避免当时就被投入监狱，铎罗穿起了主教大礼服，逃进教堂，跪着高

---

① 白晋. 清康乾两帝与天主教传教史. 冯作民，译. 台北：光启出版社，1977：24.

② 同①26.

声诵唱圣人祷文，使士兵不能下手。事后，葡萄牙国王约翰五世和果阿总督还是宣布铎罗为葡萄牙国事犯，予以关押。澳门主教宣布“南京命令”所称的“弃绝”处罚无效。在澳门的大多数修会的会士都服从这个决定，只有少数多明我会和方济各会的会士仍然追随铎罗。①

有西文资料说，康熙通过广东官员向澳门葡萄牙当局照会，要求关押铎罗，直到康熙派往罗马的特使艾若瑟带消息回来。中文中没有见到康熙或广东督抚与澳门葡萄牙当局联络的文件，但双方的合作是明显的。澳门方面将铎罗关押了三年之久，直到他 1710 年 6 月 8 日去世。三年里，澳门葡萄牙当局一直害怕他被西班牙船只劫走。葡萄牙政府并不一定是站在维护中国礼仪的立场，它只是为了不让罗马和西班牙染指中国事务。在罗马和北京之间，葡萄牙及其澳门当局充当了强有力的调解人。当铎罗与康熙的谈判陷入僵局以后，教宗克莱芒十一世多次通过葡萄牙国王向康熙请求帮助继续维持中国天主教会。1709 年 3 月 20 日教宗的信还是通过澳门送达康熙的。② 葡萄牙及其澳门当局对北京与广州通常都采取迎合、妥协的态度，通过“中国礼仪之争”的居间作用，又加强了自己的地位。

面对复杂的国际关系，康熙采取的是“个人化”的外交原则。康熙本人并不完全明了当时的国际格局，也不熟悉当时的国际交往方式。康熙思想开放，但他只是以个人兴趣，而非国家商业或政治利益来与欧洲交往。他希望通过身边的传教士，与欧洲各国国王和罗马教宗建立良好的个人关系。在献给路易十四的《康熙帝传》中，白晋说康熙不像历代中国皇帝那样蔑视外国人：“皇帝也以其特有的这种伟大胸襟，非常热情地接待荷兰、葡萄牙来朝的使节。在这方面，皇帝的才智和习惯显然与一般中国人不同。中国人长期蔑视外国民族，认为不值得与任何外国民族交往。即使接待外国的使节，也无非把他们看作来朝贡的。除了向中国人学到了科学和文明的日本人、越南人及朝鲜人以外，中国的其余邻邦也确实是极其粗野的。”③ 但是，康熙的这种开放态度是个人化的，而非体制性的。一个例子是：他把北京的西洋传教士当作“朝廷供奉”来差遣。更明显的例子是：他主动向欧洲遣使，但只是用亲信传教士充当。

① 罗光．教廷与中国使节史．台北：传记文学出版社，1969：124.

② 同①126.

③ 白晋．康熙帝传//清史资料：第 1 辑．北京：中华书局，1980：203.

利用外国人做清朝的特使，是康熙的首创。康熙三十二年（1693），白晋和张诚用西药奎宁治愈了康熙的疟疾。皇帝便马上要白晋回国，请路易十四多派耶稣会士来北京。康熙给白晋以“钦差大臣”的状子，给路易十四备了厚礼（其中包括路易十四喜爱的中国书籍，共四十九本。原来法国皇家图书馆只有三本，书到之日，欧洲为之轰动），但没有写任何外交文书。白晋在欧洲难以证明自己的身份。路易十四非常想派人去中国，挤走葡萄牙派遣的耶稣会士，因为没有正式文书而为难。结果白晋只能运用法国大商人，以对华通商的利润为诱惑，让他们派船去中国。①

因为信任白晋，当康熙四十五年（1706）铎罗使团到京后，康熙又任命白晋为报聘使，带礼物去见教宗，而请铎罗使团的顾问沙国安当副使。康熙的胸襟较广，他愿意“以夷制夷”，用对方的人员为自己服务。而他的局限也在于他没有现代外交观念。他想通过厚礼馈赠，和教宗建立私人往来，解决“中国礼仪之争”。任用私人的外交，必须建立在绝对忠诚的基础上，而康熙主观地用对方人员反串做自己的使节。这样的外交方式建立在主奴信任关系之上，其不可靠可想而知。当他发现沙国安没有忠于自己而仍然效忠铎罗之后，马上命人赶到广州，追回礼物，让白晋回京。②

白晋通使未遂后，1708年康熙又派艾若瑟到罗马。艾若瑟是意大利耶稣会士，1695年来华，在江西、河南、陕西、山西传教。1702年到京。③ 1708年，他被派为特使，受康熙信任，并寄予解决问题之希望。这在汉语资料中有所证明。康熙坚决认为铎罗的禁令是假传教宗的旨意，一定要等到艾若瑟回来后才相信真相：“今览教化王处来的告示，必定是假的。朕差往罗玛府去的艾若瑟回时，朕方信。信而后定夺。”④ 但是，艾若瑟在罗马生病了，曾五次上书

---

① 白晋. 清康乾两帝与天主教传教史. 冯作民，译. 台北：光启出版社，1977：44.

② 陈垣. 康熙与罗马使节关系文书. 北平：故宫博物院，1932：第1件；罗光. 教廷与中国使节史. 台北：传记文学出版社，1969：111. 请效忠于朝廷的西洋人充当出使西洋的使节，后来成为清朝的祖制惯例。1868年，美国众议院议员、驻华公使蒲安臣（Anson Burlingame，1820—1870）代表中国出使美、英、法、普、俄等国；1884年，在沪英国商人敦约翰（John George Dunn）代表李鸿章，去巴黎与遣使会商谈北京北堂问题，并秘密接触罗马教廷，请教宗摆脱法国，直接遣使管理中国教务。后世学者对清末用西人代为出使不理解，而当时人不以为怪，则正是康熙原已如此的缘故。

③ 荣振华. 在华耶稣会士列传及书目补编. 耿昇，译. 北京：中华书局，1995：484.

④ 陈垣. 康熙与罗马使节关系文书. 北平：故宫博物院，1932：第6件.

辩论。1720年抱重病回中国，死于好望角海面。康熙等了他十多年，当他的尸体运回广州时，清朝给他以隆重的葬礼。①

应该辨别的是：康熙友善地对待欧洲人，并不是出于平等原则，而是把他们看作臣属。因而一旦翻脸，“款夷”失败，其风度之大变，和传统的“攘夷”态度毫无二致。康熙一直要求在正式文书中把“教宗”翻译成“教化王”，表示比自己低一级。开始把“罗马”（Rome）翻译成“罗玛”，加“王”旁，而不是侮辱性的“口”“犭”旁，还算尊重。但是反目之后，康熙就把“教化王”称作“叫化王”，把“天主教”称作“天主叫”。1721年，当嘉乐使团无功而返时，康熙又反过来命令嘉乐兼充中国使者。他备足了给教宗和葡萄牙国王的礼物，但就是不写国书，只是以在京传教士的名义，写了一本《嘉乐来朝日记》，详细叙述了中国皇帝的观点，要嘉乐带回。代写“日记”，且冠名“来朝”，明明是贱视对方。另外，因为不放心嘉乐，他还请耶稣会士通过陆路，经俄国耶稣会的渠道，把《嘉乐来朝日记》抢先送到葡萄牙。当嘉乐1723年刚回到里斯本时，葡萄牙国王果然拿着《嘉乐来朝日记》，对他大加责备。《嘉乐来朝日记》全文见《康熙与罗马使节关系文书（影印本）》第13件。康熙逼迫传教士在上面签名同意。签名的有：苏霖、穆敬远（Jean Mourao）、林济各（François-Louis Stadlin）、郎石（世）宁、倪天爵（J. B. Gravereau）、严嘉乐（Charles Slaviczek）、戴进贤、巴多明、白晋、雷孝思、冯秉正、马国贤、莫大成（J. F. Cardoso）、费隐、罗怀忠、张安多（Autoin de Magaihaens）、李若瑟（J. Pereira）、徐茂盛（Jacques-Pilippe Simonelli）。德理格拒绝签名，次日即被康熙大骂：“德理格乃无知光棍之类小人。昨日不写名字，甚属犯中国之罪人。”② 在被罚把《嘉乐来朝日记》翻译成拉丁文之后，他被投入监狱，雍正元年（1723）方被放出。种种言行表明，康熙并没有一种平等外交的国际观念，实行的仍然是“朝贡”体制的做法。

因为长期把耶稣会士看作单纯的学者，所以康熙愿意向他们问学，而不愿意干预天主教内部的纠纷。当“中国礼仪之争”爆发时，他不得不干预，并明确地站在耶稣会一边。康熙把争论归咎于西洋

---

① 费赖之. 在华耶稣会士列传及书目. 冯承钧，译. 北京：商务印书馆，1995：484.

② 陈垣. 康熙与罗马使节关系文书. 北平：故宫博物院，1932：第12件.

来华人员的背景过于复杂："近日自西洋所来者甚杂。亦有行道者，亦有白人借名为行道，难以分辨是非。……更有做生意、跑买卖等人。"为此，他要和铎罗一起定一规矩："以后凡自西洋来者，再不回去的人，许他内地居住。若近（今）年来明年去的人，不可叫他许住。"长住中国，学中国语言文字，为中国服务，耶稣会做得最好。这个"规矩"，显然是耶稣会用以排斥他会的办法，而与康熙的主张完全吻全。康熙劝解各方说："凡各国各会，皆以敬天主者。何得论比（彼）此，一概同居同住，则永无争竞矣。"① "西洋人自今以后若不遵利玛窦的规矩，断不准在中国住，必逐回去。"② 康熙的手段既保持了主权，又支持了耶稣会，同时回击了干涉中国事务的罗马教宗。但是在清朝，他的这种个人外交艺术并没有被固定成国家外交政策。

康熙没有把与欧洲的外交作为国家关系来处理，甚至没有放到与越南、日本、暹罗等这样的藩属朝贡国同等的地位，这不是现代外交原则。但是，康熙在"中国礼仪之争"中坚持的主权原则是无可非议的，是符合现代外交原则的。他说欧洲人是不懂中国文化的"门外汉"："此等人譬如立于大门之前，论人屋内之事。众人何以服之？"③ 他在《嘉乐来朝日记》中不断重复这类话："尔教王条约只可禁止尔西洋人。中国人非尔教王所可禁止。""尔西洋人不通中国诗书，不解中国文义，如何妄辩中国道理？""中国道理无穷，文义深奥，非尔西洋人所可妄论。""中国人不解西洋字义，故不便辨尔西洋事理。尔西洋人不解中国字义，如何妄论中国道理之是非？"④ 康熙皇帝是同情和理解天主教神学的，所以他并没有不加区别地攻击"西洋事理"，并不是说"西洋事理"不应存在于中国。他坚持的是："中国道理之是非"要由懂得"中国文义"的人来辩论。他这样退一步地说，使自己的理性空间显得更大：欧洲人只要如耶稣会士那样学习、研究中国文化，就可以对中国事务发表意见。

---

① 陈垣．康熙与罗马使节关系文书．北平：故宫博物院，1932：第 2 件．

② 同①第 4 件．

③ 同①．

④ 同①第 13 件．

本土化神学

作为一个有学问兴趣的皇帝，康熙愿意亲自和欧洲的神学家辩论。他的语言是专制君主特有的，但也是一种道理。“尔欲议论中国道理，必须深通中国文理，读尽中国诗书，方可辩论。……供牌位原不起自孔子，此皆后人尊敬之意，并无异端之说。呼天为‘上帝’，即如称朕为‘万岁’，称朕为‘皇上’。称呼虽异，敬君之心则一。如必以至如今止七千六百余年，尚未至万年，不呼朕为‘万岁’可乎?”[①] 康熙除了表达他无可争辩的“万岁”名分外，其主旨还强调：西洋的神学，要用中国的语言和道理讲出来。另外，康熙甚至知道：语言（“称呼”）和思想（“道理”）并不一致。如：“万岁”并不实指一万岁，“上帝”也不就是实指其某，它只是表达中国人对自然的敬意而已。中国语言文字的意蕴，只有中文的使用者才能体会。这就涉及本地文化和神学的关系。

利玛窦以来的耶稣会士坚持从中国的古籍中研究中国的语言文字，进而谈论中国概念、中国文化。从很多意义上看，这就是天主教神学的中国化、本土化。在“中国礼仪之争”中，康熙不断地表彰一百多年来的利玛窦传统，批评传教界某些人如阎当识汉字不满五十就妄论中国文化的现状。他不无过分地批评说：“中国之众西洋人，并无一人通中国文理者，惟白晋一人稍知中国书义，亦尚未通。”[②] 其实当时不少耶稣会士仍然保持着很好的中国学术文化传统。在“中国礼仪之争”的讨论中，耶稣会方面进行了大量的汉语神学研究。继明末利玛窦的《天主实义》等书之后，清初的耶稣会士又对神学的中国化做出了贡献。

利玛窦入华以后，最大的神学难题不是中国人没有信仰，而是一般中国人信仰的是多神教。这是信仰一神的基督教在世界各地传播时遇到的共同问题。利玛窦的智慧在于他发现：儒家士大夫信奉的儒学比较世俗，自身也反对佛教、道家，只是在先秦古籍和宋明理学中有“上帝”“理”“道”“太极”的谈论。利玛窦批评“后儒”，否定受佛教、道家影响的一整套“理学”。他赞同在先秦古籍中讲到的“造世生物”。三坟六典对“上帝”语焉不详，因而给耶稣会士重新解释儒家留下了很大的空间。用天主教的神学，独尊儒家的“上帝”“人”

---

① 陈垣. 康熙与罗马使节关系文书. 北平：故宫博物院，1932：第13件.

② 同①.

“理”“道”（按理学观念，这些概念差不多是合一的，是“一神”），这是利玛窦和早期耶稣会士“尊先儒，贬宋儒”的“补儒”策略，是十足的中国化传教路线。《天主实义》中说：

> 二氏之谓，曰无曰空，于天主理大相刺谬，其不可崇尚，明矣。夫儒之谓，曰有曰诚，虽未尽闻其释，固庶几乎？
>
> 余虽末年入中华，然窃视古经书不怠。但闻古先君子敬恭于天地之上帝，未闻有尊奉太极者。如太极为上帝，万物之主，古圣何隐其说乎？
>
> 吾天主，乃古经书所称“上帝”也。《中庸》引孔子曰：“郊社之礼以事上帝也。”朱注曰：“不言‘后土’者，省文也。”窃意仲尼明“一之，不可为二”，何独省文乎？
>
> 《周颂》曰：“执兢武王，无兢为烈。不显成康，上帝是皇。”又曰：“於皇来牟，将受厥明，明昭上帝。”《商颂》云：“圣敬日跻，昭假迟迟，上帝是祇。”《雅》云：“维此文王，小心翼翼，昭事上帝。”《易》曰：“帝出乎震。”夫帝也者，非天之谓，苍天者抱八方，何能出于一乎？《礼》云：“五者备当，上帝其飨。”又云：“天子亲耕，粢盛秬鬯，以事上帝。”《汤誓》曰：“夏氏有罪，予畏上帝，不敢不正。”又曰：“惟皇上帝，降衷于下民，若有恒性，克绥厥猷，惟后。”《金縢》周公曰：“乃命于帝庭，敷佑四方。”上帝有廷，则不以苍天为上帝可知。历观古书，而知上帝与天主特异以名也。①

利玛窦在《天主实义》里，首先要确立上帝的概念。但他并没有直接地翻译、介绍天主教的“基督论”（Christology）。他是通过和儒家的对话，在儒家的思想基础上建立中国的“基督论”。这显然是容易引起争议的做法。利玛窦从《尚书》《诗经》中摘引了大量关于“上帝”的经典说法，以证明“上帝与天主特异以名也”，中国的“上帝”就是天主教的“天主”（“陡斯”）。他认为，“天主”不是“苍天”，不是“太极”，不是“空”“无”，而是中国先祖祀奉的造万物的“主”。这样的“天主”只有一个，是独一尊神。因此，当朱熹注《中庸》，说“上帝”后面省掉了“后土”，利玛窦说这不对，上帝原来就是一个。上帝是一，不是多，“一之，不可为二”。《天主实

① 利玛窦. 天主实义. 马爱德，编. 英汉对照本. 美国圣路易大学耶稣会研究所，台北利玛窦研究所，巴黎利玛窦研究所，1985：解释世人错认天主.

义》里的中国化"基督论"并不是轻率的，是经过几十年深思熟虑建立起来的。[①] 尽管耶稣会士对中国各家学说的理解常有不深刻之处，但在定义"天主"的时候，他们还是具备了相当的知识和智慧，运用了高度的技巧。

利玛窦企图用"大孝"概念来改造儒学，使其成为天主教神学的一部分。如他有"定孝之说"，立"天主""国君""家君"的"三父之论"，其实是要把"父"概念推广到"大父"，即"上帝"。同时，把"孝"提升到"大孝"，即对"上帝"的信仰。儒学和天主教神学合为一体，确立"儒学一神论"。在《天主实义》"总举大西俗尚，而论其传道之士所以不娶之意，并释天主降生西土由来"一节中，利玛窦说："吾今为子定孝之说。欲定孝之说，先定父子之说。凡人在宇内有三父：一谓天主，二谓国君，三谓家君也。逆三父之旨者，为不孝子矣。"全书没有明确地介绍和解释中国人难懂的圣父、圣子、圣灵的"三位一体"理论，倒是把对家庭和国家的忠诚特别地纳入中国的天主教神学，确实是耶稣会士对儒家体制的妥协。以"孝"为核心的"三父之论"，是"中国礼仪之争"中耶稣会一方的理论基石。

有一个值得注意的现象：在《天主实义》中，利玛窦提到名字最多的是中国思想家，有周公、孔子、老子、庄子、程颐、朱熹……其次摘引较多的是古希腊的哲学家，如"黑蜡"（赫拉克利特，Heraclītos）、"德牧"（德谟克里特，Dēmocritos）、"奥梧斯悌诺"（奥古斯丁，Augustine）、"佛郎祭斯谷"（方济各，Francisco）、"闭他卧剌"（毕达哥拉斯，Pythagoras）……引用最少的反倒是《圣经》中的人物，只在一次论伏羲、神农时，提到"亚党"（亚当）、"厄袜"（夏娃）。据统计：《天主实义》18 次引用《尚书》，11 次引用《诗经》，6 次引用《易经》，2 次引用《礼记》，2 次引用《左传》，3 次引用《大学》，7 次引用《中庸》，13 次引用《论语》，23 次引用《孟子》，1 次引用《老子》，1 次引用《庄子》。[②] 整个《天主实义》的理论背景（所谓"西哲""西子""西儒"言论），是希腊古典哲学和托马斯·阿奎那哲学，而其形式毋宁说是中国哲学。让先秦诸子

---

① 李天纲.《孟子字义疏证》与《天主实义》//王元化. 学术集林：卷二. 上海：上海远东出版社，1994.

② 利玛窦. 天主实义. 马爱德，编. 英汉对照本. 美国圣路易大学耶稣会研究所，台北利玛窦研究所，巴黎利玛窦研究所，1985：附录 Index of Chinese Classical Texts.

与古希腊哲学家辩论，这是一本最早的中西哲学对话著作。

古希腊哲学和中国儒家思想一样，原来也不属于希伯来的犹太教—基督教神学体系。经过教父们的研究阐述，“二希”（希伯来和希腊）神哲学才在中世纪的“教父哲学”中渐渐融为一体。利玛窦在东西方哲学的基础上讨论基督教神学，用儒家解释基督教，如同教父哲学家用古希腊哲学解释基督教一样。这些做法，显然是要把中国的哲学传统融入欧洲近代的神哲学传统。历史上有不少成功例子，也有许多争议。

1604年，《天主实义》日文本出版。在日耶稣会士研究程朱“理学”，他们认为《天主实义》中的“天”和“上帝”不能代表基督教的“创造者”。德川幕府开始迫害天主教以后，大量的神父来到中国澳门避难居住，和在中国的“利玛窦派”同事在译名问题上有所争议。此间，日本耶稣会士陆若汉（Jean Rodrigues，1561—1634）①写了《关于利玛窦和中国礼仪的详细研究》（Tractatus copiosissimus contra praxes Mattieu Ricci et Sociorum Sinensium）。论文原本失传了，主要观点保留在陆若汉1616年1月22日从澳门给耶稣会总会长的信中。他认为，中国的儒、道、佛三家的思想，都是和基督教不融合的。他不是要贬低中国文化，他对中国文化的评价极高，高过对他所心爱的日本文化的评价。和其他耶稣会士不同的是，他所信奉的神学大师不是有“经验论”倾向的托马斯·阿奎那，而是主张“唯灵论”的奥古斯丁。按一般的思想规律，经验论者比较尊重实际生活中的各种差异，而唯灵论者在信仰上虔诚热情。陆若汉用奥古斯丁神学概念来理解亚洲人的宗教观念。他认为，中国人的礼制仅仅是符合自然和社会规律的法律、道德、学问。他的观点得到在华耶稣会士熊三拔的响应。熊三拔作了《论上帝之名》（*Tractatus de*

---

① 陆若汉，葡萄牙人，15岁到日本，19岁入耶稣会。他在日本充当大名的翻译，编写了第一本日语语法书，写了好几本向欧洲人介绍日本历史的著作。如同利玛窦、金尼阁是欧洲汉学的奠基人一样，他是欧洲日本学的奠基人。他走通了幕府关节。1596年，他见过日本的统一者丰臣秀吉（1536—1598）。德川家康（1542—1616）打败丰臣家族后，陆若汉又数次见到新的统治者德川家康。后来，日本幕府驱逐传教士，他离开日本，一直住在中国澳门研究中国文化。许多滞留在中国澳门的日本耶稣会士对中国礼仪持反对态度，澳门一度成为“中国礼仪之争”的中心。1630年，他受澳门总督的委派，作为葡萄牙商人公沙（Gonzles Texeira Correa）的翻译，带着十门“红夷大炮”到达北京，帮助镇守北京。这些事迹见于《熙朝崇正集》《教廷与中国使节史》等书。

verbo Xam-ti)，反对利玛窦的《天主实义》。[①]

在批评利玛窦《天主实义》的过程中形成了另一种神学观点，这同样成为反对中国礼仪者的理论基础。1623年，龙华民收集了包括陆若汉、熊三拔作品的四篇论文，写成了《关于上帝译名之争的简短回应》(Responsi obrevis super controversias de Xamti，boc est de altissimo Domino，de Tien-chin，hocest de spiritibus coelestibus，de Lim-hoen，id est de anima rationalide aliisque nominibus ac terminis Sinicis ad determinandum，qualiaeorum uti possint vvel non in hac Christianitate)。[②] 此即1701年在欧洲公布并引起轩然大波的《关于中国宗教的若干问题》的原型。在这篇论文中，他反对利玛窦使用儒家的"上帝"概念，认为是混淆了不同的宗教。

龙华民认为，在中国人中间存在两种不同的教理。一种可称为"公众神学"(civil theology)，那是有知识的聪明人发明出来，用来统治普通百姓的学说体系，是按照世俗知识建立起来的信仰学说，并非来自"上帝"。中国的四书五经，以及这一整套的道德伦理说教、礼仪规范基本上都属于这种"神学"。中国人中间也存在另一种"思辨神学"(speculative theology)。比如，中国人也有对数和象征符号的探究与崇拜。儒家经典中，他们有兴趣的是《易经》。他们把中国古代传说中制作八卦的伏羲，比作古希腊的毕达哥拉斯，觉得在《易经》里有形而上的思想方式。这种意识，倒可能是受到了天外的启示而发展起来的。龙华民的这个两种神学的区分，显然是受了《易经》理论中的"河图洛书"说的启发，即中国儒家信仰体系也是受上帝的启示而诞生的。在中国文化中，利玛窦路线的修正者喜欢较具神秘色彩的、"属灵"的东西。据龙华民的意见，第一代到中国的耶稣会士只懂得中国人的"公众神学"，都陷入伦理、科学和社会理论中，不懂中国的"思辨神学"。在他们看来，中国的儒、道、佛都是异端，它们都把世界的本原归结为一种物质，都分不清物质世界和精神世界的区别，没有辨认出上帝的真实信息。很明显，"龙华民派"的观点较少含有

---

① 罗光．教廷与中国使节史．台北：传记文学出版社，1969：81.

② 龙华民文本的原文为葡萄牙文，现藏于罗马教廷传信部档案馆。后翻译成拉丁文本，影响重大。但即使在西方也没有被很好地研究过。近年孟德卫的《莱布尼茨与儒家》(*Leibniz and Confucianism*：*The Search for Accord*，Honolulu，1977) 有所涉及。1995年《中西文化交流史杂志》第7卷发表柯兰霓的论文《龙华民1623年关于中国宗教的论述》[The Treatise on Chinese Religions (1623) of N. Longobardi，S. J.]，这是研究龙华民文本的专文。此处的有关资料和观点，据这篇论文转引。

"经验论"，而是更多带有"唯灵论"的色彩。

陆若汉、熊三拔、龙华民，都属于基督教传统中的"属灵派"。徐光启曾说服熊三拔，"竟利先生之志"，把耶稣会的"西学"翻译事业继续下去，熊三拔面"有怍色"，"深恐此法盛传，天下后世见视以公输、墨翟"。[①]"属灵派"同样学养丰富，就是不肯多做学术工作。他们对中国儒家基督徒所信的"天主"大加怀疑。陆若汉提出要对中国知识信徒进行神学测试。陆若汉是1610年到澳门的。由于汉语不好，熊三拔当翻译，他和来到澳门访问做客的江南"三柱石"徐光启、李之藻、杨廷筠都谈过话。熊三拔在耶稣会内的"译名之争"中，曾经和龙华民站在一起，他自然和陆若汉有共识。在1616年的信中，陆若汉向总会长报告说：他们惊恐地发现，"三柱石"对基督教的信仰充满错误，只有徐光启的理解有点对头。[②]陆若汉、熊三拔、龙华民对利玛窦在中国传教的方法和成绩评价甚低，他们认为利用当地文化资源传教，而不是靠激发人内心的灵性，不是传教的正道。"学术传教"[③]和"灵性传教"，这是传教学上的惯常争议。"中国礼仪之争"把这种争议推向了极端。利玛窦派为天主教所做的文化铺设，包括讲学、研究、译书、刻书等一系列工作均受到怀疑，一百多年的中西文化交流成果受到批评，中国天主教会的基础更是大受冲击。争论中，北京教徒在《同人公简》中向全国教会呼吁：利玛窦以来的成果必须保护。"圣教经书，与夫前辈先生之讲论道理，而以天以上帝名称天主者既多，似此经书，存之乎？毁之乎？"很明白，抛弃利玛窦路线，中国教会的基础将自毁殆尽，而后来的事

---

① 徐光启．泰西水法序//徐光启著译集．上海：上海古籍出版社，1983．熊三拔不愿做科学翻译的例子，曾被用来证明耶稣会士传"西学"是假，要人信教是真，传教士用科学知识欺骗中国人的结论。没有注意到会内有"利玛窦路线"和"龙华民路线"的思想区别，而笼统地批评耶稣会士都是"骗子"，有失学术之公允。

② Michael Cooper, ed. Rodrigues in China, the Letters of Joao Rodrigues. Tokyo, 1981：815. 转见于：C. von Collani. The Treatise on Chinese Religions（1623）of N. Longobardi, S. J. Sino-Western Cultural Relations Journal, XVII, 1995。关于徐光启到过澳门，中国史学界历来怀疑。从这条史料来看，陆若汉早年没有离开过澳门，1616年熊三拔被驱逐到澳门后，也没有长住内地。陆、熊和"三柱石"的会面地点在澳门。这是徐光启和江南人士经常到澳门进修神学的又一个证据。笔者较早提出徐光启到过澳门的推测，参见：李天纲．徐光启与明代天主教．史林，1988（2）。在此获得确凿证据，可定案矣。

③ "学术传教"，是后来学者在总结耶稣会传教方法的时候提出来的概念，可参见：马相伯．学术传教//马相伯集．朱维铮，主编．李天纲，等编校．上海：复旦大学出版社，1996。

实果然如此。

基督教神学如何不失原则地和中国思想结合，这是“中国礼仪之争”的关键。关于“上帝”“天主”的“译名之争”，问题尚停留在纸面。关于敬天、祭祖、祀孔的争论，就和实际生活混在一起了。据明末的资料分析，在利玛窦去世、龙华民接管之后，耶稣会内部关于禁行中国礼仪的争论已经在社会上流传了。《代疑编》书成于“天启辛酉”（1621），距利玛窦逝世 11 年，龙华民正是在这几年中写作了《论中国宗教的若干问题》。当时社会上已经纷纷传说天主教将有禁令，不祭先祖：“圣王制礼，生则养，死则祭，故祀典极重。闻西教不奉祖先，此出讹传犹可，设果有之，忘亲倍本，不足挂齿矣。”对此传言，杨廷筠先是否认天主教徒并没有“不奉祖先”，然后又翻转来说明为什么不能祭祖：

> 此中缙绅奉教最坚者，其父母去世，必哀毁尽礼，为之备棺椁，披衰衣，是亦明征也。但教中丧礼，与俗不同，纸钱银锭，冥器明衣，是今人所重，彼皆谓无益，通不用之。惟念经求主，行克己善功，并哀矜贫戚，为行者广仁，是或一礼。今庶人之家所供神佛，谓之家堂，大都与祖宗神主共在一处，且并有其祖宗神主而无之者。西教甚非三官圣帝等神，五圣五通等祀，教人废此，毋为非鬼之祭，世遂讹传不奉祖先。①

杨廷筠（1557—1627），浙江钱塘人，万历二十年（1592）进士，官至顺天府少京兆。他在北京受利玛窦影响，并于杭州经艾儒略受洗入教，与上海徐光启、杭州李之藻一起，并称教中“三柱石”。许多参加“嘉定会议”的神父，如艾儒略、金尼阁、龙华民都是他的朋友和教师。他了解耶稣会关于中国礼仪的内部分歧。丁志麟《杨淇园先生超性事迹》中云：“先后迓诸泰西先生，如龙精华（华民）、毕今梁（方济）辈。朝夕促膝，惟穷究天学奥旨。或有未明，不惮再三送难，以求理尽心慊。尝对艾师（儒略）谈论，叹曰：余与诸先生细论十有四载，无日不聆妙义，大快吾衷。”

杨廷筠与赞成和反对中国礼仪的两派人物都有很深入的谈话。1622 年，他在北京与龙华民和毕方济长谈了十四天。实际上，这十四天是反对派对他进行的调查，目的在于确定他的思想是否真的符

① 杨廷筠．代疑编．上海：土山湾印书馆，1935：答人伦有五伦守朋友一伦尽废其四条．

合天主教神学。谈话记录被龙华民详细地写入他的著名论文《论中国宗教的若干问题》，并曾经专列为一个文件"有关上帝、天神和灵魂及其他中国译名争议的简短问答"（A Short Answer Concerning the Controversies about Xang Ti，Tien Xin，and Ling Hoen and other Chinese Names and Terms）。杨廷筠儒家化的神学思想是否符合天主教原型，曾经是"中国礼仪之争"中激烈争议的焦点之一。龙华民和后来的李安堂及阎当等人，都认为杨廷筠代表的儒家基督徒的神学思想已经太离谱。近年来，这种争论在新的角度进行。法兰西学院院士谢和耐的《中国与基督教：中西文化的首次撞击》认为：杨廷筠等人对天主教教义的理解有太多出自中国传统观念。相反，澳大利亚雷拓布大学教授鲁利的《耶稣会士对儒家的解释》则认为是龙华民本人不懂儒家哲学。比利时鲁汶大学教授钟鸣旦对杨廷筠思想进行了深入研究。他的观点比较倾向于杨廷筠本人的看法，认为杨廷筠用儒家的语言谈论神学，在"宇宙观"和"历史观"中表达了基督教教义。亦即说，能够用儒家语言讲述和表达天主教精神。①

龙华民在他谈话记录的最后一段评论了杨廷筠神学思想的性质。他认为，利玛窦和中国的儒家基督徒正在犯一个可怕的"四教合一"的错误：

> 正如利玛窦承认，杨廷筠把我们的神圣法律和中国的儒家法律，接着还与其他两种宗教的法律做比较和糅合。高恩·拉比德（Com A. Lapide，1567—1637）所说的："我们的年代，经历过许多光怪陆离、疯狂哄骗，并提出所谓'三教合一'，就是把梅瑟、基督、穆罕默德合一。"在中国，他们更提出"四教合一"，就是把孔子、佛陀、老子和基督合一。②

如果真的是"三教合一""四教合一"，那便是离开了基督教的本质，创立了一种新宗教。然而利玛窦、杨廷筠及徐光启以来的中国儒家天主教徒，都只是用儒家的语言来解释天主教。他们的基本理论框架与宇宙观、世界观和方法论以至大部分的伦理观都是天主教的。他们立意要找到天主教和儒家相通的语言、共同的基石，所

---

① 钟鸣旦. 杨廷筠：明末天主教儒者. 圣神研究中心，译. 鲁汶大学中国欧洲研究中心，1987：“乙部：杨廷筠思想”129.

② 同①238.

谓“东海西海，心同理同”。可以说，他们的说法虽然比附过多，但并没有丢失天主教的基本精神。这些基本精神包括“一神论”“三位一体”“神创说”等。批评他们搞“四教合一”更没有根据。明末天主教徒提倡“补儒易佛”，大多强烈反对释、老“二氏”，对民间多神的迷信风气更是一贯持批评态度。

耶稣会为反对中国民间的多神教传统，借用了儒家反“淫祀”的口号。儒家对载入官方祀典的神，如土地公、灶王爷等，一概不承认。杨廷筠解释一神的天主教，也借用这说法：“西学不事百神，非不敬神，正是敬神之至。今人漫信乡俗，或以意之所重，众之所推，便立为神。一时谬举，久作当然，慢亵神明莫此为甚。”① 这种说法，令中国人似曾相识，在传播中有它的方便之处。

耶稣会的策略就是，要把“西学”接到中国文化的源头中去。从艾儒略到白晋，耶稣会士每每想把中国文化与基督教文化的历史合到一起。当1624年西安府出土《大秦景教流行中国碑》时，李之藻说：“今而后，中土弗得咎圣教来何暮矣。”② 有了《景教碑》，中国基督教的历史可以上推到唐代，几乎可以和佛教入华历史相比较。李之藻的这句话代表了大家想把基督教与中国传统结合在一起的愿望。同样，1608年，利玛窦在发现开封在宋代就有读《圣经》的犹太人居住的时候，也是这样的心情。利玛窦非常赞赏开封犹太人参加科举考试、诵读儒家经典的做法。他们希望看到西方宗教与中国文化水乳交融的例子。

像《景教碑》和“开封犹太人”这样能证明“中国基督教古已有之”的考古实例并不很多。一些努力让天主教中国化的神父，便用推断和演绎的方法进行理论研究。他们要证明基督教是中国的旧物。这些论说，有的尚有学术价值，有的就牵强附会，甚至荒诞。如明末开始流行“圣多默来华说”和“中学西源说”。“圣多默来华说”，直接来自《利玛窦中国札记》。按《玛窦福音》第十章，耶稣在以色列十二支派中选了十二使徒，到外方传教，“在路上宣讲说：上国临近了”。据记载，使徒中向东走得最远的是多默（St. Thomas），到了印度。1546年5月10日，圣方济各在印度写信告诉欧洲：

---

① 杨廷筠．代疑编．上海：土山湾印书馆，1935：答生死赏罚惟系一主百神不得参其权条．

② 李之藻．读《景教碑》书后．转引自：冯承钧．景教碑考．上海：商务印书馆，1931：3-6。

印度的“许多人说使徒圣多默到过中国，他使许多（中国）人信了基督教”。16 世纪印度之所以流行这一说，主要是在南方马拉巴圣多默教堂里的叙利亚文《圣务日课》中有一句话：“由于圣多默，天国在中国飘然升起。”① 如其然，天主教在耶稣时代到达中国，中国的基督教历史当从东汉开始。

《利玛窦中国札记》还认为，中国甚至在耶稣之前就已经与西方相通，后世儒家的“五行说”就可能是由古希腊传来的。

> 有些概念是从我们西方哲学家那里得来的。例如，他们只承认四元素，而中国却很愚蠢地加进了第五个。根据中国人的理论，整个物质世界——人、动植物以及混合体——都是由金、木、水、火、土五种元素构成的。和德谟克里特及其学派一样，他们相信世界的多重性。他们关于灵魂轮回的学说，听起来很像毕达哥拉斯的学说，只是他们加进了许多解说，产生了一些更糊涂、更费解的东西。这种哲学似乎不仅是从西方借来的，而且实际上还从基督教福音书中得到了一线启发。

在《天主实义》中，利玛窦已经说过，古希腊“闭他卧刺”的前世理论经佛教传入中国，流为“轮回说”。利玛窦和金尼阁把“圣多默”考证为“中西文化交流”的开山人物。他们花了大量篇幅指出佛教、道教和儒家与基督教的相似性后，得出的结论是：在公元 1 世纪的《圣经》时代，“中国人听说过基督福音书中所包含的真理，受到感动而发生兴趣，想要接触它并向西方学习它。这并不是超出可能范围以外的事。然而，或是由于他们使臣方面的错误，或是因为他们所到国家的人民对福音的敌意，结果中国人接收了错误的输入品，而不是他们所要追求的真理”②。他们认为，中国的佛教、道教和儒家的某些思想，其实就是西方哲学和西方基督教的变种。这就是耶稣会首发的“中学西源说”。③ “中学西源说”表达了他们企图把中国思想包纳进基督教神学体系之内的雄心，是一种普遍主义的大公学说。但在历史文献的考据中，它缺乏根据，仅仅是假设和推断。

---

① 穆尔．一五五〇年前的中国基督教史．郝镇华，译．北京：中华书局，1984：14.

② 利玛窦，金尼阁．利玛窦中国札记．何高济，王遵仲，李申，译．北京：中华书局，1983：106.

③ 关于明末清初的“中学西源”和“西学中源”问题，参见：李天纲．天儒同异：明末清初中西文化学说述评．复旦学报（社会科学版），1997（3）。

白晋用考据的方法，具体求证“中学西源说”的“利氏假设”，因而犯了方向性的学术错误。白晋在与莱布尼兹的通信中，开始把《易经》中的“八卦”和“二进位”联系起来，中西比较的学术方法在欧洲引起轰动。不但如此，他又把《尚书》《诗经》中的“上帝”，说成《旧约》中的造物主在中国的误传，还说《春秋》是西方古代预言书《伊诺克》(*Enoch*) 的翻版。[①] 法国汉学家戴密微归纳从利玛窦到白晋的观点：“据他们认为，上帝这种观念甚至在儒教发祥之前就已经传到中国，后遭到孔夫子，尤其是遭到佛教和道教的外教因素歪曲。例如，《春秋》仅为一部（西方）古代预言书《伊诺克》的代言物，但遭到了孔夫子的篡改。”[②] 显然，根据对目前中西方的文献、文物的查考，白晋的结论是难以成立的。

把别家的学说化为己有，说“古已有之”，这在中国、在欧洲都有悠久的根源。在中国唐代，儒家和佛教争论中有“老子化胡考”，认为佛教是在老子离开中原之后，“西出函关”，经西域把中国思想带到印度，而又回传到中国。在古希腊、罗马后期，天主教和世俗思想交锋时，教父们就经常说苏格拉底、柏拉图学派、斯多葛学派都是摩西的弟子。这些说法很难在历史上证实，但神学家、经学家们都乐于谈论。其原因除了相互争胜之外，还有一种心理是把有价值的域外思想暗中化为己有，或者是借原来思想体系的躯壳行新思想之实。这种思想其实是外来思想本土化的一种方式、一个阶段。

许多学者把利玛窦的本土化传教方法称为“适应政策”(accommodation，有调和、迁就、妥协、适应等多重意思)。“accomodation”这个词，含有不得已、无可奈何之意。当代文化人类学、社会学和心理学的研究，得出了与此差不多的结论：在文化传播、文化转换的过程中运用当地的文化资源，如概念、语言、文字、传说、神话、习俗、思维方式……进行内在的交流，是一种常规做法，不应仅仅被说成一种“策略”。

近代德国著名语义哲学家恩斯特·卡西尔（Ernst Cassier，

---

① 白晋的学说，在《圣经》学上被称为“归约象征论”。意思是：文献经过归约以后，才可以发现其象征意义。用此方法，在中国的经典中可以发现“上帝”的存在。关于白晋的详细研究还没有见到，只有少数论文。[戴密微．入华耶稣会士与西方中国学的创建//明清间入华耶稣会士和中西文化交流．成都：巴蜀书社，1993；戴密微．法国汉学研究史．中国史研究动态，1980 (1)]

② 戴密微．入华耶稣会士与西方中国学的创建//明清间入华耶稣会士和中西文化交流．成都：巴蜀书社，1993：171.

1874—1915）认为："人是符号的动物。"人类所有的文化活动，与其说是"理性的活动"，不如说是"符号的活动"。人类各民族从过去继承了一套现成的符号体系，有它的"保守性"。同时，人类在新的历史中又改变旧符号，创造新符号，并在这创造过程中解放自己，又有它的"创造性"。卡西尔说："如果我们从神话和宗教的领域转到语言领域，我们就会在一种不同的形态中发现同样的基本过程。甚至连语言也是人类文化中最牢固的保守力量之一。没有这种保守主义，它就不可能完成它的主要任务——信息交流。……然而，语言和语义变化并不仅是语言发展中的偶然特征，而是这种发展的内在必要条件。这种连续变化的主要原因之一就在于，语言必须由一代传递给另一代。如果只是简单地重复固定不变的形式，这种传递就是不可能的。人在掌握语言的过程中总是持一种能动的创造性态度。在这方面，甚至连儿童学语时犯的错误也是非常能说明问题的。这些错误远远不是纯粹由于记忆力或复制力不够引起的，而是儿童身上能动性和自觉性的最好证明。"① 卡西尔认为，语言等所有文化行为，其"保守"和"创造"性同样重要。他强调，创造者可以犯错误，就如同儿童学语的"错误"中包含创造性应该被肯定一样。由此来看，明清天主教在中国遇到了一种完全不同于欧洲基督教文化的符号体系。利玛窦和大部分耶稣会士都主张，在传教实践中利用中国人自己的文字、语言、思想符号，创造出一套新的、符合中国天主教会的神学思想符号体系。多明我会等欧洲神学界是保守性的，关心的是天主教必须在中国保持和在欧洲一样的符号意义。耶稣会的活动是创造性的，其在完全不同的文化环境中尽力创造符合原来意义的新的语言和宗教体系。这样的行为可能犯错误，如他们说"中学西源"。但这如同儿童可能犯的语言错误一样，是具有合理冲动的行为，应该在"文化创造""思想解放"的意义上加以肯定。

卡西尔也知道"中国礼仪之争"。他说："在中国，被国家宗教所认可和控制的对祖宗的这种崇拜，被看成是人民可以有的唯一宗教。"和两个多世纪前的欧洲思想家不同，卡西尔认为，"祖先崇拜"不是中国文化独有的，古罗马也有。"产生祖先崇拜的普遍宗教动机并不依赖于特殊的文化或社会条件。在完全不同的文化环境中我们

① 卡西尔．人论．甘阳，译．上海：上海译文出版社，1985：285.

都可以发现它们。我们如果考察一下典型的古代社会，就会在罗马宗教中碰见同样的动机。”① 卡西尔还以为，祖先崇拜是全人类共有的宗教动机，是出于人类“对生命的不可毁灭的统一性的感情”②。“死人活着”是人类祭祀祖先时共有的心态。

人类宗教应该顺应这种人性还是压制这种人性？当时和现在的回答是不一样的。当时的宗教裁判所判决中国人的祭祖是异端。现在的哲学、人类学、社会学和一般的神学，都认为“宗教没有力量，也从不可能压制或根绝这些最深的人类本能。它（指宗教。——引者）必须完成另一个任务——利用这些本能并且把它们引导入一个新的航道。对‘整体的交感’的信仰，乃是宗教本身最坚实的基础之一”③。这就是说，宗教应该利用这种人性，把单一的、受局限的人之“本能”，上升到对最高、最完美的、整体的存在的信仰。我们可以看到，利玛窦等在华耶稣会士容忍祭祖、祀孔，并把这种行为和信仰引导到对“天”和“上帝”的统一信仰上，走的差不多就是这条“人文主义”的现代路线。

三、“西学”与“汉学”

“中国礼仪之争”对明清思想的影响

确实，“中国礼仪之争”主要是发生在天主教内部的，甚至有一大部分还是在欧洲发生的文化冲突和思想争论。它对中国一般的社会文化有没有直接的影响呢？或者这样问：除了教会内部像严谟、夏大常、李九功、丘晟、张星曜等被直接牵扯进“中国礼仪之争”的儒生士大夫之外，明清时代中国的主流学者和思想家是否对“中国礼仪之争”有过反应？如果有的话，那这种反应在多大程度上改变了明清学术、思想和文化的走向？

这是一个具有难度的问题。难度不仅在于回答这样的影响到底有没有（因为“中国礼仪之争”改变了中国文化的近代走向，所以这是可以确定的），还在于要确凿地指明这种影响，在研究中还有许

---

① 卡西尔．人论．甘阳，译．上海：上海译文出版社，1985：108.

② 同①107.

③ 同①122.

多具体困难。朱维铮先生在《走出中世纪》中提出一个“汉学与西学”的问题，然后指出解答该题有政治、文化和学术等五个方面的困难。[①] 近年来中国学术界的研究，颇多注意到明末以来西方思想对中国文化的影响，已在这方面做了不少工作。但一般叙述多，细密考证少。关于“中国礼仪之争”对中国学者的影响，更少论及。欧洲学者较多研究“中学西渐”，较少研究“西学东渐”。因此，“汉学”和“西学”的关系问题，本应由中国学者加以研究和解释，但可惜中国学者历来没有触及。当然具体的困难是明显的：缺乏资料和背景不明。因此，这里据有关新资料所做的研究也只是初步的。

从有限的资料来看，除了除光启、杨廷筠、李之藻、王徵等高官巨绅、硕学之士外，明末还有不少教外士大夫也都被卷入天主教和中国礼教的冲突。耶稣会内部关于“上帝”、“天”和“天主”的“译名之争”，以及是否要在教内禁止祭祖的争议，在明末就传到了教外。许大受在《圣朝佐辟》中提到“嘉定会议”前后的教内争论：“夷之初入，实教人皆不祀先。厥后被劾，又变其说。而今民间，父祖得与天主并庙。”[②] 许大受说的，当是利玛窦去世，龙华民等人欲禁行中国礼仪，而终又被否定的情况。许大受还在《圣朝佐辟》中提到耶稣会转而反儒的政策。他记录同乡有人到澳门，亲见澳门教会在日本耶稣会士的主持下，执行与内地不同的传教政策，极力反孔，称孔子为“魔鬼”：“吾乡有余生士恢，负四方之志，亲履其地。归而刻书，名《藜藿亟言》，云彼特广东界外香山岙人，极陈其凶逆孔棘状。”“据《藜藿亟言》所载，彼处夷人直名孔圣为‘魔鬼’。”这里说的，当是1610年前后，来中国澳门避难的日本耶稣会士陆若汉等人在教会内反对利玛窦的儒家化传教路线，攻击孔子为异端的情况。17世纪20年代，在龙华民的主导下，内地教会也已经改变利玛窦的传统，形成“反孔批儒”风气：“经传所定五祀，方社田租等佐，祀典所载，捍大灾、恤大患、死勤事、劳奉国等诸灵爽以上，及吾夫子之圣神，凡从夷者，概指为魔鬼。”许大受原是耶稣会士的朋友，

---

① 朱维铮. 走出中世纪. 上海：上海人民出版社，1987：153.

② 许大受. 圣朝佐辟//徐昌治. 圣朝破邪集. 夏瑰琦，编. 香港：建道神学院，1996. 许大受，浙江德清人。其父许孚远，嘉靖四十一年（1562）进士，先后任广东佥事、江西建昌府知府、福建巡抚。许大受随父游各地，曾与艾儒略、龙华民等交往，后极力反对天主教。《圣朝佐辟》当作于“嘉定会议”（1628）前后。该书的末尾提到“七千部夷书”。翻译“西书七千部”之事正在当时杭州、上海、西安、北京热烈讨论。

因为这种情况而断绝与耶稣会士的交往，并作书大辟天主教。①

以1612年龙华民联合熊三拔上书省会长要求禁用“上帝”之名为标志，耶稣会开始改变利玛窦的儒家化传教路线；以1635年方济各会士李安堂和耶稣会士艾儒略在福建辩论祭祖问题为标志，中国天主教会对儒家礼教的批评公开化。这种传教路线的极大改变，令儒家士大夫极不适应。他们中的许多人从此失去了对“西学”的兴趣，开始反对天主教。这种情况在福建最为明显。漳州晋江巨绅，崇祯年以礼部尚书入阁办事的东阁大学士蒋德璟，原来一直尊乡贤前辈叶向高的传统做法，“向与西士游”。虽未入教，但与教会关系不错。然而在戊寅年（1638），他“筑家庙奉先，而西士见过，谓予：此君家主，当更有大主。公知之乎？”② 可见，这时的福建天主教在家庙祠堂的祭祖问题上，对一般社会生活有很大的干涉。蒋德璟因传教士反对他修家庙而疏远教会，并转而为反教的《破邪集》作序。福州的黄问道，也曾经引天主教为同道（“余向意其慕吾道而来”）。“中国礼仪之争”后，他也作了反教文章。他指责说：“以崇奉天主之故，指天地为不灵，日月星辰为顽物，山川社稷为邪鬼，祖宗考妣为不必祭，有是理乎？”黄问道进而断言，如此的天主教，“或可行于彼土，断不可行于中国；能惑于愚夫愚妇，不能惑于高明俊哲”③。由此可见，明末福建地区士大夫与天主教会关系的恶化，礼仪争论是关键问题之一。

历来认为1616年的“南京教案”纯是由于沈㴶等中国士大夫的挑动引起的。实际上，耶稣会对儒家和中国文化的态度变化也应该是导致“教案”发生的原因之一。在利玛窦生前，民教间的辩论很温和，没有出现过全国性的反教运动。而此后，南京、福建、杭州相继反教，焦点就是批评天主教“暗伤王化”“非圣妄法”。例如，广泛流行的利玛窦《天主实义》，历来把周公作为“先儒”“古儒”来尊敬。然而到崇祯年间，漳州有儒生黄贞逼问艾儒略，凭周文王的功德，他应上天堂还是入地狱。艾儒略“沉吟甚久，徐曰：‘本不欲说，如今我亦说。’又沉吟甚久，徐曰：‘对老兄说，别人面前，

---

① 许大受．圣朝佐辟//徐昌治．圣朝破邪集．夏瑰琦，编．香港：建道神学院，1996．

② 蒋德璟．《破邪集》序//徐昌治．圣朝破邪集．夏瑰琦，编．香港：建道神学院，1996．

③ 黄问道．辟邪解//徐昌治．圣朝破邪集．夏瑰琦，编．香港：建道神学院，1996．

我亦不说。文王怕也入地狱去了。'"① 连文王也入了地狱，儒生觉得完全不能理解。从这条史料可见：黄贞和艾儒略原来关系不错，曾努力求问“西学”；老一代耶稣会士在批评中国“先王”“先公”时，态度非常犹豫，透露出“利玛窦路线”和“龙华民路线”的分歧；耶稣会因改变利玛窦路线而付出了失去士大夫追随者的代价，甚至招来全国保守势力的攻击。

利玛窦时期印行的中文书，一般不公开与儒家正面冲突。但“中国礼仪之争”后，连耶稣会士的著作也批评中国文化。《口铎》一书，是各教堂神父讲课散发的布道书，有艾儒略、潘国光等人所作的不同版本。有人读到一种《口铎》，其中明令禁止教徒行使儒家礼仪。“《口铎》一书，其言谓万物主于天，而天又主于天主。一概圜坛方泽、光岳祀典、宗庙祀考，皆极其唾骂。”② 教会内禁止敬天、祭祖、祀孔，这风声传到社会上，儒生们对天主教的非议骤然而起。

康熙四十五年十月十九日（1706 年 11 月 23 日），当铎罗使团离开北京之后，在决定向传教士发放“印票”之前，康熙把“中国礼仪之争”的事告诉了亲信汉族官员。当日上朝，在全体满汉官员退朝后，留下了东阁大学士熊赐履（1635—1709）和文渊阁大学士李光地（1642—1718），“云：汝等知西洋人渐渐作怪乎？将孔夫子也骂了。予所以好待他者，不过是用其技艺耳。历算之学果然好，你们通是读书人，见外面地方官与知道理者，可俱道朕意”③。熊赐履和李光地都是“理学名臣”，是康熙“圣学”的另一翼。尤其是李光地，他长期以来揣摩康熙的好恶。康熙用“真理学”治汉人，任满人信藏传佛教和萨满教，自己则喜欢“西学”。当康熙宠信张诚、白晋等法国耶稣会士时，李光地努力在皇帝面前推举通天文历算的梅文鼎，通地理音韵的顾炎武。他推拥宋代的“理学”和清代江南汉族士大夫的“汉学”，在朝中以此自重，与“西学”抗衡。当最终决定排斥天主教“西洋人”时，康熙其实是希望通过他们，告诉全国的汉族知识分子，清朝将改变中、西、满、汉多元的信仰方式，排斥“西学”，以孔夫子的学问为官方意识形态。汉族的“礼教”将是

---

① 黄贞．请颜壮其先生辟天主教书//徐昌治．圣朝破邪集．夏瑰琦，编．香港：建道神学院，1996．

② 梁章矩．浪迹丛谈　续谈　三谈．北京：中华书局，1981：80．

③ 李光地．榕村续语录．陈祖武，点校．北京：中华书局，1995：643．

清朝的正宗。①

康熙时代，南方江浙一带的“汉学”渐渐完善。江浙士大夫消化明末翻译的“西学”著作，发扬“古学”，把中国学术水平提到新的高度。他们和占据朝廷的耶稣会士形成竞争。由于“中国礼仪之争”，西洋人减少了翻译、介绍科学和哲学的活动，渐渐退出中国的一般学术界。也由于“中国礼仪之争”，康熙驱逐传教士，传教士被迫退出朝廷。这使处于“西学”与“汉学”竞争之中的江南学者能够脱颖而出，占据了清代学术界主流，形成了日后所谓的“乾嘉学派”。

对于天主教对中国礼仪的批评，明末就有人开始反批评了。耶稣会认为：儒家是“人学”，天主教是“天学”。因此，“人事”多从中国，“天道”则应遵守泰西。这个天主教“补儒”的说法，受到了反教者的怀疑。莲池大师（1535—1615）袾宏，字佛慧，号云栖，俗姓沈，浙江仁和人。少为诸生，三十以后学佛。据彭际清《居士传》，杭州一带被莲池所化的念佛居士很多。杨廷筠先与之交往，参禅学佛，转而皈依天主教后，引起杭州学者的辩论。在《竹窗随笔·天说三》中，莲池大师反对用“天学”补充“儒学”。他认为“天学”和“祀上帝”的礼仪为中国所固有，“天学”经孔子、孟子的整理，已经很完备，不必由天主教来“创为新说”：

> 南郊以祀上帝，王制也。曰“钦若上帝”，曰“钦崇天道”，曰“昭示上帝”，曰“上帝临汝”。二帝三王所以宪天立极者也。曰“知天”，曰“畏天”，曰“律天”，曰“则天”，曰“富贵在天”，曰“知我其天”，曰“天生德于予”，曰“获罪于天，天所祷也”。是遵王制集千圣之大成者夫子也。曰“畏天”，曰“乐天”，曰“知天”，曰“事天”。亚夫子而圣者，孟子也。天之说何所不足，而俟彼之创为新说也？②

清初，士大夫对天主教反中国礼仪的反击更加学术化，在当时的“经学”研究热潮中占有特殊地位。顾炎武称：“独精‘三礼’，卓然经师，吾不如张稷若。”③“张稷若”即张尔岐。张尔岐对《礼

① 关于康熙朝中、西、满、汉不同信仰之关系，参见朱维铮《走出中世纪》一书中的有关论述。

② 袾宏．天说三//徐昌治．圣朝破邪集．夏瑰琦，编．香港：建道神学院，1996.

③ 顾炎武．广师//顾亭林诗文集．北京：中华书局，1983：133.

记》确实有深入研究，他仔细比较过天主教祭祀礼仪和中国传统祭祀礼仪的差别。例如，天主教批评中国祀典规定民间不能祀天，因而人民不知敬天，主张在教会中放弃世俗的等第观念，在上帝面前人人平等，人人得拜上帝，个个得与上帝沟通。张尔岐认为，这是耶稣会士误会了中国的祭祀礼仪。他认为，中国的礼制规定，天子祭天地，诸侯祭山川，百姓事奉祖先，是有充分道理的。中国人也是人，人有祭天的权利，可与上帝交通。低贱者备物，高贵者献礼，只是祭祀中的分工不同而已。就像在家庭祭祀中，宗子、主妇代表全家一样，皇帝虽是一人登坛祭天，但也是代表全国人民的：

> 耶稣教每月数日祀天主，剪牲陈馔，随其所有。质之“天子祭天地，诸侯祭山川”之义，僭甚矣。或曰：贵贱虽殊，皆乾父坤母而为之子，先王制礼，乃大有限制，诸侯而下皆不得伸一献以答生成，于心不有谦乎？曰：不然。天下圜丘方泽，所陈者皆四方郡国之筐篚、田野细民之拮据也。贱者修其物，贵者修其仪，普天之下，固未尝一人不祭天地也。譬之事亲：亚旅耕田，牧者豢羊豕鸡豚，庖人司烹宰，妇孺洁器具、幂酒醴，奉而进之。二人之前者，宗子、主妇而已，余人未尝辄得至前也。苟欲事天，士大夫各勤其职，庶人谨身节用以供王税，于义备矣。因是而推，斯民和乐之气即为德馨，怨恫之声即为腥闻，诸吏猾民自养者，即盗窃天地神祇之牺牲粢盛而食者也。利氏固解人，当时何不以此告之?①

基督教祭礼的“七件圣事”，主张“上帝面前人人平等”，人人可以和上帝沟通；中国的“礼教”则是等第森严，井然有序，只有“天子”才能祭天地。福州的陈侯光在《西学辩一》中就已指责说：“(利) 玛窦令穷檐部屋，人人祀天，僭孰甚焉?”② 张尔岐没有回避中西宗教的这个根本差异。但他企图调和这个矛盾。他认为中国的“普天之下，固未尝一人不祭天地”，每个人都能（通过国家、政府或领袖）与上帝谈话。同时，他又肯定现有的“礼教”等第是合理的，这等第只是一种社会分工而已，天子应该代表百姓。张尔岐问：利玛窦是明白人，为什么不跟他讲这番道理？其实，这样的“理

① 张尔岐. 蒿庵闲话.

② 陈侯光. 西学辩一//徐昌治. 圣朝破邪集. 夏瑰琦，编. 香港：建道神学院，1996.

论”，讲给清朝百姓听，尚有其蒙蔽性，但用以说服宗教改革、启蒙运动之后的欧洲人，则一定不行。于此可见，清朝的“学者”对近代世界学术有隔阂和不理解，专制社会下的儒家“学者”总是天然地具有和统治者相似的立场。

无论如何，明末清初围绕中国礼仪，全新意义地讨论了“天主”“上帝”“礼制”的问题之后，清代学者对“天”“理”“道”的理解，确实与宋代“理学”有所不同。清朝学者也必须用明确的语言，讨论个人与上帝、个人与教会、个人与国王、个人与国家的关系问题。然而，需要指出的是：这种新理解与天主教神学的本体论、宇宙观、伦理观也不同。他们是在传统经学的范围内讨论中国文化问题的。这些新问题的提出，是由于中西宗教的冲突和交往，我们把这些讨论看作儒学对天主教的一种回应，是一种新的“一神论”学说的诞生。

前述天主教徒朱宗元《郊社之礼所以事上帝也》一文，认为儒书中的“上帝”，即天主教的“天主”。同时，他反对儒家祭礼把“天”与“地”分“南郊”与“北社”的分祭做法，主张独尊“天帝”，其余神祇如山川、社稷、风师、雷神等皆为从祀。另外，前亦提及《天主实义》引《中庸》“郊社之礼以事上帝也”一句，朱熹注以为：既“郊”上帝，则“上帝”之后省去“后土”。利玛窦反对朱熹的说法，认为孔子在“上帝”（郊祀）后，不加“后土”（社稷），不是“省文”，而是强调上帝“一之，不可为二”，正合天主教“一神论”。现在我们看到，在天主教之外，这种主张“简礼”、独尊“上帝”、废群祀并入祭天大礼的讨论，在康熙年间的北京和江南学术界也流行起来。尽管这种神学讨论是由儒家天主教徒发起的，也卷进了一些耶稣会士，但讨论的意义对儒学远比对神学重要。两千年的儒学何尝有过天主教神学的激发，且忽然生动活泼起来？

毛奇龄（1623—1716）《郊社禘祫问》中保留了这场讨论的一些内容。李颙（1627—1705）等人向毛奇龄提出：古代礼制原本天地合祭，一切其他神祇都从祀于上帝。“古惟不分祀天地，亦并无合祀之说。盖古者郊祭，只是祭昊天上帝。其余山川百神但从祀耳。”①虽然天地“分祀”“合祀”是历代都讨论的问题，但这样独祀上帝的观点却和利玛窦的观点很相似。他们关心的礼仪问题，不再是祭祀

① 毛奇龄．郊社禘祫问//王先谦．清经解续编．影印本．上海：上海书店，1988.

中的等第或奢靡等淫祀问题，而是神的“多”或“一”的本体论问题。换句话说，儒学中一些原不重要的因素被激活了，兴趣焦点也转移了。

李颙等人在古代礼制传统中发现了“一神论”，故而认为：上帝只有一个，自古已然。这样的观点，得到清初著名经学家萧山毛奇龄的赞同。他详细考证，作《郊社禘祫问》，主张应该只祭祀独一上帝。此书还记录了康熙三十九年三月五日（1700年4月23日）在毛奇龄家中，“同郡诸学人集于艾堂”，有问于天地应是“分祭”还是“合祭”。这是清初经学史上著名的“艾堂问”。可见关于“祭天”的问题，在康熙时期为学者们广泛谈论。清代朝廷礼部并没有“分祭”“合祭”之议，关于“礼”的议论散在民间。康熙时期的南北民间学者谈“经学”，研究上帝郊社之礼，显然也受到利玛窦“天学”的影响。

传统的中国思想很少谈论神和神之间的关系问题，即基督教所谓的“位格”问题。清初的“上帝郊社”问题，谈“上帝”与“后土”的关系，与“风师”“雨师”的关系，很像是在讨论中国古代诸神的“位格”。这应该也是受到天主教不厌其烦地讨论圣父、圣子、圣灵和圣母、圣徒之关系问题的启发。再说，早期耶稣会把古书中的“上帝”说成“一神论”，是符合儒学的天道观念的。原始儒学，“子不语怪力乱神”，倾向于简化超验的天道问题。宋明理学努力寻找天地间的本来之物，也是倾向一元论的。或许只有汉代的“经学”，讲天人感应、灾变神瑞、鬼神离乱，有多神论的倾向，是历史的偶然。当然，清初的经学家并不是如耶稣会士期望的那样，共同讨论怎样将中国的“上帝”转化为基督教的“天主”，而是在整理中国人自己的宗教意识。不可否认的是，清初的经学家和耶稣会士在此问题上慢慢地形成了一些共识。例如，儒家学者似乎已经承认：人人都有祭祀上帝的权利；“上帝”“理”“道”是一，不是多。

关于“天”，明末清初的学者和耶稣会士还有一项重要共识，也是由于“西学”讨论“上帝”“主宰”“天”“理”以后，慢慢形成的结果。

用理学“一以贯之”的观念，宋明学者讨论的“上帝”“天”“理”基本上是同一的，所谓“帝天”，所谓“天即理也”。在《天主实义》中，利玛窦借“中士曰”，总结程朱理学论“天”：“朱注解‘帝’为‘天’，解‘天’为‘理’也。程子更加详曰：‘以形体谓天，以主宰称帝，以性情谓乾。’故云‘奉敬天地’。”利玛窦对理学的总结基本是准确的。理学家基本上就是把这三者看成同一体的不同方面：“帝”具其人格属性，“天”具其自然属性，“理”具其精神属性。利玛窦改造儒家的“上帝”理论。他把传统儒家不那么强调的具有人格属性的“上帝”突出出来，成为他的“天学”的核心。他主张：天果然是万物之主宰，而“理不能为天地万物之原”。此所谓：天是上帝，是主宰，而理不是独立之物。因为按阿奎那哲学，“理”是人的认识，依赖于人。“理亦依赖之类，不能自立，曷立他物？中国文人学士讲伦理者，只谓有两端：或在人心，或在事物。事物之情合乎人心之理，则事物方谓真实焉。据此两端，则理固依赖，奚得为物原乎？”利玛窦把“理”从“天”里面区别出来，只把它作为依赖士人的认识，恢复人的认识主体性。这种认识削弱了“理学”的专断权威，提高了人性作为认识主体（“自立者”）的地位，使清代思想取得巨大进步。

除了分析“天”和“理”、绝天人相通之外，利玛窦还进一步按基督教哲学家托马斯·阿奎那的理论和近代天文学的第谷理论，改造中国人的世界观，即关于“天”的观念。他指出中国的理学之“天”，或被视为一浑然之物体，或被解为一虚玄之观念，是一个非常混乱的概念。而实际上，“天”有两种，有“无形之天”，有“有形之天”。“无形之天”即创造奇妙秩序，躲在现象世界背后的造物主“上帝”；“有形之天，有九重之析分。……天之形，圆也，而以九层为断焉”[①]。这是天体物理的自然之天。所谓“九重”之天，并不是佛教的概念，而是第谷·布拉赫（Tycho Brahe，1546—1601）的“地心说”。第谷理论反对哥白尼的“日心说”，坚持托勒密的“本轮均轮”体系。但他是真正意义上的近代天文学家，与哥白尼不同，他的理论建立在 20 多年的观察之上，而不单建立在理论推测和数学计算之上。他以地球为中心，由金、木、水、火、土星、太阳、月亮组成离人类最近的天文系统。按欧洲近代科学化的理论，“有形之天”应该归物理学研究，“无形之天”是神学的讨论范围，“天”和“人”应该有界限。

---

① 利玛窦．天主实义．马爱德，编．英汉对照本．美国圣路易大学耶稣会研究所，台北利玛窦研究所，巴黎利玛窦研究所，1985：解释世人错认天主．《天主实义》回译成英文和欧洲文字后，更容易看出利玛窦对儒学“上帝”“天”的思考逻辑确实来自他对阿奎那哲学的理解，故建议对《天主实义》一定要做跨文化、跨文本的阅读。

以阿奎那、第谷学说的方式，提倡自然哲学，对儒家提出“天人相分”建议，这种思想方法对中国士人产生极大冲击，竟至于有人说有“天崩地裂”① 之感。徐光启以后，学习天文学的明清江南经学家、汉学家，都是研读利玛窦等人的西方天文学翻译著作，从第谷理论进入历算之学的。所以，他们对“天”的看法，与传统理学有了很大差异。在“上帝”“天”“理”等世界本体问题上，开始接近某些耶稣会的“天学”观点。

明末清初著名文人学者方以智（1611—1671），与天主教士交往，习西学。他在《通雅·天文·历测》中，全面接受利玛窦的天道理论。他认为中国人的“九天”说，至利玛窦入华而为之一变。“九天之名，分析于《太玄》，详论于吴草庐，核实于利西江（玛窦。——引者）。按《太玄经》：九天，一中天，二羡天，三从天，四更天，五睟天，六廓天，七咸天，八沈天，九成天。此虚立九名耳。吴草庐澄，始论天之体实九层。至利西江入中国而畅言之：自地而上，为月天、水天、金天、日天、火天、木天、土天、恒星天，至第一重为宗动天，去地六万四千七百三十二万八千六百九十余里。”② 方以智指出，佛教、道家的“九天”说，都是“虚立九名”。只有利玛窦的“天九重”理论是征实之论，可以看到星球挂在天上，可以算出地球、月亮、太阳的大小，以及它们之间的相互距离。方以智读过《天主实义》，他把利玛窦传达的第谷“地心说”中包含的“天”的理论陈述出来了。

西方近代物理学意义上的“天”和中国“理学”意义上的“天”有不同的含义。“理学”把“天”看作“理”和“气”的作用，或偏于“理”，或偏于“气”。“理”“气”“阴”“阳”相互交感，化生天地自然、社会人生的一切现象。或许有些人在使用这些概念时有过某些天象观察的经验，但是大多数人论“天”“理”“气”等概念，都脱离了物理学经验可以触及的范围，变成与人生学说、伦理思想相结合的“理学”。这种学说很难避免成为“玄学”和“空谈”，更难避免成为“存天理，灭人欲”的“道学”。这就是明末思想家用“王学”解放了受“理学”束缚的思想界，但又不能不陷入“心学”空论、玄谈的原因。

耶稣会士的“天学”把天文物理学独立出来研究，改变了中国

① 黄宗羲. 留别海昌同学序//南雷文定：前集：卷一. 上海：时中书局.

② 方以智. 方以智全书：第1册　通雅. 上海：上海古籍出版社，1988：437.

人的思维习惯。清初的满族子弟纳兰性德（1655—1685）和汉族官宦徐乾学、陈维崧、顾贞观、姜宸英、吴兆骞等人研究中西文化。受康熙喜好“西学”的影响，他也比较中西“天学”，以为“西人历法，实出郭守敬之上，中国未曾有也”。虽然他也说“西人长于象数，而短于义理”，认为西方的自然科学发达，而人生哲学落后。但是“象数”必然衍为“义理”，自然科学规律对“理学”观念的冲击是显然的。纳兰性德提出：“中国天官家俱言：天河是积气。天主教人于万历年间至，始言气无千古不动者。以望远镜窥之，皆小星也，历历分明。”① 经过近代天文学的观察，“理学”所谓聚在天河（银河）里的“气”，其实是众多星星组成的星云。观察后的尴尬，使玄谈的“王学”、岸然的“理学”很难再自圆其说。

我们也可以把清初思想家李颙（1627—1705）的“悔过自新”说，看作传统儒家思想与天主教神学的对话。李颙，字中孚，陕西盩厔（今周至）人，人称“二曲先生”，与余姚黄宗羲、容城孙奇逢同时并称“三大名儒”。历来的研究都将李颙的思想纯粹归结于儒家，认为他是“关学”的主将。然而，从西学对明末关中的影响来看，李颙学说中的“悔过自新”和“吁天”，在内容和形式上都深受明末天主教关于“上帝”“天”“天主”“天儒合一”等观念与教堂礼仪的影响。这些显然也与“译名之争”和“中国礼仪之争”有间接的关系。

被李颙推崇的明清“关学”人物是冯从吾（号少墟，1557—1627）和王徵（号葵心，教名斐里伯，Philippe，1571—1644）。冯从吾曾与邹元标在北京举办首善书院。利玛窦、郭居静与之有深入的交往，首善书院的办学思想受“天儒合一”说的影响，此有邹元标《答西国利玛窦书》为证。② 冯从吾在北京办首善书院失败后，回到家乡办了关中书院，继续其“性善”和尊“天”的学说。王徵是天主教徒，曾协助耶稣会士在陕西翻译与出版了不少天主教的科学和神学著作。据李颙生前由他的学生编定的年谱《历年纪略》，顺

① 纳兰性德．通志学集．影印本．上海图书馆藏康熙刻本．上海：上海古籍出版社，1978．

② 邹元标的《愿学集》：“得接郭仰老已出望外，又得门下手教，真不啻之海岛而见异人也。门下二三兄弟，欲以天主学行中国，此其意良厚。仆常窥其奥，与吾国圣人语不异。吾国圣人及诸儒发挥更详尽无余，门下肯信其天异乎？中微有不同者，则习尚之不同耳。门下取《易经》读之，乾即曰统天。彼邦人士未始不知天，不知门下以为然否？”邹元标和冯从吾在日后的讲学中多讲“天”与“性善”，同天主教耶稣会的意见很接近。

治十年（1653），李颙对宗教学说特别感兴趣。他系统地阅读了佛学和天主教神学的书："是年，阅《释藏》，辩经、论、律三藏中之谬悠。他若西洋教典、外域异书，亦皆究其幻妄，随说纠正，以严吾道之防。"① 可见，李颙对耶稣会的汉译汉著下过大功夫。此话经李颙寓目，当是十分慎重。"严吾道之防"，其意思应理解为比较佛学和神学，坚守儒家正宗，但并不能否认他的儒学思考受到过神学的激发。

李颙的学说带有很浓重的佛学和神学色彩，特别是吸取了天主教的许多内涵。看他的《吁天约》中敬"天"的礼仪形式，很像是天主教的祷告，可证这一点："每旦，爇香仰天，叩谢降衷之恩，生我育我，即矢今日心毋妄思，口毋妄言，身毋妄行，一日之内，务刻刻严防，处处体认；至晚，仍爇香仰叩，默绎此日心思言动，有无过愆。有则长跽自罚，幡然立改，无则振奋策励，继续弗已。勿厌勿懈，以此为常，终日钦凛，对越上帝，自无一事一念可以纵逸。如是，则人欲化为天理，身心皎洁，默有以全乎天之所以与我者，方不获罪于天。"② 在这里，以"上帝"和"天"为核心建立起来的早晚日课，已经不同于历来所讲论的"吾日三省吾身"的儒家修炼，而实际上把天主教对"上帝"和"神"的信仰，以及"原罪"（Sin）、"十诫"（Ten Commandments）、"避静"（Retreat）纳入了儒家道德实践。把天主教的礼仪拿来补充儒家礼仪，以儒家为主体，兼纳"西洋教典"，这在逻辑上走到了耶稣会士所行所愿的反面，但它却真的也是"天儒合一"的一种实践。

对于这一点，天主教徒看得很清楚。清末的马相伯曾做过耶稣会士，他指出："李二曲征君，固深于道学者也。意者于吾天学，亦有所闻欤？不然，何其言之似吾天学也！著有《吁天约》。"③ 马相伯没有细究李二曲的师承关系和读书经历，但还是从他的理论形态一眼认出其天主教神学，即所谓"天学"的特征。而此所为"天儒合一"的实践，在明末清初的思想转变中确实有重要的地位。

利玛窦《天主实义》的基本立论之一是，反对后儒以"理"字代替古书中"上帝"的位置。他认为，"理"应该是包含在事物中间

① 李颙．二曲集．陈俊民，点校．北京：中华书局，1996：561.

② 同①229.

③ 马相伯．马相伯集．朱维铮，主编．李天纲，等编校．上海：复旦大学出版社，1996："《墨井集》序"99.

的。如果“理”是一种能够化生万物的东西，那就不是“理”，而是儒书中的“上帝”，或天主教所谓的“天主”。《天主实义》中有一段中西士之间的辩论：“中士曰：无其理则无其物，是故我周子相信理为物之原也。西士曰：无子则无父，谁言子为父之原。……有物则有物之理，无此物之实，即无此理之实。若以虚理为物之原，是无异乎佛者之说。”利玛窦如此讲“理”，被明末人称为“实理”。利玛窦的天文历算之学被称为“实学”，在乾嘉士大夫中间广泛流行。他强调客观经验，相当接近于近代科学认识论的“实理”。这种以客观经验的“实学”“实理”做学问的方法论影响，在乾隆时期戴震一代思想家身上仍可以看到。

清代主流知识界接受的欧洲“天学”观点并不多，但耶稣会在“补儒易佛”过程中，在“中国礼仪之争”过程中，表露出来的某些观点，渐渐地影响了后几代中国学者。像戴震这样的学者，其思维方式也随之变化。戴震作《孟子字义疏证》，站在了和利玛窦相似的反佛教、道教的立场上。《孟子字义疏证》最明显的主题是批评佛教、道教和程朱理学的天地本体论，戴震说：“老氏之‘抱一’‘无欲’，释氏之‘常惺惺’，彼所指者，曰‘真宰’，曰‘真主’，而易以‘理’字便为圣学。”① 戴震指出所谓“理学”，实即道家、佛教之“天”论、“空”论。戴震认为“太极”“乾坤”“理”“气”，都不是先秦古籍中“天”的原始含义。

戴震的思想路线也是绝天人相通。他反对把人的认识说成“天”和“理”对人心的转授，所谓“以理为‘如有物焉，得于天而具于心’”。他认为“理”不过是人的“意见”，出于每个人的“血气心知”；“理义在事，而接于我之心知。血气心知，有自具之能：口能辨味，耳能辨声，目能辨色，心能辨夫理义”②。戴震的认识，如《天主实义》一样，肯定人的独立认识能力，“理”不过是人认识事物后得到的看法和意见。彭绍升（1740—1796）批评戴震哲学“离人而言天”，“外天而言人”。③ 从戴震以科学观念解释孟子式的“经验论”、反对程朱式的“先验论”一层意义上说，彭绍升的批评是完全准确的。

---

① 戴震. 孟子字义疏证. 何文光，整理. 北京：中华书局，1961：11-12.

② 同①5.

③ 彭绍升与戴东原书//戴震. 孟子字义疏证. 何文光，整理. 北京：中华书局，1961：170-171.

由于明末用“天学”论“实理”的热烈讨论，清初学者对“天”和“理”的认识有很多辨析。钱大昕（1728—1804）的《十驾斋养心录》卷三也反对宋儒“天即理”的说法，主张“性即理”：“宋儒谓性即理，是也。谓天即理，恐未然。获罪于天，无所祷，谓祷于天也，岂祷于理乎？《诗》云‘敬天之怒，畏天之危’，理岂有怒与危乎？又云‘敬天之渝’，理不可言渝也。谓理出于天则可，谓天即理则不可。”钱大昕赞成“性即理”“天非理”，这一点和戴震《孟子字义疏证》中回到孟子心性理论的立场一样；另外，他从《诗》《书》中取出人格神“天”，这一点又和“天主实义”一致。

以上内在的理路分析，可以证明乾嘉时代的本体论和认识论受到了耶稣会《天主实义》等书的影响。戴震这一代清儒，处于“中国礼仪之争”后的西学退潮、中西交恶时期。他们虽然读西书，治“西学”，但著述中却没有坦露过他们受耶稣会士的直接影响。他们虽讳言“西学”，但有资料证明，康雍乾嘉时代的士林仍然流行阅读西方神学著述，一些学术和社会地位较低的儒生还在公开谈论西方神学。

福建漳州地区的天主教徒严谟，和康熙年学者一样，考证经史，他作了《〈诗〉〈书〉辨错解》。他传播天主教神学，说：“朱注曰：‘天即理也。……天命者，天所赋之正理也。……’盖不识有一上帝，至权能、至纯神，造成天地万物而掌治之。形天特其所作造中之一物，非上帝也。”① 他认为《诗》《书》中讲的“上帝”是造物主，而“形天”（物质世界）是上帝的受造物，应该与“道理”分开谈论，“道理”是关于“天”的学问，本身不是“上帝”。无论如何，把“天”看成一种自然物质（“形天”），这个观念在清初被士人接受了。

贺长龄、魏源编《清经世文编》，收山东即墨乾隆辛卯（1771）举人张铪的《天人篇》。他就是持“形天论”的：

> 天之所以成形者，气为之也。人之所以成质者，亦气为之也。人既有是气，比有主宰乎是气者，则心为之也。心也者，妙万物而为言者也。正目而不见其形，倾耳而不闻其声，而实流行于四肢百骸而不可遗也。夫以人而视天，气之至微者也。以至微之气而犹有主宰者存，岂太虚之广远，大化之幽深，而

① 严谟.《诗》《书》辨错解. 转引自：侯外庐：中国思想通史：第4卷下. 北京：人民出版社，1960：1216。

谓无物焉以主宰之，无是理也。程子曰：以其主宰而言谓之帝。固非路远言妖如泰西之所述，然阴阳纯会之处，造化微妙之所，无臭无声，必有元精焉以为之主宰，不可诬也。①

张铃虽然表面上骂利玛窦等人“路远言妖”，但通观全篇，他的观点不单很近似于戴震的观点，而且和严谟的“形天”说接近，在几处地方还与利玛窦《天主实义》中的原话甚为相像。如他说：人是物质构成的；万物的“主宰”是“心”，即程子所谓“帝”；“主宰”流于人体人心，无形无声，无处不到；人和“主宰”相比，是“至微之气”，必有“主宰，方能想象”。这些意思与天主教的某些教义十分相似。在《天主实义》中，这些话是这样说的：“天主道在人心，人不自觉，又不欲省，不知天之主宰虽无其形，然全为目，则无所不见；全为耳，则无所不闻；全为足，则无所不到。”

戴震、钱大昕的实论“天”“理”关系，和利玛窦《天主实义》中的“实理”相像。戴震实论“天”“理”的观点还从本体论延伸到伦理学。《孟子字义疏证》驳论宋儒“以理杀人”最为惊世骇俗。戴震的这一说法不是哗众取宠的过激之词，而是有其理论一贯性的。戴震反对把出自人内心的“意见”，以“天理”的名义，借各种世俗权威的力量，强加于人。他说：

六经、孔孟之言以及传记群籍，理字不多见。今虽至愚之人，悖戾恣睢，其处断一事，责诘一人，莫不辄言理者。自宋以来始相习成俗，则以理为“如有物焉，得于天而具于心”。因以心之意见当之也。于是负其气，挟其势位，加以口给者，理伸；力弱气慑，口不能道辞者，理屈。②

以往研究戴震《孟子字义疏证》，偏重于从伦理和社会角度解释它的“理欲之辨”。其实，戴震反对“以意见为理”“以理杀人”，是在演绎他的本体论。戴震思想同于明末徐光启等人提倡的本于“心性”理论的“心同理同论”。他说：“口之于味也有同嗜焉，耳之于声也有同听焉，目之于色也有同美也焉。至于心独无所同乎？”戴震论“理”是基于人类的共同经验。他反对佛教、道教和宋明学说中主观任意的“道”与“理”，是因为这些貌似权威的东西绝非自

---

① 张铃. 天人篇//贺长龄，魏源，等. 清经世文编：上册. 影印本. 北京：中华书局，1992：115.

② 戴震. 孟子字义疏证. 何文光，整理. 北京：中华书局，1961：4.

"天"而来的"理"，充其量只是个人"意见"。

戴震的"心同论"，可能离《天主实义》中介绍的托马斯·阿奎那的"感觉论"，比离孟子的"心性论"更近些。利玛窦《天主实义》中写道："西校公语曰：耳目口臭四肢所知觉物必揆之于心理，心理无非焉，方可谓之真。若理有不顺，则舍之就理可也。"阿奎那关于真理的理论是二元的折中。他认为，人们从感性事物中抽象出世界的本质，又以这理智去判断世界的真实。这判断与事物符合即为真理。所谓真理，是"理智与事物的符合"（adaequatio intelleeins et rei），"认识这种符合就是认识真理"。[①] 利玛窦在中文环境中，把阿奎那的"符合说"转述为"理依于物说"："理固所依赖，奚得为物原乎？""有物则有物之理，无此物之实，即无理之实。若以虚理为物之原，是无异乎佛老之说"[②]。戴震的真理观是"理义在事物说"："理义在事，而接于我之心知。血气心知，有自具之能：口能辨味，耳能辨声，目能辨色，心能辨夫理义。味与声色，在物不在我，接于我之血气，能辨之而悦之；其悦者，必其尤美者也。理义在事物之条分缕析，接于我之心知，能辨之而悦之；其悦者，必其至是者也。"[③] 戴震在这里讲"尤美"，讲"至是"，隐约就是"符合"。同样，"血气""心知"也可以换成"感觉""理智"。

哪怕是努力在中国传播西方文化的耶稣会士，他们也没有想到，以后的中国思想会因为他们的"天学"而发生如此变化。这种变化，未必就是如他们所愿，向基督化的方向发展。但是，中国思想确实因为他们的工作，开始发生了近代以来的实质性变化。这种变化，比利玛窦所做的要更加中国化、本土化。康熙年以后的学者，如戴震、钱大昕等，讳言传教士的"天学"，但他们对"天学"思想的认识更深入。起于崇祯年间、盛于康熙朝廷的"中国礼仪之争"，其本意并非针对中国思想界，但由于耶稣会士在明末清初的特殊地位，中国士大夫间接地参加争论、受其影响，其实际结果则推动了中国思想文化的变化。

文艺复兴后，人文主义思潮兴起。启蒙运动后，更开始了把人

---

① 托马斯·阿奎那之《神学大全》（十二，一集，一部，十六题，二条）。金陵神学院托事部《基督教历代名著集成》收入。

② 利玛窦．天主实义．马爱德，编．汉英对照本．美国圣路易大学耶稣会研究所，台北利玛窦研究所，巴黎利玛窦研究所，1985：解释世人错认天主．

③ 戴震．孟子字义疏证．何文光，整理．北京：中华书局，1961：5．

的信仰从外在于人的教条约束中解放出来的“人性解放”。在西方，耶稣会士部分地站在时代的对立面，反对过某些对《圣经》的自由主义解释，反对路德派、卡尔文派、詹森派。但是，他们在中国，却和明末一批反对腐败朝政、拯救民族危机、追求思想解放、寻找中国出路的士大夫结合在一起。他们参加“东林党”的活动，翻译、介绍西方近代科学、哲学，赞同中国儒家世俗化的思想路线。这些活动都可以使人们把他们看作明代王学以来思想启蒙运动的同盟者。

清初的统治，使江南地区的思想启蒙运动大受挫折，但在汉族学者中间，启蒙思想内在化、学术化和中国化了。耶稣会士对清初思想的深化发展已无能为力。一方面是因为他们和中国学者的关系没有明末那样融洽，另一方面则是因为旷日持久的“中国礼仪之争”，使在华耶稣会士偏离了利玛窦的既定路线，研究中国文化的热情、能力和成果都大为减少。这样，便自然不能令中国士大夫们心服了。清代天主教传教士没有继续明代耶稣会的“西学”而发扬光大，这是令人非常遗憾的。乾嘉学派的学者只能停下来，凭几本明刻《天学初函》，消化“利徐之学”。而同时期的欧洲，18、19 世纪的科学、哲学、神学，乃至一切门类的文化、艺术、工艺技术，取得了人类历史上的突出成就。中国的知识分子被隔离在这个过程之外。中国的统治权又一次落到北方少数民族手中，满族的严厉统治搞得没有些许新鲜活力，这都是不断为中外历史学家所感叹的。追究原因，除了说清朝的“自大”“闭关”，“中国礼仪之争”的负面影响，西方天主教会保守势力的阻挠也是我们不应该忘记提及的。

清末民初宗教思想衍流

尽管“中国礼仪之争”给中国基督教历史、给中西文化交流历史带来的影响是巨大而深远的，但在当时它局限在教会内部和朝廷外交领域，并没有被中国人广泛谈论。在中国，“中国礼仪之争”很快被人遗忘。清中叶以后，如阮元《畴人传》承认利玛窦等人中文译著的作用，但他不知道耶稣会士“西学”活动的背后还有激烈的内部争论，因而就不能对他们的活动做出中肯的评价。也有人知道，天主教反对偶像崇拜，不让祭祖、祀孔。但不知道，其间情况复杂，并非开始就是如此。考虑到中西文化交往之初，中国人对西方思想的陌生，对这种争论的不理解，大家忘记“中国礼仪之争”便是很自然的事情。

但是，思想的流传有一种非常神奇的现象。当多变的历史环境中出现与前期相似的小气候时，人们就会记起往事，出现相似的想法，提出相似的主张，乃至发生相似的冲突。时至 19 世纪初，中国礼仪问题又在中国出现。从中国礼仪被罗马教廷禁绝之后，到 1939 年，祭祖、祀孔在中国天主教内部一直是非法的，这是一个不容再议的问题。问题出现在后来来华的新教中。1807 年，英国伦敦会传教士马礼逊（Robert Morrison，1782—1834）到达广州，他是第一个来华的基督教新教传教士。新教不受天主教的成规约束，在中国采用什么样的礼制问题必须独立解决。马礼逊虽然没有进入中国内地，但他编了一本《华英字典》，翻译了《新约》，为基督教新教进入中国做了准备。在翻译中，马礼逊使用了“上帝”和“神天”来作为“God”的汉译，回到了两百年前利玛窦的老路。19 世纪 50 年代裨治文（Elijab Goleman Bridgman，1801—1861）、麦都思（Walter H. Medhurst，1796—1867）等人在上海组织了一个《圣经》翻译委员会，他们又为选定“上帝”“天主”的译名做了神学讨论。他们有时也用“真神”来翻译。

1847 年上半年，广东花县塾师洪秀全在广州得到了美国南浸礼会（Southern Baptist Convention）牧师罗孝全（Issachar Jacob Roberts，1802—1871）编写的《劝世良言》。这部传教小册子，用“神爷火华”（耶和华）、“神天上帝”作为“God”的中文译名。同年，他和冯云山、洪仁玕一起创立了“拜上帝会”。洪秀全在许多方面改造了基督教神学，为他政教合一的政权所用。但是，洪秀全不但接受了“上帝”这个名称，也激烈地反对中国礼仪。他于立会的同时，砸毁了孔子的牌位。后来每到一地，都打翻孔庙里的先圣先师。初期太平天国执行了严格的砸“偶像”、毁“淫祀”的宗教政策。罗孝全得知洪秀全是从他的《劝世良言》中获得“上帝”信息的，异常兴奋。虽然太平天国的实践和正统的基督教义相差很远，但是基督教对敬天、祭祖、祀孔等中国礼仪的态度，给了太平天国极鲜明的色彩。他们激烈的反传统、“离经叛道”的做法，正是来自基督教的宣传。太平天国曾经给欧美人一种希望，他们以为中国会部分地基督化。马克斯·韦伯（Max Weber，1864—1920）也说：太平天国“对巫术和偶像崇拜的冲击，在中国历史上闻所未闻。一个摆脱民族限制的，具有人格的、慈爱的、普遍的世界神（上帝），被人们接受了。”韦伯对中国文化的传统力量有充分的估计。他认为，如果太平天国最后成功，必然会有传统的回潮，祭祖的礼仪必然会重新施行：“我们设想，要是太平天国获胜，祖先墓前的祭祀必然要被保留。耶稣会士也曾这样准许此事。”① 韦伯的观点代表了欧洲学者的看法，说明西方学者对中国文化有充分的理解。

1877 年，全国基督教新教各教派在上海举行全国大会。如何选用适当的名字来翻译“Yĕhōwāh”，中国人的家庭婚礼、葬礼是否和基督教的教堂婚礼、终傅礼相冲突，中国的祭祖仪式是否应被允许等中国礼仪问题又被提出。6 月 21 日上午，来自上海的美国南浸礼会牧师晏玛人（Matthew Tyson Yates，1819—1888）提交了《祖先崇拜》（Ancestral Worship）的论文，福州的美国公理会牧师夏查理（Charles Hartwell，1825—1905）、通县的美国公理会牧师谢卫楼（Devello Zelotos Sheffield，1841—1913）分别写了有名的论文《有关婚礼和葬礼活动的责疑》（Questionable Practices Connected with Marriage and Funeral Ceremonies）。次日，1862 年来上海传教的美国长老会牧师罗伯兹（J. S. Roberts）向大会提交了《中文翻译的原则》（Principles of Translation into Chinese）一文。本次大会这么集中地讨论礼仪问题，令人想起 1628 年的“嘉定会议”。这也是一次小小的“中国礼仪之争”。②

谢卫楼牧师说：“在（中国人）的婚礼和葬礼上，存在许多迷信和愚蠢的风俗。这些风俗即便不说是严格意义上的偶像崇拜，也至少在外表上看起来是如此。这些风俗是不值得被基督教礼仪承认的。”“在婚礼，最关键的礼仪就是拜天地。这个举动是对主宰生活的伟大力量，及对它所赐福祉的感谢；表达了对万事吉祥的感激；是祈求它保佑自己的未来。……如我们知道的：日月星辰并不是上帝，而只是上帝在‘他’的殿堂中由‘他’手持的‘灯’。所以我们应该教导说，天堂并不是上帝本身，而只是由上帝按‘他’的本性和精神建造并看护的殿堂。‘他’是与天堂分离和相区别的。”“拜祖先是仅次于拜天地的重要礼仪。这仪式在婚礼和葬礼上都具有重要地位。……牌位上写着死者的名字、生卒年、年龄和其他项目。牌位名叫‘神主’，意思是‘神明所居之处’。”在谢卫楼长篇论文的最

---

① 马克斯·韦伯. 儒教与道教. 洪天富，译. 南京：江苏人民出版社，1997：251.

② 1877 年全国传教大会记录（*Records of the General Conference of the Protestant Missionaries of China*）. 基督教上海三自爱国会图书馆（原李提摩太图书馆）藏本. 14.

后，是他的基本观点："希望上帝给我们以智慧，让我们建立一个纯净的中国教会，一个在礼仪的字面意义和精神实质上都是毫不妥协的基督化的教会。"①

从欧美基督教神学和风俗的中心立场出发，新教对中国礼仪在整体上采取的也是批评态度。和明末清初耶稣会内部及罗马天主教会各派神学中间的严重分歧一样，清末的新教对中国礼仪有"严禁"和"弛禁"两派。谢卫楼的报告比较集中地代表了新教在华传教士中对中国礼仪的"严禁"态度。自然也有不少牧师以他们的传教实际立场与之唱反调。汉口的英国圣公会牧师慕雅德（Arthur Evans Moule，1836—1918）懂得"中国礼仪之争"的历史，他不无讥讽地说："我们都很了解，当年正是孔夫子的名言'事死如事生'被耶稣会士引用，在罗马教会取得了对中国祭祖礼仪的批准法典。如果我们现在不让中国人崇敬其死者，难道我们还要禁止他们去崇敬活着的人吗?"慕雅德显然是在欧洲了解了历史上的"中国礼仪之争"，所以能很熟练地运用耶稣会士及莱布尼兹、伏尔泰等人用过的逻辑和语录来批评新时代的中国礼仪"严禁派"。

上海的英国伦敦会牧师巴瑞德（E. R. Barrett）也反对"严禁"态度。他以自己的经验说："一段日子以前，我的中国老师，一个秀才，皈依了基督。入教后他问我：如果他继续祭祖的话，是不是错误行为。我回答他，他应该自己决定而不要相信我。……我还告诉他，大多数的外国人都认为中国礼仪是错误的，但也有人有不同意见，认为这些行为无伤大雅。我还说，他应该比我这个刚到中国不久的外国人更懂得中国风俗的含义，如同他懂得基督教义一样。"这样的态度，曲折地批评了完全用外国教会的习惯来约束中国教徒的做法。

新教传教士中的"弛禁派"，在许多地方继承了耶稣会的做法。历史已经过去了两百年，欧美已经开始进入文化宽容时代。加上新教各教派间只有合作关系，没有统一权属的争夺，也没有规定神学的宗教裁判，所以对中国礼仪的"弛禁"做法并不会受到制裁。明末清初大规模的社会争端也不会重演。基督教礼仪对中国社会的影响从其他渠道产生。大多数的牧师觉得祭祖、祀孔等中国礼仪并不

① 1877年全国传教大会记录（*Records of the General Conference of the Protestant Missionaries of China*）. 基督教上海三自爱国会图书馆（原李提摩太图书馆）藏本. 393-396.

是多么严重的异端行为，他们只是愿意让中国礼仪在中国人“移风易俗”的过程中自己一步步地改变过来，而改造的方向仍是西方化、基督化。这样的“弛禁派”观点在1877年大会上得到了更多人的支持，是19世纪中国教会的主流观点。

福州的美国美以美会牧师李承恩（Nathan J. Plumb，1843—1899）的观点就是用基督教礼仪来“移风易俗”。他说：“在我看来，如果我们能够给中国基督徒的婚葬礼仪提供一种合理的替代方式的话，他们会感到满意的。”通州的美国南浸礼会牧师萧福德（T. C. Chawford）也认为，只要基督教的礼仪能够吸引人，中国的迷信礼节就会被新式礼节代替。他说：“我们基督徒的葬礼应该搞得简单、体面、庄严并引人注目。它们应该被安排和执行到能显示我们对死者和丧者的尊重。看到这样的礼仪，我们的中国教外人，就能够满足他们的人性需求而不再有奢侈和迷信。”①

1877年大会的内部争论，在中文报刊上有过披露。1877年7月21日，全国新教各派联合的机关报、上海中文报刊《万国公报》发表署名“黄品三”的《圣号论》，谈及教会内外讨论的“定圣号”问题。“圣号”，就是确定God的中文名称，这个问题和耶稣会的“译名之争”如出一辙。在决定用什么词来翻译“God”的问题时，麦都思等人的《圣经》淘汰了“天主”“天”，选用了“上帝”。有人说：“曰神、曰上帝，不得已也。”② 讲英语的牧师们，和讲拉丁语、葡萄牙语、法语的神父们做了几乎一样的决定。这种“不得已”正可以说明他们的共同选择有其必然性。当时新教传教士讲的一些议题，几乎就是利玛窦《天主实义》中观点的翻版。他们使用“上帝”作为“主”的译名之后，也像耶稣会士一样，对它做出限定，以防止基督教的“上帝”成为儒家的“上帝”。如“觉梦居士”作《上帝不是气与理》③、韦廉臣（Alexander Williamson，1829—1890）作《造物非太极非理气亦非道》④，很容易看出，这些论文从标题到观点，都是直接继承利玛窦《天主实义》中的“用儒而补儒”策略的。

根据英国伦敦会传教士艾约瑟（Joseph Edkins，1823—1905）

---

① 1877年全国传教大会记录．基督教上海三自爱国图书馆（原李提摩太图书馆）藏本．

② 黄品三．圣号论．万国公报．1877，448．

③ 觉梦居士．上帝不是气与理．万国公报，1880，606．

④ 韦廉臣．造物非太极非理气亦非道．万国公报，1881，648．

描述的1877年5月10日全国传教大会的发言实况，同为伦敦会士的慕维廉（William Muirhead，1822—1900）发表的演说是他阅读另一位伦敦会传教士理雅各著作《孔子教与耶稣教互相关系论》的体会。慕教士说：理雅各“寄华三十余载，博览儒书，潜心探索而有得焉。据《新》《旧约》所论之‘上帝’，即六经所言‘上帝’若合符节，其揆一也”[①]。基督教（耶稣教）在清末继承了天主教在明末的“补儒”实践，而伦敦会与耶稣会的传教路线也如出一辙。

在清末有影响的中国文人中，变革思想家王韬（1828—1897）是和上述这些新教传教士最接近的人之一。1849年，他因家贫和举业不成，从家乡苏州长洲甫里镇到上海，住在英国伦敦会印刷所，即后来著名的山东路“墨海书馆”，帮助麦都思、裨治文等人翻译《圣经》。王韬不是通过读书，而是从牧师的演讲中，知道了明末清初的“中国礼仪之争”。1858年9月19日，“午刻，往讲堂听慕（维廉。——引者）君说法。慕君以‘上帝’二字出自儒书，与西国方言不合。且各教进中国，其所以称天之上宰，称名各异。犹太古教为耶和华，景教为呵罗呵，挑筋教称为天，天方教为真主。明时，利玛窦等入中国，则为天主，而间称上帝。然当时国王颇不谓然，以上帝之名与儒家相混也。及本朝嘉庆时，英人马礼逊至粤，所译之书称为《神天圣书》。合众国教士于道光末年，又称真神。是一主而有数名也”[②]。王韬了解的“中国礼仪之争”不是很具体、很精确。如含混地说“当时国王颇不谓然”，“国王”一词，好像他对罗马教宗和康熙皇帝之间的争执不是很清楚。但是在咸丰年间，王韬了解“中国礼仪之争”，在对于西方事务懵懵懂懂的中国人中算是凤毛麟角。

王韬和新教传教士日夜相处，他自己也被基督教和中国礼仪的冲突所困。王韬每每以失意士人不得志而自况，上海华人豪富、南市人沙船主郁泰峰常常以三五银圆买他的牢骚。咸丰八年（1858）春节，郁泰峰又送来六块银圆。王韬告以牢骚，以为自己身为儒生[③]，而借居在“墨海书馆”，连新年都不能按中国习惯祭祖、祀神。“予在沪暂假西人数椽，以为栖息，聊蔽风雨。然虽免出资赁

---

① 艾约瑟．各省教师集议论略．万国公报．1877，447.

② 王韬．王韬日记．方行，汤志钧，整理．北京：中华书局，1987：7.

③ 其实王韬在1854年已经受洗入教。关于王韬入教问题之考证，参见：朱维铮，李天纲．清学史：王韬与天子一道论．复旦学报（社会科学版），1995（3）.

屋，而在其中不能祭神祀先，并送灶禳鬼诸俗，例亦无之。”① 其实，王韬的抱怨是一种文人积习，他当时已经受洗加入基督教，而不为外界所知。加入了基督教便不能祭祀祖先，当时已有不少中国人知道。王韬对西方消息很灵通，不但在于他对上海租界的情况了然于心，还在于他了解很多传教士对中国文化的看法，以致他能对中国的宗教进行中西比较。凭在上海租界和通商口岸的生活与研究经验，王韬在同治、光绪时期，在上海、香港博得了“识洋务”之名。当时，王韬和慕维廉一起，讨论中国的儒、道、佛和西方基督教的本质关系。王韬从基督徒的立场总结道：

> 西天圣教亦有与三教相为表里者，同源合流，本归一致。儒者所重，三纲五伦，以人治人。五伦之中，首重君父，而乡里小民有终身无事君之责者。独家庭之间，人各有父，故圣王以孝治天下，孔子教孝之言，别为一经也。大哉父乎，比之于天。羲《易·系辞》以乾为天、为父，两者并立，诚重之也。然彼言乎人事，而未及天道，未免有缺略之憾。吾圣教为补其失，则曰：天父非舍（近）而求诸远也，盖感生成之恩于罔外耳。由之言之，儒者之言孝厥父，与吾教之言崇事天父，其人旨同。……近世羽流专事符箓、咒术、醮坛、法事及烧丹炼汞，怪诞不经之谈，大非老氏初旨。老子著《道德经》五千言，发明道之阃奥，首言“道可道，非常道。是于无可名之中，强而名之曰道”。道也者，手不能指其端倪，目不能穷其向往。散之于物，而载之于人。其体清静无为，其用神化莫名。道不可见，见之于人，则微而显。《圣经》曰：元始有道，道与上帝共在。道即上帝。此道之不可见者也。耶稣曰：我即真理，此道之有可见者也。盖基督即肩承古今之道统，而为载道之器也。凡老氏之所谓道，与吾教之所谓基督，皆共此浑浑沕沕之真原，则其大旨同。佛固西极之化人也，言乎化则变化不测，神化不可方物。故析其字体，则为弗人，不由乎人而出神之至灵之极也。译其梵义，为觉悟群生，神灵之感无所不在也。是以人言曰：即心即佛。又曰：佛在方寸。扩而言之，推而大之，其即吾教之圣神乎？圣神之大物也，无形无象，无远无近，触而即应感

① 王韬．王韬日记．方行，汤志钧，整理．北京：中华书局，1987：71.

而遂通，与佛之于一刹那、一瞬息间遍览阐浮提者无异。①

这段“判教”之论，从基督教的立场对中国的儒、道、佛的本质做了断定。慕维廉和王韬在讨论中认为：基督教和中国的儒、道、佛“相为表里”“同源合流”“本归一致”。他们关于文化融通的认识和信念，与利玛窦、徐光启等人的“补儒易佛”“东海西海，心同理同”的观点十分相似。有所不同的是：明清耶稣会士还只是对儒家采取部分肯定的态度，对佛教和道教（所谓“二氏”）采取激烈的批评态度；新教传教士则对佛教和道教也采取了部分肯定的态度，以为佛教、道教教义中的某些精华，特别是它们的“上帝”之论，与基督教颇为相近。

麦都思、慕维廉等伦敦会传教士，和王韬等文人一起，在上海翻译官话本《圣经》。在此过程中，他们把基督教拎放在儒家、佛教和道教之上，做一对三的比较。从此立场来看，儒家的“孝”最为基督教重视。它有一个“父”的观念。然而，儒家基本是以人伦为中心，多言大事，未及大道。所以，应该由基督教把儒家的“父孝”提升到“崇事天父”的高度，崇拜“天父”。对于道教，他们区分了老子教义和迷信行为，肯定《道德经》里的不可道之“道”和《圣经》里无处不在、无时不在而又不可见的“上帝”是相近的概念。只是耶稣基督是上帝的化身，是“载道之器”。这样道家化的观点，从他们翻译《约翰福音》的第一句“太初有道，道与上帝同在，道就是上帝”② 可以明显地看出。对于佛教，他们肯定了“心即佛”的观念，认为“扩而言之”“推而大之”，便是基督教的“圣神”。慕维廉和王韬甚至谈出这样的观点：儒、道、佛的长处合起来，就是基督教了。“三教分之，则为一偏。合之，则为大全。乃吾教中三位一体之真诠妙谛也。”③ 这里的意思是：对于中国文化，应该是按基督教标准，衡量“三教”的长短，加以剪裁，为己所用。

大胆地肯定中国的宗教，连“上帝”“天”“道”“心”“佛”等一并肯定，这在基督教圈内为“中国礼仪之争”以来所罕见。这种

---

① 王韬．王韬日记．方行，汤志钧，整理．北京：中华书局，1987：11.

② 新约：约翰福音．新标点合和本．中国基督教协会准印，南京爱德印刷有限公司发行，1993：149. 此版本为中国内地教会在1949年以后的经常用本。其前身便是各“《圣经》公会”在上海的官话翻译本。其中《新约》的基本文字工作是裨治文、麦都思、慕维廉、王韬时代的“《圣经》翻译委员会”奠定的。

③ 同①12.

议论，未见于 1877 年上海传教大会上的报告和讨论，也未见于王韬以后的文章。尽管他们在自己的翻译实践中运用了这些主张，但在当时仍然是非常冒进的，只能暗中进行。从天主教禁止使用“上帝”“天”，连利玛窦也必须批判佛教、道教“二氏”，到新教教会大量容纳中国文化概念，“译名之争”不断消解，对祭祖、祀孔礼仪不断“弛禁”，这不能不说是中西文化交流史上的巨大进步。这样变化的原因，不应只在新教和天主教的区别中寻找，显然更应在西方文化的发展中寻找。两百年来，欧洲的社会在世俗化，文化在国际化，思想在理性化，因而人们的认识总体上更加宽容。“中国礼仪之争”之后，欧洲的汉学界、思想界对中国文化的兴趣从儒家进一步地转到了佛教和道教，欧洲出现了更多推崇东方宗教的哲学家。鸦片战争后进入中国的英美传教士，比早期的耶稣会士对中国文化更宽容。时代宽松、文化进步，给他们很多便利，这显得当年耶稣会的传教之路要艰苦复杂得多。

上海山东路麦家圈“墨海书馆”的译经传教士和王韬，在对儒家性质的判断上仍然是继承“中国礼仪之争”中耶稣会一派的看法，即认为儒家非宗教。《弢园文录外编》首篇，是王韬著名的《原道》论文。他比较世界各大宗教，认为儒家不是宗教。“儒者本无所谓教。达而在上，穷而在下，需不能出此范围；其名之曰教者，他教之徒从而强名之者也。”① 从这里看出：王韬仍然坚持欧洲观点，认为儒家学说是“伦理学”“政治学”“人生哲学”，儒家思想是“人文主义”，而不是“宗教精神”。王韬说，儒家并不知道自己的学说是一种宗教，说它是“教”，只是因为有了别的宗教，别人也拿宗教做标准来看待儒家。

这个定性判断，从利玛窦起，到王韬止，经历了两百多年的中西思想家、哲学家的研究，在学术上大致是可以说得明白的。中国儒家是不是宗教？这要看人们用什么样的宗教定义来衡量。儒家没有基督教那样严格的教义、教会、教规、教阶、教仪，甚至不及佛教、道教有类似于西方宗教的衣钵传授制度，确实不是西方意义上的宗教。但是，至少儒家思想中含有超越世俗、达到“上帝”和“天”的层次的宗教意识；儒家礼仪中包括了不少类似于宗教祭奠鬼神的做法；中国的宗法关系、君臣关系也在某种程度上形成了规范

---

① 王韬．弢园文录外编．汪北平，刘林，整理．北京：中华书局，1959：1.

极严的“礼教”；“天子”兼皇帝的俗务统治与教宗的精神统治于一身，是中国式样的“政教合一”。这些都是“类宗教”的。因此，辩论中国儒家是不是宗教，争论的实质是宗教的尺度，而不是宗教的内容。这一点是“中国礼仪之争”的成果。从莱布尼兹等人的研究，人们一般可以认为，中国人的宗教是从“人文”“理性”“伦理”的方向导入“上帝”和“天”的超验领域。如果说不是宗教，那它便是一种思想；如果说是宗教，那它便是一种不同于基督教和任何其他宗教的“准宗教”“类宗教”。

从王韬发表见解的“同光中兴”，到康有为等人一度领衔的“戊戌变法”，是中国思想家在传教士“西学”影响下“西方化”的时期。为中国社会寻找出路的改革家们，曾经认为中国落后于西方，就是因为没有基督教，缺少马丁·路德、卡尔文一样的宗教革命家。这一时期的思想家，如康有为、谭嗣同、梁启超、章炳麟，都多少有过“建立宗教论”的主张。他们有的主张以儒家代表人物之一的孔子作为新宗教基础，此以康有为为代表。1895 年，康有为在北京对李提摩太（Timothy Richard，1845—1919）说：“中国的改革必须建立在一个道德基础之上。上帝的父权和各民族的兄弟之情，必须在中国人的良知中加以发现。”① 有的主张用佛教作为激励，章炳麟针对康有为的“孔教会”主张，著有《驳建立孔教议》，但他不反对维新变法革命都需要宗教。他一度提倡以唯识论作为基础，有“建立”宗教论。章炳麟在 1906 年还在说，救中国的第一要事是“用宗教发起信心，增进国民的道德”②。有的主张融汇儒、佛、耶，成为新宗教，见于谭嗣同的《仁学》。他在书中批评中国人无宗教，说中国士人“惮乎教之名，而以其教专让于人，甘自居无教之民”③。梁启超也附和地说：“天下无无教而立国者。”④ 这些言论大多是企图用各种宗教思想作为兴奋剂，组织群众，推行清朝的改革，完成民众精神的改造，拯救民族危机，即所谓“以心挽劫”。它们的参照系是欧洲 16、17 世纪的“宗教改革”运动，英国和北美 18、19 世纪的“灵性奋兴”运动。

---

① 《广学会年报告》(*Annual Reports of the Christian Literature Society*，1895). 基督教上海三自爱国会图书馆（原李提摩太图书馆）藏本.

② 章太炎. 东京留学生欢迎会演说词. 民报，第六号.

③ 谭嗣同. 广学//谭嗣同全集. 上海：上海人民出版社，1965.

④ 梁启超. 与友人论保教书.

建立新宗教的运动，以康有为的实践最为认真和持久。他的“孔教会”活动，从戊戌前一直延续到辛亥后，乃至到“新文化运动”时仍有活动。康有为以中国的马丁·路德自居，在中国和欧美各华埠设立“孔教会”，自封“教主”。他奉孔子为“素王”，用孔子诞辰作为纪年，仿耶诞公元纪年。他的“理论”在很大程度上和西方社会及传教士们对中国文化所做的判断有关。他实际上已把儒家看作“准宗教”和“类宗教”，决心让儒家有一个完整的西方化的宗教教义和教会组织，拿他自己的话说，是“欲侪孔子于基督”[①]。拿别人批评他的话说，是“借保护圣教为名，以合外教”[②]。康有为所有这些实践，有其固执的学术前提和独自的思想方法。他认为中国文化当中若没有欧洲式的宗教，中国便不能成为现代化的国家。或者说，只有给中国式的“礼教”赋予西方式的宗教形式，中国才能发展。姑不论康有为的实践很不自然，非常别扭，且说他的学术前提和思想方法，仍然受到了“中国礼仪之争”以来各项结论的影响。

三百多年过去了，“中国礼仪之争”中形成的关于儒家是不是宗教的问题，在学理上已经没有多少谁对谁错的争论价值了。然而，清末的社会危机又一次地牵连到它。尽管清末的康有为等人对康熙年间的“中国礼仪之争”并没有深入了解（王韬、马相伯、马建忠等基督徒是例外），但是同治、光绪年间基督教和中国社会剧烈冲突，在多宗教比较的环境下，思想家们很容易得出和“中国礼仪之争”相似的结论。不同的是：明末清初，是罗马天主教会要按照西方宗教的模式来改造中国的宗教生活；清末民初，则是中国思想家们开始对自己的宗教文化做出反省，并将此作为社会总体改革内容的一部分。可以说：明末清初的“中国礼仪之争”主要是神学冲突，而清末民初的中国宗教和礼仪问题从一开始就是社会政治问题。

区别还在于：17、18世纪西方教会保守势力在清末民初已大大减弱。除了按中法《黄埔条约》（1844）“第二十二条”返回中国的天主教会仍然维持对中国礼仪的禁令外，较少受到神学限制的、来自英美的新教传教士，大多对中国宗教采取“堵”与“疏”相结合的态度。在上海、北京和其他省会城市，许多传教士采用了和利玛窦等早期耶稣会士相似的做法，与中国士大夫合作，举办文化性的

① 梁启超．清代学术概论//梁启超论清学史二种．朱维铮，校注．上海：复旦大学出版社，1985：65．

② 叶德辉．与皮鹿门书//苏舆．翼教丛编．

新闻、出版、学校、医院、图书馆、博物馆等文化设施，进行所谓“间接传教”“学术传教”。由于西方科学、技术、经济、文化的进步，英美新教传教士比过去意大利、法国等拉丁民族的耶稣会士更有力量对中国文化进行渗透和改造。清末能够进入朝廷结交大臣的传教士，已不是耶稣会神父，而是新教牧师。

为中国官绅社会所重视的新教传教士有林乐知（Young John Allen，1836—1907）、丁韪良（William Alexander der Parsons Martin，1827—1916）、傅兰雅（John Fryer，1839—1928）、李提摩太、李佳白（Gilbert Reid，1857—1927）等。1891年，张之洞向林乐知的《万国公报》和广学会捐银四千两，他所作《上海强学会序》首先在《万国公报》刊登；李鸿章办江南制造局，设翻译馆，延揽傅兰雅主持；当李鸿章调到直隶总督任上，他于1890年请李提摩太主笔天津《时报》。1895年他还介绍李提摩太认识光绪帝师翁同龢。丁韪良则长期在北京主持京师同文馆。①

他们这群人除了撰有《基督教有益于中国说》② 外，也撰有《中国宜广新学以辅旧学说》③、《救世教成全儒教说》④。按他们的主张，“吾教与儒教同重”，“西学必以中学为本”⑤，即所谓“中学为本，西学为用”的原始含义。这一原始版本的“中体西用”与张之洞后来传扬，且受到严复辛辣批评的版本很不相同。这一版本显然是继承于利玛窦的“补儒”思想路线，而且更加尊重中国思想的主体地位。

美国长老会牧师李佳白主张学习利玛窦从上层社会和学术活动入手传教，因此和教会断绝，以独立传教人的身份参加“世界宗教大会”。他自筹经费，主办“尚贤堂”（The International Institute of China，1897—1927）。他在上海、天津、北京从事基督教和儒、道、佛的比较研究。他甚至鼓励袁世凯复辟帝制，以洋顾问的身份参加“祭天、祀孔”。他还在1925年组织各宗教团体在太和殿迎班禅入

---

① 有关新教传教士与晚清社会改革之详细关系，参见：李天纲．简论林乐知与《万国公报》．史林，1996（3）。

② 林乐知．基督教有益于中国说．万国公报，1895，83.

③ 李佳白．中国宜广新学以辅旧学说．万国公报，1897，102.

④ 安保罗，沈少坪．救世教成全儒教说．万国公报，1896，94.

⑤ 沈毓佳．西学必以中学为本说．万国公报，1889，2.

京。[①] 李佳白从事这些活动带有个人色彩，并不能完全代表欧美神学思潮和宗教学说。中外报刊都有非议，但他的实践在欧美和中国有影响，找得到资助。这一例子从侧面说明 20 世纪初年，基督教对别种文化的宽容度已大大增加，基督教本身也大大国际化了。

总的来说，清末的新教和清初的天主教耶稣会，对中国礼仪的态度在相同中有所不同。相同之处在于，两者都还把祭祖、祀孔等礼仪看成基督教信仰的对立面，希望中国礼仪能够自我改造。不同之处在于，19 世纪的新教传教士有一个比耶稣会士优越的文化地位。新教传教士处于中国社会急剧衰败的时代，中国社会对西方文化有所依赖、有所崇拜。趁中国文化自我改革的机会，以基督教为代表的西方生活方式、信仰方式和知识体系都比较容易进入中国，为中国社会各阶层，甚至为通常是社会保守势力代表的士大夫知识分子所接受。由于基督教新教没有统一的宗教裁判，19 世纪的神学气氛已不是那么严峻，清末“定圣名”和“移风易俗”的讨论没有演变成新教内部的“中国礼仪之争”。

清末民初，中国社会的“移风易俗”以难以置信的规模和速度进行着。首先，以基督教为标志的教堂婚礼、葬礼，作为“新式礼节”在上海、天津、武汉等通商口岸流行开来，新派人物很愿意采用，最著名的是“新文化运动”领袖人物胡适和妻子江冬秀结婚时，绝不肯“拜天地”，在氏族祠堂的祖宗牌位前也只是鞠躬而已；其次，教会大学、新式学堂培养出来的洋学堂学生，以反迷信、讲科学为口号，在广大乡村反对中国礼仪，反对旧礼教，也形成很大冲击，鲁迅的小说《孤独者》对出外游学的魏连殳在亲人葬礼上祭祖的冲突描写，正表现了这一时代变化；再次，从“戊戌变法”到“新文化运动”，中国社会的世俗知识分子对以儒家为代表的“礼教”发起总批判，“礼教”和“理学”受到极大冲击；最后，民国后建立的共和政府，也采取了某种意义上是“西化”的文化变革措施，如国民党政府的“新生活运动”，各地方政府的“移风易俗”运动，都使中国礼仪的实践范围越来越窄。总之，20 世纪，在现代事业发达的大城市，敬天、祭祖、祀孔等中国礼仪越来越罕见。最明显的例子是：1916 年袁世凯恢复帝制，准备天坛“祭天”，受到了全国各方面的讨伐。还有，当军阀政府企图恢复“祭孔”仪式的时候，都不

---

① 中国社会科学院近代史研究所翻译室．近代来华外国人名辞典．北京：中国社会科学出版社，1981：402.

同程度地受到新派知识分子的抵制和讥笑，因而每每草草收场。而20世纪30年代，蒋介石、宋美龄举行教堂婚礼，社会上的新派青年随之流行“集体婚礼”。这些都说明，中国社会制度的变化使文化生活、宗教生活随之改变。

1905年，科举制被废除，祀孔不必了；1911年，皇帝倒了，祭天不行了；工业化、城市化，大家族在分解，祭祖愈加困难。传统社会的基础在解散，“礼教”当然也难以为继。一种适合新的、城市化的、现代化的、国际化的，更人性、更自由的礼仪方式、文化制度、精神信仰，还没有建立起来。在这个时期，说中国人在礼仪问题上进退失据，新旧不靠，中西不分，则可；说中国人从来不懂宗教，没有信仰，不求“终极关怀”，则不可。20世纪的中国，遇到的问题是怎样建立一种新的礼仪制度，而不是保守一种旧的礼仪制度。这就让我们觉得：“中国礼仪之争”的时代终于可以过去了。而以今天的标准来看，当年的耶稣会士和具有理性精神的启蒙思想家是相当正确的。当欧洲教宗要保守其天主教礼仪，当中国皇帝要保守中国礼仪的时候，耶稣会士如利玛窦，欧洲思想家如莱布尼兹、伏尔泰，中国天主教徒如徐光启，中国儒生、士大夫如方以智、戴震，都主张承认和尊重中国文化的主体地位（尽管他们的思想和学问及主张，有天壤之别）。他们主张会通中西，在西方思想的输入，在中国的社会改造、文化创造和中国人的精神提升过程中，建立一种新的、与世界潮流同步一致的思想形态和文化制度。

结 语

在做最后结语的时候，我想先把全部的叙述和研究做一简述。

本书所讲“中国礼仪之争”是发生在明末清初中西教会内部，扩展到罗马教廷和清朝康熙皇帝之间，并在18世纪的欧洲和中国社会产生巨大影响的重大事件。

“中国礼仪之争”的核心问题，是中国文化中的礼制问题。它关系到儒家的敬天、祭祖、祀孔等方面的制度规定。明末的儒家士大夫，如徐光启等人，在加入天主教后仍然保持祭祀习惯。这种做法得到早期耶稣会士利玛窦等人的允许，他们用“补儒易佛”策略加以宽容。这种做法受到越来越多的怀疑，并在康熙年间，由于方济各会、多明我会和巴黎外方传教会等修会之会士的到来，酿成了中西文化间的重大争议。几乎是整个欧洲的思想界都参与了论战，波及莱布尼兹、伏尔泰等同代人，延续到康德、黑格尔身上，影响了他们对中国文化的看法。同样，在中国，儒家士大夫也对天主教的反儒行为做出了反应。从福建、南京，到北京朝廷，很多士大夫改变对天主教的友好态度，改而反教。康熙皇帝的态度转变，代表了中国人最终的反教主张。由于“中国礼仪之争”，天主教在18世纪的中国进入了衰败阶段。

在中国，在欧洲，争论的焦点在于判断中国礼仪是不是一种宗教。如果是，则中国人的宗教是偶像崇拜，是异端。严格一神教义的天主教不能接受另外一种宗教中的“上帝”。如果不是，则可以作为一种世俗哲学加以宽容。耶稣会士和中国士人、皇帝认为：中国礼仪是伦理，是哲学，是习俗，而不是宗教。多明我会等修会的神学家则坚持神学判断，认为中国人的祭祖、祀孔是迷信，是异端，应加以禁绝。争论的结果是，1714年罗马教廷禁止了中国礼仪，同时康熙皇帝也驱逐了传教士。1939年，由于文化环境的改变，罗马教廷废除了禁令，重新允许中国和海外华人天主教徒举行中国礼仪。

由于汉语文献的缺乏，关于“中国礼仪之争”的研究历来以西文为主。自争论发生开始，欧洲学者，特别是法国、德国的启蒙思想家，对中国文化有详细深入的研究，判定中国文化的性质属于“人文主义”。近年来的欧美学者又对“中国礼仪之争”展开新的研究，从文化史角度对这一宗教问题提出新的研究，得出了新的认识。但是，他们所用的资料仍然以西文为主，所持观点也多含有西方人的视角和关注。因而，“中国礼仪之争”还未能真正放回中国文化的环境中加以研究。

相比之下，中国学者向来不习惯从国际视野看自己民族的文化、历史和礼仪，很少进行关于“中国礼仪之争”的研究。清代学者很快忘记了这段历史，在正史和文集中很少提及这段历史。20 世纪学者根据西文资料，翻译介绍了一些片段，但尚难据以判断历史的全过程。1949 年以后的中国学术界，由于中西文化交流史研究的中断，“中国礼仪之争”的研究未能在翻译介绍后充分展开。20 世纪 80 年代后，中西文化交流历史引起学术界的广泛兴趣，但是此项研究仍然被较少涉及，关键在于史料的缺乏。因为在梵蒂冈发现了有关“中国礼仪之争”的汉语文献，巴黎法国国家图书馆藏有有关书籍，加上部分故宫档案和康熙朝档案的影印公布，我们有可能利用汉语资料对“中国礼仪之争”加以研究。在参照了西方语言文献资料之后，在许多明清学者的文集中，我们也可以看出“中国礼仪之争”的显著影响。

四百多年前开始发生的“中国礼仪之争”对中西文化具有重大意义。在今天文化融合、思想多元和宗教宽容的时代，该争议在天主教、基督教新教内部引起的教义争端或许已经不那么重要，但是在教外的文化领域，其深刻的社会影响至今尚未消失，它的理论价值至今仍然需要高度重视。“中国礼仪之争”的结论认为，中国文化（和欧洲相比）是人文主义的、非宗教的、伦理型的，是值得启蒙运动中的西方人仿效的。“中国礼仪之争”中，耶稣会士把儒家定义为治国的“礼教”和“实用理性”，这种观念经欧洲返回中国后，至今流行。这种“非宗教”的西方汉学家观点是否仍然需要维护？这是有绝大疑问的！

本书还认为：“中国礼仪之争”催化了“汉学”在西方的诞生；“中国礼仪之争”是中国近代外交的开端；“中国礼仪之争”使天主

教在清朝遭受失败，“西学”退出了与“理学”“汉学”的竞争；“中国礼仪之争”在清末19世纪的基督教新教圈中又有回潮；新的礼仪之争的顺利解决表明中西文化各自的宽容度都大为提高了；“中国礼仪之争”中“中国无宗教”的观点，为清末改革思想家接受，康有为利用儒家“礼教”建立“孔教会”的实践表明了“中国礼仪之争”对近代中国人的潜在而深刻的影响；等等。

在做过以上有关主要内容的概括之后，还应该对本书在研究过程中涉及的或隐藏着未便明确表露的基本观点和方法加以简单陈述。

众所周知，从思想文化史的角度看，欧洲近代历史阶段先后有两股思潮最为重要。一是以“人文主义”为核心的文艺复兴运动，它兴盛于15、16世纪的欧洲南方，以意大利的重要城市如佛罗伦萨和罗马为代表；二是以“理性精神”为基准的启蒙运动，它普及于17世纪至19世纪，在英国、法国、德国最为流行。两个运动在时间和空间上有差异，但基本精神是一致的，就是以人的趣味和人的理性来衡量世间一切。既有的思想，无论来自教会、国家、习俗，还是来自人们的内心，都要受到人的认识的检验。两者的核心是“人文精神”，而其逻辑结果必然是推翻一切蒙蔽人的思想、禁锢人的灵魂的教条主义，反对专制主义，从而实现人的解放和自由。

中外历史是相互联系的，因而也是可以比较的。值得注意的是，在明末清初耶稣会士把“西学”“西教”带到中国前后，中国开始了自己的近代化进程。文艺复兴和启蒙运动理所当然地成了这一历史进程的主要内容。中国到底什么时候开始进入近代历史，中外历史学家对此莫衷一是。目前中国最正统的观点是将1840年的鸦片战争作为中国近代历史的开端。但是，从“中国礼仪之争”涉及的思想文化史内容来看，清末民初出现的种种基本问题，明末清初已经显露了。比如，“西学传播”“民教冲突”“欧洲殖民”，以及中国思想学术的理性化、科学化、自由化，都已经十分明确地开始了。如此说，中国近代历史的开端应在明末清初。

关于中国的“启蒙运动”，中外历史学家有不同看法。西方史学家以当代法国著名汉学家谢和耐为代表，他的《中国社会史》（*Le Monde Chinois*）把宋代学术文化和民间文化的繁荣称作中国的“文艺复兴”。他还把明末的城市复兴和思想解放算作“近代中国的开始”的标志。这是具有相当见地的。中国著名思想史家侯外庐在此问题上的相似观点早于谢和耐。他在20世纪40年代出版《近代中国思想学说史》，即从 17 世纪的王夫之、黄宗羲、顾炎武论起。1955 年，他把书名改为《中国早期启蒙思想史》，更说明他把明末清初与清末民初作为一体来看待。

相反，目前学术界的主流意见把中国“启蒙运动”出现的时间定得相当晚。20 世纪的“新文化运动”以后，具有西方理性倾向的中国知识分子常常把自己的活动比为“中国的文艺复兴”“中国的启蒙运动”。1919 年，胡适周围的傅斯年、罗家伦在北京大学组织“新潮社”，创办《新潮》，在社名和刊名上都标榜“文艺复兴”（Renaissance）。目前中国的知识分子大多认为中国的“启蒙运动”是承“新文化运动”的“科学与民主”而来。这就把中国思想文化的近代运动估计得相当晚。而对青年人的标榜，梁启超在 1920 年的《清代学术概论》“自序”中说得比较合适。他当仁不让地以为是他首先于 1902 年在日本办《新民丛报》时提出：“此二百余年间总可命为中国之‘文艺复兴时代’。”看来，从思想文化史本身来看，中国的“文艺复兴”和“思想启蒙”确实可以说是始于 17 世纪。

20 世纪初的中国人重新获得了用世界眼光来看待中国问题的能力，出现了很多比较性的谈论。但是，迄今为止的中西比较常常流于空泛、概念化和简单比附。而实际上，所谓“中国的人文主义”“中国的文艺复兴”“中国的启蒙运动”讨论远远要比一般谈论的复杂得多。当我们用跨越中西的方法，深入历史文献，尤其是中西双方的原始档案资料来考察的时候，问题便有了全然不同的答案。比如，人们谈到儒家思想与西方哲学的比较，总是以“天人合一”和“天人相分”来概括与区别。再比如，当我们判定“中国没有宗教”“儒家不是宗教”的时候，其实，当年在讨论“中国礼仪之争”的时候，关于这些问题的神学纠纷所涉及的思想深度就远远超过许多当今的简单谈论。

但是，不同地区的历史都是独一无二的。“中国的启蒙运动”和欧洲的并不相同。同样，“中国的人文主义”和欧洲本来意义上的“人文主义”有着重大的区别。本书的每处细节似乎都已经表明：和基督教文化相比，中国礼教固然显示了其“人文主义”的一面，但是，对中国的“人文主义”更应注意其他两个侧面。一是中国的“礼教”是集体主义，与西方的个人主义传统有所不同，它在相当程度上是中国专制主义的基础，而不是自由主义的精神；二是儒家的“礼教”缺乏严格的教会、教阶和教规，即使它是宗教，或具有宗教性，它也不是西方意义上的宗教，而是一种类宗教、一种准宗教。虽然中国人的宗教生活不很活跃，但中国文化中同样有超越世俗的宗教情感、特定的宗教仪式和一定的宗教组织。

从以上两点来衡量，“中国礼仪之争”中的各方都有自己的准确性，也有自己的片面性。主流的耶稣会士以利玛窦为代表，坚持要对儒家的礼仪实行宽容政策，这表现了他们超出同时代的对异民族文化传统的尊重态度，同时也表明他们机智地对待中国专制政体（以康熙为代表）和宗法文化传统（以儒家为代表）的功利策略。他们和在欧洲的启蒙思想家一起，实际上是在破除以基督教会为核心的“欧洲中心主义”。在中国的皇帝和大部分士大夫天然保持中国儒家天下一统的观点的时候，欧洲思想界先期出现这样“世界主义”的观点，不能不说是“启蒙运动”的积极成果。

早期耶稣会士也有他们的片面性。他们“补儒易佛”，固然努力地迎合儒家。但是，在“中国礼仪之争”中，他们极力否认儒家的宗教精神，尽量地把祭祖、祀孔的活动解释成非宗教性的民事活动，只具有教育和伦理意义。他们对佛教和道教及中国其他各种民间宗教更是采取断然拒绝的态度。如此解释，等于是抹杀了中国人的宗教精神和情感，在这样解释的“人文主义”基础上，很难建立真正可靠和虔诚的信仰。按照耶稣会士的“补儒”理想，他们要用天主教神学来补上儒家学说所缺乏的信仰的不足。但是，他们把儒家和中国文化中本来具有的信仰因素，随着对中国礼仪特殊方式的否定而一起否定了。虽然耶稣会士主观上是要在保存中国文化“人学”的基础上建立天主教的“天学”信仰，但这样做的逻辑结果仍然会二分割裂中西文化，宗教归宗教、学术归学术，最终使得中国天主教在中国文化中难免陷入缺乏资源、孤立无援的状态。中国天主教最强调“孝”，企图通过儒家伦理确立“父”和“大父”（God）的关系，建立基督教信仰。很多事实证明，形形色色的中国基督教会的伦理宣传，加强了固有的“父”和“孝”的观念，而“大父”和“拯救”（Save）等西方独特宗教观念并未得到合乎中国道理的解释。

在对中国宗教思想更大程度的宽容上，我们并不能责怪耶稣会士，而只能理解那个时代。那个时代的天主教神学，在比较世俗的儒家身上尚且发生了“中国礼仪之争”，何况去宽容更多的非天主教的宗教信仰？事实上，耶稣会士否认儒家的宗教性是辩论策略的需要。如果承认儒家的宗教情怀和超性理论，他们更要受到西方保守势力的围攻。在“中国礼仪之争”中充满了这样的例子。比较而言，当代天主教的“普世教会运动”（ecumenical movement）积极与基督教、东正教、犹太教、印度教、佛教、道教和儒家对话，既从别的宗教中激发信仰因素，也宽容别的宗教的不同教义表达。时代在信仰的兼容性方面确实发生了很大的进步。

从这样的角度看，当时的多明我会强调中国礼仪的宗教性，在神学上是出于比较保守的动机，但在宗教学看来却未必没有理。龙华民一派的少数耶稣会士，以及多明我会、方济各会、外方传教会的神学家们，指责利玛窦的传教过于世俗化、学术化、科学化，或者说过于“人文主义”，他们要求更加强调中国信徒精神境界的纯洁性和灵性超越的重要性。从改造中国人混乱不清、缺乏理性的信仰方式角度来说，反对中国礼仪的人虽然缺乏利玛窦一派人物所具有的高度的中国文化修养和造诣，但他们看到了被忽视的问题的某些侧面。如何在世俗和功利的儒家思想占主导地位的中国知识分子中传播基督教的灵性，如何用严格严肃的教论、教规来规范泛滥的民间信仰，相似的另一个问题，即如何超越技术和科学的层面，不是“徒袭皮毛”地介绍“西学”，而是深入核心地理解西方文化的精神因素，一直是摆在中国启蒙思想家面前的重大问题。

“中国的人文主义”被欧洲的启蒙思想家用来批评教会的神权专制。儒家曾经被理想化了，像中国那样依靠法律、伦理、风俗和礼仪来维持文明，而不是用宗教的规定来束缚、统治民众，一度成了西方人的向往。这种一厢情愿的赞美是否真实？不管是什么程度和意义上的真实，都是要放回历史运动中才能看清楚的。在中国，基督教的神学、哲学和科学传入后，也一度作为中国“启蒙运动”的佐助。从耶稣会士的“天学”，到英美新教传教士的“西学”，再到20世纪西方文化的全面输入，中国启蒙思想家多半以积极的态度看待西方学术和思想。异文化中的特质因素总是能导致一些非同寻常的思想解放，这是文化交流和比较的真谛。涉及宗教因素的文化交流和比较，更能引起思想全局的变化，这是因为宗教神学带来的是宇宙观、“天道论”的根本变化。“中国礼仪之争”中关于“上帝”“天主”的“译名之争”，在欧洲和中国都导致了巨大的思想变动。比较来看，显然欧洲的启蒙运动带来的变动更彻底，而中国的“启蒙运动”不断流产，就像“西学”的输入时断时续一样。“中国礼仪之争”中，在耶稣会士和启蒙思想家身上表现出来的对异国文化的宽容、理解、向往，是 17、18 世纪人类交往中最重要的思想成果。这种思想成果是 19、20 世纪西方学者自我批评，再次起来反对“欧洲中心主义”的重要思想源泉，也是当代已经普遍流行于西方社会生活的“国际主义”“世界主义”“文化多元主义”的思想借鉴。“中国礼仪之争”后，西方“汉学”“东方学”，以及人类学、民族学次第发展，对异国、异族的文化普遍加深了理解，增加了兴趣。反观中国思想界，在明末清初短暂地对西方文化有过兴趣之后，马上又回到了帝国式的“中国中心论”，以致后来思想界抱残守缺、故步自封到愚昧无知的程度。

中国思想家经常会问：“儒家是不是宗教?”“中国人需不需要宗教?”“中国文化为何轻视宗教?”与其把这样的问题停留在思想中，不如把它们放回思想史中。“中国礼仪之争”中，中国人和西方人同时提出了这些问题。耶稣会士在中国介绍科学、哲学等世俗学问，同时视儒家为天主教的同盟者。他们在向欧洲人所开的介绍信中，认定中国人的精神状态是世俗的、伦常的、人性的和理性的，中国儒家是哲学而不是神学，是伦理而不是宗教。在争议框定的定义内，这些说法确实有学理上的合理性。和天主教、佛教、道教相比，孔子一脉的儒家不很注重神秘的、抽象的、形而上的思考，不重鬼神，不讲身后。儒家的世界是理智的、可理解的，因而是人文主义的。但是，耶稣会士百般排斥儒家的祭祀传统，否定儒学的鬼神主张，即否认儒家具有超自然的、神学的意义。很显然，他们的目的就在于否认以儒家为代表的中国文化是宗教，以获得罗马教廷的宽容和接纳。相反，多明我会等修会把中国礼仪看作异端和迷信，在中国习俗中寻找宗教性的因素，目的是将中国文化排斥在天主教之外，保持基督教的纯洁性。对“中国礼仪之争”的历史加以研究，或许还是不能解决如上一系列问题，但它至少提供了一个实地观察中国文化中宗教事务的环境，让我们得以重新认识这一系列问题。

参考文献

中文著作

冯承钧．景教碑考．上海：商务印书馆，1931.

德礼贤．中国天主教传教史．上海：商务印书馆，1934.

张星烺．欧化东渐史．上海：商务印书馆，1933.

徐宗泽．中国天主教传教史概论．上海：土山湾印书馆，1938.

方豪．中国天主教史论丛．上海：商务印书馆，1947.

魏特．汤若望传．杨丙辰，译．台北：商务印书馆，1949.

莫东寅．汉学发达史．北平：文化出版社，1949.

侯外庐．中国思想通史：第4卷下．北京：人民出版社，1960.

冯友兰．中国哲学史．北京：中华书局，1961.

陶振誉，等．世界各国汉学研究论文集．台北：中国文化研究所，1962.

方豪．李之藻研究．台北：台湾商务印书馆，1966.

罗光．教廷与中国使节史．台北：传记文学出版社，1969.

方豪．中国天主教史人物传：中．北京：中华书局，1988.

白晋．清康乾两帝与天主教传教史．冯作民，译．台北：光启出版社，1977.

陈垣．陈垣学术论文集：第1集．北京：中华书局，1980.

保禄·普巴尔．梵蒂冈．梅乘骐，译．台北：光启出版社，1990.

任继愈．宗教词典．上海：上海辞书出版社，1981.

蔡尚思．孔子思想体系．上海：上海人民出版社，1982.

江文汉．中国古代基督教及开封犹太人．上海：知识出版社，1982.

仙花小组. 利玛窦神父与中国. 台北：光启出版社，1983.

任道斌. 方以智年谱. 合肥：安徽教育出版社，1983.

穆尔. 一五五〇年前的中国基督教史. 郝镇华，译. 北京：中华书局，1984.

朱维铮. 走出中世纪. 上海：上海人民出版社，1987.

张维华. 晚学斋论文集. 济南：齐鲁书社，1986.

钟鸣旦. 杨廷筠：明末天主教儒者. 鲁汶大学中国欧洲研究中心，1987.

张力，刘鉴唐. 中国教案史. 成都：四川省社会科学院出版社，1987.

张天泽. 中葡早期通商史. 姚楠，钱江，译. 香港：中华书局，1988.

谢和耐. 中国文化与基督教的冲撞. 于硕，红涛，东方，译. 沈阳：辽宁人民出版社，1989.

博克舍. 十六世纪中国南部纪行. 何高济，译. 北京：中华书局，1990.

秦家懿，孔汉思. 中国宗教与基督教. 吴华，译. 北京：三联书店，1990.

安田朴，谢和耐，等. 明清间入华耶稣会士和中西文化交流. 耿升，译. 成都：巴蜀书社，1993.

裴化行. 利玛窦评传：上、下. 管震湖，译. 北京：商务印书馆，1993.

朱维铮. 基督教与近代文化. 上海：上海人民出版社，1994.

阎纯德. 汉学研究：第1集. 北京：中国和平出版社，1996.

龙巴尔，李学勤. 法国汉学：第1辑. 北京：清华大学出版社，1996.

埃里克·夏普. 比较宗教学史. 吕大吉，何光沪，徐大建，译. 上海：上海人民出版社，1988.

中文资料

利玛窦. 天主实义·解释世人错认天主. 马爱德，编. 汉英对照本. 美国圣路易大学耶稣会研究所，台北利玛窦研究所，巴黎利玛窦研究所，1985.

艾儒略，卢安德，张庚，等. 口铎日抄. 崇祯四年刻本. 巴黎法国国家图书馆藏.

杨廷筠. 代疑编. 上海：土山湾印书馆，1935.

丁志麟. 杨淇园先生超性事迹//杨廷筠. 代疑编. 上海：土山湾印书馆，1935.

徐宗泽. 明清间耶稣会士译著提要. 上海：中华书局，1949.

杨廷筠. 刻《西学凡》序//徐宗泽. 明清间耶稣会士译著提要. 上海：中华书局，1949.

李之藻. 读《景教碑》书后//徐宗泽. 明清间耶稣会士译著提要. 上海：中华书局，1949.

李之藻. 刻《天学初函》题辞//徐宗泽. 明清间耶稣会士译著提要. 上海：中华书局，1949.

林起. 《代疑编》总论//杨廷筠. 代疑编. 上海：土山湾印书馆，1935.

李九功. 《励修一鉴》自序//徐宗泽. 明清间耶稣会士译著提要. 上海：中华书局，1949.

王徵. 《远西奇器图说录最》序//徐宗泽. 明清间耶稣会士译著提要. 上海：中华书局，1949.

王徵. 王徵遗著. 李之勤，辑. 西安：陕西人民出版社，1987.

康熙. 嘉乐来朝日记//陈垣. 康熙与罗马使节关系文书. 北平：故宫博物院，1932.

某耶稣会士. 传教笔记. 巴黎法国国家图书馆珍本部东方文献室中文处，编号为7042.

费赖之. 耶稣会士目录. 上海：土山湾印书馆，1867.

王伯多禄，钟德望，黄若瑟，等. 同人公简. 巴黎法国国家图书馆珍本部东方文献室中文处，编号为1336.

朱宗元. 郊社之礼所以事上帝也. 巴黎法国国家图书馆珍本部东方文献室中文处，编号为Chinois7144.

黄伯禄. 正教奉褒. 上海：上海慈母堂，1884.

陈垣. 康熙与罗马使节关系文书. 北平：故宫博物院，1932.

费赖之. 入华耶稣会士列传. 冯承钧，译. 上海：商务印书馆，1938.

名理探. 傅汎际，释义. 李之藻，达辞. 北京：三联书店，1959.

柏应理. 一位中国奉教太太：许母徐太夫人事略. 台北：光启出版社，1938.

白晋．康熙帝传．马绪祥，译//清史资料：第 1 辑．北京：中华书局，1980；冯作民，译//清康乾两帝与天主教传教史．台北：光启出版社，1977.

古洛东．圣教入川记．成都：四川人民出版社，1981.

马可波罗游记．陈开俊，戴树英，刘贞琼，等译．福州：福建科学技术出版社，1981.

中国社会科学院近代史研究所翻译室．近代来华外国人名辞典．北京：中国社会科学出版社，1981.

梁章矩．浪迹丛谈　续谈　三谈．北京：中华书局，1981.

王利器．李士桢李煦父子年谱．北京：北京出版社，1983.

吴振棫．养古斋丛录．北京：北京古籍出版社，1983.

张诚．张诚日记//清史资料：第 5 辑，第 6 辑．北京：中华书局，1984，1985.

利玛窦，金尼阁．利玛窦中国札记．何高济．王遵仲，李申，译．北京：中华书局，1983.

王明伦．反洋教书文揭帖选．济南：齐鲁书社，1984.

费赖之．在华耶稣会士列传及书目．冯承钧，译．北京：中华书局，1995.

荣振华．在华耶稣会士列传及书目补编．耿昇，译．北京：中华书局，1995.

杜佑．通典：第 2 册．校点本．北京：中华书局，1988.

方以智．方以智全书：第 1 册　通雅．上海：上海古籍出版社，1988.

顾炎武．广师//顾亭林诗文集．北京：中华书局，1983.

冯从吾．关学编．陈俊民，徐兴海，点校．北京：中华书局，1987.

李颙．二曲集．陈俊民，点校．北京：中华书局，1996.

纳兰性德．通志堂集．影印本．上海图书馆藏康熙刻本．上海：上海古籍出版社，1978.

刘献廷．广阳杂记．汪北平，夏志和，标点．北京：中华书局，1957.

李光地．榕村续语录．陈祖武，点校．北京：中华书局，1995.

钱大昕．潜研堂集．吕友仁，标校．上海：上海古籍出版社，

1989.

戴震．戴东原集．上海：商务印书馆，1933.

戴震．孟子字义疏证．何文光，整理．北京：中华书局，1961.

彭绍升．彭绍升与戴东原书//戴震，孟子字义疏证．何文光，整理．北京：中华书局，1961.

赵翼．檐曝杂记．北京：中华书局，1982.

徐光启著译集．上海：上海古籍出版社，1983.

赵尔巽，等．清史稿．影印关外本．上海：上海古籍出版社，上海书店，1986.

阮元．清经解．影印本．上海：上海书店，1988.

王先谦．清经解续编．影印本．上海：上海书店，1988.

康熙朝汉文朱批奏折汇编．北京：档案出版社，1985.

教务教案档．台北："中央"研究院近代史研究所，1974.

清实录．北京：中华书局，1986.

万国公报．上海图书馆藏，上海社会科学院历史研究所图书馆藏，上海基督教三自爱国会图书馆藏.

林乐知．基督教有益于中国说．万国公报，1895，83.

李佳白．中国宜广新学以辅旧学说．万国公报，1897，102.

安保罗，沈少坪．救世教成全儒教说．万国公报，1896，94.

沈毓桂．西学必以中学为本说．万国公报，1889，2.

韦廉臣．造物非太极非理气亦非道．万国公报，1881，648.

黄品三．圣号论．万国公报，1877，448.

觉梦居士．上帝不是气与理．万国公报，1880，606.

徐昌治．圣朝破邪集．夏瑰琦，编．香港：建道神学院，1996.

梁廷枏．海国四说．骆驿，刘骁，校点．北京：中华书局，1993.

王韬．弢园文录外编．汪北平，刘林，整理．北京：中华书局，1959.

王韬．王韬日记．方行，汤志钧，整理．北京：中华书局，1987.

谭嗣同．谭嗣同全集．上海：上海人民出版社，1965.

梁启超．梁启超论清学史二种．朱维铮，校注．上海：复旦大学出版社，1985.

章太炎选集（注释本）．朱维铮，姜义华，编注．上海：上海人

民出版社，1981.

马相伯集．朱维铮，主编．李天纲，等编校．上海：复旦大学出版社，1996.

伏尔泰．路易十四时代．吴模信，沈怀洁，梁守锵，译．北京：商务印书馆，1982.

伏尔泰．风俗论：上．梁守铿，译．北京：商务印书馆，1995.

孟德斯鸠．论法的精神．张雁深，译．北京：商务印书馆，1982.

黑格尔．精神现象学．贺麟，王玖兴，译．北京：商务印书馆，1983.

爱因斯坦．宗教和科学//爱因斯坦文集：第 1 卷．许良英，范岱年，编译．北京：商务印书馆，1976.

罗素．西方哲学史．北京：商务印书馆，1982.

E. J. 夏普．比较宗教学史．吕大吉，何光沪，徐大建，译．上海：上海人民出版社，1988.

夏瑞春．德国思想家论中国．陈爱政，等译．南京：江苏人民出版社，1989.

秦家懿．德国哲学家论中国．北京：三联书店，1993.

卡西尔．人论．甘阳，译．上海：上海译文出版社，1985.

圣经．新标点合和本．中国基督教协会准印，1995 年南京爱德印刷有限公司；天主教思高圣经学会出版社，1958.

中文论文

谢扶雅．莱布尼兹与东西文化//岭南学报，第 1 卷第 1 期，1929 年 12 月.

陈垣．雍乾间奉天主教之宗室//陈垣学术论文集：第 1 集．北京：中华书局，1980.

戴密微．法国汉学研究史．中国史研究动态，1980（1）.

宋君荣．有关雍正与天主教的几封信//杜文凯．清代西人见闻录．北京：中国人民大学出版社，1985.

许明龙．中法文化交流的先驱黄嘉略．社会科学战线，1986（3）.

韩承良．由方济各会的传教历史文件看中国天主教礼仪之争的来龙去脉．善导周刊（台湾），1993-04-18，1993-04-25.

莱布尼茨．《中国近事》序言//夏瑞春．德国思想家论中国．陈爱政，等译．南京：江苏人民出版社，1989.

莱布尼兹．论中国人的自然神学//秦家懿．德国哲学家论中国．北京：三联书店，1993.

沃尔夫．中国的实践哲学．郜世红，译//夏瑞霖．德国思想家论中国．南京：江苏人民出版社，1989；秦家懿，译//秦家懿．德国哲学家论中国．北京：三联书店，1993.

徐光启与明代天主教．史林，1988（2）.

补儒易佛：徐光启的比较宗教观．上海社会科学院学术季刊，1990（3）.

简论林乐知与《万国公报》．史林，1996（3）.

《孟子字义疏证》与《天主实义》//王元化．学术集林：卷二．上海：上海远东出版社，1994.

从新出史料看“中国礼仪之争”及其意义//王元化．学术集林：卷七．上海：上海远东出版社，1996.

清学史：王韬与天下一道论．复旦学报（社会科学版），1995（3）.

天儒同异：明末清初中西文化学说述评．复旦学报（社会科学版），1997（3）.

马相伯的生涯与思想．道风（四），1996年春.

从（明理探）看明末的西书中译．传统文化与现代化，1996（6）.

耶稣会档案中有关马相伯事迹记录．档案与历史，1995（3）.

基督教传教与晚清“西学东渐”——从《万国公报》看基督教在近代中国的传播//高瑞泉．中国近代社会思潮．上海：华东师范大学出版社，1996.

东海西海，心同理同．东方杂志，1995（1）.

略论王韬对中西文化的认识//马勇，公婷，等编．中西文化新认识．上海：复旦大学出版社，1988.

新耶稣会士与徐家汇文化事业//朱维铮．基督教与近代文化．上海：上海人民出版社，1994.

马相伯晚年宗教生活与思想．史林，1995（3）.

西文论著资料

Francis A. Rouleau, S. J. Chinese Rites Controversy//New Catholic Encyclopedia: vol. Ⅲ.

George Minamiki, S. J. The Chinese Rites Controversy: From

Its Beginning to Modern Times. Loyola University Press, 1985.

Ricci Institute for Chinese-Western Cultural History. 100 Roman Documents Concerning the Chinese Rites Controversy. U. S. F. , 1992.

Ray Noll. Introduction to "100 Roman Documents Concerning the Chinese Rites Controversy". Ricci Institute for Chinese-Western Cultural History, U. S. F. , 1992.

David E. Mungello. The Chinese Rites Controversy, Its History and Meaning. Monumenta Serica, 1994.

John D. Young. Confucianism and Christianity: The First Encounter. Hong Kong, 1983.

Jonathan Spence. The Memory Palace of Matteo Ricci. New York, 1984.

Marie-Claire Bergere, Angel Pino. Un Sieele d'Enseignement du Chinois a l'ecole des Langues Orientales, 1849—1945. Inalcd, 1995.

Clandia von Collani. P. Joachim Bouvet S. J. , Sein Leben und Sein Werk. Nettetal, 1985.

Paul Rule. K'ung-Tzu or Confucius? The Jesuit Interpretation of Confucianism. 1986.

David E. Mungello. The Forgotten Christians of Hangzhou. Honolulu: University of Hawaii, 1994.

D. E. Mungello. Leibniz and Confucianism: The Search for Accord. Honolulu, 1977.

C. von Collani. The Treatise on Chinese Religions (1623) of N. Longobardi, S. J. Sino-Western Cultural Relations Journal, XⅦ, 1995.

Adrian Dudink. The Zi-Ca-Wei Collection in The Jesuit Theolgate Library at Fujen University, Taiwan: Background and Draft Catalogue. Sino-Western Cultural Relations Journal, XⅧ, 1996.

William Bangeri, S. J. A History of the Society of Jesus. The Institute of Jesuit Sources, 1986.

Williston Walker. A History of the Christian Church. New York: Charles Scribner's Sons, 1985.

William J. Bausch. Pilgrim Church. Twenty-third Publications.

Corrado Pallenberg. Inside the Vatican. New York: Hawthorn Books Ins. , 1960.

Sinica Franciscana. vol. V. Roma, 1954.

Matteo Ripa. Memoirs of Father Ripa during 13 years' Residence at the Court of Peking in the Service of the Emperor of China. London, 1844.

David E. Mungello. Sino-Western Culture Relations Journal, XVII, 1996.

Geddes Macgregor. Dictionary of Religion and Philosophy. New York: Paragon House, 1989.

Records of the General Conference of the Protestant Missionaries of China. 1877. 基督教上海三自爱国会图书馆（原李提摩太图书馆）藏本.

Records of the General Conference of the Protestant Missionaries of China. 1890. 基督教上海三自爱国会图书馆（原李提摩太图书馆）藏本.

Annual Reports of the Christian Literature Society. 1895. 基督教上海三自爱国会图书馆（原李提摩太图书馆）藏本.

朱维铮，李天纲，陆永玲. Ma Xiangbo and the Mind of Modern China, 1840—1939. New York: M. E. Sharpe, 1996.

附录一
教宗克莱芒十一世通谕《自那一天》(1715)

教王第十一格勒门得传为永远世世悉知之事。自从我作教王第一日以至今，我料理诸事虽多，至于众西洋人在中国互相争论，此系我第一件要紧事。在中国众西洋人因看见中国有几个字，还有几件礼，也有说此有异端之事，也有说此无异端之事。因此争论寄信与我，彼此相告，要我自己决断，我所定夺，叫他们众西洋人一心一意。此一件事，从先前在位教王第十二股诺深爵料理起首。因他亡故，此事到我跟前，我将两边所告言词细细详审。后于天主降生一千七百四年十一月二十日，俱已定夺开写于后：

一、西洋地方称呼天地万物之主用“斗斯”二字。此二字在中国用，不成话。所以在中国之西洋人，并入天主教之人，方用“天主”二字已经日久，从今以后，总不许用“天主”，亦不许用“上帝”字眼，只称呼天地万物之主。如“敬天”二字之扁，若未悬挂，即不必悬挂，若已曾悬挂在天主堂内，即取下来，不许悬挂。

一、春秋二季，祭孔子，并祭祖宗之大礼，凡入教之人不许作主祭、助祭之事。连入教之人亦不许在此处站立。因为此与异端相同。

一、凡入天主教之官员，或进士、举人、生员等，于每月初一日、十五日不许入孔子庙行礼。或有新上任之官并新得进士，新得举人、生员者，亦俱不许入孔子庙行礼。

一、凡入天主教之人，不许入祠堂行一切之礼。

一、凡入天主教之人，或在家里，或在坟上，或逢吊丧之事，俱不许行礼。或本教与别教之人，若相会时，亦不许行此礼。因为还是异端之事。再，入天主教之人或说：我并不曾行异端之事，我不过要报本的意思，我不求福，亦不求免祸。虽有如此说话者亦不可。

一、凡遇别教之人行此礼之时，入天主教之人，若要讲究，恐生是非，只好在旁边站立还使得。

一、凡入天主教之人，不许依中国规矩留牌位在家。因有灵位神主等字眼文字。牌位上边说有灵魂要立牌位只许写亡人名字。再，牌位作法，若无异端之事，如此留在家里可也。但牌位旁边应写天主教孝敬父母之道理。

以上我虽如此定夺，中国余外，还有别样之礼，毫无异端，或与异端亦毫不相似者，如齐家治国之道，俱可遵行。今有可行与不可行之礼，俱由教王之使臣定夺。若教王之使臣不在中国，有主事之人同主教之人，即可定夺。有与天主教不相反者，许行；相反者，俱决断不行。

天主降生一千七百十年九月二十五日，以上禁止条约之礼，屡次查明之后，仍定夺照此禁止条约遵行。再我差使臣多罗于天主降生一千七百七年正月二十五日在中国，亦如此定夺，照此禁止条约遵行。我所禁止之事如此而已。我教王自今以后，不论你们大人、小人之言语，我俱不听。于天主降生一千七百十年九月二十五日，我已定夺主意。诸事俱各完毕。还有人不肯顺从我。闻得在中国西洋人也有说我自己把我发的票禁止不行；也有说此票不明；也有说此票之解说还未到中国；也有说于天主降生一千六百五十六年三月二十三日在位教王第七亚勒桑多准行此禁止条约之礼等语。以上之言，我心甚是不悦。因此我于天主降生一千七百一十五年三月十九日，又写此禁止条约带去，申明严示在中国之众西洋人悉知，即便遵行。如或不然，我依天主教之罚处之。自今以后，凡西洋人在中国传教，或再有往中国去传教者，必然于未传教之先，在天主台前发誓，谨守此禁止条约之礼。随后即将发誓之音信，寄到罗马府来。

陈垣编：《康熙与罗马使节关系文书》，
北平、故宫博物院，1932：第14件

附录二
洪意纳爵等《祭祀问答》(二种)

《祭祀问答》，原档案号：JAP-SIN I 40/9a。分为两种，一为杭州教徒洪意纳爵与耶稣会神父殷铎泽的问答，二为洪意纳爵、朱西满和杨伯多禄写给殷铎泽的书信。所述内容相同，均为浙东风俗问题。原有句读。标点、段落为整理者所加，异体字、错字径改。

一

泰西殷先生问于意纳子，曰：天主圣教，一切规额，恭考中国之礼，因之革之，已定不易之条，久合无疑是矣。但闻祭祀之典，尚多悖谬，子宜将中国祭祀祖先之义，与耶稣会士先后导人之言详悉告我。

意纳子对曰：吾闻古考先王以孝道治天下，所以教人于父母之生前，则谨遵定省温凊之节，发越婉言愉色之容，竭力以事之。其死则尽擗踊号泣之情，极衣衾棺椁之礼，循分以葬之。至于长别既人，音容邃绝，无以展其忆念之思，则于岁时伏腊，备诸牲醴果菜，拜跪供献以祭之。祀典之来，如是綦重。有问生则事之，死则葬之。于吾人子之情，要亦尽矣。而岁时祭之者，其义何居？盖人子之于父母，诚能曲尽子职之时有限。此心爱戴之情无穷，岂可以生事死葬，便云了当。使人之事亲，生惟豢养其身躯，死惟收拾其骸骨，如是而止，不必更有追思忆念之心以将之，是犬豕吾父母矣。人豢犬豕，孰不与食，惟生无爱敬，死无忆念而已。豢畜事亲，由斯而别。是故祭祀之义，一以提醒儿孙追忆之诚，一以教导后昆敬之法。曰：久远之宗祖，念且不忘。堂上之双亲，事当奚若？警惕斯民，夫岂细事？

昔者利西泰、艾思及诸先生，皆天主所特选，锡之以奇伟明悟，使之开创圣教于中土者也。其始进中国，见士大夫祀先之礼，动疑问难，参究异同，亦非一日。其间习俗之非，章明指摘，如谓子孙能办精诚，其祖若宗，即可来享来格。向之祈求，便能降福禳灾，莫不皆知其妄。纸钱箔锭，焚烧楮帛，莫不皆知其谬。革除盖亦久矣。止有浙东土风，初视若有可疑，辨明知无僭越。其故家大族，建立祠堂，多用祫祭之礼。合族长幼，多者千人，少者亦不下数百，同列祠中。有主祭，有陪祭，有赞礼诸执事。所用牺牲，先期宰杀，祠中荐生，次日烹庖，礼生从傍赞喝，执事逐物供献，鞠躬跪拜，如事生存。此等关头，西士与中士已极为办之矣。如谓有主祭，有陪祭，有赞礼执事，类夫圣教弥撒大礼中之主祭、辅祭耶？不知吾之所谓主祭，乃一族之长，其齿爵足以主持祭典之事权，犹言主席焉耳。陪祭者，通族诸人，与乎其间，无有职掌，犹言陪客者也。若赞礼执事，以其谙练节文，使之高声唱喝，所以齐其升降拜跪，毋致一起一伏，有参前失后之虞，犹言奔走效用之人云尔。与诸圣会严加考选，始授铎德尊位，专司主祭者，岂可同日而语哉？抑为荐生，有类西国古教献牲之礼耶？不知此举非惟中国行之已久，即观清朝贵介，备办满洲宴会，必将牺牲牵至客前，当面宰杀，献后付庖，颁惠仆从。不过示夫一以选择壮健肥美之牲，虔诚供奉。一以明乎完全，上献之后，余物不颁。是则贤主所以伸其敬宾之诚，非可云攒。然子孙效之，适以行其孝亲之心，庸亦何伤？如云恭呈三献，以为类夫弥撒中之举扬圣爵，此说更非。中邦盖不特祭祖行之，几乎寿诞婚姻，子弟则于尊长前，跪献酒醴三爵，候其饮毕，再拜而起。此不过子孙行其孝敬尊亲之意，岂亦以事上帝之礼，奉其尊亲也哉？

至谓祭祀行为与西国祀天主之礼大约相类，以为不可耶？则中国南郊祀上帝之仪文，更自不同。用特牲、设庭燎，燔柴瘗玉，以是为敬之大。若夫备诸庶品，又为之渎。且此礼，大夫士庶，皆不敢用。僭用者死不赦。其祀上帝之礼，与祭祖之礼，悬绝如是。所以问礼之是非，不当以行事之异同断，当以其用礼之心断。如心同而事异，何妨抠趋以从。若心异而事同，弃去惟恐不速，奈何以外貌之相若，遂并其心而责之哉？吾闻西国见尊长贵显，则免冠而前为之敬。中邦士庶见尊长贵显，以顶冠着服为之敬，科首跣足为之亵。西士不以顶冠着服，云外貌不敬，而亦为之者，谓有可从之心故也。

是以利、艾传诸先生，历经多方辩论，知祭祀为可从之礼，心无僭妄，乃子孙表其追忆之孝思，而亦不之禁也。所严禁者，止于祀典中错杂浑用违悖圣道者尔。如纸钱箔锭，焚帛化楮，及视为来享来格，同之祈禳，宣读祝文诸条是也。圣教之规，如是井井，乃异端之徒，犹且煽惑，以为无祖宗之教，曷足敬信？

于是中士尝向西士问曰：天主教规，禁人恭敬祖宗，有其事否？

西士答曰：此身系祖宗所从，谁禁不敬。

又问：然则以时祭祀，恭敬宗祖之事，奈何禁之？

答曰：此有两说。但祭祀者，谓子孙表其忆念祖先之诚，则可；谓祖宗实来歆享，并能降福禳灾，则不可。至于纸钱箔锭，焚化楮帛，宣读祝文，是又非礼之甚者矣。所以圣教严禁者此耳。岂禁恭敬祖宗之祭祀哉？

又问：浙东土风，祫祭之礼盛行。有主祭、陪祭、赞礼诸执事。其间非礼之举不少。然而知奉天主者，不过一二，余皆未明圣道之人。使之尽革陋习，则力有不能。若知非礼而不与祭，人将指而责之曰：天主教使人不孝宗祖，阻人皈向之路。然必如何而后可？

答曰：尔不是主祭之尊长，奚能力除积久之陋习？然谓力不能除则可，谓不能明辨其非，使诸人心洞畅，岂其可哉？既已辨明，于是近礼者从之。非礼而力不能革除者，吾自不为，虽亦与祭，止是行中国敬祖之礼，亦无碍矣。若位为主祭，居合族之长，则有教训合族之责任，便当曲为讲解，使合族长幼，明晓宗祖父母、天主命以子我者也。若不孝敬，即是获罪吾人公共之大父。其间合礼者，使之遵行，逆礼者，使之革去，何所不可。设或族中有以祖宗成法不宜革去为辞，则又当晓以祖宗所遗之法正。世守奚疑，若所遗不正，去之惟恐或后。而谓不宜革去也耶？或再四辩论，固执难化，我则力辞主祭，并赞礼执事，止于随班与祭，以行恭敬祖先之诚，庶两尽而无罪矣。盖主祭有主持合族之权，赞礼有表章祀典之责，不能革除非礼，咎将谁归？设身与祭而不言其礼之非，与帮做非礼之执事，及巍居主祭，仍行积久之陋习，处赞礼，宣读非礼之祝文，不辩论，不推辞，是实流为异端之渐矣。热爱天主者，其然哉？愚之屡闻于耶稣会铎德者如是，中邦祭典之大意如是。其无碍于圣道，有可从之心者。又如是之彰著清以证之诸圣会先生，确定可否？

二

违我师台颜范，又复数载。忆念之私，与日俱积。不知何日得再降吾杭，复听训诲。此为怅望耳。近有所闻，敢录呈。日者承殷老师不问爵等，曰：耶稣会铎德，曾许教友听其用金银纸锭与焚帛化楮，及宣读祝文，以当诵祝诸异端事乎？爵等对曰：不惟从无此言，乃圣教诸书中亦并无此等话说。大体祀典之来，最重孝道。教人于父母之生前，则竭力以事之，死则循分以葬之。亡过久远，则追思忆念以祭之。知其必不能来歆来享。然须仍办诚敬，俨如在上，在左右然者。所谓事死如事生，事亡如事存，恐涉戏谑慢亵焉耳。又须知祭之一字，包涵甚多。如祭上帝为之祭，祭山川社稷之神亦为之祭，及祭士庶之祖考也为之祭。诸祭之用字虽一其间所用体统，各各不同。如以祭上帝之祭字，移祭祖宗，遂谓之僭。是以辞害义矣。然则祭祀之礼，皆可用乎？其必曰：祭祀者，谓子孙表其忆念祖先之诚，则可；谓祖宗实来享格，并能降福消灾，则不可。至于纸钱箔锭，焚化楮帛，宣读祝文，是又非礼之甚。如此之类，圣教所以严禁之也。迩来浙东风尚，皆用袷祭之礼。合族长幼，甚至千百。有主祭、陪祭、赞礼诸执事。此以士庶僭用大夫之礼，未遑较论。其间违悖圣道之举，亦复不少。然而知奉天主者不过一二，余皆未明圣道之人。使之尽革陋习，则力有不能。若知非礼而不与祭，人将指而责之曰：天主教使人不孝宗祖，阻人皈向之路。然必如何而后可？宜应之曰：汝未为主祭之尊长，奚能力除积久之陋习？然谓力不能除，则是谓不能明辨其非，使夫人心洞畅，岂其可哉？既已辨明，乃近礼者从之。非礼者吾自不为，虽亦与祭，止是行中国敬祖之礼，亦不妨矣。至若位为主祭，居合族之长，则有教训合族责任，便当曲为讲解，使合族长幼，明晓宗祖父母、天主命以子我者也。若不孝敬，即是获罪吾人公共之大父。于是合礼者，使之遵行；逆礼者，使之革去。是亦能尽厥职者也。设或族中有以祖宗成法不宜革去为辞，则又当晓以祖宗之法正。世守奚疑，所遗不正，去之惟恐不速。孰谓不宜革去也耶？或再四辩论，固执难化，我则力辞主祭，共赞礼执事，止于随班与祭，以行恭敬祖先之诚，庶两尽而无碍矣。盖主祭有主持合族之权，赞礼有表章祀典之责，不能革除非礼，咎将谁归？若与祭而不言其礼之非，与帮做非礼之执事，及巍居主祭，仍行积久之陋习，处赞礼，宣读非礼之祝文，不辩论，不推辞，是实流为异端之渐矣。热爱天主之人，岂如是哉？爵等屡闻于职稣会铎德者如是，中邦之祭典大意如是。近闻金华成兰谿朱先生者，谓有他闻，导人变易规额，岂其可哉？爵等既以平素所闻者，恭答殷先生。复录之敬呈师台，伏祈并将祭祀问答，证之诸圣会先生，确定可否。

白老师大人台臺

朱西满
杭州沐化门生洪意纳爵等同百顿首上
杨伯多禄

附录三
李九功《证礼刍议》

《证礼刍议》，原档案号：JAP-SIN I 40/8。作者为李九功。议论内容分段为“议吊丧礼”“议安葬礼”“议祀祖先礼”“议祀孔子礼”等。原有句读。标点、段落为整理者所加，异体字、错字径改。

《证礼刍议》引

溯昔礼制之兴，具有本末。林放问礼本，而夫子答以“与奢宁俭，与易宁戚”。则俭戚即礼本也。盖礼在古初，朴略而已。迨风气日开，繁文日盛。迄于周末，文胜已极。是以先进蒙野人之讥，而先王之古制初意，几灭没不可复问矣。况流渐至五而季下，二氏教兴，习尚愈以纷歧，则礼俗相杂，莫能辨诘，遂多有非礼之礼以相眩者。圣王不作，谁为之定一是于众非之中，以得所谓天理人心之正乎？今人所习行丧祭之文，吾王初制，庶可令人坦然由之而无疑也。

议吊丧礼

尝考《礼记》有云：“为生者吊，为死者伤”。则知吊之为义，所以吊人之忧也。古者列国有忧则吊之，如《左传》载：宋大水，公使吊焉是也。不专为吊丧也，然惟吊丧为重。诚以送死者人之大事，五礼吉凶军宾嘉，而丧礼居其一。是故哭死而哀，非为生者，正与为死者伤者同意，而子于是日哭则不歌。至于子渊则又哭之恸焉。子夏丧其子而丧其明。鲁子吊之，子夏哭，鲁子亦为之哭。又明责以三罪，使知引咎。此圣贤之哀哭，虽不无中节不中节之分，要皆出于性情之不容已者也。大凡人之生平，从未闻有不相识而相吊者。可见吊人之施，非其人之族戚，亦必其师其友，或其邻里故旧也。是以有疾则视之，闻讣则吊之，礼也。

彼逝者或值方殓，或已入木。吾以为此吾之亲戚，吾之友朋，发乎情之不能已。即就其尸床，瞻其悬像，或抚其棺椁，慰其子孙在丧次者，相对而拜之、哭之。于礼无不可也。赙丧之礼，稽之《礼记》，古亦有行之。若孔子遇旧人之丧，使子贡脱骖以赙。及孟献子之丧，司徒旅郑布赙，皆是也。今则鲜有闻矣。今特以戚友之闻，素有交际往来，行吊时必假仪物以伸其情。则于非同教者，只可单用香烛，使丧主明知为奉教人之礼。如耶教中，尚宜为备乳香蜡烛祭献上主，并行齐施等以通其功。继此则或作为传状志貌，以彰其人实行，俾览观者知所慕效。或致其筐篚，合当问馈，慰彼丧家悲忧，此亦俱可随人尽礼。独有楮造之钱币金银锞锭，明系来俗所尚，古代所未有者。试思吾亲友在时，吾若献之以虚实，无有不被其诃责者。何今甫去世，遽忍于欺慢之至此乎？是则明堕魔诱，为获罪上主之大者。凡系奉教之家，无论于己亲丧，或亲友之丧，皆所必当革除不用者也。

议安葬礼

夫主十诫，不外爱天主爱人二者。前三诫，皆教人爱天主。而后七诫，即冠之以孝敬父母。则孝敬父母，实为爱人第一务矣。然孝道无穷，而生事死丧二大端，固皆人子所宜尽心也。故当双亲在日，凡所以养父母之身，安父母之心，以至顾之于病，扶之于衰，无不殚竭其力。或遇亲有过，尤必谕之于道。要归子考终命而后已焉。此则生事之大略。万不幸亲死，必也慎重丧事，敬殓其尸，坚厚其棺，寝苫枕块，缞麻示哀。并择高燥之区，以造茔域。及刻碑表、铭志等，无非人子所得为者。然在以礼葬亲，必无招僧徒以从浮屠之教，勿焚楮钱，以受鬼魔之欺。勿惑堪与，以信葬师之说。此三端者，先儒辨之甚详，仅可以诳无知之百姓耳。若读书明理之士，胸中具多少见解。试一清夜扪心，当必俱不以为然。焚楮徒滋伪风，而长巫习。士大夫知礼之家，自宜鄙之屏之而不用矣。但恐习俗久沿，亦有惮于违众，安之而不加察者。至于招僧堪舆二者，溺人尤甚，第何不思瑜伽之法，创自僧徒，吾辈居今稽古，宁不知古？人居丧，原有当循正道，而不作佛事。朱文公已明著之《家礼》。我乃弗之信从，是何尊儒教友不如尊佛教也？恐不惟莫解于格物穷理君子之讥，且惧无以逃上帝至威至灵之鉴矣。可不畏哉？

若彼堪舆之说，本甚渺茫无据，特世人痴心于福利。闻谓有术可致，即无不惑溺。虽明知无其应，亦且姑试为之，今亦无庸絮与争辩。但诵《相塚书》有云："山川而能语，葬师食无所。"又《嘲堪舆》一诗云："风水先生惯说空，指南指北指西东。世间若有王侯地，何不先谋葬乃翁。"此皆真豁达高识，足以破惑消伪之言也。呜乎！葬书始于晋郭璞，古所无也。古葬未尝择地，亦不择日。考之《春秋》传曰：天子之葬七月，诸侯之葬五月。大夫经时，士逾月。此葬之不择年月也。今葬师以已亥之日，用葬取凶。谨按《春秋》，此日葬者，几一十余人。此葬之不择日也。《左传》子大叔曰：若待日中，恐久劳诸侯会葬者。此葬之不择时也。奈何今人葬亲，非曰未有吉地，则曰岁月未利。至于终身累世而不葬，遂有失柩不知其处，甚致投之火，弃诸霜露者。何非葬书之流祸至于此极哉？

今教中友于上王弊端已悉绝矣。然欲尽孝亲之道，尤须依圣教礼规。大约人子于进教父母，当其初丧，百日之内，正切哀思，应多为之求铎德奉祭天主。暨诸同教通功，此或于堂于家，皆从丧主所便。至于窀穸有期，更宜加意。但丧事称家，亦有难于画一者。如清素之家，则临葬期只在葬前一主日告铎德及众友于堂中，诵祈安所。至葬日，惟至亲者随送到山，敬奉先人遗体而安厝之。要于称财谓礼，即凡外物浮饰，无所纷华可也。若家颇丰者，或有不忍俭亲之意，则做俗习行丧。即一切排设文饰，不能尽脱，亦必取其合于礼，近于道。而不涉释老二氏者，为得其当。如本日亲人送外葬，尤欲释德。并同教友，上山为之奉祭通功，则随丧主所请。或分蜡烛畀送葬友，点而持之，以增光辉。无非礼所宜者。惟山中设席待客，当与俗别。馔惟以四器六器为卒，而不许过。酒惟以五巡七巡而止，而不至滥。此非于请客有所遗。或于待客有所亵，特以道途稍远，而殡送主哀。礼应酌其易举，而称情者行之耳。此外或有于葬日，又多以饮食财帛，施诸贫人。代亲立功，则愈征其爱亲之心。然致孝在人，非所强也。若此约为定规，庶有得于葬亲之实理实事。可以永久遵守，而使殁存均无憾乎？

议祀祖先礼

谨按：万物无不本于天主宰而言也，此言天皆指者。人亦无不本于祖。人无有不爱性于天者，亦无有不受形于父。木本水源之思，谁则无之？是以天主十诫，孝敬父母，即次于三诫之后。

据中邦经书所载祀典，事先人之死亡如生存，盖亦本人之性情而制者也。木主之设，不知昉于何代？而独著于《家礼》。要求其故，特欲为人后者，触目兴思，常记忆而不忘耳。夫人于事亲，生既尽其力，死亦宜尽其思。岂以吾亲既殁，而吾为子者遂可无追慕之诚乎？此设木主之意，原非有不善也。第恐暗于识者，见题有神主二字，遂以真有神栖于此。孰知人之灵神，初赋畀于天主，终无不复命于天主。既复命而听天主审判，其灵神非上升天国，即下堕冥狱。各有所归，无有能自由而复来人间世者。但观人在生时，无不甚爱其妻子。一旦分离，即幽明永隔，绝无影响。纵千万人中，间有一二发现。或入梦中，亦多系邪魔诡托以诳惑人心，不得认为真实。既死之人，则木主之无神栖止，斯非其明验耶？然神主二字，固不可认真。而先人之名号爵位，与生卒在于何年，茔域在于何所，亦有不得阙略。致后泯没无稽者，视木主中间，更有细字详书，诚有见于此耳。吾教中向者木主之奉，从儒礼久矣。今如设一牌，两面，如屏风状。一面牌额，描画一金圣号。于书："清现国号某填何爵故考某填何号公，故妣某填何姓氏。"等而上之，至高祖考妣四代而止。旁书："玄孙某填名奉事。"一面乃备志诸考妣之生日忌辰寿域等。以是传示后人，俾知所考据。唯易主而牌，式若稍异，要皆本于不忘祖先之意。礼之殊文而同情者也。至于岁时祭享，礼虽近于虚文，义实主于报本。惟其主于报本，故人子假之以明孝思。先王制之以厚风俗，非必先灵果来格来歆也。苟为非然，彼椎牛而祭，不如鸡豚逮存。鲁子何为以之兴悲乎？若疑祭为祈福，更失其初旨矣。何也？祭原主报不主祈。《礼记》云：孝子之祭，实受其福。非世所为谓福也。福者备也。无所不顺之谓备。言内尽于己，而外顺于道也。夫子称后稷之祀易富辞恭欲俭，而禄及子孙，亦谓其不求备物，只要我一念孝敬，达于祖孝，更不离一求福之私，自可为子孙具主张本也。此真有得于祭之义，可以救正末俗之谬矣。

今惟仿古礿禘尝烝，不数不疏，而为四时之荐。届期谨向所奉祖牌跪拜，焚香燃烛，而供以酒馔实物。此既饬享亲之文，且无失吾为奉教先人。仰祈圣号，望天主阴庇其灵之意。祭毕，随撤馔以送贫戚，聊为祖先广仁，资其冥福。礼之可自尽者，如斯而已。必无惑鬼魔而烧楮锭，必无祈福庇而宣祝文，使人明知降福弭灾之权，无不由于一天主。即天神圣人在天之灵，概不得旁参焉。如是言祭，则虽有祭之名，而不失祭之义。与彼流俗之忘立邪神，而入庙杵额，陈牲爇币以求福者，已判然如黑白之相反。庶于敬主爱亲，两者俱可无皆矣。然则人子孝道，止于是乎？当思有进焉者，生事葬祭，固已尽其子职之常。而更于亲殁之后，时笃慕思。或记其所贻善训而紬绎之，或敬其所垂德范而则效之。且念吾身亲之枝也，父母之遗体也。古之贤者，莫不兢兢守身成身以为孝。吾何独不然？必也，终吾之身，小心昭事，残形尽性，求底于上德至善济升天国而后已。此乃为纯合天主大父之旨，而称孝之大者矣。几贤祖父之愿子孙，亦有切于斯者。岂徒悦其祭享之文而已哉？

议祀孔子礼

考史载唐狄仁杰巡视江南，奏毁吴楚淫祠千七百所，止存夏禹、泰伯、季子、伍员四祠。则知祠庙之建，原以持世教、正人心为主。而兴盛之朝，必革其所宜革，亦必因其所宜因。况如孔子之圣，固天生以启万世群蒙，尤非泛泛祠庙之可拟者乎？汉高祖过鲁，以太牢祠孔子。识者以汉家四百年基业命脉，皆系于此。至武帝即位之始，首策贤良。而董仲舒对策，谓不在六艺之科、孔子之术者，皆绝勿进。于是罢黜百家，以明统一。世之学者，乃愈知尊孔氏。嗣是章帝至鲁，亦祠孔子于阙里。作六代乐，皆得尊崇先圣之意。迄唐开元，置庙，乃追谥孔子为文宣主，坐南向被王者服，历宋元不改。明祖初兴，诏正岳卖名号，独存孔子祀典，亦不袭前代所沿封号。其遣官代祀、制词只称先师孔子。盖以孔子善明先王要道，为天下师，以济后世，故宜尊之以师也。及嘉靖朝，张李敬又建议以为孔子周臣子也。乃尊孔子者，必崇以非号，加以笾豆乐舞，孔子肯安然享之乎？乃始改塑像为木牌，特称先师孔子，并杀笾豆佾舞之数。而后孔子之祀典以正，至今遵用之。

夫古今祠庙多矣，兴废不一。而孔子庙祀，不止崇于阙里，且达之天下，存之累世者，岂无谓乎？诚以孔子之删定赞修，教泽所被，实非仅一方一时者比。故宜其食报之独隆有如是尔。然礼各有所自肇。原后代之享祀孔子，乃本于古释奠先圣先师之礼。故立庙亦必于学宫之旁，几天子诣学，则行释奠，要无非重道崇儒，使国子民俊，中外臣庶，咸喻贵尚文学之意。未尝以孔子能祸福天下，推奉为主宰而祷求之也。

尝考洪武初，江南鸡鸣山文庙初成，即严为之禁，不许妇女入观，犯者斩趾。是以大而京畿，小而群邑，处处孔庙清肃，大约一年之内，时惟二丁，日惟朔望，人惟官师诸生，方得以行礼厕足其中。外此则扃户寂如，从未闻有敢以微细之牲醴亵物，如愚俗奔走淫祀，仆仆亟拜于孔子庭者。斯亦足以明其故矣。有解者曰：吾究世情所以莫敢者，亦皆晓然于大圣之德。乃聪明正直，素思邪而不好谄者知言哉。由是观之，乃知享祀孔子，匪为祈福，惟以报功。与奉祀祖先，亦非为求庇，只以报本同义。此所以并存祀典，而为历代所不能变革者也。虽然，文教方兴，知尊孔子者众矣，而恐犹未尽其所以尊也。何也？今世之冠儒冠者，孰不曰吾孔子弟子也？试思孔子之尊以道，吾为道而尊孔子，则煌煌圣训，必欣佩而行之也。如孔子诏我以畏天命，而我果实无怠忽乎？孔子戒我以祭非鬼，而我果绝无谄祀乎？立人达人，孔子训也，而我于人已能无间否？朝闻夕可，亦孔子训也。而我于生死已无憾否？故必若颜之克己，鲁之省身，孟之愿学私淑，程朱之主敬穷理，在于今日。闻有传天学者，尤不惮虚心访问，实意参求，以得其所谓人生大本原与大究竟，而可无参孔子弟子之称矣。苟但中孔子而心不符，文孔子而行不应，则纵辩如悬河，才号绣虎，究竟何益于真我哉？此学者不可不亟猛省也。

闽中景教后学李九功圣名多默著

附录四
中国礼仪之争：研究方法及其拓展*

一、引　言

如果不把“中国礼仪之争”作为明清史上一个孤立的事件加以研究，我们就会发现它是17世纪到20世纪世界历史上最为深刻的文化运动之一。法、德、英等民族国家历史上的“启蒙运动”和此运动间接有关，中国的清朝中断和外部世界的交往，文化上的“闭关”，和这次运动更是有直接的关系。“中国礼仪之争”的重大意义，正如伏尔泰所说：“在我国到处占主导地位的那种积极活跃、嗜争好讼、喜欢争吵的特性，却没有一次争论比这次争论把它显示得更加清楚明白。”①

1990年代以后，对于“中国礼仪之争”的研究逐渐展开，成果颇丰。目前的研究在历史学领域取得了重大突破，并且正从历史学开始，转而进入文学、哲学、文化学和宗教学领域，呈现出范式上多元转换的态势。1997年上半年，笔者在复旦大学历史系完成了博士论文《中国礼仪之争：历史、文献和意义》，并于次年出版②，是中国大陆第一本系统研究“中国礼仪之争”的专著。该著作利用了1991年到1992年笔者在美国旧金山大学利玛窦中西文化历史研究所访问期间，由所长马爱德（Edward Malatesta，S. J. 1932—1998）博士提

---

* 此文为本书作者2012年应邀在吉林师范大学亚洲文明研究院和旧金山大学利玛窦中西文化历史研究所举办的“远方叙事：中国基督宗教研究的视角、方法与趋势”研讨会上的主题报告。收入了吴小新所编的《远方叙事：中国基督宗教研究的视角、方法与趋势》（桂林，广西师范大学出版社，2014）。

① 伏尔泰. 路易十四时代. 吴模信，等译. 北京：商务印书馆，1982：594.

② 李天纲. 中国礼仪之争：历史、文献和意义. 上海：上海古籍出版社，1998.

供的罗马耶稣会档案馆“日本-中国卷”中的汉语资料，并参考了该所研究员陈伦绪博士编写的该批文献研究手稿，即后来出版的《罗马耶稣会档案处汉和图书文献目录提要》（2002）一书。同时，笔者还参与了《中国礼仪之争西文文献一百篇（1645—1941）》（*100 Roman Documents Relating to the Chinese Rites Controversy 1645—1941*）从拉丁文翻译为英文时的中文部分回译工作。在1990年代一系列的“中国礼仪之争”的研究中，笔者体会到这项综合性的研究内涵很深，如果整理出系统的研究方法，甚至可以专门成学，称为“中西礼学”。

此前，关于“中国礼仪之争”的介绍，只有罗光《教廷与中国使节史》①、方豪《中国天主教史人物传》② 等著作中有所涉及。中国学者中，福建师范大学林金水教授也接受了马爱德先生的委托，有专文《明清之际士大夫与中西礼仪之争》③ 发表，是中国学者系统研究“中国礼仪之争”的先声。拙作《中国礼仪之争：历史、文献和意义》出版后将此前的研究推进一步，得到了学术界的肯定。但是，笔者深知自己除了将“中国礼仪之争”的研究系统引进国内，并对罗马耶稣会档案馆汉语文献做了初步介绍和叙述之外，当时想着力完成的将之与明清学术思想史相联系的做法并未完全实现。《中国礼仪之争：历史、文献和意义》在第一、二章的历史、文献方面的整理、分析之后，在第三章的“文化史意义”上还没有完全说透。此后，笔者的另外一本论文集《跨文化的诠释：经学与神学的相遇》④ 又做了一些推进，但也没有达到令人满意的程度。在中国和国际学术界范围内，真正找到“中国礼仪之争”的意义，还有待开拓。

迄今为止，“中国礼仪之争”的研究大部分都还集中在历史学领域。1998年以后，南北学术界出版的相关著作不少。在谢方主编的《中西初识》⑤ 论文集中，在吴伯娅撰写《康雍乾三帝与西学东渐》⑥ 中有“中国礼仪之争”的相关篇章。张国刚《从中西初识到礼仪之争：明清传教士与中西文化交流》⑦、吴莉苇《中国礼仪之争：文明

① 罗光. 教廷与中国使节史. 台北：传记文学出版社，1969.

② 方豪. 中国天主教史人物传. 北京：中华书局，1988.

③ 林金水. 明清之际士大夫与中西礼仪之争. 历史研究，1993（2）.

④ 李天纲. 跨文化的诠释：经学与神学的相遇. 北京：新星出版社，2007.

⑤ 谢方. 中西初识. 郑州：大象出版社，1999.

⑥ 吴伯娅. 康雍乾三帝与西学东渐. 北京：宗教文化出版社，2002.

⑦ 张国刚. 从中西初识到礼仪之争：明清传教士与中西文化交流. 北京：人民出版社，2003.

的张力与权力的较量》① 均以“礼仪之争”命题，叙述这段历史。从作者队伍和著作方法的情况来看，一个很明显的现象是：目前的研究，无论是“中西文化交流史”“明清史”“近代史”，还是“中国基督教会史”，都还局限在历史学领域，由历史学家来进行。

如何扩展“中国礼仪之争”的意义，是学术界继续从事这项课题研究的关键。历史学的清理和介绍已经展开，如果“中国礼仪之争”的研究要有生命力，它的题目要有意义，资料要能发掘，方法要能出新，启示要有可论，则需要把该项研究从目前的中国历史学领域扩展到其他学科领域，比如扩展到世界近代史、比较宗教、宗教和文明对话，或者甚至到国际政治、民族国家、经学与神学关系等研究课题中。对于离开历史学领域，在宗教学领域开拓的笔者来讲，这是当然的要求。可是，从“中国礼仪之争”研究的内在要求来讲，这仍然是必需的做法。否则，我们就只能固守在一个较小的次级领域，而对中国与世界整体的历史研究贡献不大，并不符合伏尔泰在《路易十四时代》里对“中国礼仪之争”所称道的那种“世界史意义”。

其实，“中国礼仪之争”从一开始就是一个跨中西文化环境，在神学和比较宗教学领域发生的重大争议。从胡天龙（Francis Albert Rouleau，S. J. 1900—1984）神父奠定的研究基础来看，就是如此。胡神父是在上海徐家汇耶稣会院开始研究“中国礼仪之争”的，除了早年利用徐家汇藏书楼的汉学收藏之外，1950 年代到 1980 年代还从罗马传信部档案馆（APF）、罗马耶稣会档案馆（ARSI）、巴黎耶稣会档案馆（ASJP）、梵蒂冈档案馆（ASV）收集有关“中国礼仪之争”的资料，他的兴趣当然是总结中国天主教会的经验，于是就天然地联系宗教进行研究。在旧金山大学利玛窦中西文化历史研究所访问的时候，马爱德、鲁利和吴小新博士，还有我们少数几个国内学者，都知道这批文献的宗教和神学价值。只是为了方便研究，能为中国各界所接受，我们选择了从历史学领域突破。从后来在学术界产生的效果来看，这个选择是对的。

就因此，如何回到其本来的主题上，深入开掘其学术意义，讨论其神学、思想史和宗教学上的重大意义，是我们应该加以考虑的。为此，笔者在这里对于“中国礼仪之争”的研究概述和总结，也就

① 吴莉苇. 中国礼仪之争：文明的张力与权力的较量. 上海：上海古籍出版社，2007.

是循着这条线索，从历史学到宗教学，从中西文化交流到经学与神学的相遇。这样的一条思路，既是对笔者最近二十年学术道路的总结，也想在中国学术界开辟一条新的路线，做一些符合“中国礼仪之争”本义的研究。

二、汉语文献之应用

1. 汉语资料的开掘及其意义

“中国礼仪之争”的发生地是中国，但围绕着它的广泛争议和研究更多地集中在欧洲。从此意义上说，它更像是一个“世界史”的题目，胜于其作为“明清史”的题目。当初，作为“中国古代史”专业的博士论文选题提交的时候，导师朱维铮先生有些诧异：怎么偏到了“世界史”？确实，自从康熙皇帝把传教士赶走以后，朝廷就不再讨论这个问题。三四百年来，欧洲人耿耿于怀，一直在谈论 Chinese Rites Controversy。从争议的范围来看，它对法国、德国、英国和南欧国家的近代思想家有直接的影响。在中国，争议只局限在各地的天主教会和北京宫廷，它的影响是作为一个历史事件本身，对明清历史进程产生了负面作用。因此，如何把这个具有“世界史”意义的题目导回到“明清史”领域，尤其是“中国思想史”领域，成为设题以后的首要问题。

罗马耶稣会档案馆“日本-中国卷”汉语文献逐步开放，为“中国礼仪之争”研究的“回家”开了一道门。由于历史上的争议，“中国礼仪之争”汉语文献一直不便公开。中国礼仪解禁（1939）之后，直到 1980 年代，除了胡天龙、马爱德、陈伦绪等耶稣会神父之外，很少有人能去罗马接触到这些文献。资料在“梵二会议”以后慢慢解禁，其研究价值是毋庸置疑的。首先，由于作者是汉族天主教学者和来华耶稣会士，他们在国际思想界代表了来自中国的声音、观点和立场，是本土的主流学派；其次，这批文献用汉语撰写，本土信徒和学者用母语写作，概念、用词未经翻译，自然更能反映他们的实际主张；最后，最重要的是文献涉及四书五经等大量儒家经典，以及中国宗教生活的一般内容，讨论激烈。也就是说，争议在中西“经典”文献层面开展，便有涉及中西“思想史”的重大意义。在世界历史上，儒家经学第一次和基督教神学相遇，可以表述为“经学和神学的相遇”。

三百多年前的中国天主教徒，为了儒家中的敬天、祭祖、祀孔问题，用汉语撰写了大批证词，附录在抗辩书后，提交给罗马教廷的宗教裁判所参考，这是一件出乎一般中国学者想象的事情，但确实是一段确凿历史。陈垣编《康熙与罗马使节关系文书》①，从故宫明清档案中检出十四通文献，可以证实“中国礼仪之争”确实在中国和罗马之间发生过。虽然文书语焉不详，不涉及争议整体，但可以看出争议过程很激烈。民国初年，上海耶稣会士徐宗泽神父作《中国天主教传教史概论》，中有六七页篇幅谈“教仪问题”②，是从当时版本的《天主教辞典》中翻译的，并不是中国学者的独立研究，笔触就像是欧洲人的游记。中文著述淹没了这段康乾旧事，显现出中国学者已经淡忘了历史插曲。

在西方，“中国礼仪之争”持续争论了四百年，形成了大量文献，大多是以拉丁、法、葡、西、德、英文写作，汉语作品很少。因此，罗马耶稣会档案馆“日本-中国卷”集中保存的汉语文献极为罕见。1990 年代以后，不少国内学者经过巴黎外方传教会沙百里神父的介绍，看到了在该会档案馆阅当案卷中夹杂的一些有关“礼仪之争”的汉语文献，但不是整体收藏，没有系统。笔者在巴黎法国国家图书馆东方文献室中文处的高第目录中查见《同人公简》（编号：1336）③、《传教笔记》（编号：7042）等有关“礼仪之争”的文献，也属于偶见。当年有关“中国礼仪之争”的汉语文献主要收藏在罗马耶稣会档案馆。唯此，钟鸣旦、杜鼎克等据此收藏，编成了《罗马耶稣会档案馆明清天主教文献》④，将这批文献连同其他重要文献一起影印出版，学界称便。钟鸣旦、杜鼎克自 1980 年代以来不懈努力，加上魏明德（Benoit Vermander）教授主持利氏学社的全力支持，使今天全世界学者都能利用这批汉语文献做研究，功不可没。

《罗马耶稣会档案馆明清天主教文献》、《法国国家图书馆明清天

① 陈垣. 康熙与罗马使节关系文书. 北平：故宫博物院，1932；马国贤. 清廷十三年：马国贤在华回忆录. 李天纲，译. 上海：上海古籍出版社，2004.

② 徐宗泽. 中国天主教传教史概论. 上海：土山湾印书馆，1938：231-237.

③ 全文及介绍，参见：《同人公简》校释//李天纲. 跨文化的诠释：经学与神学的相遇. 北京：新星出版社，2007.

④ 钟鸣旦，杜鼎克. 罗马耶稣会档案馆明清天主教文献. 台北：利氏学社，2002.

主教文献》①、《徐家汇藏书楼明清天主教文献》② 等一大批汉语文献的影印出版，是“中国礼仪之争”，乃至“中国天主教史”“明清西学东渐”研究领域具有重要意义的事情。西方学者很少利用这批资料，美国学者孟德卫教授说：“谢和耐先生的《中国与基督教：中西文化的首次撞击》（1982）就几乎没有提到‘礼仪之争’。未加说明的含义就是‘礼仪之争’在中国基督教史上已经是一件被强调得过分的事件，但是，人们能发现罗马耶稣会档案馆所藏档案中，那些由基督徒士大夫写的有关 17 世纪‘中国礼仪之争’的中文手稿。（西方）学者们忽视这些文献，正说明‘中国礼仪之争’中的中国方面还没有被充分地研究。”③ 钟鸣旦教授描述了另一批布道学者忽视有关汉语文献的做法，说：“直到 1960 年代初期，（西方）学者们主要关心的问题还是诸如：‘传教士是怎样把当时的基督教介绍给中国的？’研究者因为都是布道会的人员，通常就只是对传教士们的功绩感兴趣，并主要是使用西文文本（书信、报告和行记等），从而研究中不乏辩教的目的，比如在‘中国礼仪之争’的时候为各自的修会或教派辩护。”④

不能过分责怪西方学者不重视这批汉语文献，每个人的视野都有限制。首先，繁难的汉字对大部分西方学者仍然是个障碍；其次，这批汉语文献涉及儒家经典，用的是“经学”疏证的方式，很多细节讨论烦琐乏味，很难被直接引用到“思想史”研究中；最后，却是更加直接的原因，是这批文献并不对外开放，教外学者难以涉足。1936 年，酷爱文献的王重民先生在《罗马访书记》中提到罗马梵蒂冈教廷图书馆，但没有察觉耶稣会档案馆的这批文献。方豪神父更加重视教内典籍，但他编辑的《中国天主教史人物传》⑤ 也没有直接引用该馆文献。“由于管理和出版的原因，这批资料至今还没有完全无条件地向学术界开放。在欧洲和北美学术界，也是刚刚开始流

① 钟鸣旦，杜鼎克，蒙曦主. 法国国家图书馆明清天主教文献. 台北：利氏学社，2009.

② 钟鸣旦，杜鼎克，黄一农，等. 徐家汇藏书楼明清天主教文献. 台北：辅仁大学出版社，1996.

③ David E. Mungello. An Introduction to the Chinese Rites Controversy，Institut Monumenta Serica，The Chinese Rites Controversy，1994：8.

④ Nicolas Standaert. Introduction for Handbook of Christianity in China：vol. Ⅰ. Koninklijke Brill NV，Leiden，Netherlands，2001：Ⅸ.

⑤ 方豪. 中国天主教史人物传. 北京：中华书局，1988.

传，并没有正式刊布。”[①] 用罗马、巴黎和徐家汇的汉语文献研究“中国礼仪之争”，1990 年代以后才在学术界流传开来。

汉语文献的发现、刊布、整理和运用，使学术界的主流学者承认了明清天主教历史对于世界历史的重要性，这一点是无疑的。陈伦绪、钟鸣旦、孟德卫、夏伯嘉（Po Chia Hsia）等英文著述学者以此说服西方学者；我们这批华文学者，如黄一农、李奭学、祝平一、孙尚扬、汤开建、韩琦、张西平则以此说服中国学者。大家的工作得到了应有的承认，并非都是个人的作用，而是历史学家常说的："用材料说话"。材料确实说了真话，只要看看这些汉语资料，弄懂里面讲的事情，搞清它们说的道理，人人都可以知道当年耶稣会士和天主教徒学者活动的重要性，远远超过了目前教科书的估计。以至于在一贯是人云亦云的中国“学术界”，现在讲讲“明末清初”的“西学东渐”，变成一件时髦而可以标新立异的事情。

目前发掘的文献到底有多少明清汉语天主教文献呢？根据近年来的出版成就，以及我们在世界各地摸清楚的收藏情况，应该做一个基本目录。我们可以把这个目录命名为《明末清初汉语天主教文献》。1990 年代以来，我们一些学者一直半开玩笑地议论，应该仿照佛教“藏经”，还有“道藏”“儒藏”，也做一个“耶藏”，把汉语基督教文献做一个全目录。《明末清初汉语天主教文献》应该是这个“耶藏”中的首要内容。明清天主教汉语文献中直接或间接涉及“中国礼仪之争”的内容极多，其中包含经学、儒学、神学、宗教、社会、文化和传教史等题材。很可惜，这个工作还没有做。明清天主教会留下了多少部汉语作品？还没有学者进行调查和统计，我的估计是不下于两千种。

从学术界来讲，汉语文献的内在价值是什么？学者研究起来，汉语文献和西文文献到底有什么区别？有了这些文献，真的可以改变过去三四百年的研究状况吗？从中考察，难道会得出不同的结论吗？这些问题始终萦绕着我们。面对国内外主流学者的这些提问，我的回答都是肯定的。用这批汉语文献能够扩展传统的研究。钟鸣旦提出，这批文献的应用可以推动明清天主教研究的“范式转型”，他说，明末清初基督教研究领域发生了一个重要的“范式转换”（Paradigm Shift）。总的来说，人们可以把这个转换表述为从“传道学的

---

① 李天纲. 中国礼仪之争：历史、文献和意义. 上海：上海古籍出版社，1998：138.

和欧洲中心主义的”（Missiological and Europe-centred）方法，到“汉学的和中国中心主义的”（Sinological and China-centred）方法。但是，范式转换不单引起方法论和研究者背景的不同，还给研究题目带来了变化。①

汉语文献的应用能改变“基督教中心主义”“欧洲中心主义”的偏见，这是最为重要的，要着力多讲。还有，钟鸣旦提到“研究题目”的变化也非常有意思，我也早有想法，要把“中国礼仪之争”的研究从历史学领域引入宗教学领域。用学者的俗话来说：用同一批资料，做更多文章；借用哈佛大学科学哲学家汤玛斯·库恩的“范式转型”（Shift of Paradigm）理论，这是一个“领域转型”（Shift of Field）的问题。举例来说：三十年前，“明清天主教”研究基本上是历史学家发起的，从 1930 年代的“中西交通史”，1980 年代的“中西文化交流史”发展过来。此后，文学批评家介入，中文系学者也借用“西学东渐”文献做了不少批评文章。现在，我觉得应该是哲学史家、宗教学家出场的时候了。这批汉语文献中包含了很多可以让哲学、宗教学的学者们大为吃惊，因而可以大大改写中国哲学史、中国宗教思想史的重要内容。非常可惜，现在除了孙尚扬从北大哲学系中国哲学史杀出来，我从复旦历史学系中国思想文化史打进去，哲学、宗教学的学者们还都没有十分重视这批汉语文献。

中国大学哲学专业忽视“明清天主教”引发的“西学东渐”，损失很大。别的不说，哲学学者十分崇拜的古希腊哲学，在明末清初已有利玛窦、徐光启一代学者翻译，这个事实居然是“明清哲学史”上的空白，哲学教科书甚至误以“严译”为西方哲学引进中国之开端。徐光启、毕方济翻译亚里士多德的《论灵魂》（*On the Soul*）为《灵言蠡勺》；李之藻、傅汎际翻译的《名理探》，原名为《亚里士多德辩证法概论》；利类思翻译的《超性学要》，就是托马斯·阿奎那的《神学大全》（*Summa Theologica*）。这些事实居然不为中国哲学史家所知，无论如何都是文献学家们的责任。汉语天主教文献的发掘，无疑可以邀请哲学史家来从事这方面的研究，以推动这个“领域转型”。更为重要的是“领域转型”后的视角转换，可以带来很多不同的研究结论。众所周知，自利玛窦以来，大部分的耶稣会士逐渐形

① Nicolas Standaert. Introduction for Handbook of Christianity in China：vol. Ⅰ. Koninklijke Brill NV，Leiden，Netherlands，2001：IX.

成了“儒家非宗教”的观点。

耶稣会士的立场逐渐影响了 17、18 世纪欧洲启蒙思想家的观点。经过 19、20 世纪中国留学生运动和西学翻译运动，“儒家非宗教”的观点又被转输回中国，成为定论。事实上，“儒家非宗教”的观点并非一开始就如此。利玛窦和徐光启提出“补儒易佛”主张的时候，他们知道儒学，至少是原始儒学（所谓“古儒”“先儒”）有宗教性，不然不会把“Deus”译成“天”“帝”“天主”“上帝”。他们觉得“后儒”的“宗教性”不足，佛教、道教的“宗教性”错误，需要用天主教来“补易”。到了“中国礼仪之争”的时候，多明我会、方济各会的神父指责耶稣会士的“补儒”态度是纵容“异端”，如此才导致耶稣会为了保护儒家而强调其“世俗性”，消解其“宗教性”，逐渐将之解释为“非宗教”。这样的事实，在今天披露的“中国礼仪之争”汉语文献中暴露得非常清晰。

2. “西学”与“汉学”：明清学术史的中西关联问题

明清天主教汉语文献的披露，对解决清代学术史上的“西学”与“汉学”关系问题有莫大帮助。朱维铮先生在 1980 年代后期，就提出了“西学”与“汉学”的关系问题。① 这里的“汉学”不是指当时欧洲“东方学”（Oriental Learning）领域内开始兴起的“汉学”（Sinology），而是指清代学者企图光复的汉代学术方法，时称“汉学”。学者亦有稍变其侧重，称之为“经学”“朴学”“考据学”“乾嘉学”。从许多环节来看，利、徐之“西学”和乾嘉时期之“汉学”确实有不少内在关联。比如，戴震、钱大昕、阮元都不断提到“利、徐之学”，发展他们的天文、历算、地理、工艺等研究，把它们溯源到“汉学”。

其实，“西学”与“汉学”之间的密切关系，清代学者是承认的。在阮元主编的《畴人传》中，作者们提及了今天都被列为“科学家”的“畴人”，一共 243 人，附录了 37 个“西洋人”。西洋“畴人”中，阿奎那（多玛）、牛顿（奈端）都在其中。但是乾嘉学者承认的“西学”，只限于“器用”层面。就“推步”“天文”“历法”而言，苏州学者如王锡阐、顾炎武、钱大昕，徽州学者如梅文鼎、江永、戴震都有研习。所谓“科学”，清代的数学、天文学和历法学受

① 朱维铮. 走出中世纪. 上海：上海人民出版社，1987：十八世纪的西学与汉学.

到了欧洲 16 世纪以来新学术的影响，这个事实阮元以下的著述家都还是承认了。问题在思想、文化层面，清代学术是否受到“西学”之影响？这种影响又是否为当时的学者所承认？问题初由业师朱维铮先生在《走出中世纪》中提出，他认为清代学者怯于承认“西学”对清学的重大影响，他们“讳言西学”。

勇于承认“西学”与“汉学”的关联之后，问题还在于这种影响深入到什么程度？扩展到哪些领域？明末清初中国天主教学者与耶稣会士的合作翻译，还有他们为“中国礼仪”所做的公开辩护，是否影响到了中国主流思想的进程？比如说，是否和儒学、儒家有重大接触，以至于进一步产生了中西方宗教、哲学、伦理和法律上的互动，甚至在信仰领域起作用？这个问题更加重要。我觉得“中国礼仪之争”中形成的汉语文献可以被用来考察这样的关系。因为争议，西方基督教的神学与中国儒家的经学发生了第一次接触。从利玛窦的《天主实义》开始，经历了“译名之争”和敬天、祭祖、祀孔问题上的争议，儒家经学与基督教神学便注定被绑在一起，“经学与神学的相遇”成为一个更广泛领域内的问题。这个问题应该在经学史、宇宙观、基督论和宗教对话、比较宗教学领域内解释。我以为，来华耶稣会士和中国信徒们共同主导的天主教科学、哲学和神学，与乾嘉学术存在着比我们承认的更加密切的联系。“经学与神学的相遇”，把基督教神学与儒家经学放在一起比较，我们戏称为“神经学”。“神学”和“经学”，是不是能与“西学”和“汉学”相对应？这是可以讨论的问题。就现在了解到的明末清初“西学”的翻译状况来看，中世纪后期的基督教“神学”确实已经耶稣会士传入了明朝。利玛窦的《天主实义》虽然没有明确运用“神学”概念，但他使用的“天学”——关于天主的学问，是有“神学”含义的。意大利耶稣会士艾儒略撰《西学凡》（1623），把 theology（神学）音译为“陡禄日亚”，意译为“道科”，与“文科”（修辞学）、“理科”（哲学）、“医科”（医学）、“法科”（法律学）、“教科”（教会法）并列，这就是第一次明确地引进了“神学”。

在明末清初翻译介绍的“西学”著作中，徐光启、利玛窦翻译的《几何原本》，讲的是“勾股”，演的是“推步”，受到清代学者的极端重视。相反，同样也是徐光启参与翻译的《灵言蠡勺》（1624，与毕方济合译），就没有得到清代学者的公开承认。根据阅读经验做综合判断，黄宗羲、戴震等思想家都读过《灵言蠡勺》，却没有直接说出来，即所谓“讳言西学”。清代重要经学家戴震读过《灵言蠡勺》，这个事实比较容易考证，因为《四库全书总目提要》中的“西学”著作条目都是他撰写的，而《灵言蠡勺》一条非他的学问难以对付。站在儒家经学家的立场上看，这一条评论并不公正，它认为：亚里士多德的学问，不过是借着佛教学说招摇撞骗。所谓“灵言”，“其实即释氏觉性之说，而巧为敷衍耳。明之季年，心学盛行，西士慧黠，因摭佛经而变幻之，以投时好。其说骤行，盖由于此。所谓物必先腐而后虫生，非尽持论之巧也”。这个说法，当然不是持平之论，印度是印度，希腊是希腊，这个道理今天的学者已不会混淆，而兼有汉学家、考据学家、经学家之名的戴震却不幸失足。汉学家已经站在“神学”的屋檐下，却不得其门而入。

事实上，《灵言蠡勺》的学说是进入清代思想家的内在思路里面的。我们在清代学者的很多著述中都看到了汉学家们在讨论“灵魂”问题。如果仅仅是讨论“灵魂”“体魄”等议题，这就并不能说明是受到了《灵言蠡勺》的影响。汉人重视祭祀、方术和灵魂，“汉学”——汉代之经学——讨论了很多“魂魄”议题。但是，问题是清代学者讨论“魂魄”时，出现了“三魂说”，这是“汉代之学”没有的。清代学者虽不明言《灵言蠡勺》，仍然轻忽它是“荒诞不经”，但却常常提及西人的“三魂”。我们知道，把植物、动物和人类所有的精神形态，区分为“生魂”、“觉魂”和“灵魂”，这是亚里士多德的说法，也正是《灵言蠡勺》的翻译。黄宗羲的儿子黄百家（1643—1709）在《宋元学案·晦翁学案》的注释中引用“三魂说”，并称其“颇谛当”。① 黄百家有限度地认可了“西学”中的“神学”，承认“三魂说”与朱熹的学说并不相悖，甚至较之更加确切，这种开明态度在清代学者身上偶尔还是可以发现的。黄宗羲本人坚持江南儒学正统，排拒儒家以外的异端邪说。可是，他肯定也参考了徐光启、李之藻、杨廷筠等前辈的“天学”主张。我们在他的《破邪论·上帝》中发现，他也在“尊天”，也在重新解释五经中的“上帝”，说：“夫莫尊于天。故有天下者，得而祭之。诸侯以下，皆不敢也。《诗》曰：畏天之威，于时保之。又曰：上帝临汝，无贰尔心。其凛凛于天如此。天，一而已。四时之寒暑温凉，总一气之升降为之。其主宰是气者，即昊天上帝也。”清代学者用“经学”论证

---

① 黄宗羲. 宋元学案：晦翁学案：百家谨案//黄宗羲全集：第4册. 杭州：浙江古籍出版社，2005：850.

“上帝”，江南儒家天主教徒引进“神学”的同时，也追溯“汉学”“经学”的论证方法，两者如出一辙。在这里，“经学”和“神学”真的相遇了。

徐光启不是一个纯粹“科学家”，他还是一个“儒家基督徒”。①他主持和参与翻译《灵言蠡勺》，恰恰暴露了他作为一个天主教徒的身份。徐光启在《〈泰西水法〉序》里记录的一个说法，曾被学者用来肯定徐光启的“科学家”身份，以掩盖他的教徒身份。当他要求耶稣会士多多翻译格致学问的时候，熊三拔面有难色，“有怍色者，深恐此法盛传，天下后世见视以公输、墨翟，即非其数万里东来，捐顶踵，冒危难，牖世兼善之意耳?”神父们不愿意翻译“科学”著作，是徐光启的强烈要求，他们才勉强翻译了。这个说法衍生出的结论是：徐光启就是为了学习西方的科学技术，才加入天主教的。这是一种错误的解释，否认了事实，还诬蔑了徐光启的智力、信仰和人格。徐光启远不止想翻译“科学”著作，他还翻译了《灵言蠡勺》这样的“神学”著作。很明显，徐光启、李之藻、杨廷筠确实是天主教的“三柱石”，他们在力图解决“国计民生”难题的同时，也在为中国天主教徒寻找一条信仰之路。这条道路既和汉代“魂魄说”有关联，又和西方神学的“三魂说”相沟通。

3. 审视“中国中心”观，反省“民族主义”话语

从“中国礼仪之争”的全过程来看，其中隐含着一个中国近代历史上的基本问题——中国人如何看世界，值得发掘。随着欧洲基督教国家如葡萄牙、西班牙、荷兰、英国、法国和德国相继建立殖民地体系，建立自己的经济、政治和军事优势，并最终按宗教和语言的标准，建立了各自的“民族国家”，18、19 世纪的西方文化人确实有了一种可以称之为“基督教中心主义”“西方中心主义”的意识形态。此后的西方人，看自己、看别人，都有了自豪和骄傲。这种意识形态曾经是“种族主义”和“民族主义”的基础，被当代人认为是虚幻、狂妄和具有攻击性的，20 世纪以后受到了西方知识分子的猛烈批判。显然，这是一种文化上的平等意识，以及对陈旧思想的自我批判。反过来看，中国学者在中国看世界，中国人是不是也曾经有，或者仍然有一种自豪和骄傲，可以称为“中国中心主义”，

① “儒家基督徒”(Confucian Christian）概念早见于钟鸣旦的《杨廷筠：明末天主教儒者》(香港神圣研究中心，1987）一书，对杨廷筠及明末天主教徒的双重身份做了探讨。

同样的虚幻、狂妄和具有攻击性，同样地具有“民族主义”的排他性，是否也需要进行自我批判？从任何角度来讲，这种批判都是需要的。

作为一个研究中国文化的学者来讲，首要的工作是反省自我。如同西方学者通过反省西方寻找“普遍价值”（Universal Value）一样，中国学者也应该在自我批判中建立自我，发现人类精神。“中国礼仪之争”的研究，正可以提供机会让中国学者理解身处的文化、时代和意识形态。通过“中国礼仪之争”，我们可以观察从17世纪到20世纪，西方基督教如何建立自己的“西方中心”地位，中国儒家如何坚守自己的“中国中心”；还可以看到明末清初的儒家天主教徒如何愿意学习和吸纳西方文化（包括“西学”“西教”），欧洲耶稣会士如何设法把自己的神学植入儒家内部。固守中心的文化保守主义和进入对方的文化自由主义，这两种不同做法在“中国礼仪之争”中都有强烈反映。因此，“中国礼仪之争”并不是“民族主义”（nationalism）的，而应该是“世界主义”（universalism）的。

1987年夏，在复旦大学和哈佛大学费正清研究中心的柯文（Paul Cohen）教授谈话，当时他已经完成《在中国发现历史》[①]，林同奇先生正在翻译此书的中文本。柯文先生受萨义德“东方学”批评理论启发，用“中国中心主义”来描述当代美国学者正作出“范式转型”，开始从社会的内部来理解中国。当时我提出的忧虑是，这种“后殖民主义”理论下的“中国中心主义”，如果使用不当的话，会引导中国知识分子陷入“民族主义”的泥潭。1998年夏，在哈佛大学再见柯文教授，他首先记得当初的忧虑，说：他的书在北京三联书店热销的时候，果然被宣传介绍为“民族主义”。柯文先生坦承：作为一个美国学者，当然不可能是中国的民族主义者。他只是提醒美国的汉学家，看问题要懂得中国。我们要对西方的时髦理论做审慎的思考，保持自我判断能力，不随便套用现成的意识形态理论来分析复杂的历史现象。所谓“后殖民主义”理论，反对“西方中心主义”，是西方学者的自我批评。中国学者应该做的，不是顺着萨义德来批评西方，滑入“民族主义”，而是对自己文化的狭隘之处做出相应的自我批评，走向“普世主义”。因此，在研究明末清初耶

① 柯文教授之书中文版见：柯文．在中国发现历史：中国中心观在美国的兴起．林同奇，译．北京：中华书局，1989。

稣会士“西学东渐”和“中学西传”，以及“中国礼仪之争”的时候，我宁愿相信耶稣会士和儒家天主教徒是追求学术与真理的“人文主义”者，而不是欺行霸市的“殖民主义”者。①

在这一场“中国礼仪之争”的冲突中，罗马天主教会有自己的教义原则，中国的皇帝、官员、天主教徒也有自己的信仰操守。如果不是寻找对话和交流的渠道，双方都强调自己之信仰和教义的差异性，现存的关系就一定会破裂。耶稣会站在中国文化一边，维护“中国礼仪”，提出在地的主张，基本上是“中国中心主义”。多明我会、方济各会、奥斯定会，站在当时的教会和教义的立场，维护天主教会的“纯洁性”，或许可以说就是“基督教中心主义”。当时，“西方”并没有形成18、19世纪那样强大的“中心主义”。相反，“华夏”大地的专制皇帝、保守官员和迂腐儒生倒是保持着用数千年的“华夷之辨”维护的“中心主义”。在辨析了历史环境的不同之后，我们可以把“中国礼仪之争”也看作“西方（基督教）中心主义”和“中国（华夏）中心主义”的角力。但是，需要辨明的是：和今天学者强调的西方强势文化完全不同，“中国礼仪之争”时期的政治、经济、文化优势都在中国。

我们在清史学者不太重视的“中国礼仪之争”汉语文献中看到，康熙本人与梵蒂冈特使多次接触，反复磋商，始终保持着优渥、关切和息事宁人的垂注态度。在研究“中国礼仪之争”时，我们不能用20世纪中国文化混乱、衰败时期的虚弱情况来比拟以往，好像康熙“主权”不保，故而“不得已”抗击一样。事实上，康乾时期的问题，不是“虚弱”而是“虚骄”。康熙因“中国礼仪之争”而驱逐教士、禁行教会，并不是害怕“殖民侵略”，而是在偏袒耶稣会，帮助已有一百多年历史的中国天主教会。于是，继铎罗主教斡旋失败以后，梵蒂冈派嘉乐主教再次来华通使，康熙再次释出善意，康熙五十九年十二月十三日（1721年1月10日）颁布上谕：“意达里亚教王所差使臣嘉乐于十二月初三日到来，请朕躬安，兼谢朕历年爱养西洋人重恩。朕轸念西洋距中国九万里，自古及今，从无通贡。兹尔教王竭诚遣使远来，殊属可嘉。尔使臣嘉乐，朕念系教王所差，特锡殊恩，备加荣宠。兹因使臣嘉乐遣人回西洋，特寄赐教王玩物

① 参见拙作《人文主义还是殖民主义》（2004年9月），此文是比利时鲁汶大学“南怀仁文化协会国际讨论会”论文，后收入拙著《跨文化的诠释：经学与神学的相遇》（新星出版社，2007）。

数种，以示怀柔至意。”① 这份很少被引用的“中国礼仪之争”汉语文献，很能表明一个开明君主的宗教态度：康熙不反教，他友教、护教，有些爱教，耶稣会甚至还指望他能入教。

这份《康熙朱笔删改嘉乐来朝日记》的故宫档案，证明“中国礼仪之争”确实是康熙晚年关注的重大问题，其设法解决问题的态度也非常诚恳。这种局面和清朝后期以至今天的“中西文化之争”完全不同，康熙的态度基本上还是对话的、有诚意的，并不是蛮横的、不顾对方想法的“孤立主义”。这是我在分析“中国礼仪之争”时，同情康熙、耶稣会士和中国天主教徒的开明态度，批评其他修会、西方神学家和梵蒂冈部分教宗固执做法的主要原因。后来有些学者和社会人士拿了“中国礼仪之争”的经验，印证中梵关系和其他中西文化冲突，动辄以新的“中国礼仪之争”来形容，这需要谨慎。康熙虽为满族人，但仅就“中国礼仪之争”时刻而论，他在罗马使节面前代表中国教会和中国文化的合法性是有的。以后的情况，是不是这样，就难说了。

康熙还能够在罗马使节铎罗、嘉乐面前部分地代表中国教会、中国文化，他的孙子乾隆在英国使臣马嘎尔尼面前是否还算是代表中国民众的礼仪、利益和文化传统，就非常值得质疑。“三跪九叩”是满洲人的“奴才”之礼；“闭关锁国”，不利于南方的商业民众，也不利于全国的生产、交通、贸易和税收体系的发展。于是，康熙时代还曾有过的一点理性对话，到了乾隆手上就变成了当代法国历史学家佩雷菲特（Alain Peyrefitte）所称的“两个世界的撞击”，成了“聋子之间的对话”。② 法国学者看“大清”和“大英”两大帝国“互掐”，情景描述滑稽，佩雷菲特说这是“傲慢者互相顶撞，双方都以为是世界的中心，把对方推到野蛮人的边缘”③。但是，以中国学者今天应该有的世界史观来看，1793 年的英国式“傲慢”属于那种已经具有实力的大国之傲慢，而乾隆皇帝的“傲慢”则是一种不明所以的“虚骄”。18 世纪末的中国，已经是全球化世界的一

---

① 康熙. 康熙朱笔删改嘉乐来朝日记//马国贤. 清廷十三年：马国贤在华回忆录. 李天纲，译. 上海：上海古籍出版社，2004：163.

② 阿兰·佩雷菲特. 停滞的帝国：两个世界的撞击. 王国卿，毛凤支，谷昕，等译. 北京：三联书店，1993. “聋子的对话”，出自此书作者语：“历史赋予远东和远西的机会，但是聋子——世界上最强大的聋子——之间的对话使这个机会付之东流。”（第 19 页）

③ 同②20.

部分。[1] 这一点，南方民众知道，开明学者知道，部分官员也知道，只有固守自己利益的清朝权贵不愿面对。乾隆皇帝坚持的“三跪九叩”礼仪，当然是不能遽然放弃的“面子”，但他不解世情、不知融通、不能面对“现代”的做法，却没耽误了中华民族的19、20世纪。

我们看到，乾隆时代为清朝面子而坚守“三跪九叩”，致有“谒见礼仪之争”，和康熙时代的“中国礼仪之争”有很大的不同，也有很多的延续。值得注意的是，《乾隆皇帝致英国国王乔治三世书》一些地方的口吻，与《康熙朱笔删改嘉乐来朝日记》中的某些关键字句如出一辙。乾隆对“西洋人”使用“怀柔”一词，把欧洲当局派来的正式使节视为“通贡”，这些都是康熙皇帝先用的。刻意模仿康熙的乾隆，一定是有意采用了这些词汇。康熙在“中国礼仪之争”中隐藏的“文化孤立主义”，在乾隆的“虚骄”性格中暴露为盲目的“中国中心主义”，更在19、20世纪遭受挫折以后，政治“国格”由自大、自尊，降格为自卑、自闭，再化为国本形态的“民族主义”。

“以国为本”的“民族主义”，把国体、国格看得比人格、人性更重要，也把本国、本民族的一切利益与世界其他国家、民族的利益对立起来。这样的情绪，在“中国礼仪之争”中开始酝酿，在“马嘎尔尼使团”事件中激化，至“鸦片战争”以后全面爆发。但是，康熙以前的“中国礼仪之争”是在修会、教会、信徒、神父、士大夫、官员和皇帝中温和讨论的事情，参与者都试图用非暴力的方法解决争议。更重要的是，在这群人的思想中，中国、中国人、中国文化看作是世界整体的一部分。这里说把中国看作世界整体的一部分，意思是从人类的整体来看待中国文化，既不是以中国人的价值观念来衡量世界，也不是以西方人的价值观念来衡量中国，而是把所有的国家和民族放在一个大家都能接受的价值观念之下来讨论。欧洲和中国的思想家都提出过相似的主张，比如维柯（Giambottista Vico，1668—1744）的“世界历史”[2]，伏尔泰的“风俗论”[3]，王韬的“天下一道论”[4]，康有为的“大同说”。

研究“中国礼仪之争”，有“普世主义”的路线，也有“民族主

---

① 李天纲. 康乾“中国礼仪之争”的世界史意义//跨文化的诠释：经学与神学的相遇. 北京：新星出版社，2007.

② 维柯. 新科学. 朱光潜，译. 北京：商务印书馆，1986.

③ 伏尔泰. 风俗论：上. 蒋守铿，译. 北京：商务印书馆，1995.

④ 朱维铮，李天纲. 清学史：王韬与天下一道论. 复旦学报（社会科学版），1995（3）.

义”的路线，这两条路线以康熙时期为界限，明末清初的儒家天主教徒和耶稣会，加上友教士大夫、官员和皇帝们，大都主张中国与欧洲之间的对话和交流，是一种“普世主义”的路线。康熙以后，急转直下，中西之间发生了越来越严重的对立。这种对立并不全是由于“中国礼仪之争”的处理不当引起的，很多综合性的因素导致了19世纪中西关系的失衡。但是，康熙朝爆发的“中国礼仪之争”确实是一个标志，中国遭遇了“民族国家”的冲击，以国为本的“民族主义”路线也越来越突出。研究“中国礼仪之争”，可以帮助我们审视“普遍主义”和“民族主义”是如何消长变化的。

三、西文史料之引进

1. 西文文献一百篇

“中国礼仪之争”是一个跨了中西方不同宗教的争议，当然需要“跨文化的诠释”。[①] 如所揭示的，“中国礼仪之争”的主要辩论场在西方，在巴黎、罗马、里斯本、鲁汶，以及后来的法、德、英、意大利、葡萄牙、西班牙等国的天主教会和神学院。因此，这些民族和国家的近代文字作品中留下了很多与“中国礼仪之争”相关的内容。当然，罗马天主教会的统一文字是拉丁文，有关“中国礼仪之争”的正式文献也都是用拉丁文撰写的。“在长期的中国礼仪之争期间，历任教宗和他们的代表做了许多决定，并且下了文件，罗马教廷各委员会也下达过多次经过教宗批准的档。……这些档绝大部分是用拉丁文写的。”[②] 胡天龙神父去世后，马爱德先生和福斯（Theodore Foss）博士等人在旧金山大学创建利玛窦中西文化历史研究所，推动和组织明末清初中西文化交流的历史研究，“中国礼仪之争”是关注重点。马爱德先生有在罗马教廷大学担任神学教授的经验，他收集到罗马教廷历代收藏的有关“中国礼仪之争”的拉丁文文献，并邀请精通拉丁文的苏尔（Donald Saint Sure）翻译成英文。

① 关于“跨文化的诠释”，参见：李天纲．跨文化的诠释：经学与神学的相遇//跨文化的诠释：经学与神学的相遇．北京：新星出版社，2007。

② 苏尔，诺尔．中国礼仪之争西文文献一百篇（1645—1941）．沈保义，顾卫民，朱静，译．上海：上海古籍出版社，2001：原序1.

马爱德还邀请了旧金山大学哲学与神学系诺尔（Ray Noll）教授，为此文献集做了编订和导读。诺尔教授是我1991年在旧金山市大学进修时的任课老师，是一位基督教会历史专家。也是应马爱德先生的邀请，“在利玛窦研究所的访问学者李天纲给原文中的罗马式的汉语词汇附上了确切的汉字”[1]。这本英文文献集，又是由马爱德先生安排，在2001年翻译成《中国礼仪之争西文文献一百篇（1645—1941）》中文版，同年在上海古籍出版社出版。仅就编辑《中国礼仪之争西文文献一百篇（1645—1941）》而言，我们就可以看出马爱德先生是“中国礼仪之争”研究的继承人和推动者。虽然马爱德先生并没有就此题目做出专著，但他把机会赠予别人，甘心只作为一个“推手”，这超乎了做学者的一般境界。受了马爱德先生的邀请和感染，我开始了“中国礼仪之争”的中西文献研究。

研究中国历史，西文资料的重要性是毋庸置疑的。以前中国历史学界，特别是“中国古代史”领域的学者，有一个私下流行的观点：研究历史，中国本身的文献足够了。他们认为，日文或许还值得学，因为唐宋以后的日本文化深入中国；西方文字就不太重要了，因为西方的历史与我们无涉。最近十几年内，“西方汉学”为学界热炒，排拒西方文献的观点已经不攻自破。中西文化交流领域的学者早就提出不同观点：“借鉴欧洲”“比较中西”的平行研究不论，仅就直接交往来看，明清以来的中国历史与“西方”（欧洲）已经密不可分。“欧洲在中国”“中国在欧洲”，你中有我，我中有你，是非常明显的现象。对中国学者而言，西方文献有同等的可资直接利用的价值。“中国礼仪之争”中形成的汉语、西文文献，正好可以拿来证明：我们需要这样一种平衡的历史观，以符合历史的本来面目。

西文文献不但可以帮助我们印证中国文化，还可以帮助学者认识中国文化的世界地位。从世界看中国和从中国看世界会有很大不同。中国近代以来的“民族主义”，有一个思维方式上的偏狭，即把中国和世界对立起来看问题。尤其偏狭的是，认为中国可以孤立于世界之外。中国版本的“孤立主义”，比美国历史上的“孤立主义”更具有文化特征。文化上的“民族主义”认为，中国就是中国，有很强的独特性。20世纪初年的“国粹论”，20世纪后期的“国情论”，都反对“普遍价值”，它们强调中国文化的特殊性。事实上，

---

① 苏尔，诺尔. 中国礼仪之争西文文献一百篇（1645—1941）. 沈保义，顾卫民，朱静，译. 上海：上海古籍出版社，2001：原序2.

如果我们从世界历史认识中国，从对面的角度看过来，问题就会有所不同。在《中国礼仪之争》中，我曾说："不识庐山真面目，只缘身在此山中。我们需要用比较文化的眼光来审视中国。"① 在这个问题上，萨义德的"东方学"理论认为外来眼光不可能看出内在问题，我认为并不公正。有些学者说，中国学者从世界的角度看问题，比如说从欧洲的角度观察清朝，就是主动投入西方"文化霸权"之下的"自我东方主义"。② 这种说法有点匪夷所思，难道西方汉学家从东方的视野观察西方（如柯文的"中国中心观"）就是"进步"，中国学者从世界的视野看自己就是"洋奴"？这是不是另一种的自闭和自大？

在康熙朝"中国礼仪之争"的高潮中，梵蒂冈罗马教廷当然是做了错误的判断。禁止中国天主教徒敬天、祭祖、祀孔，说它们是"迷信"，可以说是"西方价值论""基督教中心主义"在主导。即使这些批评，也已经大部分失效了，因为禁令已经被 1939 年罗马教廷的决议自我否定了，现在的天主教会也在提倡"文化多样性"。回到康熙朝，西方初入，手段不多，根本不构成对中国文化的威胁，传教士们只是央求康熙予以宽容。因此，康乾年间的"西方"，根本称不上"霸权"。相反，耶稣会士和梵蒂冈给中国内地带来的是"文化多样性"，可以拓展中国人的事业，丰富中国人的近代文化。

通过西文文献，我们可以知道近代中国在明清时期可以不"闭关"。实际上，在很多领域，明清皇帝和士大夫也并不"保守"。从世界的角度看中国，可以看到中国本可以有很好的机会与欧洲一起进入近代之门。我们知道，自耶稣会士东来以后，明清两朝和欧洲有很多交往。"红夷大炮""番薯""淡巴菇""泰西水法""亚里士多德"等涌入中国。这些情况，除了南方士大夫在一些笔记野史中有所记载外，大量的相关资讯都要在西文文献中才能搞清楚。明清史、近代史的研究，需要引进大量的西文文献。只有把中国放到"世界史"的范围内考察，才可能有真正的"中国史"。从这个角度讲，当代"中国史"研究的困境就在于"世界史"领域没有突破。研究中国的，不懂得西方；研究世界的，不懂得中国。相互制约，"中国史"和"世界史"都不能得到应有的进步。

近年来从明清天主教研究、中西文化交流史研究领域开始，"中

---

① 李天纲. 中国礼仪之争：历史、文献和意义. 上海：上海古籍出版社，1998：155.

② 罗志田. 近代中国史学十论. 上海：复旦大学出版社，2003：231.

国史”和“世界史”开始有了沟通。以前是西方学者通过学习中文，从“世界史”进入“中国史”，出现谢和耐、许理和（Erik Zuicher，1928—2008）、钟鸣旦、孟德卫、鲁利、梅欧金（Eugenio Menegan）、夏伯嘉（夏先生祖籍上海，生于香港，留学美国，先研究欧洲史，后研究明清中西文化）等重要学者，他们除了法、英、德文之外，还懂得拉丁文、意大利文、葡萄牙文、西班牙文。现在，中国学者的西文能力也逐渐提高。可喜的是，正是在明清天主教史、中西文化交流史领域，出现了从“中国史”进入“世界史”的好势头。年轻一代的学者，为了阅读巴黎、罗马、里斯本和欧洲其他地方收藏的档案文献，不但掌握英文、法文，还正在努力掌握葡萄牙文、西班牙文、意大利文、拉丁文。在这方面，北京外国语大学的张西平教授、暨南大学的汤开建教授、澳门基金会的吴志良先生的推动功不可没，而董少新、张先清等年轻学者的努力值得期许。

《中国礼仪之争西文文献一百篇（1645—1941）》对于明清历史研究的作用，还没有被中国的主流历史学家所重视。忽视西方文献对于明清史、近代史的研究价值，会导致观念的片面性，也看不到历史的延续性。例如，中国近代史学者一般都把“教案”看作鸦片战争以后发生的事情。事实上，中西礼仪冲突问题导致的宗教上的纠纷，使得“教案”的线索早已埋伏。从《中国礼仪之争西文文献一百篇（1645—1941）》存录的情况来看，许多天主教徒不参加祭祖、祀孔，与其他民众的礼仪纠纷已经发生。教徒不参加传统祭祀，发展到19世纪就是致命的“民教相争”，并最终导致了义和团运动。《中国礼仪之争西文文献一百篇（1645—1941）》中的第一篇《传信部1645年9月12日部令》谈论的问题就是：“在中国城镇和老百姓中间，有一种挨户摊派的习俗。每一街坊的居民都要捐钱。这些钱用于庆祝新年、供祭、拜他们的异教鬼神、邻里请客、在他们的庙宇里节日设宴或举行其他无所谓好坏的事情。它不好也不坏，只是一种表达公众欢乐的活动。问题在于基督教徒们和他们的传教士们，现在是否可以捐钱为此活动出一份力？人们要求传教士捐钱，一如要求街坊的居民出钱那样。如果基督徒不捐款，教外人士将会给基督徒制造麻烦。”① 从中可以看到，“通商”“传教”引起了中国近代历史上的一系列社会问题，“中国礼仪之争”已经开始，而中国官方

① 苏尔，诺尔．中国礼仪之争西文文献一百篇（1645—1941）．沈保义，顾卫民，朱静，译．上海：上海古籍出版社，2001：1-2.

学者都没有做出反应。清代初年顺、康、雍时期的汉语文献（包括地方志书、文人笔记和学者文集）中都没有这样的内容。一直到了清朝末年的同、光时期，大家才忽然都来议论，著述中充满了这些争议。在这类问题上，西文文献不仅仅是起了“拾遗补缺”的作用，而是真正“填写空白”——汉语文献的空白。

从 17 世纪开始，梵蒂冈的宗教裁判所已经在判决中国的教义纠纷，当时的中国皇帝对此不以为然，后来的中国学者也一直加以忽视。这样的结局就是：西方学者，从传教士到汉学家，一直在认真研究中国。在中国，当徐光启等第一代儒家天主教徒去逝以后，清朝的中国学者一直若迎若拒地对待进入中国的西方文化——“西学”。对待“西学”已经暧昧，研究西方就更不积极。中国的事情，事不关西方，固然还可以孤立于世界。然而，“中国礼仪之争”已经使中国和世界紧密相连，西方文献已经连篇累牍，《明史》《清史稿》，以及后来形形色色的“中国近代史”著作都不从理会，不从“世界史”的角度来看中国。这样的“研究”，如何能够获得真正的“中国史”知识，可以质疑。

2. 方济各会、道明会、巴黎外方会等非耶稣会团体史料的重要性

到目前为止的研究，无论中外，无论教俗，关于“中国礼仪之争”的认识，都自觉不自觉地受到耶稣会观点的影响。原因有几个，一是当年耶稣会维护中国礼仪的做法得到了中外知识界的支持。从18、19 世纪的“启蒙学家”，到 20 世纪的“多元文化论者”，西方知识分子批评教会保守，一直都同情“中国礼仪”，为在华耶稣会士维持儒家地位的做法而辩护。这些学者，多半不是神学家，相反都是反对天主教会的世俗思想家。二是随着时间的推移，争论的处理结果最终证明耶稣会的观点比较正确，当年反对中国礼仪的多明我会、方济各会、奥斯定会、巴黎外方传教会等修会的观点相对错误。这样，关于“中国礼仪之争”形成的很多看法，都以耶稣会士的说法为主导。

无疑，明末清初来华的耶稣会士有很高的学术素养，汉语和中国文化的训练也都一流。他们研究儒家经典，深入中国历史，与中国士大夫交朋友，做出的学问富有创见。他们在“中国礼仪之争”中为维护和宣传中国文化做出的贡献，无疑是现代学术史上的一笔重要财富。但是，以事过境迁的反省眼光来看，耶稣会的

观点未必都是正确的。在涉及对具体问题的判断时，其他修会提出的意见也不是完全无理。从多明我会等争议中的另一方的角度看问题，也能看到相当重要的问题。17 世纪罗马天主教会设在梵蒂冈的宗教裁判所主要由多明我会、方济各会主持。耶稣会士在科学、文化和教育等世俗领域富有朝气，但教会的主流神学家仍然是这些古老修会的学者。耶稣会的“人文主义”思想还没有成为主流，主流观点来自神学界，其自有一套道理，这是我们需要理解的。

方济各会、多明我会和巴黎外方传教会对“中国礼仪之争”的态度，表面特点就是神学上的“保守”——在中国保持住自己教义的纯洁；这些修会和耶稣会在判断中国礼仪时的最大差别就是，认为儒家是“宗教”，认定儒家礼仪是宗教性的，不能采纳。在当时，说“儒家是宗教”，真实的意思是指责“儒家是异端”。耶稣会容忍儒家异端，和五经里面的上帝搞在一起，当然是要被宗教裁判所处分的。这种“保守主义”固守教义的纯洁性，不面对“文化多样性”，属于今天学者所称的“基督教中心主义”“欧洲中心主义”，在现代学术体系中当然需要被扬弃。但是，既然我们已经站到了当代社会，在“中国礼仪之争”的愁云惨雾已经消失的环境下看问题，那耶稣会士的说法也未必没有问题。比如说，耶稣会士说“儒家非宗教”，确实是要保护儒家，让天主教会能够容纳和接受中国人的传统祭祀。但是，“儒家非宗教”的说法，也意味着中国人没有好的宗教，佛教、道教是“异端”宗教，而儒家也不过是比天主教神学次一等的伦理、法律和哲学。这样的观点，想必今天的学者也是不能接受的。我们要在超越耶稣会和其他修会在“中国礼仪之争”问题上形成的固定思维，在文化多样性的时代反省那场争议，才能得出今天的正确看法。为此，在“儒家是不是宗教”的议题上，我们也要兼顾多明我会等修会的观点，看看当年那些结论到底存在怎样的问题。

1996 年在巴黎法国人文科学院访问时，巴黎外方传教会档案馆的沙百里神父听说我在研究“中国礼仪之争”，很和气地建议说，也要看看别的修会的材料。沙百里提示的非耶稣会文献的重要性，学者们都深以为然。只是限于文字、人脉、时间和资金等学术条件，这样的工作很困难。拙著《中国礼仪之争：历史、文献和意义》写作时，只采用了一篇韩承良神父的《由方济各会的传教历史文件看中国天主教礼仪之争的来龙去脉》。[1] 根据这份从西班牙文翻译过来的文献就可以看出，方济各会的观点也不是没有道理。从该文披露的资料来看，福建地区的民间祭祀，无论如何都确实具有非常浓烈的宗教色彩。1635 年 12 月 24 日，多明我会士莫若翰联合方济各会士李安堂在福州举行宗教裁判调查，由福州地区两位原有进士功名的儒家士大夫陈伍臣、郭邦庸做证人，他们描述的儒家礼仪生活和耶稣会士从五经经典研究中得到的结论完全不同。

辩论"儒家是不是宗教"，其中有耶稣会和其他修会的利益冲突，比如耶稣会士有很多士大夫朋友，而多明我会、巴黎外方传教会没有很多；又比如耶稣会士走通了上层传教路线，把持了中国教会的控制权，新来的修会无从发展；等等。但是，耶稣会士和其他修会会士在"中国礼仪之争"中的观点不同，确实还有不少方法论上的问题。耶稣会士、多明我会士都有学问，但是做学问的方法很不同。我们不能一概地说，是葡萄牙系统的耶稣会士与西班牙系统的多明我会士的教区利益纠纷导致了"中国礼仪之争"中的势不两立。"利益纠纷"和"不同方法"是导致"中国礼仪之争"的两个方面，拙著《中国礼仪之争：历史、文献和意义》在两个方面都有阐释，虽然不算系统，也不是很平衡。可是以后的学者在谈论"中国礼仪之争"的时候，常常只是强调"利益纠纷"，将之完全变成了一种世俗争斗，这是我不能同意的。我还是坚持："中国礼仪之争"带有中世纪后期"为信仰而战"的时代痕迹，和后来的世俗争议不同，是比较纯粹的"文化争论"。

在华耶稣会士从清代学者中流行的"经学"观点出发，认为儒家经典中呈现出来的祭祀方式不是宗教，而只是世俗仪式。这种"世俗化"的解释，类似于欧洲的"人文主义"，也和清代江南地区"经学"中的"吴派"（顾炎武、惠栋、钱大昕、王鸣盛等）观点比较接近。耶稣会士和儒家天主教徒，参与了 18、19 世纪江南地区的"经学"运动，并且受到了主流学术的影响。这一点，拙文《〈天主实义〉和〈孟子字义疏证〉》中有所论述。杭州师范大学徐海松教授的《清初士人与西学》在清理清初士大夫延续明末"西学"，讨论和接受来自耶稣会士翻译的新鲜思想方面有不少发掘。[2] 华东师范大

---

① 载《善导周刊》（台湾），1993 年 4 月 18 日、25 日，是天主教上海教区光启社时任社长沈保义先生发现和提供的。

② 徐海松. 清初士人与西学. 北京：东方出版社，2000.

学张晓林教授的《天主实义与中国学统》，对利玛窦《天主实义》中的“西学”未有定论，但似乎也还是类似观点。① 耶稣会士和儒家经典的复杂关系，值得花更多的精力去探讨，这方面的论证还远远没有完毕。总之，耶稣会士持有的差不多就是一种中外精英学者都能接受的观点，他们是近代“理性主义”的先驱。

多明我会士、方济各会士研究“中国礼仪”，与耶稣会士的方法不同。他们掌握汉语和阅读经典的能力，肯定不及耶稣会士。康熙皇帝曾经当面奚落巴黎外方传教会阎当主教的汉语能力，连“正大光明”殿的匾额都不认识。为此，该会沙百里神父曾经专门邀请我去看档案，他认为阎当的中文能力并不是那么糟糕。从巴黎外方传教会总部档案馆保存的阎当卷宗来看，他的中文能力确实还可以。或者，我们应该说，多明我会、方济各会、巴黎外方传教会神父们的中文都还可以，但经典研究的确不擅长。他们不是根据儒家五经来研究，而是根据看到的现场祭祀来判断“儒家是宗教”。阎当和福建地区其他修会的神父们，用宗教裁判所提供的调查方法，询问了福建地区的天主教徒和非天主教徒，问他们在祭祀礼仪时的体验和感受，来确定儒家是不是宗教。按他们的判断，情况相当“迷信”，不能不说是“宗教”。非耶稣会士研究的是祭祀“行为”，而不是祭祀“经典”。延伸来说，多明我会的神学家更像人类学家，而耶稣会士则更像文本学家、人文主义者。

耶稣会士认为“儒家非宗教”，是“习俗”，是“伦理”；多明我会和宗教裁判所认为“儒家是宗教”，是“迷信”，是“异端”。“中国礼仪之争”的讨论，其实不能回避它的核心问题——宗教。讨论“中国礼仪之争”，不讨论“儒家是不是宗教”，或者说儒家的“宗教性”等问题，就不能回答四百多年前已经提出、今天还在激烈争议的所有问题。四百多年来，尤其是1898年“百日维新”后的一百多年来，康有为、夏曾佑、章太炎等儒家士大夫都曾意识到要勇于面对西方基督教的挑战，梁启超、陈独秀、胡适等新派知识分子宣传家对于“儒家是不是宗教”的议题发表了很多意见。康有为、夏曾佑有一种为未来中国“建立宗教”的想法，他们想用“孔教会”的方式，肯定和发展儒家的宗教性。相反，陈独秀、胡适转为“新文化”的“人文主义”，主张“科学”和“民主”，因而批判儒家的专

① 张晓林. 天主实义与中国学统. 上海：学林出版社，2005.

制特征，否认儒家的宗教性。这两种思想，或肯定，或否定，都没有超越“中国礼仪之争”的讨论。说“儒家非宗教”，源自耶稣会士的观点；说“儒家是宗教”，就要考虑多明我会和宗教裁判所的判断。

显然，“儒家是不是宗教”是一个夹着价值判断的事实争议。宗教裁判所偏袒多明我会、巴黎外方传教会，欲禁止中国天主教儒化，故发现儒家的宗教性；利玛窦等耶稣会士，徐光启等入教士大夫构成的“儒家天主教徒”要改造和取舍儒家，“去芜存菁”，将之纳入基督教范畴，故裁定“儒家非宗教”。事过境迁，今天的学者已经能够分开争议中的“价值”和“事实”，我们看到耶稣会主张的“价值”（宽容儒家）是正确的，而多明我会、方济各会、巴黎外方传教会和宗教裁判所核定的“事实”（儒家宗教性）是有根据的。差别在于，我们今天可以在“宗教多元论”（Religious Diversity）的价值观之下，勇于承认“儒家是宗教”，而不必担心受到“宗教裁判”的不当对待。

梵蒂冈第二次大公会议以后，罗马天主教会“不仅在根据启示和传统，强调某一教义或纪律，更在重振基督的真精神，加强基督徒生活的价值和光辉”。“基督的真精神”和“生活的价值”，承认进化了的人类精神，不拘泥于传统教义。“梵二会议”开始了天主教会的“自我改革”。在 1962 年 12 月通过的《礼仪草案》中，天主教会终于在“礼仪语言”（取消拉丁文，用当地语言）、“地方礼仪”（文化宽容，如接纳“中国礼仪”）等方面做出了完全的改革。会议中，教宗更是宣布，要“与非基督徒对话和与现代世界对话”①。“梵二会议”的新价值，在徐光启等儒家天主教徒看来，只是四百多年后的一次光荣追认；同时，“梵二会议”的深刻反省也给当代中国学者一个启发，即儒家的宗教性并不需要遮遮掩掩。

“中国礼仪之争”非耶稣会观点和立场的文献，大部分都来自梵蒂冈、多明我会、方济各会、巴黎外方传教会。通过“中国礼仪之争”来研究“儒家的宗教性”，就要兼顾它们这一方的文献资料。多年来，中国学者一直忽视来自梵蒂冈教廷和这些修会的意见，其中固然有近代以来世俗大学的人文学者较多受到耶稣会士“汉学家”和法、德、英等国的“启蒙学者”的著述影响，从利玛窦、

---

① New Catholic Encyclopedia：vol. XIV，“Vatican Council II”. New York：McGraw-Hill，1967：566-567.

金尼阁、白晋、李明，到莱布尼兹、伏尔泰、孟德斯鸠，“中国文化”的世界性诠释由他们主导。福柯所谓“话语权”（power of discourse）的主导力，确实是存在的。但是，从技术的角度来讲，现代学者不熟悉拉丁文，也不熟练西班牙文、葡萄牙文等国的语言文字，而四百多年来的“中国礼仪之争”文献，大多数却是用这些文字撰写的。美国学者，甚至法、德、英等欧洲主要国家的现代学者也有此局限。只有一百多年西文教学历史的中国大学，培养出的合格“小语种”学者更是稀少，有志于学术的则是凤毛麟角。

三十年来恢复中的大学教育，已经出现了一批能够运用“小语种”做研究的学者。近年来，北京外国语大学在翻译“海外汉学”著作时，有了“小语种”，还包括了波兰文、捷克文的作品。暨南大学的几篇博士论文，还直接使用西班牙文、葡萄牙文的档案和文献来讨论“明清天主教”。从西班牙人开辟的“西线”航海路线，而不是单单从葡萄牙人“东线”的航海路线来研究中国传教史，再来看看“中国礼仪之争”，会有很大启发。崔维孝《明清之际西班牙方济会在华传教研究（1579—1732）》的“方济会在华传教方法剖析”一节[①]，对于了解“中国礼仪之争”中西班牙背景的传教士思维方法有很大的帮助。在《中国礼仪之争：历史、文献和意义》中，我把方济各会士比拟为“人类学家”，而耶稣会士则像是“考据学家”。从崔维孝的论文中，确实可以看出西班牙籍的方济各会、多明我会的会士们是“田野派”。他们从美洲墨西哥来，到菲律宾、印度尼西亚等地传教。因为没有本地的文献和经典，他们对美洲印第安人、南洋部落的宗教信仰状况，都是采用土著文化调查的方式来确定。“人们对于土著的风俗、礼仪和宗教活动，也写出了详尽的研究材料。其中最重要的无疑是贝纳迪诺·德萨阿贡神父的作品。”[②] 有心的学者，结合像西班牙奥斯定会神父门多萨在《中华大帝国史》（1585）中对菲律宾、中国台湾和中国福建土著民族信仰生活的描述[③]，就可以理解他们为什么坚持要说儒家是宗教了。

最近的研究加强了当年拙作初步表达的看法：在华耶稣会士是

---

① 崔维孝．明清之际西班牙方济会在华传教研究（1579—1732）．北京：中华书局，2006：396-418.

② 同①399.

③ 门多萨．中华大帝国史．何高济，译．北京：中华书局，1998.

某种程度上的“经典主义者”；在华方济各会、多明我会的会士则是早期的“人类学家”。在做结论的时候，我曾经揣有一个疑问：在当时的欧洲，耶稣会士的世俗学问固然好，但多明我会士的学问也非常了得，他们的天主教经典研究强过耶稣会士。17 世纪的多明我会士，以深厚的神学造诣，主导了梵蒂冈教廷的宗教裁判所。可是，为什么在华耶稣会士的学问要远远好过在华多明我会士？引入西班牙传教士在南美洲、太平洋群岛的传教传统，就可以明白，他们的“人类学”传统是在海外部落民族传教习惯中形成的。相应地，葡萄牙国王保教权庇护下的在华耶稣会士的“经典主义”传统，也是在中国尤其是在江南地区的士大夫精英的知识传统中形成的。

新史料的引进，能够从多侧面地观察“中国礼仪之争”和“明清天主教史”。马国贤著，拙译《清廷十三年：马国贤在华回忆录》也是一部非耶稣会立场，与“儒家天主教徒”观点相对立的作品。[①]从罗马教廷传信部意大利籍传教士马国贤的经历来看，他反对中国礼仪，主张儒家就是一种“异教”。他在康熙皇帝身边十多年，在玄烨葬礼的时候，终于受不了紫禁城里的儒家祭祀。他把北京比喻为罪恶之都巴比伦，设法逃离。回到那不勒斯以后，马国贤创办“东方学院”对“西方汉学”也有影响。我们可以简单地批评马国贤顽固，不肯通融。但是，在 20 世纪以前天主教会的保守态度中，把中国礼仪说成“迷信”仍然是正当的。耶稣会士的“通融”还是非法的。耶稣会士确实是 20 世纪天主教“宗教对话”运动的“先驱”，但在此之前，对他们在中国宽容“异端”的指责也是非常自然的。

我们赞美耶稣会士对于儒家的“开放”态度，指责多明我会等修会拒斥儒家的“保守”主张。但是，今天看来，为了进一步的“宗教对话”“文化交流”，我们仍然可以说耶稣会士还不够开放，因为他们不敢承认“儒家的宗教性”。换句话说，如果承认儒家是宗教，他们就不能接受了，就不敢对话了。这种“不得已”的态度，表现在利玛窦和徐光启的“补儒易佛”思想中。利玛窦、徐光启决定的“宗教对话”路线，佛教、道教是需要“更易”替代的“异教”，儒家则是一种比天主教次一级的“伦理”“哲学”，需要在“宗教性”的层面加以“补充”。这种对话思路，在当代学者看起来仍然“保守”，不够“开放”，是四百多年前人们在极为有限的对话空间内

① 马国贤. 清廷十三年：马国贤在华回忆录. 李天纲，译. 上海：上海古籍出版社，2004.

不能腾挪的结果。20 世纪的全球思想界已经突飞猛进，今天的天主教内也出现了远比利玛窦时代的耶稣会士更加“开放”的“普世教会运动”，“儒家的宗教性”应该回到“中国礼仪之争”的讨论中来，这是我们所主张的。

3. 龙华民《论中国宗教的若干问题》

在揭示“儒家的宗教性”，承认儒家祭祀确实和天主教礼仪有宗教层面的冲突，有一份历史性的文献居然来自耶稣会士，这就是龙华民神父的《论中国宗教的若干问题》。同样是来自意大利的耶稣会士龙华民，在继承利玛窦事业，担任中国传教区负责人的时候，发表了这篇表达与他的前任完全不同观点的文章，引发了后来的“中国礼仪之争”。《论中国宗教的若干问题》是一份深思熟虑，经长期研究之后写作，并和利玛窦《天主实义》有同等重要性的历史文献。它在一开始就和“利玛窦路线”有争议，代表了耶稣会内部非主流的看法。这个看法，后来居然在欧洲演变成反对在华耶稣会士之实践的主张，为方济各会士、多明我会士利用来排斥“中国礼仪”。这份文献在欧洲的影响非常大，法文本、德文本、英文本、葡萄牙文本、意大利文本、西班牙文本都有，重要思想家都曾阅读和引用。很可惜，因为还未有中文本译出，中国学者在研究“中国礼仪之争”时，包括当年拙著都没有充分应用。

龙华民《论中国宗教的若干问题》在欧洲学者中受重视的程度，远远超过其他文献，堪称首要。伏尔泰、莱布尼兹都根据这份文献来判断中国宗教的性质。作为当时欧洲的思想权威，莱布尼兹收到法国友人，奥尔里公爵的顾问德雷蒙（Nicolas De Remond）的咨询，问他对于法国神学界讨论“中国礼仪之争”的意见。在德雷蒙提供的资料中，除了玛律布朗士的《基督教哲士与中国哲士的对话》、来华方济各会士利安当附和龙华民反对“中国礼仪”的论文之外，最主要的就是龙华民本人的作品《论中国宗教的若干问题》。① 1716 年，莱布尼兹写作了《论中国人的自然神学》一文，反驳龙华民的观点。莱布尼兹把中国人的宗教思想解释为正是欧洲基督教应该大力发展的“自然神学”（nature theology），而不是龙华民批评的

① 莱布尼兹．论中国人的自然神学//秦家懿．德国哲学家论中国．北京：三联书店，1993：74.

"无神论宗教"。[1] 莱布尼兹的研究，基本上站在耶稣会士的立场，对肯定"儒家非宗教""儒家是理性宗教"的观点很有支撑力。

龙华民的《论中国宗教的若干问题》，认为中国人有一种形而上学，就是用"理"和"气"来解释世界的"第一因"与"动力因"。他认为利玛窦把宋明理学概括成不信神的理论，说"最精明的儒家都是无神论者"，这是对的。但是，他进一步指出利玛窦把"古儒"的"上帝"定为天主教的 Deus，说古代儒家是信神的，则是错误的。他说："我认为中国的古人也是无神论者。"这一观点，从根本上把利玛窦找到的与儒家合作的基石抽去了。"天主教"采用了上古儒家之"天"，加上基督教的创世人格神"主"（Lord），合为"天主"，乃得与儒家互动交流，同为"儒家天主教"。龙华民的反对意见，差不多认为古代儒家之"天"也是"异端"和"迷信"，不能无条件地容纳。

龙华民说："要证明中国古人是无神论者，证明现代中国人是无神论者也就足够了。因为现代中国人是古代中国的回声，他们往往依据古代人；无论在学问上还是在信仰上，他们奉古代人为权威，说话都要引用古代人的观点来增加自己言语的分量。"这个观点和耶稣会士重视经典研究的做法非常不同。龙华民的方法是证明"现代中国人"的"无神论"，然后就推导出"古代中国"的学说也是"无神论"，因为现代中国和古代中国的文化传统是一脉相承的。这样的看法，把利玛窦分辨"古儒"和"今儒"，肯定古代"帝""天"，否认宋明儒学中的"性""理"，有完全不同的思路。龙华民认为古儒是"无神论"，其实是认定他们拜天道是"异端"，而莱布尼兹则认为：即使是宋明理学中的"上帝"、"性"和"理"，也还是具有神圣性的"自然神"。

据我的看法，利玛窦分辨"古儒"和"今儒"，区别"原始儒学"和"宋明理学"的做法，并不完全是他的原创思想。利玛窦从文艺复兴以后的意大利来中国，曾经在新知识的发源地"罗马学院"求学，一定懂得"复古"与"创新"的两大原理。非常凑巧的是，在明代中叶以后的中国也出现了一股思想复古的思潮。明代的"复古"，对宋代以后的"理学"思潮不满，主张恢复"汉唐"文风，学问上则求索"汉学"。明代末年已有"汉学"、"经学"、"古学"、"实

---

[1] 近年来推进莱布尼兹与"中国礼仪之争"及"中国哲学"关系研究的作品，可参看台湾师范大学潘凤娟教授的论文《无神论乎，自然神学乎：中国礼仪之争期间龙华民与莱布尼兹对中国哲学的诠释与再诠释》，此为 2012 年 5 月复旦大学哲学学院利徐学社"徐光启学术讨论会"主题论文，原文为英文，中文稿由张湛译出，未刊。

学”和“考据学”的发端，这个端绪在徐光启、李之藻等后来成为“儒家天主教徒”的思想和学问中可以看到。明代经学研究中已有“汉学”“考据学”之兴起，以别于“宋学”“理学”，可参见林庆彰的《明代考据学研究》[1]，也可参见拙著《跨文化的诠释：经学与神学的相遇》。换句话说，利玛窦对儒家性质的判断，并不是单方面地源于“西学”，而是他的“西学”与当时江南地区新兴之“经学”互相激荡、双向启发的结果。利玛窦和徐光启都认为，中国古代的“上帝”学说中有“天主”之信仰。

对于利玛窦、徐光启之调和论主张，龙华民有强烈的质疑。龙华民认为：古代中国人和现代中国人的信仰是一致的，因为中国人不断模仿古代，中国历史有着惊人的连续性。关于中国文化传统千年不变的看法，和《利玛窦中国札记》中的判断一致，后来又成为欧洲学者断定中国文化“停滞不前”“三千年未有变化”的来源之一。龙华民认为：中国古代就有自己的宗教，就是鬼神教，这是异教。中国古代也有自己的“无神论”，就是把“太极”，还有派生出来的“理”和“气”，置于“上帝”之上。这样，上帝就失去了“第一性”，变成了“理”的附属，于是中国儒家就是无神论。言下之意，耶稣会绝不能和儒家合作。

为了反对“利玛窦路线”，龙华民做出了非常精妙和相当完整的研究。《论中国宗教的若干问题》并不是一篇简单的“保守”言论，它的思想路线可以和利玛窦《天主实义》中的思想路线并驾齐驱，各自解释了中国文化的两个方面。利玛窦找到了中国人的“上帝”，但没有对中国人的信仰本质做出如此详尽的分析。龙华民则以天主教神学，按阿奎那的亚里士多德主义做出了西方式的理解。没有龙华民的《关于中国宗教的若干问题》，欧洲学者不会对中国宗教产生如此大的兴趣，因为看不懂。有了这一长篇论文，伏尔泰、莱布尼兹极其迷恋中国儒学。他们认为，龙华民忧虑的“无神论”正是他们需要的自然神学。

《关于中国宗教的若干问题》至今还没有一个中译本，我们因此也还没有全面了解“中国礼仪之争”中的核心问题——宗教。17 世纪欧洲基督教神学正处在向“现代”转型的关键时期，众说纷纭，错综复杂。加上还要和中国宋明理学、汉代经学、先秦儒学混同起

---

① 林庆彰．明代考据学研究．台北：台湾学生书局，1986．

来，这样的“跨文化研究”难度自是极高。但是，如要推进“中国礼仪之争”、“中国哲学”和“文化比较”的研究，不这样做，就不能说明问题。

龙华民这一论文的原文，是用当时来华耶稣会士的通用语言葡萄牙文写作的。方济各会传教士利安当获得以后，将之翻译成西班牙文。西班牙文本是刊印的原始文本，以后的文本都受到该译本的影响。1700 年，在罗马教廷对“中国礼仪之争”做出最后裁定的前四年，巴黎大学神学院为了辩论“中国礼仪”的合法性，将西班牙文本译为法文本。法文本的《论中国宗教的若干问题》影响最大，这一方面是 17—19 世纪法国文化的强大影响力所致，另一方面则是因为伏尔泰、莱布尼兹等启蒙思想家阅读的都是法文本。从这个文本，以及围绕这个文本的解读和解释，我们可以看到：(1) 宗教问题始终是耶稣会士关心的核心问题，科学、技术、艺术是“西学”中的附带内容，如熊三拔和徐光启讨论的那样；(2) 儒家是不是宗教，始终是耶稣会士必须处理的关键问题，在能否和儒家合作以及怎样合作的问题上，耶稣会内部也存在分歧。这一珍贵文本，已经由复旦大学哲学学院宗教学系和利徐学社的李天纲、魏明德、陈文飞等收集、整理和翻译成中文，将要发表。

四、余论：研究范式之转换

20 世纪后期人类进入“后现代”、“全球化”和“数位化”以后，在全世界范围内历史学都遇到了很大的困境。1987 年，柯文教授对我说连哈佛大学历史系的学生也越来越少，威利斯里学院（Wesley College）的历史主修都快没有学生了。不但是因为学生毕业后找工作难，也因为课堂上讲的东西越来越没意思，必须寻求突破。柯文教授中规中矩地写成了第二部著作《在传统与现代性之间：王韬与晚清改革》(*Between Tradition and Modernity*: *Wang Tao and Reform in late Ch'ing China*）之后，就再也不愿意做一般的历史学，说要写出更多有思想的东西。当时不以为然，以为欧美发达国家已经“后现代”，学生兴趣容易分散，历史意识逐渐淡薄，“发展中”的中国则不然。中国历史悠久，问题众多，不至于有此衰败。然而，十几年过去，中国大学里的历史学也受到很大的冲击。柯文教授判断正确，因此提出了历史学研究需要有“范式转移”的问题。

历史学要有所突破，确实需要有一些“范式转移”。柯文走的是“思想史”路线，他以后写的著作，如《在中国发现历史：中国中心观在美国的兴起》（*Discovering History in China, American Historical Writing on the Recent Chinese Past*）、《历史三调：作为事件、经历和神话的义和团》（*History in Three Keys: The Boxers as Event, Experience and Myth*）[①] 都是关于中国近代史的方法论研究。在另一条“转移途径”中，史景迁（Jonathan Spence，1936— ）、卜正民（Timothy Brook，1951— ）走的是“叙述法”路线。他们以优美、生动、曲折，带有新的理念的叙述结构，给枯燥乏味的传统历史读物增加魅力。

还有其他的“范式转移”，如“后现代史学”，做很多生活史、性别史、图像学、符号研究等；“后现代”中别出“后殖民”，有词语翻译、身份认同、民族话语等研究；还有现在已经可以宣布是失败了的计量史学、系统论史学。1980 年代历史学有不少领头的激进学者要引进科学新八股的“新三论”（系统论、控制论、资讯理论）、“老三论”（耗散结构论、协同论、突变论）来研究历史，现在看起来真是无稽之谈。

历史学摆脱困境的出路，仍然是面对实际问题，做扎实的研究。要有具有穿透力的思想，要有传神的叙述，同时更要保持历史学的传统，有过硬而更新的材料，有全面而透彻的史观，有宽阔而深入的境界。总之，要让历史学能够关心更深刻的社会生活，回答更多的人性问题。在这个方面，把历史学的研究释放出来，回到它原来属于的领域，就是一条出路。在社会科学和人文学科领域，我们忽略了一些原来非常重要的宗教问题。以为在“现代性”的条件下，信仰并不是一个重要问题。事实上，就研究和搞清楚四百多年前人类的思想状况而言，“宗教”是第一重要的领域。研究“中国礼仪之争”这样和教义纠纷直接相关的问题，不从宗教学的角度探讨，是根本不会有正解的。另外，从“后现代”的人类走出“世俗时代”，寻找新的信仰方式的角度来看，“宗教性”正是学者们应该正视的。

1980 年代以来，中国学者恢复陈垣、方豪等人从事“中西文化

---

① 中文译本见：柯文. 历史三调. 杜继东，译. 南京：江苏人民出版社，2000。

交流史”的研究。这门研究，在中国港、澳、台和新加坡等华人文化地区是延续的，在中国内地（大陆）则是在三十年前慢慢恢复的。“恢复”并不等于“重复”，事实上新一代的学者在涉及“宗教”问题的时候，比 20 世纪 50 年代以后的唯物史观学者，乃至于 30 年代以后的新文化学者都要更加开放和宽容，有更宽大的理解能力。我们这代学者重新回到世界，跟从西方同行的成就，收集新资料，开拓新问题，从事明清天主教史、中西文化交流史，还有“中国礼仪之争”的研究，取得了很大进展。但是，我们也要看到这一过程并不一帆风顺，许多意识形态的障碍还存在，很多语言、收藏和整理中的困难还没有克服。与西方学者相比，中国学者在理解 16 世纪以后世界范围内的“现代性”兴起时仍然不熟练，因而在许多领域还与之存在不小的差距。历史学界的“范式转移”是必要的，转移中的选项之一就是让传统的历史学来回答人类的信仰问题。不是劝人入教，而是推广一门有关人类精神现象的古老学科——宗教学。

后　记

1991年，因为复旦大学朱维铮教授、加拿大多伦多大学许美德(Ruth Hayhoe)教授的推荐，我在旧金山大学利玛窦中西文化历史研究所所长马爱德博士的指导下，在美国从事了一年多的明清耶稣会史的研究。当时该所正在开展“中国礼仪之争”的研究。在此过程中，我参加了该所有关“中国礼仪之争”文献的整理编辑工作，在该大学的宗教系进修了“基督教史”课程，也参与了1992年11月旧金山“中国礼仪之争国际学术讨论会”的筹备工作。因工作之便，得以接触到不少“中国礼仪之争”的基本文献。其中最有价值的是罗马耶稣会档案馆所藏的一批有关的汉语文献。1994年，在朱维铮先生的安排下，“中国礼仪之争”作为我的博士论文课题，得以系统整理研究。在写作过程中，除了朱老师的经常指导、督促和帮助外，马爱德博士和许美德教授一直关心我的研究。我特别感谢来自这三位先生的帮助。目前的著作实在有很多不足和缺憾，这应该由我的粗疏和浅陋来负责。如果有一些成绩，我愿意把它献给朱老师的长期关心。

自1986年起，王元化先生、唐振常先生，以及复旦大学的王华良、周珉先生也一直关心我这方面的研究。他们认为中国基督教史是中西文化交流史中的重要一环。他们腾出自己主编刊物《学术集林》《史林》《复旦学报》的宝贵篇幅，刊登我不成熟的论文。来自他们的鼓励是非常珍贵的，在此也深深感谢他们。

清华大学中文系葛兆光教授和戴燕夫妇，中国社会科学院自然科学史研究所韩琦研究员，复旦大学历史系顾晓鸣、吴景平、王立诚、廖梅、钱文忠、邹振环、吴松弟、王振忠教授，中文系傅杰教授，哲学系汪堂家、徐洪兴、张汝伦等教授，中国科学院上海天文台江晓原研究员，华东师范大学哲学系高瑞泉教授、中文系王晓明教授，上海宗教事务局研究室刘建、张化，他们对研究给予了许多鼓励和建议。学友们的热情帮助，使这项原本艰苦的研究变得比较愉快。

在法国、加拿大、德国、美国和中国香港，我曾为此题目和许多学者交换过意见。其中有法兰西学院教授谢和耐，法国巴黎第三大学教授白吉尔（Marie-Claire Bergete）夫人、程抱一（Francios Cheng），法国高等师范学校教授巴斯蒂（Marianne Bastid-Bruguiere）夫人，法国国家科学院研究员詹嘉玲（Catherine Jami），法国人文科学院教授让托（Paul Gentot）夫人，法国巴黎第三大学东方语言学院教授葛力（Laureut Galy），法国高等社会科学研究院教授杜瑞乐（Joel Thoraval）及王菊、萧小红、吴旻博士，巴黎第一大学博士生娜塔丽（Natalie Delande），加拿大多伦多大学历史系教授卜正民，鲁汶大学教授钟鸣旦，德国哥廷根大学东亚研究所教授郎宓榭（Michael Lackner），美国贝勒大学教授孟德卫，美国旧金山大学教授雷诺（Ray Noll），美国加州大学伯克利分校博士生梅欧金，美国对华教育服务中心陈悌女士，香港中文大学教授孔慧怡、梁元生，博士生黎汉基，已故杨意龙教授，香港道风山基督教研究所刘小枫教授、杨熙楠博士，香港建道神学院梁家麟、邢福增博士。他们或提出意见，或赠予著作，或帮助寻找资料，或邀请参加他们自己的研讨会。其中，钟鸣旦教授和郎宓榭教授认真读过本书的初稿，提出了修改意见，并再次提供了不少有用资料。

本书初稿作为向复旦大学历史系提交的博士论文，受到中国社会科学院历史所李学勤研究员、耿昇译审，北京大学哲学系汤一介教授，清华大学中国文化研究室何兆武教授，首都师范大学中国文化研究所孙长江研究员，中共中央文献研究室金冲及研究员，中国社会科学院世界宗教研究所卓新平研究员，上海社会科学院张仲礼、唐振常研究员，华东师范大学历史系王家范教授，复旦大学历史系许道勋教授、历史地理研究所周振鹤教授，天主教上海光启社沈保义总编辑的批评指正。他们的意见和建议有的已反映在本书的修改中，但也有不少地方因力不从心而留有遗憾。

上海图书馆的梁颖、张伟、祝均宙、黄志伟、徐锦均先生，上海基督教三自爱国会图书馆的田文裁先生，旧金山大学利玛窦中西文化历史研究所吴小新、Mark Mir 先生，巴黎法国国家图书馆珍本部东方文献室中文处的蒙曦（Nathalie Monnet）女士，巴黎耶稣会档案馆蓬菲斯（Robert Bonfils）先生，巴黎外方传教会法中联络社的沙百里先生，法国遣使会档案馆的恩斯曼（Paul Henzmann）先生，为我提供了不少的有用资料。

美国亚洲基督教高等教育联合董事会（United Board for Christian Higher Education in Asia）为我提供了1991—1992年度（旧金山大学）一年的访问学者计划，为此，向该会主席维克纳（David Vikner）先生表示感谢。法国人文科学院（Maison des sciences del'homme）为我提供了该院1997年度三个月的特邀研究员计划，为此，向该院院长艾玛（Maurice Aymard）表示感谢。很显然，没有来自他们的支持，这项研究是不可能完成的。

在本书多年的写作过程中，朱维铮、刘小枫、葛兆光、许医农等先生曾热情推荐介绍出版者。最后，上海古籍出版社的张晓敏先生欣然接受了这部枯燥而粗疏的稿子。因为其间不断修改，编辑吕健先生也付出了更多的精力。层层好意，我都当作在这学术不景气时代师友、同学间的相互支持和鼓励。

值本书稿完成之际，谨向以上所有人员再一次表示诚挚的感谢。

1998年1月

1998年1月27日，马爱德先生因肺部感染在香港去世。就在不久前，68岁的马先生第18次来到中国。他在上海建国宾馆取走了这部书稿，答应亲自校读一番，并为本书写一个序言。现在我的工作完成了，但书前留下了无法填补的遗憾。当年正是马先生赠予了十分重要的汉语文献资料，委托我在回国后继续研究“中国礼仪之争”。此后，每次遇到难题或资料不够，他都会马上解答，提供帮助。1997年2月，马先生甚至专程到巴黎，为我安排在法国和罗马查访档案的事。马先生对许多中国学者的帮助都是无私的，北京、上海的很多人都可以证明这一点。他已经不仅仅是出于加强学术交流、沟通中西文化的愿望，他对中国、对中国人具有更高程度的同情。他是耶稣会士，很多人从他身上体会到：同样崇高的精神，同样对中国文化的热爱和同情，仍然在西方学者和西方人中留存着。想到这样的精神不被理解，便在马先生去世的悲痛之外又另生出一层哀伤。谨以此有限的文字，纪念马爱德先生。

作者又记　1998年6月

再版后记

《中国礼仪之争：历史、文献和意义》作为复旦大学历史系中国文化史专业的博士论文，出版时直接用作了书名。1997 年 8 月答辩完成后，根据论文评阅、答辩中专家们提出的意见，做了文字上的完善，没有就内容做大的修改。导师朱维铮先生建议放一下，好好修改，磨出一个精品。但因为要准备次年秋天去哈佛一燕京学社的访问学者计划，也因为曾经答应旧金山大学利玛窦中西文化历史研究所所长马爱德神父尽快拿出“中国礼仪之争”的研究成果，当年年底就把这部稿子投给了上海古籍出版社。马爱德神父对这部稿子寄予希望，但还是没在生前看到本书的出版，非常遗憾。

本书出版 20 多年后，当年指导、评阅和审定论文的前辈先生中，已有不少永远地离开了我们。对我的学术生涯影响最大的朱维铮先生于 2012 年 3 月 10 日因病去世，他以令人惊叹的思想活力搅动了中国学术界。2011 年 12 月 15 日，我们一群学生陪着他上完了“最后一课”，带着病体，却依然是那么坚定和犀利。答辩主席王元化先生于 2008 年去世，他晚年对南北学术界的凋敝和不振深感忧虑。若元化先生还在的话，我想他会批评我们懈怠和苟且。答辩组成员唐振常先生于 2002 年去世，他引导我进入上海史研究，晚年和王先生、朱先生常聚会，现在也成为一场场追忆。还有，论文评阅人汤一介先生、李学勤先生、张仲礼先生、耿昇先生，答辩小组成员许道勋先生也都去世了。在本书修订之际，非常怀念老师们的教诲和情谊。除了怀念，还有歉疚。后悔没有抓住更多机会前去请益，他们去世后也没有多写一些文字作为悼念。只能把这份歉疚附志于此，继续扛下去。

回想起来，“中国礼仪之争”的成书有些偶然。1994 年秋，回复旦大学历史系跟随朱老师攻读博士研究生学位，定的是一个比较大的题目，就是以明清以来的中国基督教历史为本，做一篇《基督教与中西文化交流》的论文，收入朱老师和庞朴先生主编的“中国文化史丛书”。论文一直按此方向准备，“中国礼仪之争”只是其中一章。直到1998年初，我从巴黎访学回来，意识到一本平铺直叙的著作体作品，缺乏焦点和突破口，作为博士论文并不合适。于是和朱老师商量调整，以明清史中很少被提及的“中国礼仪之争”事件作为主线来叙述。这样，既可以填补空白，也确实有一些新史料、新观点可以提供给学术界。朱老师接受了这部在他看来已经“写到外国去了”的中国文化史著作，对于把中国思想放到世界范围内考察的做法持开放态度。20世纪80年代，朱老师就在“中国文化史”中提倡“中外文化交流”，思想绝不拘于民族本位，他在“最后一课”中还提醒复旦学生“出去不要做一个狭隘的人”。20世纪90年代，中国学者趋附“中国中心论”和“后现代理论”，“中外文化交流”领域的学者们发展出来的却主要是普遍化的，以人类视野来观察中国文化的“全球史”学术。《中国礼仪之争：历史、文献和意义》选择了非民族主义的视角来做研究，“结语”中的一句话我仍然觉得可以坚持：“‘中国礼仪之争’后，西方‘汉学’‘东方学’，以及人类学、民族学次第发展，对异国、异族的文化普遍加深了理解，增加了兴趣。反观中国思想界，在明末清初短暂地对西方文化有过兴趣之后，马上又回到了帝国式的‘中国中心论’，以致后来思想界抱残守缺、故步自封到愚昧无知的程度。”

本书出版后，2001年即获得香港基督教文化研究所“徐光启著作奖”。20多年过去了，“中国礼仪之争”的研究引起了学术界的广泛兴趣，历史学、文学、哲学领域的学者越来越多地注意到这个小题目中蕴含着一些大问题。通过对罗马、巴黎、上海徐家汇档案文献的查考，我们发现近代以来的中外学者把中国人的信仰形态定义为“人文主义”，确实是四百多年来“中国礼仪之争”的结果。连带着“儒家是不是宗教”“理学唯物还是唯心”，以及“中国有没有哲学”“中国为什么不产生近代科学”等一系列问题，都与利玛窦、龙华民、徐光启、杨廷筠、李之藻等人在一起讨论的“译名问题”和“中国礼仪问题”有莫大的关系。在以后的研究中，接触汉语文献越多，越感到“中国礼仪之争”是中国近代思想文化史的源头。问题是如此重要，研究又是如此繁复，《中国礼仪之争：历史、文献和意义》只是开了个头，理了个端绪，要解决的问题还有很多。多年来，不少出版界的朋友都问我能不能拿去再版，朱老师还和韩德力、卜正民等朋友商讨要翻译成英文，都是因为自己想着要好好地改写一下，有所突破，就没有应允简单地重印。2016年，中国人民大学出版社王琬莹女士把全稿重新输入，打印出来，让我随意修改、随时交稿，诚意令人感动。这部校样放在身边又是两年，非常想把最近十多年学术界在这个领域、这个题目上的成果都综合进来，把中外同道们提出的疑问再做研究和答复。然而，拖延到2019年春节才找到了一个月的时间来修改，所做的事情也就是订正一下全稿，并没有时间做改写，使之成为一个全新的版本。

本书所有的章节、段落都没有变化，大部分的文字一仍其旧，所有重要的观点都不做改变。改正的只是一些明显的错误，如人名、地名、年代等，对一些表达不够严谨、不太准确的用词加以调整，对一些注引不很规范的地方按新标准略加修改。比较大一点的改动，是在行文中增加了一些段落，顺着原来的观点和史料，略做说明和补充，其作用只是加强理解。有的作者悔其少作，有机会重新结集，就修改观点，以表明对待真理的不懈精神。有的作者不悔少作，刊布以后不再修改，也表明学问任人评说的坦然。这里选择不悔少作，保存原真的做法，其实是不得已，仍然是惴惴然不安。对读者来说，本应是提供新的资讯、新的见解。这次没能做到，只是将我的一篇文章《中国礼仪之争：研究方法及其拓展》（2014）作为新的附录，放在后面，算是对读者有所交代。当然，对于《中国礼仪之争：历史、文献和意义》中的基本文献、主要观点和所有结论，我仍然抱有信心，愿意为之负责。

李天纲

上海·阳光新景

2019年7月25日

图书在版编目（CIP）数据

中国礼仪之争：历史、文献和意义/李天纲著．—新1版．—北京：中国人民大学出版社，2019.11

（当代中国人文大系）

ISBN 978-7-300-27254-2

Ⅰ.①中… Ⅱ.①李… Ⅲ.①礼仪—研究—中国 Ⅳ.①K892.26

中国版本图书馆CIP数据核字（2019）第161211号

当代中国人文大系

中国礼仪之争：历史、文献和意义

李天纲 著

Zhongguo Liyi zhi Zheng：Lishi、Wenxian he Yiyi

出版发行	中国人民大学出版社		
社　　址	北京中关村大街31号	**邮政编码**	100080
电　　话	010－62511242（总编室）		010－62511770（质管部）
	010－82501766（邮购部）		010－62514148（门市部）
	010－62515195（发行公司）		010－62515275（盗版举报）
网　　址	http://www.crup.com.cn		
经　　销	新华书店		
印　　刷	北京联兴盛业印刷股份有限公司		
开　　本	720 mm×1000 mm　1/16	**版　　次**	2019年11月第1版
印　　张	20.75 插页3	**印　　次**	2025年6月第3次印刷
字　　数	320 000	**定　　价**	115.00元